国家社会科学基金一般项目《跨界民族共有传统体育文化的调查研究》
项目立项时间：2016
项目编号：16BTY099
课题主持人：韦晓康
课题组成员：马强　张凤民　胡悦　艾克拜尔·玉素甫　王钧
　　　　　　秦炜棋　李俊怡　白永生　张延庆　王晓晨

共生、交流与发展：
跨界民族传统体育文化的人类学调查

韦晓康，等 ◎著

中国书籍出版社
China Book Press

图书在版编目（CIP）数据

共生、交流与发展：跨界民族传统体育文化的人类学调查 / 韦晓康等著 . —— 北京：中国书籍出版社，2023.12

ISBN 978-7-5068-9726-6

Ⅰ . ①共… Ⅱ . ①韦… Ⅲ . ①民族形式体育 – 体育文化 – 研究 – 中国 Ⅳ . ① G852.9

中国国家版本馆 CIP 数据核字（2023）第 234853 号

共生、交流与发展：跨界民族传统体育文化的人类学调查

韦晓康，等 著

丛书策划	谭 鹏 武 斌
责任编辑	李国永
责任印制	孙马飞 马 芝
封面设计	博健文化
出版发行	中国书籍出版社
地 址	北京市丰台区三路居路 97 号（邮编：100073）
电 话	（010）52257143（总编室） （010）52257140（发行部）
电子邮箱	eo@chinabp.com.cn
经 销	全国新华书店
印 厂	三河市德贤弘印务有限公司
开 本	710 毫米 ×1000 毫米 1/16
字 数	436 千字
印 张	23
版 次	2024 年 5 月第 1 版
印 次	2024 年 5 月第 1 次印刷
书 号	ISBN 978-7-5068-9726-6
定 价	86.00 元

版权所有 翻印必究

序

韦晓康教授在中国少数民族传统体育和体育人类学领域已经耕耘多年,他对中国跨界民族共有传统体育文化的专题调查研究是一项富有学术价值和意义的工作。在这部著作即将付梓之时,晓康教授嘱我写几句话,做些讨论。

1986年,在我硕士毕业留校一年之后,中央民族学院陈永龄、朱宁、胡起望、陈观胜、李培茉五位导师招收民族学专业中国跨界民族研究方向硕士研究生。因为前两位是我读硕士研究生时的导师,我也协助做了一些工作,还带研究生去塔什库尔干做了开放边境贸易的实地调查。1994年,我又和这一届硕士研究生毕业后到国家民委工作的金春子师妹一起,编写出版了《中国跨界民族》一书。这是第一本全面介绍中国跨界民族基本状况的著作。除了书中的一些篇章外,我还执笔撰写了其中的总论部分,对于跨界民族的概念界定及其特征、中国跨界民族的形成历史与发展现状、跨界民族研究的意义、中国与周邻国家跨界民族研究现状等问题进行了阐述。这次研究实践可以说是我个人研究跨界民族的尝试。尽管此前我在研究新疆地区屯田、清代对于边疆地区的管辖、清代哈萨克的东方贸易关系、新疆边境贸易的历史与现状等问题时就已涉及这个领域,但并没有从"跨界民族"的角度去专门进行探讨。自此之后,我主持一些课题也涉及中国跨界民族研究,对于相关问题一直保持着关注。

在我看来,从体育活动的细节进行考察和探索是跨界民族体育活动研究的一大挑战。将跨界民族与体育结合起来进行研究,是一种非常难得的尝试。跨界民族体育活动调查研究之所以能够成为一个有价值的研究项目,是因为可以通过这项研究去探讨跨界民族体育活动的一系列学术问题,特别是搜集到跨界民族文化交流方面具有重要价值的个案,推动跨界民族体育交流活动更加广泛和深入地开展。

跨界民族共有的传统体育文化活动在增进边界两端各民族的文化交往和交流的基础上,能够有效地促进相互间的友谊、构建人类命运共同体认同。在边境地区跨界民族民间体育文化交流中可以找到很多在历史上保留下来的共同点,当代包括民族体育在内的跨国大型文化交流活动更促使人们在共享共在中相互学习,创造出新的文化形式。这个项目调查还发现了一些原本没有太多引起人们注意的共有传统体育文化活动和文化现象,进一步扩充了共有体育文化资源库。在建设"一带一路"倡议提出十周年之际,大量以实地调查方式获取的跨界民族体育活动新材料及对于这些材料的研究更彰显出这项研究的必要性和紧迫性。"一带一路"作为中国首倡的国际交流平台,不是扩张势力,也不是单纯的经济贸易通道,这项研究用个案说明,在各种形式的,包括体育在内的文化交流推动和加深了民心相通和文明互鉴,更加体现出这一倡议的价值和意义。

跨界民族研究作为民族学、人类学关心的学术问题既具有深厚的学术传统,随着领域不断扩展和研究不断深入,又可以体现出学术研究的探索性。

"边界"是研究跨界民族的关键概念之一。跨界民族涉及的边界主要是指现代世界秩序中的国家间边界。这种地理边界是国家格局中的人为划分,原本是地理空间中的一个整体,从并不明确的空间范围,到经过条约认定的国家疆界,在相互间政治权力关系博弈中实现和达成的划定结果。传统国家、帝国主义国家和民族国家这三种类型政治体的边界含义完全不同,具有象征意味的边界标志物也是多种多样。古人虽然也有"国"的边地、疆域等概念,但国界往往较为模糊,且经常随政治、军事力量的消长而发生变化。那时,人们的国界意识往往不是十分强烈,时常用"我群"与"他群"、"中国"与"外夷"等文化群体概念来划分本体与异己。传统国家的边疆(frontier)并没有明确的国界(bounders),强调某一区域内人群从属的威望。帝国主义的扩张性使边界成为一种不断扩展的势力范围表征,并导致了国家及相关主权政治体之间的冲突。帝国主义和殖民主义的边界遗产又遗留到新独立国家。近代以来,作为现代国际体系中国家间依据具体的地缘政治、经济利益及文化和历史记忆等多重因素处置和操作的一种过程性结果,国与国间通过勘界和边界协议,有了更为明确的疆界划定。伴随着国界的确立,在越来越完善的行政体系建设中民族国家边界得到越来越清晰和越来越明确的主权申明和确认。

边界本身充满着孔道和缝隙,也存在着种种变化的可能性。边界不仅是地图上的边界线,也是由现实中存在的边界设施相分割的物理界限。靠近边界的区域则是各自国家的"边疆",靠着国家边界线的领土,也可以说是处于一国疆土的边缘之处。国家边界不仅是物理的,也是在有关国家的想象基础之上建构出来的象征性的界限,用以区分"国内""国外"。分属不同国家的人们通过边界互为"他者"。

然而,跨界民族似乎有了一种打破国家间边界的可能性,至少造成了一种模糊现象。政治的边界与文化的边界纠缠在一起,尽管国家安全意识时常提醒人们不要忘了边界的内外区分,但在和平的交往环境中,边界两端人们的跨界交流,无论是经济方面的边民互市和边境保税贸易,还是文化方面的盛大庆典和通婚结亲都在频繁发生和延续。跨界民族之间在文化上,甚至亲缘关系上的密切联系,使得边界的区隔作用在某种情形下变得模糊了,或者有所弱化了,甚至出现了"一寨两国"的独特景观:寨子里的两国百姓同走一条路,共饮一井水,同赶一场集,"中国的瓜藤爬到缅甸结瓜""缅甸的母鸡跑到中国下蛋",和睦相处,世代延续。前些年中缅边界地区的"一寨两国"还开发了二期工程,成了一个景区。"一歌唱两国,共饮一江水","一荡两国"秋千、一寨两国水井成为著名景点。

在当代国际秩序中,在认同所在国为自己的国家的前提下,跨界民族分别明确地归属于不同国家。国家之间的地理边界对边界两侧社会文化有着明显的影响,跨界民族受到的影响更加复杂。由于边界两侧跨界而居的民族存在着经济、文化等方面的联系,边界效应更加明显。各民族物理空间和社会空间结构都有差异,更具体地说,社会制度、意识形态、文化观念、族群结构、宗教信仰等方面存在着或多或少的差异。跨界而居形成的原因和过程、国界划分与跨界民族的分割、国家间政治关系演变、超越国界的民族主义的产生和发展等又进一步增加了问题的复杂性。因此,围绕国家边界在以国籍归属明确的公民身份作为标签的身份区隔下,呈现出复杂的群体身份意识与认同,地缘政治、经济利益等力量与文化象征意义产生了复杂的纠葛,使得跨界民族体育活动呈现出更复杂的状况。边界两边或多边的跨界民族也可能会形成和发展出某些差异。有些特殊时期,连"一寨两国"的交流空间也被铁网隔开,人为地加强了边界区隔与限制。跨界民族不同族群有差异的历史发展过程和经历,以及国家体制、政治制度、社会经济与文化状况等多种因素都可能造成差异的原因。在学术研究中应当在具体的场景中去探讨边界与跨界民族族群之间的复杂关系。

跨界民族传统体育作为一种文化活动,国家机构在管理中的动态运作发挥着很大的影响。动态的跨界文化管理政策又与国家间的政治关系和经济贸易关系紧密联系在一起。跨界体育文化交流和体育文化旅游活动也与边界安全形势拴在一起。各国政府和地方力量在边境地区有效行使权力的过程中,一方面为了发展旅游业和促进文化交流需要跨越边界和开放边界;另一方面为了国家安全而封闭和加强边界管理,于是边界的空间和跨界族群意识表达就呈现出很强的动态性。跨界民族体育活动发展和变化也和这种动态性密切相关,成为跨界民族体育活动研究的一大命题。

改革开放以来,以往封闭的边疆地区基础设施建设状况大为改善,未来将会得到更大提升,使得以往偏僻的边疆与内地之间的时空极大地压缩并进一步压缩,很多边界地带在与周边国家经济文化交流中成为对外开放的前沿,在对外沟通和交流中发挥着越来越大的作用。

在共建"一带一路"倡议提出之后,面向世界秩序的新格局,应当重新认识走廊和边界,重新认识和充分重视跨界民族文化认同和情感联系作为国家间、区域间经济交流和文化互通互信的重要资源的价值,并在现实实践中得到高度的重视和提升。借助走廊拓展空间,赋予民族走廊和跨界民族研究以新的视野和新的意义,将民族走廊和跨界民族与"一带一路"建设衔接起来,加强跨界民族间的交流,促进人类社会的和谐共生、繁荣共享。

改革开放以来,以往封闭的边疆地区基础设施建设状况大为改善,未来还将会得到更大的提升。以往偏僻的边疆与内地之间的时空被极大地压缩、压缩、再压缩,很多边界地带在与周边国家经济文化交流中成为对外开放的前沿,体育也介入其中,在对外沟通和交流中发挥着越来越大的作用。在"一带一路"倡议提出之后,面向世界秩序的新格局,通过研究重新认识和理解边界和跨界民族,充分重视跨界民族体育运动等不同载体的文化认同和情感联系作为国家间、区域间经济交流和文化互通互信的重要资源的价值,并在现实实践中给予高度的重视和提升。跨界民族体育研究空间的新拓展,赋予跨界民族研究以新的视野,在研究中强调将跨界民族研究与落实建设"一带一路"倡议衔接起来,加强跨界民族间体育文化交流，是促进人类社会的和谐共生、繁荣共享的具体举措。

这项跨界体育研究成果说明在体育活动中表现出跨越边界两端的跨界民族之间的共有性、国际性、融通性和和平性。特殊时期出现的一些新的情况和复苏之后交往的状况还需要新的研究来填充。因此跨界民族体育活动实地考察就必须更加微观、更加具体、更加持之以恒。

总之，韦晓康教授的新著是一种很好的尝试，期待这项研究能够继续深入，也能够带动更多的学者开展接续的研究。

谨序。

2023 年 11 月 12 日

前　言

　　国务院新闻办公室为介绍10年来共建"一带一路"取得的成果,让国际社会进一步增进认识和理解,推进共建"一带一路"高质量发展,以惠及更多国家和人民,于2023年10月10日发布了《共建"一带一路":构建人类命运共同体的重大实践》白皮书。白皮书指出:"文明交流互鉴是推动人类文明进步和世界和平发展的重要动力。共建各美其美、美美与共的文明交流互鉴之路,推动形成世界各国人文交流、文化交融、民心相通新局面。"而民心相通是"共建'一带一路'的社会根基。共建国家传承和弘扬丝绸之路友好合作精神,广泛开展文化旅游合作、教育交流、媒体和智库合作、民间交往等,推动文明互学互鉴和文化融合创新,形成了多元互动、百花齐放的人文交流格局,夯实了共建'一带一路'的民意基础。"在"一带一路"基础上的民间人文交往"领域广泛,内容丰富,涉及政党、文化、艺术、体育、教育等多个方面"。2023年10月18日,中华人民共和国习近平主席在北京举行的第三届"一带一路"国际合作高峰论坛上进行的主旨演讲中提到:"支持民间交往,深化共建'一带一路'国家的文明对话。"

　　我们清楚,"一带一路"倡议是习近平主席在2013年提出来的,当时就引起了学界广泛重视。2015年3月国家发展改革委、外交部、商务部联合发布的《推动共建丝绸之路经济带和21世纪海上丝绸之路的愿景与行动》提到:"一带一路"沿线国家努力实现"人文交流更加广泛深入,不同文明互鉴共荣,各国人民相知相交、和平友好"。人文交流就是人类自己创造出来的各种文化的交互流动,是人类构筑政治信任、价值认同等关系的基石。

　　2015年5月底,笔者受邀参加由中国体育科学学会主办、宁波大学体育学院承办,于2015年7月3—5日在宁波举行的"2015年全国民族传统体育发展研讨会"进行交流和研讨。交流什么选题呢?当时跟导师熊晓正教授闲聊自己已经开始关注"一带一路"倡议,熊晓正教授提到可以了解一下与周边国家是否有共同的节日、民族传统体育文化等。自己心领神会就上知网搜索,发现这方面研究还比较缺乏,即引起了笔者的注意与兴趣。参加会议时以《身体·情感·节日——"一带一路"视域下民族传统体育文化节日对跨界民族交往融合的作用研究》作了发言。在苗族"踩花山节"、蒙古族的"那达慕"运动会、南方少数民族的划龙舟、中缅边界的"藤球"等节日里身体运动的参与者均是本地区边境线上的沿边族群,在这些民俗活动中始终贯穿着跨界民族传统体育项目与民族传统文化。笔者认为,跨界民族传统体育文化交流其实是一种跨文化交流,它是一种以民族传统体育文化包括语言文字、歌舞声乐等为载体,以开展节日活动、赛事交流等形式所进行的一种跨越国家、地区的交流行为,可以真正发挥民族传统体育文化"粘合剂"的作用。后来,随着国家社科基金项目申报准备,笔者在这个选题基础上开始整理材料,经过充分研究与考虑,基于该方面研究不多,就想着先要摸清"一带一路"区域及沿线上跨界民族共有传统体育文化的基本存活情况,然后才是其他后续研究。因此,提出的研究问题是:中华民族传统体育作为文化的一部分,同样是"一带一路"沿线国家跨界民族流传最广泛、历史最悠久、影响最深远、生活中最活跃的传统文化,现今中国边境线陆地与接壤的14个国家现存共有传统体育文化资源多少?其历史地位和作用有哪些表现?能否在"一带一路"建设中发挥独特的"粘合剂"文化纽带作用?跨界民族传统体育文化与国家"一带一路"倡议实施有什么关联?如何整合跨界民族传统体育文化资源促进地方社会发展?

于是,本课题以"一带一路"沿线中国与14个国家陆地接壤所涉及省、自治区跨界民族为调查对象,对跨界民族共有的传统体育文化及在民族交往中的特殊作用,与"一带一路"倡议实施的关系和实现路径进行研究。通过梳理和考察跨界民族传统体育文化与交流现状以及所体现的情感塑造,揭示"一带一路"沿线跨界民族悠久的历史文化及民族关系;以扎实、深入的实地调研为突破口,从现代视角考察这些民族传统体育文化作为跨界民族交往媒介的功能和价值,讨论它们在民族交往和民族团结中的特殊作用,以加深相邻国家人民的深厚友谊,保护和传承中华民族优秀传统文化,向世界讲述中国体育故事;进而提出建设民族文化边疆和促进民族传统体育文化交流的思路和行动建议,共谋相邻国家边境地区经济的发展,推动"一带一路"倡议合作的实施。对维护国际关系的和谐友好,促进边疆稳定、民族团结,构筑人类命运共同体有重要的理论意义和现实意义。

本研究为了达到预期研究计划的目标,根据预期制定的研究内容和研究计划,我们了解到,中国与14个国家接壤的边境线长达22800公里,涉及5个省、四大自治区和35个跨界民族(人),地域辽阔,所存活的跨界民族共有传统体育文化与所掌握的中国各民族传统体育文化是不同的,每个接壤地区都有自己的特色,增加了调研难度,获得资料艰难,需要进行大量信息采集。课题组根据类型学分类方法,从2016年7月至2019年2月间的寒暑假,课题组成员带着学生,依据中国与14个国家陆地接壤所涉及的西藏、新疆、广西、内蒙古四大自治区和云南、甘肃、辽宁、吉林、黑龙江、五省,覆盖了单边、双边或多边等代表性类型的中蒙交界蒙古族,中越交界壮族、苗族、瑶族、京族等,中俄交界俄罗斯族、赫哲族,中朝交界朝鲜族,中缅交界佤族、傈僳族、景颇族等,中印、中尼边界藏族、门巴族、珞巴族、夏尔巴人等,中塔、中阿、中巴边界塔吉克族、维吾尔族、柯尔克孜族等,中老越三国交界傣族、哈尼族、彝族等跨界民族共有的传统体育文化及跨界民族的民族节日典型个案的发展历史、活动现状、存在问题和"一带一路"发展状况、措施等进行调研,收集相关视频和文字材料,采用结构式、非结构式相结合的访谈方式,与当地体育局、民宗局、外事办、文化局(博物馆)、旅游局等领导,从事民族体育工作的专家,民族节日活动(与民族体育有关)组织者、传承人、参加活动者等进行座谈、访谈。观看或收集当地相关县志、乡志、村志、民族体育或节日视频、文字材料等,拍摄照片300多张、录音累计20小时、田野日志及调研报告约15万字,梳理出与跨界民族共有传统体育文化相关内容,以求不断地获得翔实的第一手材料。在调查基础上,结合结构功能主义理论、场域和惯习理论、共生系统理论等人类学、历史学的相关理论对所采集到的案例进行分析。在实地调查过程中,课题组成员克服许多困难,如坐长途大巴耗时十来个小时,由于公路被雨季洪水冲毁不得不绕道山路,8月份夏季时进山沟前还是阳光明媚出山沟后的第二天却是漫山冰雪冷得直打哆嗦,驾驶的越野车在狭小的山路为躲避大车而陷进路边渠沟,在山上寺庙调研后下山晚上10点多才吃上晚饭而第二天4点多钟起床还要赶路通过修路时限控制点,等等情况是常事,实地调查所遇到的种种"困难故事"我们都称为田野拾趣,大家的辛勤努力最终形成了此研究成果。

本课题研究从 2016 年 6 月获得国家社科立项开始,在课题组成员共同努力下,终于完成了全部预期制定的研究内容和研究计划及个案调研报告,于 2021 年初形成了总报告,上报全国哲学社会科学工作办公室后于当年 5 月以"良好"通过结题,部分研究已公开发表。在课题完成过程中,得到了西藏自治区体育局、新疆喀什体育局、新疆巴里坤哈萨克自治县文化体育广播影视新闻出版局、甘肃肃北蒙古族自治县公安局、内蒙古自治区体育局、内蒙古体育职业学院、内蒙古东乌珠穆沁旗文体广电局、内蒙古额济纳旗政府、内蒙古阿尔山市文体局、内蒙古满洲里民宗局、内蒙古呼伦贝尔体校、内蒙古额尔古纳市文体广电局、广西靖西市文体广电局、广西那坡县文体局、广西东兴宣传部、云南沧源县政协、云南江城县文体局、云南省文山州及县文化广电体育(旅游)局、云南富宁县人大、云南怒江州民委、吉林延边汪清县文化馆、黑龙江佳木斯大学等单位及相关领导的大力支持,中央民族大学的博士研究生袁娇、张哲、代嘉、李云鹏等,硕士研究生王勇利、刘炳林、邓军辉、贾云丽、黄海贵、刘博、白俊、卢英、王伟、王瑞、韦蓝诗、陆雯斯等,本科学生白一莛、包欢欢、梁心铭、杨文婷、兰璇等协助课题组完成了收集资料、摄像、访谈、田野日志、调研报告、整理成果等方面的工作,还得到了北京体育大学熊晓正教授、中央民族大学王建民教授和庄晨燕教授、教育部人文社会科学重点研究基地中央民族大学中国少数民族研究中心副主任丁娥、北京交通大学何玉芳教授、云南大学彭多毅教授、内蒙古体育职业学院殷俊海教授、吉林延边大学李梅花教授、成都体育学院王红珅教授、北京理工大学的孟光云副教授等专家适时的指导,同时,提出大量的建议,并给予了热情的鼓励和支持。没有他(她)们的帮助,本课题研究就不会顺利完成,对他(她)们的帮助深表谢意。

本课题从开始调研直至最后收稿,虽然历经 4 年半,但由于我们对民族学人类学的理论与方法学习不透、不系统,中国与 14 个国家接壤的边境线陆地国界线比较长,涉及少数民族数量大、人口众多,受经费、时间、语言、交通、边境、地理等因素限制,在调研中不够全面;再加上项目经费限制,不可能跨出国界线进行调研,只能在边界村寨对过来赶集、走亲戚、贸易的边民进行访谈,田野调查还不够细致,有许多错误在所难免,希望得到专家、学者和研究跨界民族、体育人类学的同行们批评指正。

前　言

　　今天,"一带一路"共建 10 年,吸引了世界 3/4 国家和 20 多个国际组织参与,给世界带来了引人注目的深刻变化。本研究认为,民族的就是世界的,传统体育作为民族文化的一部分,作为一种身体运动的文化,是人们在社会生活过程中所创造和独有的文化活动,是人类的基本文化现象,其保留、传承、交流和互动都对社会起着不可或缺的作用。我们坚信,"一带一路"沿线国家共同增强推动"人类命运共同体"理念认同,以惠民众、利民生、通民心为行动目标,不断深入民间交往,共同打造一批优质传统体育文化品牌项目和活动,建立"一带一路"沿线国家体育合作机制,共同推进民族传统体育文化促进"一带一路"沿线民族民心相通与交往。

韦晓康
2023 年 11 月

摘　要

中国疆域广阔,国境线绵长,与众多国家比邻而居,历史的发展变迁使得边境线上居住着不少跨界民族。跨界民族作为中国56个民族之一部分,同时也是邻近国家组成部分的重要民族,因此跨界民族的发展对于本民族团结一致、本国的和谐稳定、国际秩序的自由有序,都起到了至关重要的作用。然而,边疆问题一直是国家政治治理的一大关键,跨界民族问题也是学术界近年来一直关注的焦点。宗教冲突、文化渗透等不和谐因素侵扰着边疆的安宁。国家一直在引导健康的友邻关系,提出"一带一路"的倡议、人类命运共同体的提议,是新时代国际关系发展的趋势。

跨界民族传统体育作为民族文化的一部分,作为一种身体运动的文化,是人们在社会生活过程中所创造和独有的文化活动,是人类的基本文化现象,其保留、传承、交流和互动都对社会的发展起着不可或缺的作用。跨界民族在"一带一路"倡议中因其具有相似的文化背景、相近的价值取向以及一脉相承的社会习俗和习惯法,在推进"一带一路"发展进程中扮演着开拓者和信使的角色,在政治互信、经贸互通、文化互动等方面发挥了重要作用。

本课题在田野考察基础上,以"一带一路"上中国与14个国家陆地接壤所涉及省、自治区跨界民族为调查对象,运用人类学、社会学、民族学、体育学、类型学等多学科理论,对跨界民族传统体育文化的历史地位与作用进行分析与讨论,从而提炼出跨界民族传统体育文化的价值特征,增强"一带一路"沿线跨界民族文化认同,力促民心互通,有助于加强跨界民族大团结,建设边疆区域各民族共有精神家园,实现对民族传统体育包含的多民族文化元素背后隐藏的文化交流和民族交往桥梁等功能的研究,在服务于"一带一路"建设的过程,探索一条民族传统体育文化传承、发展的新路径。

共生、交流与发展：跨界民族传统体育文化的人类学调查

1. 跨界民族共有的传统体育文化活动在增进文化认同、化解边境矛盾、促进边民交流，历史上曾经发挥过积极的作用，在我国和平崛起的当下，更是一种不能忽视的文化资源，应予以重视。跨界民族传统体育文化活动是"一带一路"建设与边境地区开发的文化黏合剂与文化润滑剂，应立足服务于"一带一路"倡议，同时"一带一路"倡议也为民族传统体育文化发展提供了新的历史契机与新的发展出路，在服务"一带一路"建设中获得自身的发展，将是跨界民族传统体育文化路径的优选。创新性提出了"跨界民族共有传统体育文化"概念，以此作为跨界民族体育文化的甄别标准。加强对跨界民族共有传统体育文化的挖掘、整理、改造、创编等工作，是继承保护与改革创新少数民族传统体育文化实现复兴的必由之路。

2. 跨界民族因为居住在不同的国家，所处的人文环境和自然环境有所差异，因此在民族特征、民族发展过程和现状、民族心理素质上都会具有一定的特殊性。借鉴类型学分类方法对跨界民族进行分类，首次全面系统调查和梳理了跨界民族主要涉及的双边或多边少数民族、单边少数民族两个类型跨界民族共有传统体育文化资源，基本摸清了35个跨界民族（人）共有民族传统体育文化的基本存活现状，许多共有传统体育文化是在田野调查中的新发现。跨界民族在长期的历史发展过程中，依据所生存的地理环境和自然条件，在生产生活实践创造了丰富多彩的传统体育文化，但由于民族迁徙、文化认同以及跨界而居等现实因素，以及面对不同国度和社会制度的影响而形成的具有跨界民族特性的文化。文化始终是变化的，跨界民族传统体育文化在形成有机整体的过程中并非是静态的，而是动态发展变化的。时代的发展不仅需要传统体育文化的延续，还需要不断演绎和设计形成新兴传统体育文化，进而满足人们的需要。跨界民族传统体育文化要在边境区域形成共生共享的合作与发展模式，形成共生共存的传统文化扩散系统模式，对实现共赢共享共荣的人类命运共同体具有重大意义。

3. 纵观历史，跨界民族自古以来便是一族同胞，有着共同的语言、相同的民俗、相同的信仰，血缘相亲与地缘相近使得跨界民族一直保持着密切的关系，民间往来自由且频繁。跨界民族之所以为跨界民族，不外乎三个因素：一是战乱分离，二是族群迁徙，三是民族国家建立而进行的政治勘界，这些原因使得同一民族分属不同的国家或地区，形成跨界民族。传统体育文化始终贯穿于跨界民族的历史交往中，是情感交流的

纽带，它不仅象征着一种民族文化的特质，而且还承载着一个民族的历史记忆。民俗节庆、地区或全国性少数民族的运动会、世界性的民族运动会等节日赛事活动不仅能够加强民族情感、相互协作信任、规则遵守等社会整合功能，同时还能使记忆得到强化、历史得到重温、文化得到传承、价值得到引领，而且还有强化民族意识和民族认同的功能，在每一次体育互动的过程中，都不断唤起民族成员的情感凝聚，不断强化跨界民族内部的共同认知，在数千年的历史发展中延续至今。

跨界民族传统体育文化发展到今天，受到政治、经济、文化等因素的影响，其内涵、内容、形式、功能和意义都发生了很大的改变。今天的传统体育更多是以官方节日庆典、非遗传承以及民间游戏的形式而存在，其活动的场景从田间地头转变为展示舞台，保护和传承的制度规则也从无序变为有序，结合现代的管理和宣传方式，传统体育也因此逐渐向娱乐性、戏剧艺术的方向演化发展，具有民族性、跨地域性、适应性、娱乐观赏性、时代性、延续性、多元性和包容性的文化特征。传统体育文化与政治功能、经济效益结合得更加紧密，在新时代背景下不断焕发新的生机。

4. 跨界民族传统体育作为两国或多国共有的体育文化，不仅具有国内少数民族传统体育文化所具有的地域性、生产生活性、祭祀性及多样性，还具有与国内少数民族传统体育所不具有的共有性、国际性、融通性和外交性，这些共性和特性使得跨界民族传统体育文化在国际、国内具有非常重大的价值。它是中华民族传统文化的重要成员，作为体育活动具有体育所具有的本质、基本的健身价值和娱乐价值，在国界线的两边，结合独特的风土人情在跨界旅游中具有巨大的经济价值，举办跨界民族传统体育活动，以跨界民族传统体育文化的交流为舞台，能带动相关领域的经济合作和旅游业的发展，此外还赋予了跨界民族传统体育政治价值，作为新时期和邻国进行外交的手段之一，跨界民族传统体育在展示中国形象、传达中国外交理念、加强与邻国的交流交往中担任重要责任。尤其作为跨界民族交往的桥梁发挥着特殊的作用。跨界民族由于历史、地缘、血缘、业缘等方面具有天然的联系，在语言、饮食、宗教、习俗等方面具有相似性，因此跨界民族在生产生活中都有着密切的交往，但是同时跨界地区由于地理位置多在远离国家中心的偏远地区，地势复杂，跨界来往频繁也使得这些地区的黄赌毒、人口非法流动、宗教渗透等社会问题严重。跨界民族传统体育则为解决、缓解这些社会问题提供了出路,跨界民族体育不仅为跨界民族的交往提供了平台,还扩大了跨界民族之间的交往空间,跨界民族传统体育活动的开展为跨界民族之间的交往提供了健康、积极向上的文化环境,对人们之间的和谐交往产生影响,并能将健康、积极的生活态度、价值观传达开来。还能在开展共有或相似的体育活动中培养民族认同。运用多学科理论对跨界民族传统体育文化的历史地位与作用进行分析与讨论,从而提炼出跨界民族传统体育文化的价值特征,增强"一带一路"沿线跨界民族文化认同,力促民心互通,有助于加强跨界民族大团结,建设边疆区域各民族共有精神家园。

5."一带一路"倡议和建设不仅在中国的历史上是浓墨重彩的一笔,而且对沿线参与国家来说也是国家发展历程上重要的转折点。"一带一路"通过多种形式的合作、交流,链接沿线国家的政治、经济、文化、民心等多领域、多方位的合作,与沿线国家共享经济、政治、文化发展,积极构建真正的命运共同体。"一带一路"为我国沿线通道上的省市提供了难得的机会和机遇,那么对于跨界民族传统体育文化来说,尤为如此,跨界民族传统体育文化凭借在区位优势、政策优势、资源优势、文化上的共有性可以搭上"一带一路"的顺风车,为更好地建设"一带一路"贡献自己的力量,同时也能借此机会为自身的发展谋求机会。具体来说,"一带一路"为跨界民族传统体育在国内外的文化认同方面提供了机会,提高大家对民族传统体育的认同,让民族传统体育活动走出国门,进入西方人的视野,提高西方人对中华民族传统体育的了解、认识。在"走出去"的过程中与商贸活动联袂,相互促进,形成联动,促使民族传统体育文化多元一体格局与中西方体育的多样化共存,打破西方体育独霸体育领域的局面。当然在"一带一路"建设中,跨界民族传统体育必须找准定位,服务于国家的整体战略,采取合适的路径、方式、策略,来为促进国家文化繁荣发展、提高我国传统体育文化的国际影响力、稳固国防等方面做出努力和应有的贡献。

6.文化是一个复杂的整体,文化所涉及的每一个部分都存在联系,并且都相互影响,同时文化场域也会不断和其他场域发生相互作用。跨界民族传统体育作为民族文化的一部分,作为一种身体运动的文化,是人们在社会生活过程中所创造和独有的文化活动,是人类的基本文化现象,其保留、传承、交流和互动都对社会的发展起着不可或缺的作用。跨界民族传统体育文化的交流主要受到四个方面的影响。一是思维方式。思维方式是自身受到外界影响所形成的看待事物的认知方式,不同国家的政治制度和经济发展水平之间的差异是影响国家之间互通往来的关键因素,对于人们看待事物的认知观念和态度起着根本性导向作用,也因此会对跨界民族的传统体育交流带来一定的阻碍作用。但适时的政策方针以及合适的经济互补发展则会对跨界民族的交流起到促进作用,"一带一路"倡议的提出以及一系列振兴边疆政策、经济互市口岸的建立都使得跨界民族之间、中国与周边国家之间寻找到和谐共生的方向,从而促进跨界民族传统体育文化的交流。二是价值取向。边民们对跨国界往来交流的观念和对边疆建设政策的认知会直接左右跨界民族实际的交流行为,同时跨界民族的民族认同与国家认同也会影响民众的价值取向,指导他们做出相应的行为。而价值取向,除了自身的认知以外,还容易受到思维方式和文化背景的影响。三是文化背景。所属国家的主流文化和民族政策是影响跨界民族传统体育文化发展走向的重要因素,为了适应社会的发展,传统文化作出相应的变迁。此外,今天传统文化的发展离不开对全球化的讨论,跨界民族也不例外,全球化一方面对跨界民族传统文化带来冲击,另一方面又为其提供了多元的选择,使得传统体育文化可以朝着"多持续发展"的共生道路发展。四是习俗与习惯法。习俗与习惯法与传统体育文化相互作用、相互影响,跨界民族相同的习俗与习惯法能唤起人们的认同感,增强凝聚力,促进跨界民族传统体育文化的交流。这四个因素共同作用于跨界民族这个复杂的共同体中,相互交织、相互影响,并非能单一地进行解剖说明。它们在场域中发挥的社会功能,影响着跨界民族传统体育文化的交流。

7. 跨界民族传统体育文化蕴含了民族传统文化最深厚的底蕴,是中国文化的象征符号体系,在"一带一路"倡议中加强跨界民族传统体育文化的交流与合作,不仅有利于民族传统体育文化的繁荣,也有利于中华传统文化的发展,更利于提升我国的文化软实力。跨界民族在"一带一路"策略中具有相似的文化背景、相近的价值取向以及一脉相承的社会习俗和习惯法,在推进"一带一路"发展进程中扮演着开拓者和信使的角色,在政治互信、经贸互通、文化互动等方面发挥了重要作用。在"一带一路"倡议实践过程中也会遇到诸如恐怖主义、宗教势力、地方保护主义等因素的阻挠,使跨界民族传统体育文化发挥极具优势的交流互动显得尤为关键。跨界民族传统体育文化在"一带一路"倡议的契机下,促进边疆稳定和政治互信,促进相关产业合作,增强了跨界民族文化认同。当前跨界民族传统体育面临着传承与发展危机,一方面是跨界民族受经济全球化及现代性冲击,主体创造力面临不能延续的危机;另一方面是跨界民族传统体育的身份已经被西方体育所替代。"一带一路"倡议对于跨界民族传统体育犹如雪中送炭,以积极有力的帮扶政策为跨界民族传统体育注入强劲的政治动力,日渐密切的经济贸易往来为跨界民族传统体育发展奠定坚实的经济基础,为跨界民族传统体育搭建了一个全球性的平台,营造积极且良性的发展氛围。通过推动"命运共同体"理念认同,建立跨界民族体育合作机制;拓展多领域互动路径,提出与时俱进的中国方案;构建跨文化传播路径,打造多维传播空间,提升国际话语权,共同推进民族传统体育文化促进"一带一路"跨界民族交往。

关键词:跨界民族;跨界民族共有传统体育文化;一带一路;命运共同体。

目 录

第一章 导论 ………………………………………………………… 1
  第一节 选题依据 ………………………………………………… 1
  第二节 国内外研究动态 ………………………………………… 8
  第三节 理论基础与概念界定 …………………………………… 21
  第四节 研究对象与方法 ………………………………………… 40

第二章 跨界民族传统体育文化资源概述 ………………………… 53
  第一节 跨界民族类型及其分布 ………………………………… 53
  第二节 跨界民族传统体育文化存量资源类型 ………………… 62
  第三节 跨界民族传统体育文化的形成 ………………………… 96

第三章 跨界民族传统体育文化交流的历史经验与现状 ………… 120
  第一节 民族传统体育文化是跨界民族
        历史交往的重要途径 …………………………………… 121
  第二节 跨界民族传统体育文化交流的生存现实 ……………… 149
  第三节 跨界民族传统体育的文化变迁 ………………………… 161

第四章 跨界民族传统体育文化的价值与作用 …………………… 176
  第一节 跨界民族传统体育文化的特点 ………………………… 176
  第二节 跨界民族传统体育文化的价值 ………………………… 189
  第三节 民族传统体育文化作为跨界民族交往
        桥梁的特殊作用 ………………………………………… 198

第五章 跨界民族传统体育文化认同与"一带一路"
       建设实施的关系探讨 …………………………………………… 212
  第一节 "一带一路"倡议下跨界民族传统体育文化的机遇 … 213

第二节　跨界民族传统体育文化融入"一带一路"
　　　　　　建设的优势分析……………………………………　228
　　第三节　跨界民族传统体育文化在"一带一路"
　　　　　　建设中的定位………………………………………　240

第六章　影响跨界民族传统体育文化交流的主要因素………　251
　　第一节　影响跨界民族传统体育文化交流的根本性因素——
　　　　　　思维方式……………………………………………　252
　　第二节　影响跨界民族传统体育文化交流的基本因素——
　　　　　　价值取向……………………………………………　264
　　第三节　影响跨界民族传统体育文化交流的必要因素——
　　　　　　文化背景……………………………………………　269
　　第四节　跨界民族传统体育文化交流的重要条件——
　　　　　　习俗和习惯法………………………………………　277

第七章　民族传统体育文化促进"一带一路"
　　　　跨界民族交往的策略……………………………………　280
　　第一节　"一带一路"对跨界民族传统体育文化作为交往
　　　　　　桥梁的现实意义……………………………………　280
　　第二节　"一带一路"为跨界民族传统体育文化作为交往
　　　　　　桥梁提供发展契机…………………………………　290
　　第三节　推进民族传统体育文化促进"一带一路"跨界民族
　　　　　　交往的实现路径探析………………………………　297

参考文献…………………………………………………………………　315

附件………………………………………………………………………　338

第一章 导 论

在2014年开幕的博鳌亚洲论坛年会上,中国全面阐述了亚洲合作政策,并借用古代"丝绸之路"的历史符号,着重强调对"一带一路"(英文:One Belt and One Road,缩写:OBAOR或OBOR)推进的建设。在2014年11月4日中央财经领导小组的第八次会议上,习近平总书记指出:"丝绸之路经济带和21世纪海上丝绸之路倡议顺应了时代要求和各国加快发展的愿望,提供了一个包容性巨大的发展平台,具有深厚历史渊源和人文基础,能够把快速发展的中国经济同沿线国家的利益结合起来。要集中力量办好这件大事,秉持亲、诚、惠、容的周边外交理念,近睦远交,使沿线国家对我们更认同、更亲近、更支持。"2015年3月28日,由国家发展改革委、商务部、外交部联合发布《推动共建丝绸之路经济带和21世纪海上丝绸之路的愿景与行动》。"一带一路"倡议正式实施,旨在将和平发展旗帜高举,与沿线国家积极主动发展经济合作的伙伴关系,打造一个共同的政治互信、文化包容、经济融合的责任共同体、利益共同体和命运共同体。

第一节 选题依据

一、选题缘由

中国疆域广阔,国境线绵长,与众多国家比邻而居,历史的发展变迁使得边境线上居住着不少跨界民族。跨界民族作为中国56个民族一部分,同时也是邻近国家组成部分的重要民族,因此跨界民族的发展对于本民族团结一致、本国的和谐稳定、国际秩序的自由有序,都起到了至关重要的作用。然而,边疆问题一直是国家政治治理的一大关键,跨界民族问题也是学术界近年来一直关注的焦点。宗教冲突、文化渗透等不和谐因素侵扰着边疆的安宁。国家一直在引导健康的友邻关系,提出"一带一路"的倡议、人类命运共同体的提议,是新时代国际关系发展的趋势。

"一带一路"是一个需要合作发展的倡议和理念,而不是机制和实体,是充分依托中国与相关国家既有的双边、多边机制,借助已经实行的且有效的区域合作平台。对于倡议"一带一路"在亚洲的实施,习近平总书记指出:"以亚洲国家为重点方向,率先实现亚洲互联互通。"中国实施"一带一路"倡议,具有独特地理位置的亚洲地区无疑是国际外交关系的重要区域,是中国周边环境的重要组成部分。中国在亚洲区域实施"一带一路"倡议,将更进一步建立深层次的全面合作伙伴关系,也标志着中国与亚洲各国的关系将会进入新的发展阶段。如何进一步加强与亚洲各国的合作与交流,从而建立全面的合作伙伴关系,实现双方共赢,是中国目前仍然面临的问题。习近平主席对"一带一路"提出的5点建议里,其中有两点非常重要:"1. 以经济走廊为依托,建立亚洲互联互通的基本框架。2. 以人文交流为纽带,夯实亚洲互联互通的社会根基。"即通过文化作为交流与合作纽带,成为中国与亚洲各国政治、经济发展的稳固后盾。

人类在进行社会交往和交流时必须有相应的语言,在众多语言中,体育是一种十分国际化的形体语言。从新中国成立至今,体育在外交方面发挥着非常重要的作用,但运用的是西方竞技体育。作为体现中华民族智慧的传统体育文化,在人类生存、发展与交往中,一直发挥着作用,但还自陷于本土区域研究,需要有一种与时俱进的认识上的突破。今天我国"一带一路"倡议的提出引起了学界广泛重视。"一带一路"借用了历史符号古代"丝绸之路",季羡林先生说:"横亘欧亚大陆的丝绸之路,稍有历史知识的人没有不知道的。它实际上是在极其漫长的历史时期东西方文化交流的大动脉。"① "丝绸之路"不仅是各国政治沟通、贸易往来的国际通道,也是各国、各地区和各民族多元文化碰撞交流的文化线路。2013年习近平主席提出共建"丝绸之路经济带""21世纪海上丝绸之路"的倡议,这是中国承担大国责任,共同打造政治互信、文化包

---

① 李明伟. 丝绸之路贸易史研究[M]. 兰州:甘肃人民出版社,1997:656.

容、经济融合的责任共同体、利益共同体和命运共同体。在"一带一路"沿线上,与14个国家接壤的边境线上有35个跨界民族,许多跨界民族世世代代紧密联系在一起,形成了互惠关系而构筑起来的共同的节令习俗及传统体育文化。在"一带一路"的建设中,文化建设先行的理念成为政治家和学人的共识。民族传统体育作为跨界民族流传最广泛、历史最悠久、影响最深远、生活中最活跃的传统文化,现存共有传统体育文化资源多少?其历史地位和作用的表现?现今能否在"一带一路"建设中发挥独特的"粘合剂"文化纽带作用?应该受到学界关注。同时,"一带一路"建设也为民族传统体育文化的保护、传承与发展,提供了新的机遇与舞台。因此,在改革开放40多年的今天如何继续塑造中国与周边国家良好的国际环境,用人文交流保持睦邻友好关系,形成跨界民族相互之间平等相待、互利合作的伙伴关系,开展"一带一路"跨界民族共有民族传统体育文化的调查研究成为了近期我国体育界关注的焦点。

本课题以"一带一路"沿线中国与14个国家陆地接壤所涉及省、自治区跨界民族为调查对象,着力于"一带一路"沿线跨界民族共有民族传统体育文化的调查研究,选取我国边境跨界民族共有民族传统体育文化的典型个案,以扎实、深入的实地调研为突破口,找到其深层的特点和规律,因势利导,使之健康发展。为弘扬民族优秀传统文化,促进民族团结,维护社会稳定发展,促进中华民族多元一体格局构建做出一份努力。

二、选题意义

本课题通过跨界民族共有的民族传统体育文化所体现的情感塑造,传承与发展传统文化,跨界民族的心理认知和心理感受以达到文化认同,从而治理边疆社会,为我国新形势下边境民族文化交流与合作创新提供国际经验参考,为"一带一路"倡议的顺利实施提供支持,最终实现"一带一路"倡议目标,这才是最重要的。

(一)揭示"一带一路"上跨界民族悠久的历史文化及民族关系

自古以来,中国与14个国家接壤的边境线上的跨界民族交流往来从未停止,边境线上两国或三国边民互通有无、贸易通婚,在长期的互助交流中形成了亲密友好的关系。即便是在一些特殊时期,跨界民族也在悄悄地进行民间贸易和往来[①]。边民在观念上认同他们虽然分居不同的国度,有的族称不同,但同根同源,同属于一个祖先,语言、习俗几乎无异。悠久的历史和长期的民族交往为我们研究跨界民族的民俗文化提供了历史依据。

因为社会环境的变迁,长期居住在不同的国家,受到不同国家的政治文化、宗教信仰、经济水平的影响,同源的跨界民族文化呈现出地域性和多元性。这就使得民俗文化圈分化出不同的文化丛,但因为相似的文化习俗产生一定的文化认同,这也使得文化圈出现了交叠的部分,这一部分就是跨界民族文化的同质性,就是本课题需要摸清的跨界民族共有民族传统体育文化基本存活状况,如何利用这些同质性寻求相邻国家现代化关系的共通点,利用这些传统体育文化资源促进边境社会的发展和相邻国家关系的友好往来,需要我们深入探讨。

(二)促进"一带一路"上相邻国家文化交流,加深相邻国家人民的深厚友谊

"一带一路"上相邻国家长久以来一衣带水,同耕一亩田,同饮一江水,同爬一座山,同牧一草原,尽管历史上有些相邻国家也纷争不断,但不可否认在现代化发展中,彼此不可或缺。在正确义利观下"一带一路"的主要目标是广交朋友,朋友多了路就好走了。我国几乎2/3的边界是安全和稳定的,有一个和谐友好的邻邦,有利于边疆的和谐稳定,在倡导和平与发展的今天,拥有一个互帮互助的邻居更是相当重要。国家之间的交流多以政治政策或经济合作作为主,而民间的往来则更多是以民俗文化为桥梁,互走亲戚,节庆同欢,对歌共舞,都是民间交往的方式。云南江城中、老、越三国丢包节,广西靖西市的龙邦风流文化街抛绣球活动,内蒙古满洲里则邀请俄罗斯文艺队共同表演节目,一同参加民族体育竞技。通过研究跨界民族共有传统体育文化,可以加深相邻国家人民的友谊,促进各民族的繁荣发展。

---

① 吕余生.中越壮侬岱泰族群文化比较研究[M].北京:社会科学文献出版社,2015.

（三）保护和传承中华民族优秀传统文化，向世界讲述中国故事

在民族发展变迁的过程中，受到内部整合分化和外部因素的冲击，有的文化得以保存传承下来，有的文化则在历史潮流中逐渐消失。作为一个民族内在气质的文化，也是一个民族的外在表征。一个民族若是失去了自己的文化，那么民族也就只成了一个代号罢了。各民族因其区域环境、历史渊源不同，使民族文化呈现出多样性。各民族文化都是中华民族文化宝库的瑰宝，共同组成了绚烂多彩的中华文化。跨界民族文化也是中华文化和跨界国家文化的重要组成部分，虽然国籍不同，但他们在社会、家庭、居住、饮食、工艺、服饰、道德观以及节日、娱乐、礼仪、信仰、婚嫁、丧葬等方面的习俗，都有着许多共通的、相似的地方。因此我们就有责任来保护和抢救这些对人类社会有价值的各种文化[①]。多民族多文化造就了多元文化的局面，但中华民族儿女的身份是每一个国民的共识。每一种民族文化都是中国独一无二的代表，在保护和传承中华民族优秀的传统文化同时，也是在向世界展示中国的软实力。通过对跨界民族共有传统体育文化的研究，可以保护和传承民族优秀传统文化，展示中华文化的源远流长和博大精深，更好地向世界讲述中国故事。

（四）有利于推动相邻国家边境地区经济的发展，推动"一带一路"倡议合作的实施

中国与14个国家接壤所涉及的省、自治区是"一带一路"建设敲定的省份，也是国家西部大开发战略的重点扶持省份。作为与14个国家接壤的民族地区，具有独特的地理优势和民族特色，形成了当地的旅游资源，互市口岸、异国风情、历史遗迹吸引了大量游客。心通路就通，"一带一路"倡议就是广泛交朋友，中国东盟自由贸易区的成立，"两廊一圈"合作战略的签署，孟中印缅经济走廊、中国—中亚经济走廊、中俄蒙经济走廊等地区经济带的合作模式，不仅构成了经济上的合作往来，也带动了边境跨国旅游业的发展。如今"一带一路"倡议的提出，给边境城

---

① 吕余生.中越壮侬岱泰族群文化比较研究[M].北京：社会科学文献出版社，2015.

市提供了更为广阔的发展空间。在经济快速发展的时代,文化软实力越来越成为国家发展的重要条件,是国际交往的重要桥梁。民族传统体育作为文化软实力之一,是建立友谊的载体,同样可以在国际交往中发挥独特的"粘合剂"文化纽带作用。

(五)有利于维护国际关系的和谐友好,促进边疆稳定、民族团结,构筑人类命运共同体

边疆问题一直是国家政治关注的重点。中国由于历史悠久,长期的族群纷争遗留下来的问题,加之国力强盛发展迅速,西方国家虎视眈眈,"中国威胁论"甚嚣尘上,内部的不和谐因素勾结外部的反动势力,一直威胁着边疆的安宁。跨界民族不同国籍但同一族源,边民通商互动、探亲通婚,文化认同是维系民族和谐的根本。

习近平总书记在党的十八大报告中首次提出了"人类命运共同体"的议题。跨界民族既有共同的传统文化,也有不同或变异的传统文化,各自的文化走向也会受生活环境的影响不尽一致,但由于同根同源、同处一块区域,在各自的变迁和发展过程中,既相互牵动、相互影响,又相互渗透。研究跨界民族共有传统体育文化,是在保护和传承本国民族优秀传统体育文化的同时,保护邻国的文化精髓,减弱国界对于百姓生活的限制力,加强同一民族内部的向心力。既是一家人,就应当共同维护家庭的稳定,推动家庭的向前进步。现代化潮流已经将世界连成一体,荣辱与共,没有人能独善其身,"人类命运共同体"意识应当被世人所重视。

三、学术价值和应用价值

2013 年习近平主席提出对"丝绸之路经济带""21 世纪海上丝绸之路"建设的重要倡议,这是中国承担大国责任,共同打造政治互信、文化包容、经济融合的责任共同体、利益共同体和命运共同体。我国拥有漫长的陆疆和海疆,30 多个民族跨境而居,人口合计达 6600 多万,他们共同创造和形成的民族传统体育文化,能否在民族生存、发展和交往中发挥重要作用?

第一章　导　论

（一）独到学术价值

第一，摸清"一带一路"上跨界民族共有民族传统体育文化的基本存活情况。通过历史上流传至今的民族传统体育文化对跨界民族的历史关系进行一个初步调查研究，对"一带一路"上跨界民族传统体育文化当代流传情况以及社会组织、传承人等的现状和传承境况进行系统梳理，为学术界对相关问题进一步深入研究储备必要的资料数据。

第二，考察跨界民族传统体育文化的历史地位与作用。借鉴类型学分类标准运用到体育文化学的分类研究中来，抽取典型性和代表性民族传统体育类型进行历史考察，从而提炼出跨界民族传统体育文化的价值特征，增强"一带一路"上跨界民族文化认同，力促民心互通，有助于加强跨界民族大团结，建设边疆区域各民族共有精神家园，实现对民族传统体育包含的多民族文化元素背后隐藏的文化交流和民族交往桥梁等功能的研究，为体育学提供一个交叉研究的范例。

第三，回应我国"一带一路"相关研究，以跨界民族共有传统体育文化为中心，考察民族传统体育文化与民族宗教和民族节日的关系，探讨长期共存和与时俱进的现实途径与实现形式，从体育文化视角补充我国跨界民族的相关研究。

（二）应用价值

第一，民族传统体育具有健身性、娱乐性、民族性等特性，选择"一带一路"沿线跨界民族共有传统体育文化的典型案例，通过扎实、深入的田野实地调研，提供相关地区以及其中跨界民族的可靠传统体育文化知识信息，为"一带一路"建设提供准确的文化资源信息。

第二，"一带一路"要以经济发展为依托，文化作为交流与合作的纽带不容忽视，特别是具有特殊情感交流的民族传统体育文化更需要发挥作用，为周边地区发展战略的制定提供参考和文化景观。

第三，"一带一路"是经济走廊、是文化和民族传统体育文化走廊，是跨界民族融合和共同发展的走廊，世代流传下来的传统体育文化不仅在历史上为人类生存、发展与交流发挥作用，在现今跨界民族长期和谐共处中同样也做出了重要贡献，为民族传统体育文化保护与传承提供新的参考。

第二节 国内外研究动态

一、国内研究述评

自 1980 年以来,中国学界已基本确立了跨界民族研究的框架,研究成果颇丰,多是涉及概念、形成、跨界民族问题、民族认同、国家安全与外交等方面研究。

(一)跨界民族文化与"一带一路"的研究

1. 对外政治发展的视角

在"一带一路"倡议中对外发展政治走向的意义可以归纳为以下四个方面:一是对外政策的实施意义。"一带一路"倡议将推动落实中国经济外交新战略,积极参与多边政策框架的改革,加强亚太地区经济合作,在坚持经济全球化方向的基础上,逐步建立信任、威望与朋友圈,鼓励更多的利益相关者参与,共同推动国际经济体制改革[1]。二是地缘政治的共同维护。"一带一路"倡议有助于维护国家政治安全、实现化敌为友,共同搞经济建设,有福同享、有难同当[2];有助于连接主要的欧亚大陆战略枢纽区,把世界经济地图的东亚、西欧和北美三大经济板块中的东亚和西欧紧密地串联了起来,使中国成为参与欧亚大陆战略的重要力量,确保中华民族伟大复兴[3];有助于在平等互利、务实合作的基础上促进伙伴国合作的共同发展,是在合作框架下的共赢合作,共建责任共

---

[1] 黄益平.中国经济外交新战略下的"一带一路"[J].国际经济评论,2015(1):48-53.
[2] 张文木.千里难寻是朋友,朋友多了路好走——谈谈"一带一路"的政治意义[J].太平洋学报,2015(5):46-58.
[3] 杜德斌,马亚华."一带一路":中华民族复兴的地缘大战略[J].地理研究,2015(6):1005-1014.

同体、利益共同体和发展共同体,从而与二战后美国推行的马歇尔计划拉开距离①。三是加强与合作国家的互动。"一带一路"倡议意味着以古代东亚秩序精髓引领国际新秩序构建,针对不同利益的世界各国采取共建、共商、共享、共赢、共安全的践行措施,与大家和合不零和,竞合不竞争,结伴不结盟,搞五湖四海,不搞山头主义②;继续紧密加强中国与阿拉伯国家的合作,将对阿拉伯世界政治转型产生影响,也会受制于相关国家的内部局势动荡,与阿拉伯国家建立高度独立、平等的合作模式,将促进阿拉伯世界从根本上摆脱西方国家对他们的控制,走上独立发展道路③。为此,中国应当在公共外交方面采取必要措施,"在对待阿拉伯世界公共外交战略方面,应从目前公共外交的防御性转向公共外交的建设性,从政府主导向多元主体参与公共外交的网络化转变,为中国梦的实现去创造国际环境。在未来,应从完善协调各方的体制机制、制定统筹全局的战略规划、坚持以人为本、鼓励公共外交非政府组织参与四个方面,来推动我国对阿拉伯国家公共外交体系的建设"④。四是正确面对政策实施的困难。实施"一带一路"的倡议可能面临"区域内的国家存在疑虑、内部关系有待理顺、大国暗中掣肘、建设与维护基础设施的成本不小,我国的企业是否能够胜任开发重任"等传统安全和非传统安全双重挑战。基于此,我国在推动"一带一路"的规划时,可以以正确的义利观作为指导,对外交流要积极加强和开展,整合内部资源,优化战略布局,打消沿线国家的疑惑,加强国内企业风险承受力和义利观的提升⑤。看来,"一带一路"倡议的最大优点就是为合作伙伴国家做实事,是真正带动亚洲区域的经贸发展和合作,若能够在亚洲范围内赢得更多支持者,中国将作为"可靠的心脏"来支撑亚洲脉搏的跳动,滋养并维系亚洲命运共同体纽带和脉搏的将是"一带一路"。

---

① 金玲."一带一路":中国的马歇尔计划?[J].国际问题研究,2015(1):88-99.
② 金雄.东亚秩序与一带一路发展战略[J].延边大学学报,2015(3):5-10.
③ 赵菡菡."一带一路"与阿拉伯地区的政治走向[J].人民论坛,2015(17):231-233.
④ 张弛."一带一路"战略视角下构建中阿公共外交体系初探[J].回族研究,2015(2):112.
⑤ 何茂春,等."一带一路"战略面临的障碍与对策[J].新疆师范大学学报(哲学社会科学版),2015(3):36-44.

2. 对外经济发展的视角

近期关于"一带一路"发展的研究成果,大多从以下四类经济发展角度解读:一是发展经济的意义。"一带一路"倡议是中国参加21世纪全球和区域治理的顶层设计,表明中国进入引领和推动全球的经济变革与治理新阶段,为全球的经济变革与治理提供公共产品输出,努力体现中国负责任的地位与作用,是对全球经济治理理论的重大贡献[①];是中国在新时期对外开放的全方位扩大,与发展中国家携手共进,将提升经济增长的短板、进而培植世界经济增长点作为新思路引导,在外交战略、开放国策、促进增长目标、结构调整等方面形成互动的良性关系,希望中国能够有机会向世界展示,在广大发展中国家,中国是可靠得力的合作发展伙伴,与广大发展中国家共谋发展而获得广泛利益[②]。二是发展策略的制定。"一带一路"倡议的实施需要理顺中央与地方、历史与现实的关系,以"亲诚惠容"理念形成全面合作创新发展方式,如"在南亚地区,孟中印缅与中巴两个经济走廊将是区域合作的突破口;在东北亚地区,中俄蒙韩朝有可能作为次区域合作的一个载体;在西亚地区,中国与海湾合作会启动的自贸区谈判已趋近尾声"[③];需要中国在全球战略框架下体现区域目标,创建多重双边伙伴关系,优先考虑东南方向,东南亚的整体性好、安全,有利于跨区域多边整合机制的建立[④];三是发展区域的布局。"一带一路"倡议包括在东北地区构建东北亚协作圈和桥头堡群,"一是将丹东作为中心,依赖辽宁沿海经济带,面向朝日韩,建设一个环黄渤海经济圈的桥头堡;二是围绕珲春这个中心,将图们江国际合作示范区作为依托,面向俄朝,建造成为环日本海经济圈的桥头堡;三是将满洲里作为中心,依靠内陆腹地,面向俄蒙,建造成为

---

① 毛艳华."一带一路"对全球经济治理的价值与贡献[J].人民论坛,2015(9):31.
② 卢锋,等.为什么是中国?——"一带一路"的经济逻辑[J].国际经济评论,2015(3):9.
③ 李向阳.构建"一带一路"需要优先处理的关系[J].国际经济评论,2015(1):54-63.
④ 储殷、高远.中国"一带一路"战略定位的三个问题[J].国际经济评论,2015(2):90-99.

内陆经济协作圈一个桥头堡"①；充分发挥中国西南地区特殊地缘的自身优势，"云南把昆明作为起点，渐次推进地缘层面，构筑沿边扇形开放带；广西将北部湾经济区作为轴心，内外扩展，建构孟中印缅经济走廊、大湄公河经济走廊以及中巴经济走廊三大经济圈"，在西南地区携手周边国家打通国际贸易大通道②；要求福建③、香港等地区发挥自身的历史文化和国际化优势，加强与东盟国家的合作，形成循序渐进、条理分明、互惠互利的合作框架④。四是作为产业发展的收益。"一带一路"倡议将有助于中国发挥与西亚等地区的双边贸易比较优势，"中国和西亚在贸易方面的竞争性较弱；他们之间贸易联系非常紧密，呈现了产业间的贸易特征；中国以工业制成品为优势产品，拥有能源资源则是西亚的优势，他们之间没有重叠的优势产品类目，各类产品在竞争优势上也表现差距较大，双方体现出强劲的贸易互补性"⑤；通过在南、北、西3个方向打通国际通道，加快内陆沿边地区主要口岸和沿边城市的发展，形成跨境经济合作区，成为边境地区新的经济增长极，推动边境地区整体发展水平的提高，进而对国内能源、物流、林业等产业产生拉动作用⑥。可见，"一带一路"倡议主要侧重于经济、文化的整合而不谋求军事上的霸权，大家共建"一带一路"合作伙伴关系，全面扩大与亚洲的贸易经济交往，尽快取得共同的亚洲区域经济一体化有着实质性的新突破。

---

① 刘国斌."一带一路"基点之东北亚桥头堡群构建的战略研究[J].东北亚论坛，2015（2）：93.
② 王志民."一带一路"背景下的西南对外开放路径思考[J].人文杂志，2015（5）：26.
③ 黄继炜.发挥福建优势，融入"一带一路"建设[J].福建论坛（人文社会科学版），2015（5）：141.
④ 张灼华、陈芃.中国香港：成为"一带一路"版图中的持续亮点[J].国际经济评论，2015（2）：88.
⑤ 韩永辉，等.中国与西亚地区贸易合作的竞争性和互补性研究——以"一带一路"战略为背景[J].世界经济研究，2015（3）：89.
⑥ 刘慧，等."一带一路"战略对中国国土开发空间格局的影响[J].地理科学进展，2015（5）：551.

（二）跨界民族及其文化认同的研究

1. 跨界民族的形成

"跨界民族"及相关理论的最早提出是中央民族大学陈永龄教授，中央民族大学还在1986年招收了首届"跨界民族研究"硕士研究生。关于跨界民族的形成方面，认为跨界民族就是分别在两个、两个以上不同国家里长期生活居住，却又保留着原来共同的民族文化，彼此相互认同同一个民族；跨界民族的形成，一是原来的同一民族居住在同一地区，但因为国界的划定而成为跨界（境）民族，例如中国新疆的柯尔克孜族、云南的佤族、西藏的门巴族和珞巴族等；二是由于民族人口迁居的结果而形成的跨界民族，如中国云南的哈尼族、景颇族、新疆的乌孜别克族等[①]。

2. 经济视角

根据经济贸易视角，跨界民族在云南的对外交流中起着积极的影响，主要有利用民族节日开展的贸易、边民互市、边境个体商人参与贸易等。此外，跨界民族之间还存在着其他一些交易形式，如一方边民到境外另一侧走村串寨进行物物交换，在商品经济比较发达的地区专门从事两国货币的兑换活动等[②]。由于地处边界，经济发展滞后，在不同的国家跨界民族所得到的地位和待遇是有差异的，在现实中还存在着这些差异性以及随差异所带来的心理效果，而不同国家因为政治不同、社会经济水准不同，对跨界民族的利益要求是难以满足的[③]；无论是中亚还是东南亚等地区许多跨界民族在各国处于非主体民族地位，居住也相对集中，导致了现代国家与民族概念之间的张力，以及这一张力在地缘政治层面上为外部势力操纵，是跨界民族问题形成的深层主因，边疆跨界民

---

① 胡起望.跨界民族探讨[J].中南民族学院报，1994（4）：49-51.
② 刘稚.论跨界民族与云南的对外开放[J].民族研究，1992（5）：15-17.
③ 王一鸣，乔蕊.加强跨界民族工作促进云南民族和谐——跨界民族研究的理论与现实[J].今日民族，2007（9）：53.

族地区经济文化与社会发展滞后只是表层诱因①。

3. 国家外交与文化认同的关联

从国际关系和外交的角度,我国一直坚持的周边外交基本方针就是坚持"睦邻、安邻、富邻",本着睦邻外交思想"与邻为善、以邻为伴",以跨界民族为桥梁与纽带,扩大和周边国家的友好往来,稳当解决跨界民族问题,努力改善边境安全环境,为协调跨界民族问题创造友好的外部环境②。跨界民族使中国民族问题可能影响中国与周边国家关系,关系到社会稳定、民族团结、边防稳固,因此要不断疏通、拓展和充分利用、尊重跨界民族同一族系的亲缘关系与民族感情,发挥跨界民族对中国开展周边外交的潜力,开展拓宽跨界民族研究的外延,力争促进与周边国家实现政治上互信平等、安全上协作对话、文化上借鉴交流、经济上共赢互利③。

在跨界民族文化认同方面,学界认为跨界民族问题的核心是认同问题,认同(identities)"以自我来界定,但同时是自我与他人交流往来的产物"④,第一,因跨界民族问题产生的地缘经济、地缘政治冲突不仅是经济或政治问题,也是文化的问题,它深远的根源通常是历史上建立的价值观念与具有感情基础的裂痕所引发的,而文化是一种决定性的深层次力量,一些看似表面上的政治冲突,实际上就是文化分歧的深刻反映,即重要且复杂的文化认同。所以,各民族经常把对本民族的认同放在首位,特别是通过传统文化提升民族认同,促进中国与周边国家关系⑤,认同问题是跨界民族问题之一,是跨界民族同国家安全关系的纽带,将认同问题解决了,就是将跨界民族和国家安全关系问题解决的核

---

① 李学保.新中国成立以来我国跨界民族问题的形成与历史演变[J].西南民族大学学报(人文社会科学版),2012(2):7.
② 李学保.跨界民族问题与中国国家安全:建国60年来的探索与实践[J].中南民族大学学报(人文社会科学版),2010(1):12.
③ 闫文虎.跨界民族问题对我国和平崛起的影响[J].安徽师范大学学报(人文社会科学版),2005(4):398-402.
④ 塞缪尔·亨廷顿.我们是谁?——美国国家特性面临的挑战[M].克雄,译.北京:新华出版社,2005:24.
⑤ 马曼丽.中国西北跨国民族文化变异研究[M].民族出版社,2003:209-210.

心理论问题①。第二，边疆跨界地区人际关系交往、互动与认同。交往是一个文化现象，哈贝马斯在20世纪80年代开始构建交往理论，该理论一出现就在整个人文社会科学领域产生了巨大影响，他认为言语有效性使交往活动不受干扰地继续下去。人类学对于"交往"解释，不光是指人类共同体成员内部间的交往与自我的认同，同时也是不同共同体之间的群体往来或个体跟其他个体的交往。人们相互交流，形成互动，强调认同、区分他人②。在边疆地区，跨界民族地区与周边国家毗邻地区的边境接合部山水相连，自古以来就有边民互市、通婚的习俗，并且保持着密切的经济文化交往和人情交往，人情是中国传统社会的伦理偏重，是形容人与人之间的联系，并且还带有了"礼"的成分③。跨界民族在族群文化、政治认同、宗教信仰、行为规范、族群认同、跨境婚姻等方面都存在着不同水平的效应共振，而制约、影响和谐发展的边疆地区往往就是这一效应④。第三，在跨文化交流中的文化认同，社会精英机敏地捕获了自身文化跟异文化两者存在着差别，自然而然地反省自身文化的特性与发展规律，借此进而强化或实现具有自身社会行为的文化理念，它涵括了部落起源、族群所属、语言文化、生活方式、文明形态、风俗习惯和宗教信仰等社会因素，是社会群体对自身历史记忆认同的主要载体。跨界民族不仅强化文化认同，还进行身份认同，促使族群内部增强凝聚力，进行社会动员，不断增进不同民族之间包括相关国家之间的关系的发展与趋势⑤。第四，跨界民族需要文化建设促进共生共荣，郝时远特别强调在"一带一路"建设的行动和前景时，应大力提倡文明与宽容，对其他国家发展模式与道路的选择要尊重，倡导不同文明之间的交流，和平共处、求同存异、共生共荣、兼容并蓄。这就是一个文化观，实际上，要从广义的文化去理解，要了解到文化是多样性的，文化怎样进行共生共荣是特别需要重要了解的，属于政治文化范畴的同样包含一个国家发展模式和发展道路，也需要获得相互的理解、宽容、兼容和尊重，从政治文化

---

① 吴楚克、王倩. 认同问题与跨界民族的认同[J]. 云南师范大学学报（哲学社会科学版），2011（3）：58.
② 廖杨. 人类学视野中的交往与族群关系[J]. 思想战线，2005（1）：21-22.
③ 翟学伟. 中国人际关系的特质——本土概念及其模式[J]. 社会学研究，1993（4）：74-83.
④ 陈文清，陈永香. 跨界民族共振效应与边疆地区的和谐发展——以云南跨界民族为例[J]. 楚雄师范学院学报，2010（11）：57-60.
⑤ 雷勇. 论跨界民族的文化认同及其现代建构[J]. 世界民族，2011（2）：9-12.

视角来看,同样可以和平共处、兼容并蓄、求同存异,于是从这样的角度讲,具备文化优势示范效应的民族地区可以说非常重要,那么对外开放不仅仅是经济内容方面,其本身也有文化内容方面[①]。

跨界民族及其相互关系的认同状况与边疆地区的和谐稳定与发展具有十分密切的关系,始终生存于固有环境的跨界民族通过民族文化认同,加强众多跨界民族所毗邻地区双边、多边国家之间的交往合作,消除跨界民族之间的隔阂和差异心理,妥善应对跨界民族问题,通过经济文化等多角度的交流,促进经济发展,实现文化自觉,犹如费孝通先生倡导的"各美其美,美人之美,美美与共,天下大同",形成跨界民族之间、国家与国家之间的理想关系。

(三)关于跨界民族节令文化、传统体育文化研究

1. 节令习俗的传统文化互动

"一带一路"沿线的跨界民族有着丰富的多元文化资源,龚锐考察了 20 世纪 90 年代后中国的云南西双版纳打洛镇傣族与缅甸的掸族跨界宗教文化交流情况,认为中缅傣—掸村民以赕新年、赕星、开关门节、赕坦木、赕塔等多种宗教节日进行交往,促进了该地跨境傣—掸族文化认同和文化变迁、文化互动,包括语言、货币、日用品、婚姻和年节习俗趋于一致[②]。黄光成认为构成跨界民族文化互动的关联因素和内在动力是国界线两边的群体在文化上有着许多内在的共同性,所显示共源和共同的亲缘、地缘、业缘、物缘、神缘、语缘等文化习俗关系是维持同一民族情感的有力桥梁,也是双方文化互相影响、互相牵动和互相渗透的内在因素[③]。戴光全、保继刚以傣族泼水节及其他节事文化为例,对云南西双版纳州跨界民族旅游节事的区域合作问题进行了个案研究,在傣族泼水节的独占性、地位、五个感知度方面将西双版纳与周边泰国、缅甸、老挝和越南作定量对比,结果显示具有龙舟竞渡、孔明灯、放高升、

---

① 郝时远.文化多样性与"一带一路"[N].光明日报,2015.5.28:011.
② 龚锐.在异域与本土之间——中国西双版纳打洛镇傣族与缅甸掸族的跨境宗教文化交往[J].贵州民族研究,2006.26(3):32-35.
③ 黄光成.跨界民族的文化异同与互动[J].云南社会科学,1999.2:26-28.

水灯、堆沙、丢包等丰富多彩西双版纳泼水节节事更具竞争力①。曾建民等认为与新疆—中亚跨界民族一样,中亚地区的跨界吉尔吉斯族(我国为柯尔克孜族)在庆祝开斋节、丰收节、牧羊人节等传统节日的时候,传统体育文化是节日里极其重要的色彩,新疆—中亚地区的各跨界民族都可以以赛马、叼羊、架鹰打猎、跑马取物、姑娘追、马上角力、拔河、马上打靶、摔跤、荡秋千、月下赛跑等民族体育文化进行互动交流,建立边境地区的友好与信任,稳固边境地区的安全②。马菁对广西百色市靖西县龙邦镇其龙壮族村民与越南高平省高平市茶岭县指方社那逐村边民跨界交往情况进行历史上的考察,包括经贸、婚姻、民俗方面的往来,其中特别考察了其龙村与越南边民平时和节日期间的土地神崇拜、观音崇拜、花王圣母崇拜等民间信仰民俗活动,其龙村村民和越南人的关系至关重要,边境贸易和民间文化交往在中越两国边民关系的发展中有重要影响,对中越两国友好合作全面发展也起到积极作用。③王士录以1956年12月16—17日在芒市举行的"中缅边民大联欢"为研究对象,回顾和分析了当时的大联欢所体现的增进中缅友好关系的"和谐精神与和谐理念",以及推进中国继续与周边国家发展友谊关系的历史意义。从1956年一直延续至今,以文化展演、拜佛、旅游、贸易等为内容的中缅边民大联欢对巩固和发展中缅两国人民兄弟般的"胞波情谊"起到了积极的促进作用和示范作用,充分展示中缅关系、中缅边境的和谐,努力推动经由缅甸转口的经济文化交流与合作的成果,营造睦邻友好的中国与周边国家关系,促进"和谐世界"的建设。④在这些传统年节习俗文化中,民族传统体育是其重要形式,如中蒙那达慕的摔跤、射箭、赛马等,中缅边境的划龙舟,中越龙邦镇的抛绣球、抢花炮等。

---

① 戴光全,保继刚.社区旅游与边境旅游国际研讨会(西双版纳)会议论文集[C].北京:中国旅游出版社,2006.194-206.
② 曾建民,等.新疆与中亚跨界民族体育文化的互动及其价值研究[J].新疆社会科学,2009(2):42-43.
③ 马菁.其龙壮族村民跨界交往问题的历史考察[D].南宁:广西民族大学,2009.5-61.
④ 王士录."和谐边疆"建设的成功范例——中缅边民大联欢50周年纪念[J].云南社会科学,2007(2):100-103.

2. 民族传统体育文化交流

关于边境民族传统体育文化方面的研究有以下几个方面：一是文化视角。王光荣认为,在广西中越边境线长达533公里的边境地区,民居建筑、边境关隘设施、名胜古迹、花山崖画、绣球、民族器乐等有形文化遗产内容丰富,努力打造优势文化品牌,加强边境线文化联营,形成民族文化认同,注意提高民族有形文化的社会效益和经济效益。[①] 二是功能视角。凌齐认为广西边境线上许多少数民族有着如抢花炮、打扁担、投绣球、打铜鼓、打磨秋、跳竹杠、爬坡竿、跳芦笙、芦笙踩堂、芦笙舞、斗牛、打陀螺、跳台、高空舞狮、鲍劲龙、推竹杠、踩高跷、打鸡毛球、打手毽、顶棍、牙力表演、拉鼓、推杠、凤凰护蛋、猴鼓等丰富多彩的民族体育文化资源,已经开展了中国—东盟国际藤球邀请赛、中国东盟狮王争霸赛、中越(民间)龙舟邀请赛等,要利用边境这些诸多具有乡土气息、地方特色、民族风情的节日中的各民族传统体育文化,凭借历史、地理环境等优势,进而开展与东盟成员国的传统体育文化互动,发挥传统体育文化交流作用以促进中国—东盟自由贸易区建设[②]；中越边界的金平县太平村哈尼族,几乎年年有节庆、月月有仪式,如二月祭龙仪式、六月苦扎扎节日打磨秋仪式等,仪式就是村民信仰、生活习俗的表达,是哈尼文化的核心价值所在,对构建哈尼族村寨文化极其重要[③]。三是体育产业视角。黄华敏调查了中越边境崇左市民族体育,发现崇左市位置独特,具有良好的政策引领、深厚的生态体育自然旅游资源、丰富的体育人文旅游基础等区域文化、传统体育、旅游资源优势,若加大开发力度,必将形成一定规模的民俗体育旅游产品[④]；杨放等通过利用广西与东南亚丰富的节日民族体育资源来实现资源优化配置,调整广西民族体育产业化的市场布局,既可以充分利用国内的民族体育资源,也可以利用东

---

① 王光荣.边境地区有形文化遗产的保护与开发利用[J].钦州师范高等专科学校学报,2006(4):74-78.
② 凌齐.中国—东盟自由贸易区内广西体育文化对外交流研究[J].科技信息,2012(14):285-286.
③ 张黎明.仪式与民族村寨文化的构建———以中越边境太平村哈尼族的调查为例[J].楚雄师范学院学报,2011(1):59-64.
④ 黄华敏.中越边境崇左市体育旅游资源开发优势与对策研究[J].攀枝花学院学报,2010(6):99.

南亚的民族体育资源,实现东南亚和国内民族体育资源、东南亚和国内的民族体育市场与广西的地理位置的有机结合①。

可见,边境线上两国人民都拥有共同的、丰富的节事和民族传统体育文化、民族旅游资源,部分边境区域跨界民族通过节事形式进行跨界民族体育文化交流与互动是可行的,也是必然的,如何建立共同互助互利互信、积极引导的环境?在现今双方或多方的体育文化交流中,怎样提升跨界民族传统体育文化功能,重视跨界民族传统体育文化交流。

二、国外研究述评

(一)沿线国家对"一带一路"的认识

中国学界也注意到沿线重要国家对"一带一路"构想的立场,文化交流非常重要:美国对实施"一带一路"的态度,认为"一带一路"不只是一项经济合作倡议,这是中国抗衡"亚太再平衡",意在向西拓展战略空间,努力塑造"去美国化"的区域秩序②;一些对中国较温和的美国政治家、学者认为,中国实施"一带一路"具有保障和拓展运输通道、增大进口能源资源来源的目的,丝绸之路重新倡议能够明显扩大与欧亚大陆上那些非欧洲文明国家在基础设施上、在交通上的互通互联,能够让中国获取更低成本的能源陆地运输通道③。美国亚洲研究所的纳德吉·罗兰(Nadege Rolland)主要从中国与丝路地带国家的经济关系、推动中国过剩产能输出的角度来解释④。俄罗斯对"一带一路"及其沿线国家的观察和态度非常平和务实,希望两国形成助力,实现两国战略共赢,共同推进建设"一带一路",努力将中俄合作打造成"一带一路"沿线国家合作的范例;法国把中国高铁看成是激发其活力的"鲶鱼效应",建议中法应在文化创意产业、旅游服务业等方面开展深层次合作;英国是西方

---

① 杨放,等.广西民族体育产业化政策研究[J].体育学刊,2006(7):69-72.
② 杜兰."一带一路"倡议:美国的认知和可能应对[J].新视野,2015(2):111.
③ 徐亮.美国对"一带一路"倡议的认知分类与反应策略[J].学理论,2015(32):15.
④ Nadege Rolland,"China's New Silk Road"[J],http://www.nbr.org/research/activity.aspx?id=531,2015(2):15.

国家中呼应"一带一路"最早的国家之一,他们的人文主义、重商主义的传统使英国在金融、媒体、教育等方面寻求合作;德国和意大利津津乐道的是,在"一带一路"实施过程之中,德国制造、意大利制造是中国离不开的两块制造业金字招牌[1]。英国学者 Ploberger 提出中国倡议的"一带一路"会起到"保护伞"的作用,如果能够顺利实施,将会给中国自身以及周边国家带来发展契机,同样重要的是中国国家安全也能够得以加强和保护[2]。巴基斯坦科研与安全中心的 Shah 认为中国提出的建设"一带一路"会得到很多国家的响应,巴基斯坦是中国传统友好邻邦,与中国有十分密切的经贸交流,中国可以通过巴基斯坦影响南亚地区,巴基斯坦希望从中国引进先进技术和援助,双方在"一带一路"建设中会更加深入地交流[3]。印度在"一带一路"认知上有两方面分歧:一方面认为印度应该把握好契机,"一带一路"会给印度的社会经济发展给予重大良机;另一方面认为"一带一路"会给印度带来长期的战略忧患,它是中国重新部署亚太格局的战略思路,将会促使中国极大扩展到南亚这个印度的"后院"。对于印度是否应该加入"一带一路",印度智库、媒体、学界的看法,指出其游移观望的原因,进而提出化解印方忧虑的基本思路[4],加大文化交流,推动孟中印缅经济走廊建设,舒缓和软化双方民意对立面等,实现中印在"一带一路"框架下的合作是可能而且可行的[5]。看来,国际社会对中国"一带一路"倡议既有肯定也有观望,更多的还是希望通过"一带一路"建设能够给各个国家带来发展的机遇。

---

[1] 王灵桂.期待、欢迎与焦虑:国外智库看"一带一路"[N].北京日报,2015.11.30:021.
[2] Christian Ploberger,"One Belt, One Road-China's new grandstrategy," Journal of ChineseEconomic and Business Studies , vol 15, no.3,(July2017)pp. 289-305.
[3] Abdur Rehman Shah,"How Does China-Pakistan Economic Corridor Show theLimitations of China's 'One Belt One Road' Model," Asia & the Pacific PolicyStudies , vol.5,no.2 (February 2018).378-385.
[4] 林民旺.印度对"一带一路"的认知及中国的政策选择[J].世界经济与政治,2015(5):42-54.
[5] 杨思灵."一带一路":印度的回应及对策[J].亚非纵横,2014(6):51.

(二)关于跨界民族的研究

国外相关研究倾向于从广义上理解"跨界民族",其研究主题主要涉及"离散者(Diaspora)"、"离散的民族主义(Diaspora nationalism)"等,具有视角多样、思路开阔的特点。

一些核心观点认为,跨界民族及其政治行动可能对国家和区域安全产生威胁,特别对于那些边境还处于可渗透和不确定状态的新兴国家而言[1]。持这一视角的学者还关注离散者与民族冲突的关联和极端主义的养成,玛·克洛娃认为离散者并无天然温和或激进本性,其介入冲突的方式和机理极为复杂[2]。从所在国家政治视角看,各国针对离散者的政策从隔离到多元文化主义到强制同化,不同政策的效果大相径庭[3]。某些政策可能会加剧族群紧张,一体化政策可能缓和矛盾[4]。同样需要注意的是,移民和离散者有可能在所在国发挥建设性作用,甚至直接对所在国政治施加影响[5]。可见,如果不能处理好跨界民族的冲突,会给国家和边境区域安全带来很大的问题与威胁。

老挝、缅甸、泰国和中国的边界地区,历史上无论是人民还是统治者之间都保持着很密切的关系,人民之间相互走访、自由移居,跨界人民不是把湄公河看成是分界线,而是看成生命线[6]。日本学者长泽和俊认为"丝绸之路"各地的文化,依靠不同的民族传播至东西各地,同时又接

---

[1] Heraclides, A. (1990) "Secessionist Minorities and External Involvement", International Organization, 44(3).
[2] Koinova, M. (2009) "Conditions and Timing of Moderate and Radical Diaspora Mobilization: Evidence from Conflict-Generated Diasporas", Global Migration and Transnational Politics Working Paper No.9.
[3] Waterbury, M.A. "From Irredentism to Diaspora Politics: States and Transborder Ethnic Groups in Eastern Europe", Global Migration and Transnational PoliticsWorking Paper No.6.
[4] Hall, J. and R. Kostic (2009) "Does Integration Encourage Reconciliatory Attitudes among Diasporas?" Global Migration and Transnational PoliticsWorking Paper No.7.
[5] Orum, A.M. (2005) "Circles of Influence and Chains of Command: The Social Processes Whereby Ethnic Communities Influence Host Societies", Social Forces, 84(2).
[6] Khampheng Thipmuntali.The Lue of Muang Sing.[A].Grant Evans.Laos: Culture andSociety[C]. Chiang Mai: Silkworm Books,1999: 150.

受着各种不同的文化,促进了各地的文明进步[①]。可见,跨界民族在历史上一直保持着密切的生活联系,文化认同是跨界民族友好关系的"粘合剂"。

总之,国内外学界从以上多个视角、多种方面对跨界民族进行了研究,其研究在概念和理论体系方面为本课题奠定了坚实基础,在研究视角方面对本课题多有启示。国内外学界一致认为跨界民族问题的核心是认同问题,文化是一种深刻的、潜移默化的决定性力量。然而学界对跨界民族认同的研究、共有的体育文化活动的研究还比较零散,研究成果不太系统。本选题将对我国周边跨界民族共有体育文化活动进行普查与研究,以期为周边地区发展战略的制定和民族体育文化发展提供必要的文化资源支持。

第三节　理论基础与概念界定

一、理论基础

（一）结构功能主义理论

结构功能主义是现代西方社会学中的一个理论流派,侧重于对社会系统的制度性结构进行功能性分析。提到结构功能主义,人们通常会联想到帕森斯,结构功能主义地位和基础的奠定就是基于帕森斯的《社会行动的结构》著作[②],帕森斯也成为这一理论的重要代表人物。实际上结构功能主义由来已久,早在社会学学科创立以前便存在这种科学分析方法,学界普遍认为以往的功能主义作为思想基础,形成和发展了今天的结构功能主义。

早在古希腊时代,柏拉图、亚里士多德的"理想国"和"政治学"中就有许多将社会比拟人体的叙述[③],将一个社会看作一个人的身体,认

---

① 长泽和俊.丝绸之路史研究[M].钟美珠,译.天津:天津古籍出版社,1990:6.
② 王翔林.结构功能主义的历史追溯[J].四川大学学报,1993(1):37-42.
③ 王翔林.结构功能主义的历史追溯[J].四川大学学报,1993(1):37-42.

为社会的发展也像人体一般经历生老病死的过程,那些社会阶层、社会分工就犹如人身体的各个器官。后来,人们将该学说称之生物有机体学说,为现今的结构功能主义的产生和发展起到了重要影响。

社会学在 19 世纪中叶开始形成一门独立学科,生物有机体学说在很大程度上影响了社会学的理论和思想的诞生。社会学创始人孔德认同这种观点,他将社会看作是生命有机体,觉得社会自身有演进过程[①]。英国社会进化论的代表人物斯宾塞在其著作《社会学原理》中对不同的社会有机体和生命有机体进行了详细的论述,他提出,社会是一个体系,是一个各部分紧密相连的整体,这一体系只能从其结构运转的意义上去理解。体系要生存下去,它的需求就要得到满足。斯宾塞的这些观点开启了结构功能主义理论的先河,直接影响了法国社会学家涂尔干、英国人类学家拉德克里夫—布朗和马林诺夫斯基等人的功能主义思想[②]。

法国社会学家涂尔干作为结构功能主义的重要代表人物,他的理论对于功能主义和后来的结构功能主义影响最大。涂尔干强调社会整体观,主张以"社会事实"在社会学中作为研究对象,来研究各种人的行为和社会现象。他认为,"社会事实"具有整体性、外在性和强制性,包括制度、习俗、观念等。社会事实在个人之前并且外在于个人,不以个人的消亡而消亡;同时以制度、习俗等有组织的形式和舆论、教育等无组织的形式来制约和支配社会中个人的行为,人类很多意向不是自身个人形成的,却是因外界社会的压迫、熏陶、引导下生成的。涂尔干认为社会现象只能用社会事实来解释。涂尔干社会学的另一个重点是社会秩序和社会整合问题。他的《宗教生活的基本形式》《自杀论》《社会分工论》等著作都是以秩序与整合这些主题进行讨论。他认为,传统社会依靠"机械团结"进行维持,特别是那些较低文明程度的社会,社会成员采用相同的生活方式、相同的信仰习俗、相同的表达方式来增强成员之间的同质性,维系社会秩序的稳定。而在社会分工日益明确的近代社会中,社会成员之间的差异日益增大,传统社会中的同质性逐渐被分工制所取代,社会分工使成员相对独立但又相互依赖,如同纽带将社会的各个方面联系起来,称之为"有机团结"。涂尔干指出因果关系和功能关系存

---

① 王翔林. 结构功能主义的历史追溯[J]. 四川大学学报,1993(1):37-42.
② https://baike.baidu.com/item/%E8%B5%AB%E4%BC%AF%E7%89%B9%C2%B7%E6%96%AF%E5%AE%BE%E5%A1%9E/5698271?fr=aladdin.2019 年 1 月 18 日.

在不同并进行严格区分。可以说涂尔干的理论对于后来的社会学功能主义成长确立了基础。

拉德克里夫—布朗和马林诺夫斯基受到涂尔干的影响,不仅提出了新的概念和研究方法,还为社会学丰富了结构功能主义理论流派。马林诺夫斯基提出用功能进行全面分析人类学事实,不仅重视文化体系内部之间相互联系的各部分,还要注重文化体系和周围环境之间互相联系的方式①。从人类学的角度出发,马林诺夫斯基更加关注个人的需求,他认为社会文化现象来源于长时间存在的个人心理与生理需求,功能就广泛存在于一切文化现象当中,所有这些文化现象都表现着不可替代的作用。与马林诺夫斯基着眼于个人不同,拉德克里夫—布朗则着眼于整体社会。他认为任何一种文化现象有着独特的功能并非是根源于个人的需求,而是为了满足整体的需要,是基于社会的正常运作和整合,社会是一个统一体,各个部分组成一个整体且协调一致、相互配合。功能主义是中国较早接触到的人类学理论方法。

帕森斯可谓是结构功能主义的集大成者,他承继并发展了传统结构功能主义。帕森斯1937年在他的《社会行动的结构》首部著作中提出"社会行动论",他指出社会生活以社会行动为主要表现,只有理解行动者的社会行动才能阐明各种社会过程和现象之意义。社会行动如何获得成员的认同,这就涉及社会功能与社会结构问题。帕森斯在《社会系统》一书中认为社会行动的决定有四个子系统:行为有机体系统、人格系统、社会系统和文化系统,这四个系统的综合就是社会整体,并且总是趋向于稳定平衡状态。帕森斯将结构功能主义理论拓展成一般社会系统理论,在他看来,不管是全部社会行动系统,或是较复杂的社会组织和社会的家庭、小群体,都有着很基本的一些共同结构,而这样的结构在它的运作过程中不仅需要同时还表现着某种独特的功能②。帕森斯将这些共同的特定的功能结构和作用以框架的形式进行归纳,即 A—G—I—L 框架。A 是指适应功能(adaption),指系统从环境中获取足够的资源,并在整个系统中进行分配;G 是指目标达成功能(goal attainment),是指在系统中有一定的目标,并且调动资源达成这些目标;I 是指整合功能(integration),是指将系统的各部分联系在一起,是系统中各部分

---

① 王翔林.结构功能主义的历史追溯[J].四川大学学报,1993(1):37-42.
② 周立环.浅谈帕森斯的结构功能主义[J].世纪桥,2015(11):60-61+88.

关系协调一致；L是指模式维持或潜在功能(latency)，系统根据某种规范维持社会行动的延续。这一框架分别对应社会行动系统的四个子系统，共同组成了均衡、自我调节、整体的社会系统，适用于分析各类层次的人类行动体系，成为帕森斯社会系统理论的重点部分。

帕森斯主张从宏观层面进行社会学研究，并于20世纪中期在美国社会学中占据主要位置。但帕森斯的理论仅是一个抽象的、宏大的、概括的理论框架，其可实施性有待检验。默顿是帕森斯的学生，成为帕森斯后又一个结构功能主义之代表人物，他对老师帕森斯所建构的宏伟蓝图表示怀疑，他提出结构功能主义只能作为一种"分析模式"，主张建立"多元化"的社会学理论，即"中层理论"。他对前人的结构功能主义给予了修订和批判，即功能并非具有一致性、普遍性和不可或缺性。默顿认为社会活动有可能有作用——正功能，也有可能没有功能，甚至有"反功能"，是否具有普遍性和不可或缺性，也要从具体的研究中进行考证。这样帕森斯单一化、绝对化的理论被多元化的原则所代替，默顿在继承帕森斯的根基上对结构功能主义理论进行了发扬。

从二战后至1965年左右，帕森斯结构功能主义一直处于美国社会学界主宰位置。到了1970年前后，随着美国现实社会缺陷的影响，对结构功能主义产生了质疑和抨击，主要分为两大流派：一是宏观社会学派，主要以冲突理论为代表，这一流派的学者认为帕森斯忽略了社会仍然存在的矛盾与冲突；另一个是微观社会学派，以符号互动论和交换论为代表，这一派觉得结构功能主义太多夸大内在结构的功能，而忽视了外部结构对于系统运行的影响。20世纪70年代末结构功能主义逐渐失去了主导地位，但后来的学者在其基础上发展了诸多新的社会学理论。法国学派中的结构功能主义思想由列维·施特劳斯传入，是法国思想的重要组成部分。如今还有诸多社会学家仍然运用结构功能主义的思想和理论，对今天社会学的发展仍具有重要影响。

（二）场域和惯习理论

"场域"是法国社会学家布迪厄的实践社会学里的一个主要概念之一，也是其进行社会研究的分析工具、分析单位[①]。布迪厄最初的研究受

---

① 毕天云.布迪厄的"场域-习惯"论[J].学术探索,2004(1):32-35.

到列维—施特劳斯的影响,但随着研究的深化,就对结构功能主义产生了质疑。他从法国人拉宾诺的"群体"这一研究单位中受到启发,将"群体"扩大到"场域"。布迪厄觉得:"一个高度分化的社会,有着比较自立性的社会小世界组成了社会世界,这些社会小世界就是具有本身固有必然性和逻辑,同样不能化约成操作其他场域运行的那些必然性和逻辑性。"[1] 就布迪厄认为,这些"社会小世界"可以看作为不同的"场域",例如政治场域、经济场域、艺术场域等,[2] 这些既独立又彼此联系的"子场域"组成了社会这一个"大场域"。"场域",是指各个位置相互之间自然关系的一个形构或一个网络,是比较独立的、多向度的位置空间。社会空间是多维的,由不同的场域构成。场域内保存着竞争与力量,并非静止不动,而资本的逻辑就同样被竞争的逻辑所确定。被选作社会空间建构原则的活跃属性是流通于不同场域的权力和资本。资本是以不同形式存在的,有象征资本、社会资本和文化资本。他认为社会活动好比赌博,而异于赌博的方面在于社会活动的参与者是具有异质性的,这些异质性体现了他们所具有的不同量或质的资本[3]。资本在场域中的分配是不平等的,这就解释了社会中的不公平现象实际上是资本历史积累和分配的不平均。布迪厄觉得社会空间中存在着许许多多的场域,多元化的场域是社会分化的事实,布迪厄认为场域自主化的过程就是社会分化过程[4]。自主化事实上认为某个场域在发展的过程中脱离其他场域的影响和限定,表现出自身特有的本质。

惯习在布迪厄场域理论中也是一个非常关键的概念。惯习,是指社会结构内化的主观意愿,是一套内化生成的没有策略计算的行动、愿望的性情、气质系统,包括荣誉感、正义感、利益感、机会感、现实感、美学感等,人们的实践是基于惯习的。惯习有两大特点:一是即时性;二是受它支配的行为效果具有策略性,即基于惯习的行为,做出来基本上是适当的,在大家看来是合理的。惯习看似是主观意愿,实际上是在客观社会政治、经济背景下养成的,社会结构的延续和再生产是以惯习为媒介的。惯习可以是个人的,也可以是集体的;可以是一个社会不同阶层

---

[1] 皮埃尔·布迪厄,华康德. 实践与反思——反思社会学导引[M]. 李康,李猛,译. 北京:中央编译出版社,1998:134.
[2] 毕天云. 布迪厄的"场域-习惯"论[J]. 学术探索,2004(1):32-35.
[3] 李全生. 布迪厄场域理论简析[J]. 烟台大学学报,2002(2):146-150.
[4] 李全生. 布迪厄场域理论简析[J]. 烟台大学学报,2002(2):146-150.

的惯习,还可以是不同社会的惯习。惯习同客观结构密切联系,为"主观性的社会结构",即没有孤立存在的惯习,只有与特定场域有关的惯习。对于惯习和场域之间的关系,布迪厄认为,"一方面,它是一种客观存在的制约关系:场域构造了惯习,这是一个场域的内在需要的外显产物;另一方面,它是一种认识的构建关系:惯习将场域构建成一个有意义的、有价值的世界,在其中值得个体的能量为之投资。"① 除此之外,布迪厄还强调历史因素的重要性,惯习会随着场域的变迁而发生变化。惯习作为传统文化资本,在场域的转化中,会不断的在地化,以此形成文化传统的延续和发展。惯习也不会固化,而是通过场域的发展,不断进步。这便是场域与资本的关联。

场域和惯习理论被运用到社会分析的各个方面。如何分析场域,布迪厄提出了从三方面分析的角度:(1)认识与权力场域相应的场域的地方,即分析场与权力场之间的关系;(2)分析行动者或是组织所占有地方相互的客观关系,即场内各方面力量之间的关系;(3)认识行动者的惯习,惯习往往是沿着相对确定的轨迹发展,这样有利于把握场域的发展轨迹。

(三)共生系统理论

共生系统理论作为一种新理论是在共生理论与系统理论相结合的基础上形成的。

共生理论最早源于生物学,"共生"这一概念在1879年由德国生物学家德贝里提出。他认为生命并不是消极被动地去适应生存环境,而是主动地改造环境,是物体之间彼此互利地一同生存,互相利用双方的特性相依为命、一起生活的局面。20世纪中叶,随着时代背景的变化,全球一体化以及各种区域性经济合作组织,已经成为市场经济条件下不可阻挡的趋势。同时信息化、现代化、多元化的世界格局走向,使人类社会日益趋向一个整体,人与人、人与自然、自然与自然之间的关系开始引起人们的关注。由生物界的共生现象投映到人类社会,我们可以把握:共生是人类之间、自然之间以及人与自然之间形成的一种相互依存、和

---

① 皮埃尔·布迪厄,华康德. 实践与反思——反思社会学导引[M]. 李康,李猛,译. 北京:中央编译出版社,1998:134.

谐、统一的命运关系。共生理论及其研究方法开始跳出生物学和医学的领域，运用在社会科学的各个领域，例如经济学等，并由此开创了一门新的经济学分支——共生经济学。

传统中国文化中一直蕴含着"共生"的理论，"五行学说""相生相克"便是一种共生均衡和谐的宇宙观。1998年中国学者袁纯清在小型经济研究方面应用共生理论，提出共生不光是一种自然状态，同样是一种可塑现象；不单是一种生物状态，同样是一种社会状态；共生不但是一种生物鉴别机制，同样是一种社会科学的方法[1]。2006年胡守钧在《社会共生论》一书中指出要用共生论来引导社会。21世纪以来，随着全球化趋势席卷全球，中国学者开始将视野放宽，在国际关系领域运用共生理论。金应忠在《国际社会的共生论——和平发展时代的国际关系理论》中提出，共生不单是国际社会发展的根本途径，也是国际社会客观保存的一种形式[2]。在《国际共生论》中胡守钧着重指出，务必依据社会共生关系进行考虑进而察看国内外社会[3]。苏长和在《共生型国际体系的可能——在一个多极世界中如何构建新型大国关系》中强调构建共生型国际系统的必要性[4]。近年来，随着"一带一路"倡议和"人类命运共同体"的提出，人们日益关注到人类共同体的整体性，而共生理论是构建共同体的基础。

"系统"从古希腊语一个词而来，是许多部分组成整体的含义。系统论之提出，人们都认为是美籍奥地利人、理论生物学家L.V.贝塔朗菲，他于1932年提出"开放系统理论"，建立了系统论的思想，并于1937年构建了一般系统论原理，确立了系统论理论基础。贝塔朗菲于1968年出版著作《一般系统理论：基础、发展和应用》树立了这门学科的学术地位[5]。系统论认为，系统之间具有各种各样的联系，包括系统联系和起源联系、结构联系、功能联系、因果联系等，这些联系都在强调普遍联

---

[1] 袁纯清，谢锐.共生理论——兼论小型经济[M].北京：经济科学出版社，1998：16.
[2] 金应忠.国际社会的共生论——和平发展时代的国际关系理论[J].社会科学，2011（10）：12-21.
[3] 胡守钧.国际共生论.[J]国际观察，2012（4）：35-42.
[4] 苏长和.共生型国际体系的可能——在一个多极世界中如何构建新型大国关系[J].世界经济与政治，2013（9）：4-22+155.
[5] 夏立平.论共生系统理论视阈下的"一带一路"建设[J].同济大学学报，2015（2）：30-40.

系的观点①。除了整体性,动态性也是系统论的主要理论内容。动态性是指一切系统都会与内外部产生复杂的联系,总会处在一种平衡与非平衡、有序与无序的相互转化的运动之中,任何系统都要经历发生、发展、消亡的过程,实际上就是一个动态的过程。关联性、结构性、动态平衡性、时序性都是所有系统的基本特征。中国科学家钱学森将系统论进行了发展,将他的研究对象拓展到部分同整体的关系,他提出,系统论应该是还原论和整体论的结合。同时钱学森将辩证法引进系统论,对于实际建设社会主义现代化起到了非常大的促进作用②。

共生系统理论是基于共生理论与系统理论的结合,创新了这个学科理论。其主要观点包括:世界上所有事物皆在共生这个大的系统里,相互作用、影响和转化③。不仅存在于自然生物之间,还存在于人与人之间、人与自然、人与社会、共同体与共同体之间。系统里的诸构成部分和整体互相是对立统一关系,就好比国际体系当中发达国家和发展中国家、西方国家和非西方国家、强权政治和中立国家等,都是国际体系的组成单元。同时各组成部分之间也是辩证关系,既对立又统一。发达国家之间相互抗衡,同时不断崛起的新兴国家或发展中国家,例如中国,也在与大国的冲突矛盾中相互制约,使世界格局处于相对平衡稳定的局面。夏立平在《全球共生系统理论与构建中美新型大国关系》一文中提出,全球共生系统的最高状态是互相依存④。初级阶段的共生状态是相互联系,就好比"蝴蝶效应",有紧密有松散,有直接有间接。而互相共存是中级阶段,例如中国等国家呼吁的"和平共处五项原则",现今作为国际关系基本准则⑤,就是这种状态的体现。而高级阶段就是相互依存,有竞争也有合作,互惠互利,当前的全球体系正是朝着这样的方向发展。人类对于共生系统的理解也是一个从自在转向自觉的经过。从强权国家殖民到反殖民反侵略斗争,到20世纪第三世界国家的民族解

---

① 夏立平. 论共生系统理论视阈下的"一带一路"建设[J]. 同济大学学报,2015(2):30-40.
② 夏立平. 论共生系统理论视阈下的"一带一路"建设[J]. 同济大学学报,2015(2):30-40.
③ 夏立平. 全球共生系统理论与构建中美新型大国关系[J]. 美国研究,2017(1):21-45+5.
④ 夏立平. 全球共生系统理论与构建中美新型大国关系[J]. 美国研究,2017(1):21-45+5.
⑤ 夏立平. 全球共生系统理论与构建中美新型大国关系[J]. 美国研究,2017(1):21-45+5.

放与国家独立运动,再到建立多国外交、提出各项外交准则和口号,到如今的全球一体化,人类正不断面对机遇和挑战。"人类命运共同体"无疑是人类对于共生系统认识的不断深入,也是符合当下国际形势的发展。习近平主席曾表示,任何国家在面临全球性问题与经济繁杂形势时,皆恐怕难以独善其身,国际社会正日益形成一个"你中有我,我中有你"的共同体。"一带一路"倡议的提出和建设就是迈向高级阶段共生体系的具体实践。

(四)文化圈理论

文化圈理论作为西方人类学史上的重要理论,诞生在19世纪末20世纪初,德国人类地理学家弗里德里希·拉策尔是该理论先驱[1]。拉策尔是传播学派的代表人物,他在《人类地理学》一书中指出,地理环境在人类文化形成方面起着肯定性作用,将各民族文化相互造成的差异看成为自然地理条件形成的成果,而不同差异的文化消除需要不同文化互相联系的增强[2]。"文化圈"理论是莱奥·弗罗贝纽斯较先提出的,他是拉策尔的学生。他将拉策尔的理论方法应用到非洲文化的研究中。他在《非洲文化的起源》中根据物质的文化特征划分了非洲文化圈,提到了"西非文化圈"及文化圈里特有的文化,是对于该文化圈的文化元素与其他文化圈的区分,他指出文化发展有其自立性,地理环境促使文化的形成,文化的相似性是由于所处的地理环境的相同。文化圈理论的成就杰出者是德国著名人类学和民族学家格内布雷尔。格内布雷尔的著作《民族学方法论》,有条理地论述了文化圈研究的方法和理论。他把文化圈界定为一个地理的空间范围,认为在这个空间内存在和分布着大小不等而彼此相关的文化丛,从地理空间上看,和特定文化丛互相联系在一起的空间即为文化圈[3]。格内布雷尔不仅从空间上对文化内各异的特质进行分析,他仍觉得一个文化圈中还保留着不一样的文化特质显现的顺序时间,它形成了犹如地层分布似的文化层[4],也就是处于同一个文化内各异的特质所呈现的先后顺序的时间。格内布雷尔试图在世界范围

---

[1] 唐戈.文化圈理论与萨满文化圈[J].满语研究,2013(02):132-136.
[2] 孟慧英.文化圈学说与文化中心论[J].西北民族研究,2005(1):179-186.
[3] 赵宗福,等.青海多元民俗文化圈研究[M].北京:中国社会科学出版社,2016.
[4] 孟慧英.文化圈学说与文化中心论[J].西北民族研究,2005(1):179-186.

内对各文化进行比较,认为不同的地域出现相同的文化,实际上是文化传播的结果,它们具有相同的起源。另一位文化圈理论的重要学者是奥地利维也纳大学的教授施密特。他继承了格内布雷尔的文化层和文化圈理论,他认为两处相隔较远或无连接的地方出现相同或相似的文化,如果在两地距离中间的地方发现有相似或相同的文化,即使只是残存或遗迹,也可以证明两地过去存在联系的可能性。两地文化的相似元素越多,就越能证明两地的相似文化并非各自独立地发生,而是两地历史联系和传播的结果①。他大力推进民族文化史的研究方法,进一步分析了文化丛与文化圈的关系,丰富了文化圈的理论方法,为后来学者研究民族文化源流提供了理论基础。

文化圈理论可以说是早期传播学派的理论代表,其企图阐述不同文化相互间的发展与形成是基于文化中的传播与往来,强调将实证材料用来诠释文化特质的源起、相似或差异,是继进化论之后对于人类文化的又一重大探索。但同时这一理论也存在不足之处:(1)学者对于文化圈之间所选择的文化特质无固定的严谨规范,具有主观随意性。而实际上文化特质出现的情形受到多方面的影响,是相当复杂的。(2)这一理论存在文化中心论的嫌疑,认为优秀的文化是由几个优秀的民族创造的,过于夸大和绝对化,贬低了其他民族对于文化的创造能力。(3)将文化客观化,认为文化的产生和发展具有其自身的独立性,忽视了人与文化之间的联系。他们认为相似文化是由于传播造成的,同时也忽略了在这一过程中文化传播主体——人对于文化的影响和改造。尽管如此,文化圈理论仍为后人所启发,不断继承并发展。于此基础上,中国学者提出了"民俗文化圈"理论。

在文化圈里,"民俗文化圈"是我国学界将文化圈理论与民俗文化学理论相结合形成的一个概念,可以称为亚文化圈②。在1992年的《光明日报》上,刊发了一篇文章《我国的七大风俗文化圈》,最先表述了民俗文化圈的概念。文章提出,我国风俗文化依据自然环境中地形,气候物产的特异,大致分为七个风俗文化圈:云贵、闽台、长江流域、黄河流域、游牧、青海、东北等风俗文化圈。

陈华文认为民俗文化圈是一种民俗文化生存形态,活动依托族群,

---

① 孟慧英.文化圈学说与文化中心论[J].西北民族研究,2005(1):179-186.
② 梁家胜.本土民间文化的诗意想象和学理构建——《青海多元民俗文化圈研究》述评[J].西北民族研究,2014(01):194-197+164.

以传承性、地域性为特征。马成俊认为民俗文化圈作为背景性一个问题,其共同的民族文化空间是由一定的历史沿革、地区环境、民族文化和生物性等成分组成的。这就是我们所认为的具有相似文化特征和社会背景、相同文化认同感的空间场域。这个"圈"的民俗文化发展不是绝对独立的,是与其他文化相对的。

跨界民族受到所处社会环境的影响,其具体的文化象征或是形式会有所不同。地域相近的文化圈有相互交叠的可能性,既存在相互渗透和吸收,也存在矛盾和竞争。因此国内学者马成俊就文化圈的相对性发表了《论民俗文化圈及本位偏见》来讨论文化圈之间的互动与交流。他认为民俗文化圈是在长期的历史发展过程中产生的,是本文化圈中每个个体对传统习俗文化实践的总和①。民俗文化圈一旦形成,就会对圈中每一个成员产生影响,塑造一定的文化类型或人格特征。因为每一个民俗文化圈是在特定的地理环境、历史背景和文化传统下形成的②,所以每个民族或个体难免会从自身的文化本位出发去看待其他民族的文化,就会产生分歧或偏见。分布在不同国家的跨界民族由于其相似的文化特征及文化心理,一般属于同一个文化圈内,内在的文化联系会使他们紧密联系在一起,如同纽带一般构成跨界民族的体系网络,形成凝聚情感的向心力。因此,研究跨界民族的民俗文化圈,对于边疆少数民族的稳定发展,国际关系的和谐友好,具有重要的现实意义。

二、概念界定

(一) 一带一路

"一带一路"倡议自提出以来便一直为国内外各界,包括学术界所关注。2013年习近平主席分别在哈萨克斯坦、印度尼西亚倡导共同打造"丝绸之路经济带"、共建"21世纪海上丝绸之路"。这两项倡议的提出,意味着中国正以主动的姿态迎接全球化的到来。2015年3月27日举行的海南博鳌亚洲论坛上,中国外交部与商务部、国家发展改革委协

---

① 马成俊.论民俗文化圈及其本位偏见[J].青海民族研究,2000(3):90-94.
② 马成俊.论民俗文化圈及其本位偏见[J].青海民族研究,2000(3):90-94.

同颁布了《推动共建丝绸之路经济带和21世纪海上丝绸之路的愿景与行动》，这象征着对发展中国将形成历史性作用的"一带一路"建设投入整个推动建设阶段①。

"丝绸之路经济带""21世纪海上丝绸之路"简称为"一带一路"。丝绸之路经济带是基于古丝绸之路而新发展的一个经济发展区域。西汉年间，张骞等人开辟了古丝绸之路，东起长安，西至罗马，横贯东西、联系亚欧，是一条重要的贸易通道，因主要运输中国的丝绸制品而得名。新丝绸之路经济带西牵强盛的欧洲经济圈，东系新发展的亚太经济圈，是世界上最长、最大和最具潜在发展力的经济带②。作为丝绸之路经济带发展的一个重要做法，是贯通太平洋与波罗的海的运输往来，渐渐地建成一条将西亚、南亚和东亚连接起来的运输交通网③。"21世纪海上丝绸之路"是在古代海上丝绸之路的基础上建立的。最初在秦汉时代中国就有了海上丝绸之路，在宋元时期发展达到鼎盛。海上丝绸之路有西线与东线两条线路：西线是通往东南亚、南亚、西亚、欧洲和北非等地，东线是往东抵达朝鲜半岛、日本。随着航海技术的发展，海上贸易不但让沿线国家的贸易与文明交往受到了影响，同时也影响了政治、经济、历史的变化，大航海时代的地理大发现、殖民时代的三角贸易、清末中国的海禁政策，都在影响着世界体系的形成和发展。"21世纪海上丝绸之路"有西线、东线和南线。西线往马六甲海峡、印度洋，经东南亚、西亚、中东，到达北非和欧洲；东线向东抵达朝鲜半岛、俄罗斯远东地区、日本与北美、拉丁美洲大陆；南线则始于中国南海通过东南亚到达南太平洋国家，构建起环太平洋和跨亚欧海域的关系网络。

《愿景与行动》中指出，"一带一路"意在共同打造开放、包容、普惠、均衡的区域经济协作架构④。今天的世界正经历繁杂深刻的变动，国际金融危机不断显示深层次影响，多边投资贸易规则与国际投资贸易格局谋划深刻调节，世界经济增长分化、徐徐复苏，各国所面对的发展问题

---

① 刘卫东."一带一路"战略的科学内涵与科学问题[J].地理科学进展,2015(5):538-544.
② 夏立平.论共生系统理论视阈下的"一带一路"建设[J].同济大学学报,2015(2):30-40.
③ 习近平.弘扬人民友谊,共创美好未来——在哈萨克斯坦纳扎尔巴耶夫大学的重要演讲[N].人民日报,2013.9.8.
④ 推动共建丝绸之路经济带和21世纪海上丝绸之路的愿景与行动[J].中国勘察设计,2015(05):20-26.

还非常紧迫。倡议"一带一路"共建适应了经济全球化、世界多极化、社会信息化、文化多样化的潮流,继续坚持区域合作开放的"一带一路"宗旨,努力加强对开放型世界经济与全球自由贸易体系的维护。本书将"一带一路"上中国与其他14个国家陆地接壤所涉及的省、自治区的跨界民族作为调研对象,所涉及"一带一路"的范围实际上是中国边境线上的陆地部分。本书重点研究跨界民族共有传统体育文化,结合当今国际的发展背景和"一带一路"的发展倡议,分析民俗文化与中越两国文化建设的关系。同时探讨如何利用跨界民族共有传统体育,推动"一带一路"国际合作的发展,维护睦邻国家关系的友好和谐,对国际关系的建设、人类命运共同体的构建提供参考。

(二)跨界民族

跨界民族问题一直为学界所探讨,而跨界民族的内涵和界定学者们也是各执一词。跨界民族一词使用之初存在很大争议,争议点有二,如何定义"民族"?何谓"跨界"?本书所使用的跨界民族这一概念,笔者认为应该做出一定的区分。

1. 广义的跨界民族与狭义的跨界民族的区分

跨界民族的英文为"cross-border ethnicity",有学者提议应当称为人类共同体。斯大林对于民族的定义是:"民族是人们在历史上形成的拥有共同语言、共同地域、共同经济生活以及表现在共同文化上的共同心理素质的稳定的共同体。"[①] 在这一定义的基础上,"跨界"民族实际上指出了人们共同体在族源、社会、经济、文化、地理上的密切联系[②]。从字面上来理解,跨界民族是指跨越疆界的族群/民族。狭义的跨界民族是指"一切因政治疆界与民族分布不相吻合而跨国界居住的民族。"[③] 跨界民族的形成是由于各民族群体之间范围的逐步含混、国家相互的政治边

---

① 林耀华.民族学通论[M].北京:中央民族大学出版社,1997:103.
② 刘稚.跨界民族的类型、属性及其发展趋势[J].云南社会科学,2004(5):89-93.
③ 曹兴.跨界民族问题及其对地缘政治的影响[J].民族研究,1999(6):6-14.

界渐渐分明的彼此影响,实际上是国家分隔力的产物[①]。跨界民族从广义来说,既涵盖因为国家国境线划分的无奈而跨界居住的民族,也含有自动迁徙跨越国界居留生活的民族。因此对于跨界民族的研究不应该只从狭义的跨界民族角度出发,也应该考虑跨界民族的主体性,这也正是本书强调田野调查的重要性。

2. 跨界民族与跨界移民族群的区分

从"民族"的定义上,跨界民族虽然分属不同的国家但是居住地域是相连成片的,而"族群"则相对具有零散性,并不要求相连成片。例如,于中国广西、云南居住且与越南、缅甸、老挝等国地区接壤的壮、傣、景颇、苗、拉祜、瑶等民族即为跨界民族,这些民族的居住地域连成一片;与跨界民族不同的是移民群体,即那些分布在东南亚各国各市镇的华人。

3. 跨界民族、跨境民族和跨国民族的区分

金春子、王建民的《中国跨界民族》提到,跨界民族"是指由于长期的历史发展形成的,分别在两个或多个现代国家中居住的同一民族。"[②]若是从这一定义上来说,学界不少人会将跨界民族、跨境民族和跨国民族混为一谈,课题组认为有必要做出区分。跨界民族的英文是"cross-border ethnicity"。一些学者觉得毗邻居住在两国边境线上两边的同一民族就是跨界民族,但也有人认为跨界民族不仅仅是指紧靠相邻的两个地区,也可能居住在国界附近区域的同一民族。跨境民族的英文表述是"Trans-border Ethnicity",是从本国迁徙到其他国家境内的民族集团,是一种移民现象,这里的 border 不只是边界,而是"国境"这一更大的范围,但国家范围仍有局限,是相邻国家地域。跨国民族是指那些跨越居住在其他国家且这些国家可能之间间隔一个甚至是多个国家的民族[③],其英文表述为"International Ethnicity"。因此跨界民族更多是强调居住在国家交界地区的民族。刘稚对跨界民族的构成要素进行了总

---

① 曹兴. 跨界民族问题及其对地缘政治的影响[J]. 民族研究,1999(6):6-14.
② 金春子,王建民. 中国跨界民族[M]. 北京:民族出版社,1994:1.
③ 曹兴. 跨界民族问题及其对地缘政治的影响[J]. 民族研究,1999(6):6-14.

结,她认为有以下3点基本要素:"(1)是历史上形成的原生形态民族;(2)同一民族的人们居住在两个或两个以上的相邻国家;(3)民族传统聚居地被国界分隔但相互毗邻。"①

基于以上分析,无论是用"跨界民族"或"跨境民族",实际上含义差不多,一个是边界两侧,一个是边境内外②。本课题选用"跨界民族"这一概念,是从边界线调研的实际情况出发。中国与周边14国家边境线两侧聚居着许多同根同源的民族,他们认为彼此之间除了国籍之外其他并无差别,当地人普遍认同由于国界线的划分而导致同一民族居住在不同国家相邻的两块土地上;即使是从别的国家移民过来的,也是经历了很多代发展进程逐渐融入中华民族大家庭里。鉴于此,本课题使用"跨界民族"这一概念,主要是指跨一条两国之间的边界线的民族,在中国主要是少数民族。跨界民族因为生活栖身在不同的国度,所处的人文环境和自然环境有所差异,因此在民族特征、民族发展过程和现状、民族心理素质上都会具有一定的异质性。中国是一个统一的多民族国家,疆域辽阔,国界线延长,因此与周边国家跨界民族不在少数。云南省主要跟越南、老挝、缅甸交界,有壮、傣、瑶、彝、德昂、佤、苗、布朗等十二个跨界民族或族群。

跨界民族所分布的地域由于国家介入分隔的影响而具有不同的形式和发展趋势,主要有三种类型。

(1)双边或多边主体民族。这一类跨界民族实际上历来就是共同生活居住在一个地域,因为国家边境线划分的同一个民族,虽然分属不同的国家,但在各自的国家都是主体民族。例如北非和西亚的阿拉伯人、南北朝鲜等。这种跨界民族类型在历史上上演过各种"分分合合",分解还是统一直接关系到世界政治格局的构成和走向。

(2)单边少数民族,即分属不同的国家,是一个国家的主体民族,在其他相邻国家为少数民族。例如蒙古族在中国是少数民族,在蒙古国则是主体民族;哈萨克族在中国属于少数民族,在哈萨克斯坦则属于主体民族;汉族在中国是主体民族,而在越南被称为"华族",属于少数民族。

(3)双边或多边少数民族,即在相邻的不同国家里均属于少数民族。中国同邻近的东南亚国家如壮、瑶、傣、佤、景颇、德昂、傈僳、拉祜、

---

① 刘稚.跨界民族的类型、属性及其发展趋势[J].云南社会科学,2004(5):89-93.
② 金春子,王建民.中国跨界民族[M].北京:民族出版社,1994:4.

苗、哈尼等十来个跨界民族均属这一类型,他们受到所在国家主体民族的影响,同质性越来越小,异质性越来越大,相同的意识渐渐减弱,呈现裂解倾向,从最初的一个民族分解为数个民族。

(三)跨界民族共有传统体育文化

从对跨界民族概念界定来看,本课题的跨界民族主要对象是我国少数民族,跨界民族共有传统体育文化与跟跨界民族相关的少数民族传统体育文化相联系。

1. 民族

民族是一个历史范畴。从部落发展成为民族,有自身发展的一般规律。民族形成有其自身的演变过程,即氏族—胞族—部落—部落联盟—民族,是从以血缘关系为纽带逐渐发展成为以地缘为基础的过程。由部落逐渐形成为民族和国家,必然是人类社会进步、人类共同体形成到某种程度的产物与形式,同时是从量变逐渐发展为质变的一个过程[①]。在历史的演变过程中,族群内部的血缘联系逐渐减弱,随之取代的是地域、财产、资本等物质联系,地域联系逐渐加强。

2. 体育、体育文化

体育,英文表述是 Physical Education 缩写 PE,与 sports 不同,PE 是一种复杂的社会文化现象。"体育"一词最早出现在卢梭的《爱弥尔》中,他使用"体育"一词来描述对爱弥尔进行身体培训的过程。这本书是对当时教会教育的批判,引起了很大反响,"体育"一词也随之引起了人们的关注。由此可见,"体育"最初是源于教育,是教育体系中的一个领域。但对于这一概念的界定,始终存在争议。美国对于体育概念的界定并非固定的上位概念,存在着 physical education 和 sports 的争议,PE 主要是说体育是一种教育的过程,而 sports 更多是竞技体育之说。苏联在向欧洲学习的同时,也倡导体育文化,并且苏联学者对"体

[①] 姚重军,薛峰. 民族传统体育文化概论[M]. 兰州:甘肃民族出版社,2008:3.

育"的界定也十分明确:"体育这一概念术语,应该属于教育的范畴,他不仅要利用人自身的身体的发展,更要完善人的发展。"[①] 日本对于体育概念有着上下位之说,他们认为体育是身体文化 > 身体教育 > 身体锻炼。

中国的体育运动实际上历史悠久,伴随着人们的生产生活、民俗活动而产生发展。而真正具有体系的"体育"是于1902年由日本传入,引进时有三种意识:Physical Culture 体育文化或身体文化、Physical Education 体育教育或身体教育、Physical Training 身体训练或体育训练。传入之初,我国将体育定义为体操,学校也相应开设体操课;随着西方文化不断涌入,体育也从单一的体操课向多元化发展,开始有篮球、田径、足球等内容。20世纪30年代之后,"体育就是教育"的观念日益普遍。改革开放之后,学界对于体育概念进行了研讨,20世纪70年代末到80年代初,学界普遍认为体育是教育的组成部分,到了20世纪80年代中后期,曹湘君在《体育概论》中对体育下的定义:"体育是指以身体练习为基本手段,以增强人的体质,促进人的全面发展,丰富社会文化生活和促进精神文明为目的的一种有意识、有组织的社会活动。"[②] 这一定义直接将体育划分为文化范畴。90年代至今,围绕着体育是一种教育还是一种文化一直存在着讨论,实际上是对体育属性、体育本质、体育功能等的理解、认识。2016年出版熊晓正主编的《体育概论》用归纳的方式定义体育是"通过有规则的身体运动改造人的'自身自然'的社会实践活动"。[③] 就本书来看,作为身体运动的体育,是人类历史发展过程中一种独特的文化积淀,蕴含了丰厚的社会内涵[④],体育文化不仅包括有物质文化、制度文化、精神文化,而且将身体运动看作是以谋求人类精神自由、提升人类身体素质的一种手段、一种形式的实践活动,这样才体现了体育文化的意义[⑤]。体育文化渗入人类社会的文化、政治、军事、经济、教育等相关领域,对人类生活起着重要的作用。

---

① 王聪.体育概念的发展史及其概念的界定[J].体育世界,2014(2):76-77+71.
② 王聪.体育概念的发展史及其概念的界定[J].体育世界,2014(2):76-77+71.
③ 体育概论编写组.体育概论[M].北京体育大学出版社,2016:22.
④ 姚重军,薛峰.民族传统体育文化概论[M].兰州:甘肃民族出版社,2008:5.
⑤ 易剑东.体育文化学[M].北京体育大学出版社,2006.6:12-22.

3. 民族体育

对于民族体育定义,有研究将民族体育区别于在世界范围内广泛流传的现代竞技体育的民族传统体育活动①;还有研究指出,民族体育是用来表述近代体育以前的、流传在民族民间的传统体育娱乐活动②。从定义隶属关系表达,上位概念是民族体育,下位概念就有各民族流传下来的传统体育和民族的现代体育③。本研究认为,民族体育是"各民族在长期社会实践中创造和发展起来的,以健身、娱乐、防卫为目的,多数受特定自然环境、社会历史发展进程等的影响,具有民族性、地域性、时代性等特点,形成了自己的形式,融文化传统、民族风俗、道德风尚、宗教信仰、节庆聚会、游艺表演、经济活动等于一体,群众参与广泛、普及性强的体育项目和活动方式。中华民族体育、希腊体育、埃及体育、印度体育、日本体育等能覆盖一个国家所包含各民族的体育,是民族体育的具体表现形式,包括民族传统体育、非传统体育、近现代民族体育等"。④

民族体育的发展机制是基于某项民族体育因独特的生产方式、地理环境、民族惯习的限定也只能被本民族所接受与实践⑤。根据民族及其文化的进展,民族体育也经历了形成、传播、融合等发展过程。有些民族体育在发展的过程中不断被赋予新的文化形式和内涵,并为其他民族所接受,因此得到了较好的认可和较广的传播,例如中国的武术、太极拳等民族体育项目;有些民族体育始终为个别民族所实践,成为独特的民族符号,例如蒙古族的那达慕、哈萨克族的叼羊等。因此民族体育具有民族性、地域性、时代性等特点;同时民族体育内容丰富,形式多样,多源于当地百姓的生产生活,多在民族节日和民俗活动中开展,融竞技性、娱乐性、趣味性和健身性于一体,是人类体育文化组成的重要部分。

---

① 胡小明.民族体育[M].广西:广西师范大学出版社,2000:1.
② 姚重军,薛峰.民族传统体育文化概论[M].兰州:甘肃民族出版社,2008:10.
③ 倪依克.论中华民族传统体育的发展[J].体育科学,2004(11):54-61
④ 韦晓康.关于民族体育、民族传统体育、民俗体育、民间体育等概念及其关系的思考[J].运动精品,2011(2):9.
⑤ 姚重军,薛峰.民族传统体育文化概论[M].兰州:甘肃民族出版社,2008:10.

4. 民族传统体育、少数民族传统体育、少数民族传统体育文化

关于民族传统体育,学界并没有一个统一的定义界定。有学者从时间范畴来看,民族传统体育是指近代以前的体育模式,这是对于1840年以后西方体育模式传入中国之后对于中国式社会生活造成的影响进行时间上的划分。也有学者指出,民族传统体育是民族体育的重要组成部分,是相对于汉族体育项目而言的,是历史时期的产物。本研究认为,民族传统体育是"指保持在生活于一定地域的民族中的由历史上流传下来且相对稳定,以身体锻炼为主要形式并具有健身、娱乐、防卫特点的体育项目和活动方式。这是相对近代以来的体育活动而言,例如西班牙的斗牛、日本的相扑、印度的瑜伽、中国的龙舟等都是属于民族传统体育。在中国,像投壶、蹴鞠、捶丸、樗蒲等体育应是非传统体育,但它们也属于民族体育的重要组成部分;而像武术、龙舟、舞龙、抢花炮、秋千、跳绳、风筝等传统体育统称为中华民族传统体育"。① 中国有55个少数民族,少数民族传统体育"是中国各少数民族以民族或一定地域为单位,长期开展并因此而具有一定的历史传统和民族、地方特色的各种体育活动,是一种民族文化现象"②。具体来说,少数民族传统体育文化是中国各少数民族以身体运动为基本形式,有意识地促进人类身心全面发展的社会实践活动及行为方式的总和。

5. 跨界民族共有民族传统体育文化

跨界民族共有民族传统体育,是指多个跨界民族或多个跨界地区共同拥有的相同的少数民族传统体育运动形式,其形成可能由于民族历史迁徙导致的民族分化,一些同宗同源的民族会有相似的文化习俗;或者由于民族之间长期的交流互动而发生文化采借的现象,导致不同的民族拥有相似的文化特征。本研究首次提出跨界民族共有传统体育文化,也可简称跨界民族传统体育文化,是指居住在边界线上同一民族或多个民

---

① 韦晓康.关于民族体育、民族传统体育、民俗体育、民间体育等概念及其关系的思考[J].运动精品,2011(2):10.
② 韦晓康,等.少数民族传统体育可持续发展研究[M].北京:中央民族大学出版社,2006:5.

族共同喜欢的传统体育运动形式，能够有意识地促进跨界民族身心全面发展的社会实践活动及行为方式的总和，通过这个概念的界定，区分哪些民族传统体育文化是跨界民族传统体育文化，哪些不是，如中越边境或中老越边境的投绣球、投花包、打陀螺等传统体育文化，中蒙边境的那达慕好汉三艺等传统蒙古族体育文化，中朝边境的秋千、跳板等朝鲜族传统体育文化，等等。

第四节　研究对象与方法

一、研究对象

本课题以"一带一路"上中国与14个国家陆地接壤所涉及省、自治区跨界民族为调查对象，对跨界民族共有的传统体育文化及在民族交往中的特殊作用、与"一带一路"倡议实施的关系和实现路径进行研究。

二、研究方法

（一）文献分析法

本书查阅了有关民俗学、文化人类学、体育人类学等方面的资料，查阅了知网相关文献，为本次调研提供了科学的理论依据；根据研究内容的需要，到调研点收集、整理大量的如《文山壮族苗族自治州志》《文山州体育志》《肃北蒙古族自治县志》等当地县志、民俗志等相关文献资料，增强调研的真实性。

（二）田野调查法

根据类型学分类方法，从2016年7月至2019年2月，课题组选取中国与14个国家陆地接壤所涉及的西藏、新疆、广西、内蒙古四大自治区，云南、甘肃、辽宁、吉林、黑龙江五省，尽可能选取四大自治区、五省覆盖单边、双边或多边等代表性类型的中蒙交界蒙古族、中越交界京族、中俄交界俄罗斯族、中朝交界朝鲜族以及中越交界壮族、中老越三国交界彝族、中俄交界赫哲族等跨界民族共有民族传统体育文化及跨界民族的民族节日典型个案的发展历史、活动现状、存在问题和"一带一路"发展策略、措施等进行调研(需要说明的是,其中一些边境区域是利用做其他课题机会顺便进行调研,本课题经费无法支撑以下时间的田野调查)。收集相关视频和文字材料,采用结构式、非结构式相结合访谈方式,与当地体育局、民宗局、外事办、文化局(博物馆)、旅游局等领导,从事民族体育工作的专家,民族节日活动(与民族体育有关)组织者、传承人、参加活动者等进行座谈、访谈(具体的主要访谈对象名单见附件)。观看或收集当地相关县志、乡志、村志、民族体育或节日视频、文字材料等,拍摄照片300多张、录音累计20小时、田野日志及调研报告约15万字,并分类存档,梳理出与跨界民族共有传统体育文化相关内容,以求不断地获得翔实的第一手材料。在调查基础上,结合结构功能主义理论、场域和惯习理论、共生系统理论等人类学、历史学的相关理论对所采集到的案例进行分析,最终得出结论。

具体调研时间:

(1)在获得该课题前期就开始关注跨界民族的传统体育文化交流,也去了云南德宏、沧源中缅边境、西藏林芝中印边境、广西靖西龙邦镇中越边境、吉林珲春中朝、中俄口岸等地方进行调研,对跨界民族傣族、佤族、藏族、门巴族、珞巴族、壮族、朝鲜族、布利亚特蒙古族等有了初步的了解。

(2)2016年7月16日—8月22日,课题组分为东北、新疆、西藏三个课题组分赴东北的黑龙江佳木斯市抚远县、吉林延吉、辽宁丹东,新疆喀什,西藏山南、日喀则等边境地区对赫哲族、朝鲜族、维吾尔族、藏族、珞巴族、夏尔巴人等跨界民族共有传统体育文化进行调研,收集相关第一手材料。

(3)2017年2月4—20日,课题组赴云南江城和怒江的泸水县片马镇村寨、六库镇村寨等地对中越、中老、中缅跨界民族共有传统体育文化进行调研。

(4)2017年8月6—23日,课题组分赴内蒙古东乌旗—阿尔山市—新巴尔虎左旗—新巴尔虎右旗—海拉尔—满洲里—黑山头镇—额尔古纳市—室韦—恩和—海拉尔市等中蒙、中俄边境地区和广西龙州的中越边境地区,期间走访了各地基层政府与草原牧民、边民,参与观察并收集了大量访谈资料与文件,为研究打下了坚实的基础。

(5)2018年1月23日—2月22日,课题组分别赴广西、云南与越南交界的广西靖西、那坡和云南文山天蓬、麻栗坡等地区调研考察跨界民族共有传统体育文化。

(6)2018年3月19—26日,课题组赴广西与越南交界的广西大新、靖西等地区调研考察跨界民族共有传统体育文化。

(7)2018年8月1—23日,课题组赴新疆巴里坤海子沿乡海子沿村、甘肃肃北蒙古族自治县、内蒙古额济纳旗中蒙边境调研考察跨界哈萨克族、蒙古族共有传统体育文化。

(8)2019年1月24—27日,课题组赴广西与越南交界的东兴京族巫头、万尾、山心三岛调研考察跨界京族共有传统体育文化、防城港峒中镇那丽村调研跨界壮族共有传统体育打陀螺情况。

(9)2019年6月1日—6月6日,课题组赴黑龙江边境县佳木斯大学、佳木斯郊区敖其赫哲族村、同江市赫哲族鱼皮文化艺术馆、同江八岔赫哲族乡、抚远黑瞎子岛及乌苏镇抓吉赫哲族村调研考察跨界赫哲族共有传统体育文化。

表1 中国边境实地调查一览表

序号	省、自治区	地点	时间	调查内容	备注
1	云南	临沧市、沧源县翁丁村	2014年7月29日;8月13日	跨界佤族射弩、布隆(摔跤)、打陀螺、顶杠、剽牛、斗牛、木鼓舞、甩发舞、打歌、舂米舞等	获得该课题前的调研资料
2	黑龙江	佳木斯市同江县街津口赫哲族乡、八岔赫哲族乡、饶河县四排赫哲族乡、佳木斯大学、佳木斯郊区敖其赫哲族村、同江市赫哲族鱼皮文化艺术馆、抚远黑瞎子岛及乌苏镇抓吉赫哲族村	2016年7月27—31日;2019年6月1日—6月6日	跨界赫哲族(那乃族)传统体育如四人角力、摔跤、拉杠、杜烈其、射箭、顶杠、叉草球等	观摩7月30—31日"八岔渔猎文化节"

第一章 导 论

续表

序号	省、自治区	地点	时间	调查内容	备注
3	吉林、辽宁	延吉珲春;延吉州和延吉汪清县、丹东宽甸满族自治县下露河朝鲜族乡	2014年5月7—13日;2016年8月5—14日	跨界朝鲜族摔跤、象帽舞、射箭、秋千、跳板、朝鲜族歌舞、顶罐等项目	从珲春出境到朝鲜、俄罗斯海参崴调研;下露河与朝鲜隔江相望
4	新疆	喀什塔什库尔干塔吉克自治县、柯孜勒苏自治州乌恰县	2016年7月16日—8月3日	维吾尔族骑马、赛马、叼羊等传统体育,塔吉克族赛马、马球、叼羊、骑马射箭、骑牦牛叼羊等,柯尔克孜族赛马、叼羊、骑马拾银、骑马射箭等	观摩塔什库尔干塔吉克自治县引水节
5	西藏	山南市泽当藏族雅砻文化节,错那县勒布沟门巴族勒乡、麻玛乡、贡日乡、洛扎县洛扎沟色乡及洛卓沃龙寺;日喀则亚东县上亚东乡和下亚东乡夏日村、仁青岗村等、定结县陈塘夏尔巴人乡、吉隆县教体局、吉隆镇、吉隆镇达曼新村、吉隆口岸、日喀则民俗博物馆	2016年7月29日—8月22日	跨界藏族(夏尔巴人)、门巴族、珞巴族传统体育,如抱石头、打牛角、摔跤、金刚舞、射箭、拔羌舞、登山等项目	自己设计调研路线

续表

序号	省、自治区	地点	时间	调查内容	备注
6	云南	江城县相关单位、江城县阿巴寨边防屯、曲水镇(傣族小渔村、甲马河哈尼族村、怒那村)、整董镇傣族曼滩村、勐康村、国庆乡彝族博别村,怒江州泸水市、泸水县片马镇(下片马村、古浪村、鱼洞村、岗房村)、鲁掌镇、六库镇登梗村等	2017年2月4—20日	彝族、傣族、哈尼族、傈僳族、景颇族、怒族、独龙族等跨界民族藤球、陀螺、踩高跷、秋千类、跳竹竿、铓鼓舞、目瑙纵歌、顶杠、溜索、扭杠、海虎熊抱石头海、射弩、丢包、踢脚(脚斗)、上刀山下火海、怒球、投石索等传统体育文化	
7	甘肃	肃北蒙古族自治县	2017年4月15—30日	跨界蒙古族蒙古象棋、赛马、摔跤、沙嘎、滑雪等	
8	内蒙古	锡林郭勒盟锡林浩特市、呼和浩特市锡林郭勒盟东乌珠穆沁旗嘎达布其镇尚都嘎查—阿尔山市松贝尔口岸—新巴尔虎左旗乌勃尔宝力格苏木巴音公嘎查、额布都格口岸—新巴尔虎右旗—海拉尔—满洲里—黑山头镇—额尔古纳市—室韦俄罗斯民族乡—恩和—海拉尔区鄂温克旗等	2016年12月11—14日;2017年8月6—23日	跨界蒙古族的摔跤、射箭、赛马、赛骆驼、驼球、蒙古象棋等,跨界俄罗斯族的溜木段、摔跤、打棒球、拔大葱、拉棍儿、滑冰、波尔卡等	
9	广西	龙州县金龙镇板烟屯、金龙镇横罗村	2017年8月25—30日	跨界壮族抛绣球、板鞋舞、踩高跷、舞麒麟、打陀螺、抢花炮、花凤舞等	

续表

序号	省、自治区	地点	时间	调查内容	备注
10	广西、云南	靖西龙邦镇(龙邦街、壮族大莫村、苗族弄关屯)、那坡(白彝达腊村、平孟口岸、黑衣壮村寨、桂林新村、向华村)、云南文山州、文山富宁县(田蓬镇、董干镇)、麻栗坡(苗族马林村、白苗马崩村、猛硐镇、老山、天保口岸)、马关县等地区	2018年1月23日—2月10日	跨界壮族的投绣球、抢花炮、打陀螺、打尺,苗族的跳芦笙、斗牛、斗鸡、斗鸟、吹枪、挪鸡毛球、毛线球、倒爬花杆、打花棍等,瑶族的射弩、狩猎舞等,彝族的跳弓、跳芦笙等	
11	广西	大新硕龙镇隘江村、德天屯、下雷镇、靖西市湖润镇、安德镇	2018年3月19—26日	壮族抛绣球、抢花炮、打陀螺、板鞋竞技、隘江舞狮、舞龙、打尺子	
12	新疆、甘肃、内蒙古	巴里坤博物馆、兰州湾子古遗址、老爷庙口岸、海子沿乡海子沿村,肃北马鬃山镇,额济纳旗博物馆、策克口岸	2018年8月1—23日	跨界哈萨克族的赛马、熊舞等,跨界蒙古族的摔跤、赛骆驼、射箭等	
13	广西	东兴京族巫头、万尾、山心三岛、防城港峒中镇那丽村	2019年1月24—27日；7月2—5日	跨界京族竹竿舞、游水捉鸭、沙滩板鞋竞速、沙滩拔河、打狗、拉大网、哈舞等,调研跨界壮族打砧板陀螺	
14	云南	屏边苗族自治县	2018年2月16—22日；2019年2月5—11日	跨界苗族斗牛、踩花山等	

（三）个案研究法

结合实际情况，针对一些比较特殊类型调研点如云南江城、广西靖西、黑龙江佳木斯、甘肃肃北等地跨界民族传统体育文化进行个案式考察，运用线索民族志方法进行深度剖析，把握研究问题的核心，注重现实意义，为进一步的对策研究打下基础。

（四）参与式社会评估

从参与观察到参与发展，是一种因为调研时间短而快速收集当地地方性知识与信息的方法，要求调研者、被调研者都参与调研中，然后评估收集信息的真实性。在本研究中，课题组常用的是与调研点政府人员、学者、村民等召开座谈会，他们可以将他们所了解的调研点情况、地方性知识等表达出来，便于调研者收集、评估、整理与分析，最后形成调研发展报告。

（五）归纳综合分析

通过对历史资料及田野调查进行判断、归纳总结和综合分析。

三、总体框架

课题主要围绕以下三个问题进行调查和研究。

第一，跨界民族传统体育文化资源有哪些？

以"一带一路"上的跨界民族共有民族传统体育文化研究为中心，关涉民族节令、民族宗教和民族传统体育文化有关的遗产。从总体上对跨界民族传统体育文化存量资源与交流现状进行调查。

第二，跨界民族传统体育文化与国家"一带一路"倡议实施有什么关联？

从类型学的视角，选取有代表性、多民族共同流传的民族传统体育类型和案例进行历史追溯，讨论它们在民族交往和民族团结中的特殊作用，与"一带一路"倡议实施的关联性，及整合进"一带一路"建设的可能性。

第三,如何整合跨界民族传统体育文化资源促进地方社会发展?

针对跨界民族传统体育文化的现状,分析和总结影响跨界民族传统体育文化交流的主要因素,找到问题所在,寻求解决问题的方法和措施,并探索纳入地方社会发展的路径。

四、重点难点

(一)重点

梳理和考察跨界民族传统体育文化与交流现状,整合民族传统体育文化与"一带一路"倡议实施的关联性。并从现代视角考察这些民族传统体育文化作为跨界民族交往媒介的功能和价值,讨论它们在民族交往和民族团结中的特殊作用。

(二)难点

1. "一带一路"上共有民族传统体育文化作为跨界民族交往桥梁的研究中,涉及民族传统体育活动的生活动态性,这就要求必须将民族传统体育放在生活实际中进行考察,对于这一点,寻找到科学的考察对象较为困难。

2. 从知网查阅文献研究跨界民族共用传统体育文化方面相关论著较少,目前保留和流行的传统体育项目也不多,课题调研经费又有限,难以对中国与14个国家陆地接壤的跨界民族共有传统体育文化进行较全面的实地调查研究,在收集相关资料方面也带来一定的困难。

五、主要目标

展开对历史上"一带一路"跨界民族丰富的、共有的民族传统体育文化作为交往载体的梳理和总结,寻找民族传统体育与民族历史、民族精神、民族关系、民族认同之间的外在和内在连接,厘清其作为交往桥梁和纽带作用,以及对现代生活的影响;为"一带一路"跨界民族的经济发展提供民族文化资源；呈现民族传统体育文化及相关民族节令文化资源对于"国之交在于民相亲"的推动作用；提出建设民族文化边疆和促进民族传统体育文化交流的思路和行动建议。

（一）基本思路

本课题着力于"一带一路"上跨界民族共有民族传统体育文化的调查研究，选取我国边境跨界民族共有民族传统体育文化的典型个案，以扎实、深入的实地调研为突破口，找到其深层的特点和规律，因势利导，使之健康发展。同时也希望通过跨界民族共有的民族传统体育文化所体现的情感塑造，传承与发展传统文化，促进跨界民族的心理认知和心理感受以达到文化认同，从而治理边疆社会，为我国新形势下边境民族文化交流与合作创新提供国际经验参考，为"一带一路"倡议的顺利实施提供支持。

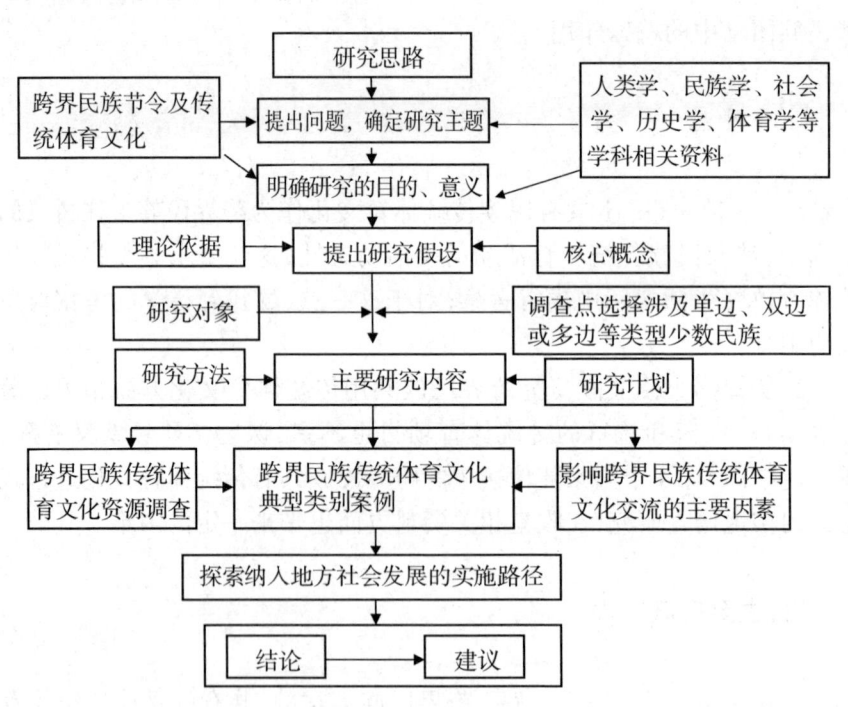

第一章 导 论

（二）研究的创新之处

1. 学术思想的创新

（1）课题研究的开创性和系统全面性。本课题是首次提出跨界民族共有传统体育文化这个概念，也可简称跨界民族传统体育文化，通过这个概念的界定标准，区分哪些民族传统体育文化是跨界民族传统体育文化，哪些不是。同时，本课题也是第一次对跨界民族传统体育文化资源进行系统全面调查，基本摸清了35个跨界民族（人）共有民族传统体育文化的基本存活现状，许多共有传统体育文化是在田野调查中新发现的，带有一定开创性。

（2）探索少数民族传统体育文化研究的新路径。本研究试图借"一带一路"建设的东风，在服务于"一带一路"建设的过程中，探索一条民族传统体育文化传承、发展的新路径。

（3）课题研究视角的新颖性。课题从历史的角度对跨界民族传统体育文化作为交往载体进行梳理和总结，发掘历史上与现代关于跨界民族传统体育文化的价值与功能，将民族传统体育文化纳入跨界民族交往桥梁研究，实质上将民族传统体育研究引入更为宏大的历史场域和现实生活中来观照，补充了我国跨界民族的相关传统体育文化研究，具有明显的创新性。

2. 学术观点的前沿性

（1）提出跨界民族传统体育文化资源是"一带一路"建设和当地社会发展的重要文化资源理论观点，跨界民族共有的传统体育文化活动在历史上对增进文化认同、化解边境矛盾、促进边民交流曾经发挥过积极的作用，在我国和平崛起的当下，更是一种不能忽视的文化资源，应予以重视。

（2）运用结构功能主义理论、场域和惯习理论、共生系统理论、文化圈理论等人类学、历史学多学科的相关理论对跨界民族传统体育文化的历史地位与作用进行分析与讨论，从而提炼出跨界民族传统体育文化的价值特征,增强"一带一路"上跨界民族文化认同,力促民心互通,有助于加强跨界民族大团结,建设边疆区域各民族共有精神家园,实现对民族传统体育包含的多民族文化元素背后隐藏的文化交流和民族交往桥梁等功能的研究。

(3)提出了要在边境区域形成跨界民族传统体育文化共生共享的合作与发展模式,形成共生共存的传统文化扩散系统模式的学术观点,对加强跨界民族互动与交流,巩固跨界民族团结,保障边疆稳定与安全,推动中国与周边国家经济和文化交流合作与发展,提升文化软实力,实现共赢共享共荣的人类命运共同体就显得尤其重要。

(4)跨界民族传统体育文化活动是"一带一路"建设与边境地区开发的文化黏合剂与文化润滑剂,应立足服务于"一带一路"倡议,同时"一带一路"倡议也为民族传统体育文化发展提供了新的历史契机与新的发展出路,在服务"一带一路"建设中获得自身的发展,将是跨界民族传统体育文化路径的优选。

3. 研究方法的科学性

借鉴类型学分类标准并将其运用到体育文化学的分类研究中来,不仅对跨界民族进行分类,也抽取典型性和代表性民族传统体育类型针对性地深入实地进行调研。同时运用近几年西方学者在实际工作中所创造的参与式社会评估方法,快速收集调研点信息、地方性知识等,促使调研者与被调研者对调查内容进行分析、讨论,再加以评估其真实性,使获得的调研信息更加客观性,这些方法的运用为体育学提供一个交叉研究的范例。

六、课题研究的不足之处

在一条国境线上分居同一个民族或几个相同民族的跨界民族现象是当今世界上普遍存在的一个历史事实,跨界民族有许多相同的传统文化,其中传统体育文化也是跨界民族共有的,一些学者已经开始关注某一个跨界民族的传统体育文化,但目前还是缺少学者进行全面系统的调查研究。本课题的研究虽然拓宽了学术空间,同时也带来课题支撑的相关文献资料、调研资料单薄问题,使得在调研及研究中会存在以下一些问题。

第一,中国与14个国家接壤的边境线陆地国界线延长有两万余公里,疆域辽阔,分布在四大自治区、五个省,都是少数民族地区,跨界民族数量、人口众多,课题组根据文献选定学界公认的35个跨界民族(人)及地域分布、现存共有传统体育文化资源等,肯定存在本课题没有掌握的跨界民族及其材料之缺陷,只能在后续详细研究中进行补充。这35个跨界民族(人)分布地域涉及的村寨、界碑、国门等较多,在对中国与周边国家的跨界民族共有体育文化进行实地调查时,因受经费、时间、语言、交通、边境、地理等因素限制,在调研过程中无法做到对某一个省、自治区的每一个界碑所处村寨、每一个跨界民族、每一个国门、每一个跨界贸易区等的跨界民族共有体育文化进行全面详细调查,特别是历史上定居邻国跨界民族现存传统体育文化与传统体育文化变迁现象的实地考察,只能依据当地有限的文献材料和根据类型分别选择四大自治区、四个省比较具有代表性的边界县城、村寨的跨界民族共有传统体育文化进行调研,难免存在资料收集的不足之外。第二,我们所认为的跨界民族虽然是同一个民族,但也往往受身处国家政治、教育、经济、文化等影响,传统体育文化也同样或多或少地有些许变化,如俄罗斯的那乃族即中国赫哲族就是受到俄罗斯文化的影响,使得传统体育文化受到改变与失传,原来划桦树皮船已经改为划铁皮船等。受到影响的传统体育文化由于境外调研的限制,有些材料难以掌握。第三,在全球化的今天,跨界民族所处区域同样随着国家城镇化、经济、文化事业的发展,给相对封闭的、传统的山区、边远村寨、草原、高原等区域的生产、生活方式带来冲击,传统文化生存、传承的土壤或多或少地受到影响,一些世代相传的民族传统体育文化逐渐面临流失、濒危的地步。在调研中发现,村寨及县级有关单位所保留的跨界民族传统体育文化资料较少,村寨里尚还健在并了解掌握该地区跨界民族传统体育文化历史的老人、传人等报道人较少,有些传统体育文化也只能在当地民间的宗教祭祀、民族节日期间才能得以目睹,给课题组在进行实地调查的时间选择上带来困难和一定的局限性。加之项目经费限制,不可能跨出国界线进行调研,只能在边界村寨对过来赶集、走亲戚、贸易的边民进行访谈。第四,无论是"跨界民族"或"跨境民族"或"跨国民族"等概念,是我国学界的提法,虽然边界线的边民认为都是一个民族,但一些境外周边国家政府是不太情愿认可这种提法,他们只认为中国的壮族、苗族、蒙古族、哈萨克族、朝鲜族等是中国人或某个族群，他们国家这些民族是他们自己国家民族组成部分。①是否如此，本课题在研究中难以达到跨界民族如何认识的高度，还是以国内学界提法，主要对我国与14个国家陆地接壤的跨界民族共有民族传统体育文化进行调研研究，进而探讨跨界民族传统体育文化，不仅促进跨界民族的文化交流互动、民族地区的社会和谐，而且还服务于"一带一路"建设与边境地区发展等问题。

---

① 马戎.如何认识"跨界民族"[J].开放时代,2016（6）:64.

第二章 跨界民族传统体育文化资源概述

跨界民族对于各个国家来说是一种普遍现象,是人类在社会不断发展过程中,是基于国家界限的人类社会和民族界限的人类共同体相互交叉而形成的,在共同生活的地域产生共同的文化,其中包括各民族的传统体育文化。人类发展的传统文化一般分为两大类型——客观存在的有形物质文化和人类口头的无形非物质文化。跨界民族共有的传统体育文化更多的是以有形物质文化为载体,通过身体运动或娱乐方式表现出来。

第一节 跨界民族类型及其分布

跨界民族因为居住在不同的国家,所处的人文环境和自然环境有所差异,因此在民族特征、民族发展过程和现状、民族心理素质上都会具有一定的特殊性。

一、跨界民族类型

作为多民族国家的中国,疆域辽阔,陆地国界线延长有两万余公里,并与越南、缅甸、老挝、尼泊尔、印度、不丹、塔吉克斯坦、阿富汗、巴基斯坦、吉尔吉斯斯坦、哈萨克斯坦、蒙古、俄罗斯、朝鲜等14个国家接壤,涉及广西、云南、西藏、新疆(包括西南部)、内蒙古、甘肃、吉林、辽宁、黑龙江9个省、自治区。而接壤的边疆地带又多是我国少数民族居住之地。据统计,在这些边疆地区,我国56个民族中有壮族、瑶族、布依族、京族、苗族、克木人(未被确立民族)、傣族、哈尼族、彝族、拉祜族、布朗族、景颇族、佤族、怒族、傈僳族、德昂族、独龙族、珞巴族、阿昌族、藏族、门巴族、夏尔巴人(未被确立民族)、朝鲜族、赫哲族、鄂伦春族、蒙古族、鄂温克族、俄罗斯族、哈萨克族、塔吉克族、维吾尔族、乌孜别克族、塔塔尔族、柯尔克孜族、回族等33个跨界民族、一个特别跨界民族汉族(汉族由于是中国主体民族,世界上最多、分布较广,国外称为华侨、华人,在越南称为华族、在缅甸称为果敢等,属于跨界民族,但由于涉及地域空间宽泛、问题较多,不作为本研究跨界民族范畴,主要研究跨界的少数民族)和两个未被确立的克木人(2009年划归布朗族)、夏尔巴人(划归藏族)。[①]

  类型学是一种分组分类方法的体系,通常我们称之为类型。类型中的各个成分是用假设的个别属性来识别的,一个类型可以表示一种属性或者几种属性。产生跨界民族的因素有很多,有的是历史上就居住在这个地方的世居,如我国少数民族景颇族、佤族等;有的是从别的地方迁徙而来,如瑶族、傣族、朝鲜族等;还有的是基于政治、宗教等原因发生国界变化,如哈萨克族、门巴族、乌孜别克族等,分类类型多种形式。还可以经济文化类型进行分类,以耕田稻作为主要生计方式的广西的壮族;以浅海渔业为生计手段的广西北部湾京族;以在山地开展刀耕火种而进行的游耕、在旱地山地进行农耕还顺带养殖一些牲畜为主要生计方式的西南地区佤、傈僳、独龙、怒、景颇、拉祜、德昂、门巴和部分彝、苗、瑶等民族;以专门游牧畜牧、游牧畜牧兼农业为生的藏、蒙古、哈萨克、塔吉克、柯尔克孜等西北草原、高原区域生活的民族;进行绿色草原农业的新疆回族、维吾尔族;以渔猎、游猎并采集为主要生计方式的赫哲、部分鄂温克等在东北的大、小兴安岭森林区域和乌苏里江、松花江、黑龙江的交集地居住的民族。这些以游耕、游牧、游猎等为生计的民族相对那些农耕稳定的民族更容易迁移而成为跨界民族。还有以语言分类的跨界民族,属壮侗语的壮族、布依族、傣族;属藏缅语的独龙族、拉祜族、傈僳族、阿昌族、怒族、哈尼族、景颇族、彝族、藏族、门巴族、珞巴族;属苗瑶语的苗族、瑶族;属阿尔泰语系突厥语的柯尔克孜族、哈萨克族、塔塔尔族、维吾尔族、乌孜别克族;属阿尔泰语系蒙古语的蒙古族;

[①] 王向然.中国跨界民族状况及其形成[J].许昌学院学报,2012(4):104-106.

阿尔泰语系满—通古斯语的赫哲族、鄂伦春族、鄂温克族；属南亚语系孟—高棉语的布朗族、德昂族、佤族；属印欧语系伊朗语的塔吉克族；印欧语系斯拉夫语的俄罗斯族；未定语系的京族、朝鲜族；汉语系的汉族、回族。当然，还有以地域分布的跨界民族。

类型学分类方法是质性研究比较常用的一种方法，在概念的形成与提炼、发掘和创造潜在的维度、分级与测量的类别、整理案例等多种分类中做出了关键性贡献。[①]那么，首先要根据类型学二维分类标准确定一个分类维度，然后划分与定义分类类型并描述其特征。每个国家的跨界民族由于其所处的地理环境和地位决定了它的性质和发展趋势，本课题主要研究中国陆地边界线两侧居住的两个或两个以上的跨界民族，跨界民族的分类采用根据其所在国家的地理环境和地位维度划分了双边或多边少数民族、单边少数民族和双边或多边主体民族3种类型。然而，本课题主要研究与14个国家接壤的跨界民族，主要涉及双边或多边少数民族和单边少数民族两种不同类型的跨界民族，而双边或多边主体民族是指原来具有共同地域的同一民族后被国家疆界分隔，但在国界两侧都是主体民族者，如朝鲜和韩国的朝鲜族，本研究的跨界民族未涉及此相关类型。因此，本课题研究的跨界民族主要涉及双边或多边少数民族、单边少数民族两个类型。

（一）双边或多边少数民族

此类跨界民族是"指在两个或两个以上相邻国家都不是主体民族的同一民族群体"[②]，即在国界两侧均属少数民族者。如中国与东南亚各国边界就有壮族、苗族、傣族、景颇族、佤族、德昂族、傈僳族、哈尼族、拉祜族、瑶族等10余个跨界民族，中俄边境有跨界蒙古族。这一类型的跨界民族由于分别受所在国家主体民族影响，会存在一定的差异性和具有裂解倾向的同一性，即由最初原来是一个民族，后被逐步分解为数个民族，如中越边界的壮族，中国称为壮族，越南称为侬族、岱族等；中俄边界的赫哲族，中国称为赫哲族，俄罗斯为那乃族。

[①] 戴维·科利尔，乔迪·拉波特，詹森·西奈特，汪仕凯. 使类型学更有效：概念形成、测量与精确分析[J]. 比较政治学前沿，2014（01）：152-173.
[②] 刘稚. 跨界民族的类型、属性及其发展趋势[J]. 云南社会科学，2004（5）：91.

（二）单边少数民族

单边少数民族是"指分别属于不同国家的同一民族在国界一侧的某个或某些国家是主体民族，在另一侧国家是非主体少数民族的跨界民族"①，如本课题研究的与越南交界的京族、与老挝交界的傣族、与蒙古国交界的蒙古族、与吉尔吉斯斯坦交界的柯尔克孜族、与哈萨克斯坦交界的哈萨克族、与塔吉克斯坦交界的塔吉克族、与俄罗斯交界的俄罗斯族、与朝鲜交界的朝鲜族等。我国这些民族只有与主体民族国家接壤时才是单边少数民族，而与非主体民族国家交界的就是双边或多边少数民族，如傣族在云南中缅边境上属于双边少数民族，而在江城的中老边境则属于单边少数民族。

二、跨界民族的分布

中国陆地边界线西从广西的防城港市东兴竹山北仑河畔，东到辽宁的丹东市鸭绿江口，与越南、缅甸、老挝、尼泊尔、印度、不丹、巴基斯坦、阿富汗、塔吉克斯坦、吉尔吉斯斯坦、哈萨克斯坦、蒙古、俄罗斯和朝鲜14个国家接壤，总长度约22800公里，民族地区约1.9万公里。有四大自治区、东北三省、西南西北各1个省的135个边境市、市辖区、县、旗分布在这条边境线上，占据了约193万平方公里的国土面积，其中是民族自治地方的107个。边境线经过云贵高原、横断山、喜马拉雅山、帕米尔高原、喀喇昆仑山、阿尔泰山、天山、蒙古高原、长白山、大兴安岭等十几座高大山脉、高原、森林、草原、荒漠以及元江、澜沧江、怒江、雅鲁藏布江、伊犁河、额尔齐斯河、额尔古纳河、黑龙江、乌苏里江、图们江、鸭绿江等大小数十条蜿蜒曲折边界和出境河流，形成我国西南部、西部、北部、东部的陆地地理屏障。中国有较少民族22个，其中人口较少民族16个如阿昌族、怒族、布朗族、德昂族、独龙族、京族、毛南族、珞巴族、门巴族、塔塔尔族、塔吉克族、俄罗斯族、乌孜别克族、鄂伦春族、鄂温克族和赫哲族等主要居住在边境沿线上。有30多个少数民族生活在这些边境地区，他们与相邻国家居住在边境线两侧的民族是同一个民族，如广西中越边境两边的苗族、瑶族、壮族、京族等少数民族；新疆与

---
① 刘稚.跨界民族的类型、属性及其发展趋势[M].云南社会科学,2004（5）:91.

第二章 跨界民族传统体育文化资源概述

中亚边境线上的塔吉克族、哈萨克族、柯尔克孜、回族等少数民族；云南与越南、缅甸、老挝交界的傈僳族、景颇族、佤族等少数民族；中蒙边境的蒙古族；中朝边境的朝鲜族和中俄边境的俄罗斯族、赫哲族等都是我国的跨界民族。这些生活在边境线两边的少数民族大多信仰佛教、天主教、伊斯兰教、道教、基督教等，有的民族全都信仰某一个宗教。① 可见，中国的边境边疆存在众多的跨界民族、聚居的少数民族、杂多的宗教等特点。为了更好地了解什么是跨界民族，本研究在跨界民族类型上将跨界民族分为两种类型，即双边或多边少数民族、单边少数民族，但在后续的跨界民族分布、跨界民族传统体育文化资源、跨界民族的形成等调查研究中，依据亚洲地理方位的不同进行分类研究，根据亚洲所分的东南亚、南亚、西亚、东亚、北亚和中亚6个地区，课题组将中国接壤国家区域分为东南亚、南亚、东北亚和中亚分类类型，便于统一、清楚地认识各区域类型跨界民族的相关研究。

（一）与东南亚国家接壤的跨界民族分布

我国云南、广西与东南亚中南半岛的缅甸、老挝、越南三国间有着漫长陆地边界线5080公里（云南段4060公里，其他是广西段、西藏段），② 存在着傣族、佤族、哈尼族、傈僳族、景颇族、布朗族、布依族、德昂族、瑶族、独龙族、彝族、拉祜族、怒族、阿昌族、壮族、京族、苗族、克木人（未被确立民族）等18个跨国界民族（人）。按边界分类，中缅跨界民族有苗族、瑶族、独龙族、哈尼族、傣族、拉祜族、佤族、布朗族、怒族、傈僳族、德昂族、阿昌族、景颇族等13个，另有未识别的群体克木人（克木人2009年划归布朗族）；③ 中老边境跨界民族有拉祜族、傣族、瑶族、彝族、哈尼族、苗族、壮族、布朗族（克木人，克木族为老挝第二大民族）等；④ 中越跨界民族有壮族、傈僳族、京族、苗族、瑶族、布依族、哈尼族、傣族、拉祜族、彝族、布朗族（莽人、克木人）等。若按民族跨国界而居，傣族跨中国、老

---

① 吴金光、徐黎丽. 中国的跨界民族与国家安全问题初探[J]. 祖国, 2014(8): 39.
② 何跃. 中国与中南半岛国家地缘关系分析[J]. 上海师范大学学报, 2008(11): 109.
③ 周建新. 缅甸各民族及中缅跨界民族[J]. 世界民族, 2007(4): 90.
④ 黄兴球. 中老跨境民族的区分及其跨境特征论[J]. 广西民族学院学报（哲学社会科学版）, 2006(5): 85.

挝、缅甸、越南而居,在泰国、印度也有;彝族是中国、老挝、越南跨界民族,在越南称为倮倮族、普拉族;哈尼族主要居住在中国、老挝、缅甸、越南,泰国有阿卡族即哈尼族33万人;景颇族是中国、缅甸的跨界民族,印度也有,称为新福族,缅甸称为克钦族;傈僳族、拉祜族及克木人主要分布在中国、老挝、缅甸、越南居住,还有在泰国、印度而居;德昂族、佤族、布朗族是中国、缅甸和老挝的跨界民族;阿昌族、独龙族、怒族生活在中国、缅甸边境线两侧,怒族在缅甸称为日旺人;壮族、瑶族、苗族也在中国、越南、缅甸、老挝居住,越南苗族称赫蒙族;布依族是越南54个民族之一;作为唯一滨海渔业的京族跨中国、越南、老挝居住。①

表2 与东南亚接壤的跨界民族分布

序号	跨界民族	跨界国家
1	傣族	中国、越南、缅甸、老挝
2	彝族(倮倮)	中国、越南、老挝
3	哈尼族(阿卡、高)	中国、老挝、越南、缅甸
4	景颇族(克钦)	中国、缅甸、印度
5	傈僳族	中国、越南、缅甸、老挝
6	拉祜族(么瑟、么舍)	中国、越南、缅甸、老挝
7	佤族(拉瓦)	中国、老挝、缅甸
8	德昂族(崩龙)	中国、老挝、缅甸
9	布朗族	中国、老挝、缅甸
10	阿昌族(迈达)	中国、缅甸
11	独龙族	中国、缅甸
12	怒族	中国、缅甸
13	壮族(岱、侬)	中国、越南、缅甸、老挝
14	瑶族	中国、越南、缅甸、老挝
15	苗族(蒙)	中国、越南、缅甸、老挝
16	布依族	中国、越南
17	京族	中国、越南、老挝
18	克木人(克木族)	中国、越南、缅甸、老挝

① 王向然.中国跨界民族状况及其形成[J].许昌学院学报,2012(4):105-106.

第二章 跨界民族传统体育文化资源概述

（二）与南亚国家接壤的西藏跨界民族分布

西藏自治区位于高原地带，与南亚国家印度、尼泊尔、不丹、巴基斯坦和一个东南亚国家缅甸接壤，边境线从东向西涉及林芝地区（察隅县、墨脱县）、山南地区（错那县、浪卡子县、洛扎县）、日喀则地区（康马县、亚东县、岗巴县、定结县陈塘夏尔巴人民族乡、定日县、聂拉木县、萨嘎县、吉隆县、仲巴县）、阿里地区（普兰县、札达县、噶尔县、日土县）4个地区18个县，边境线长达4000多公里，[①]跨越喜马拉雅山、喀喇昆仑山等众多雪山、雅鲁藏布江、藏传佛教寺庙等。西藏地区与邻国之间形成跨界民族主要受政治、宗教复杂因素的影响，尤其是西藏与印度接壤地区确定的边境线受多重因素干扰，最争议的"麦克马洪线"就是其一。无论怎样，在西藏与印度、尼泊尔、不丹、缅甸接壤的这条边境线上的跨界民族包括藏族、珞巴族、门巴族、夏尔巴人（未界定民族）、僜人（未界定民族）等，其中藏族及夏尔巴人跨中国、印度、尼泊尔、不丹而居，还有一部分藏族在巴基斯坦；门巴族（主巴）是作为中国、不丹、印度的跨界民族；珞巴族为中国、印度、尼泊尔的跨界民族。[②]

林芝地区位于藏东南，南部与印度、缅甸接壤，边界线长达1006.5公里，辖属察隅县南接印度、缅甸，边境线588.6公里，其中中印边境线长401公里，中缅边境线187.6公里，这里是中缅边境线西藏段，喜马拉雅山脉和横断山在此交界，从达旺、察隅南下到布拉马普特拉河流域是中国藏族、门巴族、珞巴族、僜人与印度平原阿萨姆地区居民来往的交通要道，经历缅甸到达南亚可以缩减中国与南亚、中国与非洲的距离，[③]察隅县的藏、门巴、珞巴、僜人（未界定民族）等是跨界民族；另一辖属墨脱县南接印度，以山地与平原地带接合，边界线417.9公里，主要有门巴族、珞巴族等跨界民族。

山南地区地处冈底斯山到念青唐古拉山南边，我们从拉萨驱车沿着雅鲁藏布江主流道向南来到其中下游乃东区。山南的西边交界于日喀则，东边连接林芝，下辖错那县西接不丹、南邻印度，中国—不丹边境线

---
① 李晓林.边,边境的边（卷4）[M].北京：民族出版社,2008.5：15.
② 王向然.中国跨界民族状况及其形成[J].许昌学院学报,2012（4）：105-106.
③ 董莉英.中国西藏与缅甸关系及边界划定[C].中外关系史论丛第21辑——历史上中外文化的和谐与共生：中国中外关系史学会2013年学术研讨会论文集.甘肃人民出版社,2013：10.

长55公里,中国—印度边境线长213公里,共计268公里,跨界民族为藏族、门巴族;洛扎县南、浪卡子县南与不丹接壤,边防线分别长200公里和25公里,跨界民族为藏族,我们到达洛扎的色乡和其他边巴、拉康离不丹最近,有3个边境物资交易会,历史上由于民族、宗教关系,不丹人经常到洛扎朝佛,这里的赛卡古托寺等寺庙每年藏历七月十五日所举行的盛大佛事都会吸引境内外成千上万信徒、生意人和游客,后来就有了易货贸易形成传统,至今500多年历史,据说现在高峰期到此从事贸易的不丹人达到五六百人以上。

日喀则地区为西藏第二大城市,曾经是后藏的政教中心,位于青藏高原西南部,平均海拔4000米以上,有"世界第一高峰"——珠穆朗玛峰,被誉为"最如意美好的庄园"。日喀则东邻拉萨市与山南地区、西接阿里地区、北靠那曲地区,南与尼泊尔、不丹、印度等国接壤。下辖康马县与不丹王国接壤,边境线长78公里,跨界民族为藏族;亚东县东毗不丹,西邻中印锡金段(锡金被印度侵吞,已成为印度的一个邦,中国已不承认其为主权国家),南倚中、印、不三国交界的吉姆马珍雪山,是通向不丹、印度锡金邦的要道,边界线长290公里,其中中印150公里、中不140公里,跨界民族为藏族;岗巴县南与印度锡金段接壤,有97公里边界线,跨界民族为藏族;定结县南边陈塘镇东南有5个山口通向尼泊尔,与尼泊尔联邦民主共和国隔小河对面基玛塘相望,边境线长12公里、21个国界界桩,定结县南边还有一个山口通往印度锡金,中尼、中印边界线长165公里,跨界民族为藏族及夏尔巴人;定日县南与尼泊尔接壤,边境线长187公里,跨界民族为藏族;聂拉木县南与尼泊尔毗邻,有聂拉木口岸直通公路,距离尼泊尔首都加德满都90多公里,跨界民族为藏族及夏尔巴人;萨嘎县南与尼泊尔为邻,边境线长105公里,跨界民族为藏族;吉隆县南面、西南面与尼泊尔相邻,边境线长162公里,吉隆县到吉隆镇69公里,再行程25公里就到达热索村的中尼口岸,这个地方距离尼泊尔加德满都首都85公里,跨界民族为藏族及夏尔巴人、达曼人(注:达曼人为尼泊尔人,2002年已被纳入中国国籍);仲巴县南与尼泊尔接壤,边境线长41公里,通外山口6条,是一个地广人稀、自然条件十分恶劣,以及干旱、风沙、雪灾、霜冻等自然灾害频发的地方,跨界民族为藏族。历史上,锡金和不丹等国家都属中国管辖,那里的习俗和西藏的习俗相同,文化相近,清末逐渐被英国人控制。

阿里地区是喜马拉雅山与冈底斯山汇合处,有"万山之祖"之称,这

第二章　跨界民族传统体育文化资源概述

里同时还有一个"百川之源"之称,即雅鲁藏布江、印度河、恒河发源地,属于青藏高原北部的羌塘高原的核心;9世纪初称象雄,元朝称为纳里,明朝叫俄力思,现今称阿里。西与印控克什米尔地区、南与印度、尼泊尔交界,跨界民族为藏族。普兰县是中国与印度、尼泊尔交界处,边境线长达400多公里,沿着普兰科迦村走8公里就到达中尼边境协尔瓦村,与尼泊尔隔河相望;札达县有38个山口通向印度、尼泊尔,中印两国有一个开通的什布奇口岸,4个传统边贸点的边境贸易比较繁荣,边界线长达575公里;噶尔县西北与印控克什米尔地区毗邻,边界线长98公里,有2个通外山口;日土县北是西藏与新疆连接最近的地区,其西边与印控克什米尔相邻,边界线长350公里,有25个通外山口,7个传统的边贸点。

(三)与东北亚国家接壤的跨界民族分布

东北亚国家包括中国、朝鲜、韩国、日本、俄罗斯(亚洲)和蒙古,与中国在东北、内蒙古方向接壤的是朝鲜、蒙古和俄罗斯。辽宁省丹东市的鸭绿江口是中国陆地边界线的起点或终点,东北边界线沿着鸭绿江、图们江、乌苏里江、黑龙江进入到吉林省,翻越长白山及小、大兴安岭,最终到达北极漠河的黑龙江源头与内蒙古交界处,这是横亘北半球欧亚大草原的东端。① 在辽宁、吉林、黑龙江、内蒙古这条边界线上,与朝鲜、俄罗斯、蒙古三国存在着朝鲜族、赫哲族、鄂伦春族、鄂温克族、俄罗斯族和蒙古族等6个跨国界民族。

表3　东北、内蒙古方向跨界民族的分布

序号	跨界民族	跨界国家
1	朝鲜族	中国、朝鲜、俄罗斯
2	赫哲族(那乃族)	中国、俄罗斯
3	鄂伦春族	中国、俄罗斯
4	鄂温克族(埃文克)	中国、俄罗斯、蒙古
5	蒙古族	中国、蒙古、俄罗斯
6	俄罗斯族	中国、俄罗斯

---

① 李晓林.边,边境的边(卷1)[M].北京:民族出版社,2008.5:16

(四)与中亚国家接壤的跨界民族分布

表 4　西北方向跨界民族分布表

序号	跨界民族	跨界国家
1	哈萨克族	中国、哈萨克斯坦、吉尔吉斯斯坦、塔吉克斯坦、俄罗斯、蒙古、印度
2	维吾尔族	中国、哈萨克斯坦、吉尔吉斯斯坦、俄罗斯、阿富汗、蒙古、巴基斯坦、印度
3	塔塔尔族(鞑靼族)	中国、俄罗斯、哈萨克斯坦、塔吉克斯坦、蒙古、吉尔吉斯斯坦
4	柯尔克孜族(吉尔吉斯)	中国、吉尔吉斯斯坦、哈萨克斯坦、阿富汗、塔吉克斯坦、巴基斯坦、俄罗斯、印度
5	乌孜别克族(乌兹别克)	中国、俄罗斯、吉尔吉斯斯坦、塔吉克斯坦、哈萨克斯坦、阿富汗
6	塔吉克族	中国、塔吉克斯坦、吉尔吉斯斯坦、乌兹别克斯坦、巴基斯坦、俄罗斯、阿富汗、印度
7	回族(东干)	中国、俄罗斯、哈萨克斯坦、吉尔吉斯斯坦、缅甸、印度
8	俄罗斯族	中国、俄罗斯、蒙古、哈萨克斯坦、吉尔吉斯斯坦、塔吉克斯坦

第二节　跨界民族传统体育文化存量资源类型

《中华民族传统体育志》(1990 版)所收集的 676 个少数民族传统体育项目相关资料表明,由于各民族所处的生存环境、生产、生活方式的不同,每个民族至少有 10 个以上绚丽多彩的传统体育文化,但各民族这些传统体育文化并不完全是跨界民族共有的传统体育文化,例如壮族传统体育大致有 39 项,不是所有的壮族传统体育都是中越边境线上的跨界壮族传统体育文化,中越边境广西段和云南段的跨界壮族传统体育文化有一样、也有不一样的,如课题组在广西靖西龙邦镇中越边境调研

第二章　跨界民族传统体育文化资源概述

中发现只有抛绣球、抢花炮等是跨界壮族共同一起玩的传统体育活动；中蒙边境线也很长，虽然跨界，但由于历史上就是一个民族，至今仍然保留那达慕好汉三艺，当然也会因为国度不同，在摔跤、射箭形式上有所不同。跨界民族传统体育文化有以分布地域如河流、山川、草原等进行分类，有以生产方式如游牧、渔猎、狩猎、农耕等进行分类，有以不同民族如壮族、苗族、蒙古族等进行分类，等等。跨界民族传统体育项目同样以游戏、娱乐性和趣味性为基础，具有强健体魄的功能，有些传统体育在不断发展过程中需要较强的力度、难度和对抗，体现了显著的竞技性。这些体育活动是少数民族传统体育文化之载体。作为一种物质文化，在日常生活与节日庆典中给予人们独特的仪式感与趣味性，因此，本课题依据文化表现的类型标准，根据现今跨界民族传统体育文化所处地域及民族的不同，将其物质文化的运动项目特点划分为竞技类和娱乐健身类，竞技类是已经经过实践改良、按西方体育模式设计的传统体育文化，有很强的竞技特点；娱乐健身类是指符合大众健身要求，强度、竞技性不是很强，且具有娱乐、健心、益智等作用的传统体育文化。下面按地域、民族等特点分类来介绍跨界民族传统体育项目，而跨界民族传统体育按竞技类、娱乐健身类进行分类，但在涉及某个地域、某个民族时会增加跟地域、民族特点的分类。

一、与东南亚国家接壤的跨界民族传统体育文化

我国广西、云南与越南、老挝、缅甸三国交界，有壮、京、傣、苗、佤、瑶、彝、拉祜、景颇、德昂、哈尼、怒、阿昌、独龙、布依、布朗、傈僳、克木等18个跨界民族（人），他们大多是在国家边界确定之前就生活在现有区域，是因为划分国界而成为跨界民族，共性的传统文化一直保留，自然也保留着丰富多彩的共有传统体育文化。由于边境线不仅位于民族地区，且大多都是崇山峻岭、乡间小道，分布少数民族人口数量也不多，有些民族在长期交往交流中也逐渐会被相邻民族同化，传统体育活动数量不会太多，甚至有些同一项目多个民族都存在着，如壮族、苗族、瑶族、彝族、傣族的打陀螺项目；有些因为民族语言不同而叫法不同，如踩高跷，佤族称为"重章撒"、拉祜族称为"戛水戛都"、哈尼族称为"赛蒙抬"等。基于与东南亚接壤的跨界民族较多，课题组按照民族对跨界民族传统体育进行分类。

（一）跨界壮族、布依族传统体育文化

壮族先民自古以来就一直生活在现今中越边境线上，共有的传统体育文化比较多，竞技类型的项目如靖西龙邦镇中越边民抢花炮是在每年农历五月十三日开展的一项体育文化活动，抢花炮在这几个中越边境县市都有开展；龙舟赛不仅在江里进行，还划到海上，如广西防城港西湾海域至2019年已经举办了16届防城港市海上国际龙舟赛（即中越龙舟比赛）；打陀螺在中越边境上有各种玩法，其中防城港市防城区与越南山水相连的峒中镇壮族砧板陀螺独具特色；板鞋竞速是壮族民间较为盛行的传统体育项目，是壮族先人纪念古代抗倭寇英雄瓦氏夫人的练兵技法整理改编而成，现在在宁明县、龙州县、那坡县以及云南富宁的边境上同样盛行。娱乐健身类型体育项目有抛绣球，如龙邦镇中越边民高杆抛绣球同样是越南村寨春节期间开展的一项体育文化活动；龙州县还有板鞋舞、打扁担、麒麟舞、花凤舞等；宁明县壮族有斗鸡、舞龙舞狮、蚂拐舞等。课题组在大新县硕龙镇隘江村就看到一种中越边民共同进行的"狮子登高"、打陀螺、打尺子、龙舟等表演；云南富宁、红河流域的壮族还有打铜鼓、武术、打磨秋、跳桌、棋类（虎棋、花棋等）、踢鸡毛毽、打陀螺、顶杠、母鸡护窝、摔跤、高脚球等（见表5）。

在越南河江省同文县、莱州省封土县、高谅省保绿县的中越边境一带，还分布有布依族。布依族在越南则由布依、布田、布那等三个支系组成，"由于其主体部分是从我国迁去的。因此，其文化特征在很大程度上与我国贵州南部布依族的文化保持一致，如婚丧嫁娶，传统节日等"。① 布依族的秋千（十字秋）、龙舟、人棋、打陀螺、耍狮、抵杠等仍然在越南布依族中保留（见表5）。

（二）跨界京族传统体育文化

京族主要聚居在中越边境——广西东兴市京族三岛，山心、巫头、澫尾，京族最隆重的节日是哈节，哈节里也有其特色京族传统体育文化

---

① 周国炎.越南北部的布依族及其文化[C].布依学研究（之四）——贵州省布依学会第三次年会暨第四次学术讨论会论文集，1993（9）：274-277.

(见表5)。每年,中越两国的哈节活动都会邀请越南方参加。

(三)跨界苗族传统体育文化

从广西至云南的中越边境线两侧还居住着一个跨界苗族,竞技类型的项目有文山州麻栗坡县边境猛硐乡长期流传的射弩、射背牌,麻栗坡县董干镇的吹枪、赛马等,红河流域苗族划龙舟、抢花炮、独竹漂、摔跤等。娱乐健身类型体育项目就多了,广西靖西龙邦镇大莫村弄关屯苗族的斗牛、斗鸡、抛荷包(方形)、打陀螺,云南文山苗族的跳芦笙(芦笙拳、滚山珠、垒营盘、斗四方、芦笙刀等)、掷鸡毛球、打鸡毛毽,麻栗坡县董干镇苗族有毛线球,马关县苗族有爬坡杆(正爬、倒爬),红河流域苗族的接龙舞、舞龙舞狮、採火龙、跳竹竿、打花棍、耙棒类(打耙棒、抵耙棒、坐耙棒等)、撕牛肉干、倒挂金钩、踩高跷、母鸡抱蛋[①]、穿花衣裙赛跑、打磨秋、八人秋、打花鼓、跳鼓、木鼓舞、踩鼓舞、猴鼓舞、苗拳、上刀梯等(见表5)。

(四)跨界瑶族传统体育文化

跨界瑶族分布地域较广、居住国家较多,在中越边境上的瑶族主要分布在广西龙州、那坡等县、云南文山和红河流域。不同的地域孕育了不同的传统体育文化,如广西龙州县瑶族打腰鼓、广西那坡县百省乡上华村规弄屯蓝靛瑶狩猎舞、红河流域瑶族人龙、打粉枪、独木桥、踩独木划水、掷石头、打泥陀、抛花包、点冲天炮、推竹杠、播公、武术、耍春牛等(见表5)。

(五)跨界彝族传统体育文化

彝族分布在广西、云南的中越、中缅、中老的边境线上,例如中越边境广西那坡的彝族、云南红河彝族,与缅甸、老挝交界的江城彝族自治县彝族、西双版纳彝族、怒江彝族等(见表5)。

---

① 王钧. 红河流域少数民族传统体育项目现状与对策研究[D]. 北京:北京体育大学,2012.

(六)跨界傣族传统体育文化

跨界傣族主要聚居在云南西双版纳、德宏两个自治州及耿马、孟连县等的边境线上,笃信南传佛教,对其传统体育文化影响较大。古代傣族是一个以力量为评判标准的尚武民族,自从信仰南传佛教后,以佛教不主张争斗,而主张人的一生敬佛、事佛为评判标准,以至于傣族的体育活动也是以娱乐为主,而非身体力量的对抗[①],例如傣族武术主要是傣刀、傣拳,膜拜佛像身体"三道湾"造型,使得身体柔韧起伏、刚柔并济,以助兴表演为主(见表5)。

(七)中老、中缅跨界民族传统体育文化

哈尼、景颇、傈僳、拉祜、怒、阿昌、独龙、佤、布朗、德昂等10个跨界民族大多生活在中缅、中老边境上,缅甸的佤族、傈僳族、布朗族、德昂族、拉祜族、景颇族等过节时间基本上与中国的这些少数民族相同[②],中缅"国境线似乎并未对他们的交往和文化交流造成多大的阻碍"[③],老挝、缅甸的景颇族、傈僳族、哈尼族、佤族等也是如此,共有的节日同样保持共同的传统体育文化(见表5)。

(八)广西、云南跨界民族传统体育文化汇总

课题组结合文献与广西、云南部分边境地区实际调研,大致列出"广西、云南跨界民族传统体育文化资源类型表"(见表5),举例几个现今流传在这些跨界民族中的竞技类、娱乐健身类跨界民族传统体育项目。

---

① 朱智红.佛教与傣族的传统体育[J].边疆经济与文化,2011(11):144.
② 赵明生.跨境少数民族佤族的节日文化[J].节日研究,2013(1):232.
③ 黄光成.跨界民族的文化异同与互动——以中国和缅甸的德昂族为例[J].世界民族,1999(1):26.

第二章　跨界民族传统体育文化资源概述

1. 竞技类型跨界传统体育文化

（1）抢花炮

抢花炮作为一项传统体育项目，具有浓郁的民族特色。"花炮"为直径5厘米的铁质圆环，并以红色绸布缠绕，放置于送炮器上。送炮器为空心铁柱，有20厘米高，半径约5厘米，炮座中心放火药，下有引线。火药燃放后产生的冲击力将花炮冲上天空，参赛者待花炮落下时奋勇争夺。龙邦镇边民抢花炮是每年农历五月十三日开展的一项体育文化活动。抢花炮当天远近村屯的男女老少，穿上节日的盛装，涌向活动场地给本村寨的花炮选手呼喊助威。活动开始前，由两个青年抬上土地公像，两个青年抬上花炮和送炮器，从土地庙出发，舞狮队跟随，敲锣打鼓先游街。到达抢花炮场地后，先燃放鞭炮暖场，舞狮队闹场表演，然后由裁判员宣布活动的各项规则。当裁判员宣布抢花炮开始时，将花炮射上高空中，顿时花炮腾飞歌盛世，溢彩流光乐升平。抢花炮的勇士们，人人精神抖擞，只等中午时分，"轰、轰、轰"三声炮响，钢环彩圈冲上云霄，似彩蝶飞舞，如仙女散花徐徐降落。人群欢声雷动，勇士们如蛟龙出海，似猛虎下山，向着圆球彩珠降落的方向扑去。他们的动作忽上忽下，忽左忽右，变幻莫测。他们需在人群中激烈地拼抢，一路"过关斩将"并将花炮送到土地公像前的裁判台上方可获胜，抢一炮或可持续两个小时。当选手把花炮送至裁判台时，锣鼓声齐鸣，并鸣炮三响，以表示"头炮"胜利结束。获胜者在上台领奖后，标志着福祈财运自今日起降临到获奖勇士者身上。接着还要进行后续的二炮、三炮争抢。按民间传统，只燃放三炮。抢得头炮寓意万事大吉，体现出人们对安稳生活的向往。邻近的越南是以绣球替代花炮，激烈程度不如龙邦镇抢花炮。

（2）板鞋竞速

板鞋竞速广泛流行于壮族民间，这项传统体育活动整理改编自瓦氏夫人的练兵技法，以纪念这位古代抗倭英雄。"三人板鞋"，原为南丹那地土司训练俍兵参加瓦氏夫人赴江浙抗倭的一种军训方法，即每双板鞋限三人穿，每人之脚都要求用绳系于板鞋上，一是防备俍兵逃跑，二是为了步调一致。①通过挖掘整理后，先后发展成为"六人板鞋""九人板

---

① 李莹，李雨衡. 古代西南地区土司军事体育研究[J]. 军事体育学报，2015，34（1）：19-22.

鞋"等,融体育与娱乐于一体。① 原则上板鞋上可以1人或多人,甚至多到十几人,但是三人木枷练兵法广泛流行于民间,最后演变成三人板鞋竞速体育项目。② 三人板鞋以长1米、宽9厘米的木料制成,每只板鞋配有三块宽5厘米的束脚带,分别等距固定在板鞋上。以60米或100米为比赛距离,三人一组穿在两只板鞋上,协力齐步走,哪一组先走到终点即为胜方。板鞋竞速既可以改善体质,又可以训练参与者运动步伐协同,使其行走灵活,协调自然,因此深受少数民族群众喜爱。

（3）砧板陀螺

砧板陀螺是防城港市防城区与越南山水相连的一个峒中镇中越跨界壮族传统体育项目,追溯起来已经有200多年的历史,最初是峒中镇各村民为了在重大节日上增添节日气氛而自发的娱乐活动,后来发展到本国或邻国村民相约比赛促进友谊的竞赛项目。砧板陀螺历史源远流长,因其形状、大小与砧板相似,故称砧板陀螺。比赛在一块平整的土场地进行,可以一对一、二对二、六对六等形式进行比赛,分防守方和进攻方,双方都是将绳缠绕陀螺的进绳槽,陀螺直径大致30厘米；防守方左手持绳、右手握住陀螺旋放陀螺,进攻方同样左手持绳、右手握住陀螺站在五米进攻线向目标陀螺打去,将陀螺撞击出规定界线获得高分,打不着没有分,打着且没有出界就比哪个陀螺旋转时间长者获胜,然后互换攻防,最后计算两人或队比赛进攻方成绩。

（4）赛龙舟

广西、云南的壮族、傣族等跨界民族都有赛龙舟习俗。壮族赛龙舟的历史可追溯到西汉时期。在西汉制作的铜鼓身上就镶有当时壮族先民赛龙舟的图案。到唐宋时期,许多诗词里都有描绘赛龙舟的热闹场景。宋代周去非的《岭外代答》中记载:"钦州竞渡兽舟,亦刳全木为之。"明清时期,赛龙舟这一活动达到了鼎盛时期。龙舟一般狭长、细窄,船头为龙头,船尾为龙尾。一般设鼓头一人,锣手一人,划船手二三十人。比赛以先达到终点者为胜,两岸观众呐喊助威,场面热闹壮观。至2019年在广西防城港西湾海域已经举办了16届防城港市海上国际龙舟赛

---

① 韦晓康.民族传统体育文化的生存理念研究——以壮族演武节为例[C].中国体育科学学会体育社会科学分会.2012全国体育社会科学年会——转变体育发展方式的探索论文集.北京体育大学出版社,2012:2.

② 张鹜梁.板鞋运动对提高普通高校大学生身体素质效果的实验研究——以华南师范大学为例[D].南昌:江西师范大学,2015.

（即中越龙舟比赛）。

（5）吹枪

吹枪主要在中越边境的麻栗坡县董干镇马林、马崩、麻栗堡等地苗族村寨开展的跨界苗族传统体育项目，苗语称"盏炮"，器材由枪管和弹丸组成。枪管用内径1—1.5厘米薄竹或通花管制作，长100—120厘米，可安装护木和托手，弹丸用泥加水搓揉成与枪管内膛相适的圆球，安放枪管后部，用嘴发气将弹丸吹出。比赛距离15米，目标为射弩环靶，用立姿、跪姿吹弹，以中靶总环数成绩分出胜负。

（6）篾弹弓

篾弹弓是壮、苗、彝、傣、哈尼、德昂等各跨界民族青少年非常喜欢的传统体育，在当地民族节日里都会被列为活动内容。弹弓为竹制，用篾皮做弦，弦中央编制一个能装弹丸的小兜；弹丸用黏土搓成。比赛方法：设个人、团体赛；15米立姿，射大小不等靶标；靶标为薄铁板，大的为20厘米×25厘米，小的10厘米×15厘米，从大到小依次编号；分两组、每人发射10发，射中目标得分，以得分多少计算胜负名次。

（7）丢包

在中老越交界的云南江城，把彝族、傣族玩的丢包习俗改编成丢包比赛。丢包分为对丢与投准比赛。对丢比赛，是两名队员之间距离为30米，将重200克、绳长70厘米的丢包，准确穿过中间15米处设有一个高7米、直径为1米的目标圆圈，对面同伴队员接到其丢包则得分，最终得分最多者获胜。投准比赛，距离以三角立方体的中老越三国界碑标志箱为目标10米，双方将丢包投进口径边长80厘米×80厘米×80厘米、高100厘米标志箱得分多少获胜。

2. 健身类型跨界传统体育文化

（1）壮族抛绣球

抛绣球是壮族最为盛行的传统体育运动之一，抛绣球活动在古代称为"飞砣"，宋代朱埔在其游记《溪蛮丛谈》中记载：土俗风节数日，野外男女分两朋，各以五彩囊豆粟往来抛接，名为"飞砣"。由此可见，壮族抛绣球活动已有近千年的历史。"绣球"是壮族姑娘手工缝制的彩球，圆形内填充谷粟、谷壳、棉花籽等作物，上端系有彩带，下端配以红坠。抛绣球分背篓抛绣球和高杆绣球两种。高杆绣球中间是一个高杆，中间穿出来三根木头，中间固定，上下可以抽拉出来，是可以活动的，抽完这两根后，就掉下了；立起来这两根一放，又可以固定好。高杆绣球有一个发展变化的过程：以前绣球圈非常小，大约只有一个拳头那么大。而且必须两边红纸都破了才算赢，难度非常大。里面是空的，女方这边的面大，男方这边的面较小，大约小一个手指。如今，为了鼓励大家积极参与抛绣球的活动，便降低了难度，将铁圈变得大一些，方便人们更加容易把绣球投进去。

（2）麻线球

课题组在云南文山麻栗坡县中越边境调研时，发现这里有一项流行于壮、苗、彝等跨界民族农闲的娱乐健身传统体育活动，尤其以董干镇苗族最为喜好，是一项原始的在纺线劳动之余进行的球类运动。

传统麻线球为直径5至10厘米的球型麻线团，内包棉花，外用麻线将棉花一层层裹紧，使之成为一个富于弹性的圆球。

娱乐竞赛时将球掷向地面，球反弹起来再继续拍击，以拍击次数计成绩。民间比赛主要分为直拍、转拍、跨脚拍等比赛类型。直拍有立拍和跪拍两种，直拍立或跪于原地拍击；转拍拍击一次球转一圈；跨脚拍拍击一次球抬一次腿，球从脚下穿过。在董干一带较为流行的是转拍和跨脚拍。

（3）踢马脚

踢马脚在苗族、彝族、瑶族等民族比较盛行，只是称呼不一样。富宁县苗族在跳芦笙中，有一种带有体育、舞蹈的腾跳动作称为"踢马脚"。在节日期间，男女青年成群结队在聚集的空地上，小伙子一边吹芦笙一边跳，看谁跳得好、花样多者为胜。跳法有单人吹跳、双人对跳、群体跳三种。

（4）打秋千

打秋千在中国、越南、缅甸、老挝的壮族、彝族、哈尼族、景颇族、傈僳族等跨界民族中流行，主要分为两种娱乐健身方式：第一种磨秋，在磨秋场竖一根离地面高度不低于2米的木桩，再将一根长约7米的横木支在桩上，就做成了磨秋。磨秋可以上下垂直升降，也可以水平地循环转动。在打磨秋的时候，两边分别一人或两人一组，当横杆一端倾斜使活动者脚能够落地时，即用脚蹬地，借助蹬力使横杆旋转起来，另一端上扬；蹬地力量越大，旋转就快，高低起伏的磨秋就旋转了起来。直到

第二章 跨界民族传统体育文化资源概述

一方要求要换人,才缓缓停下,另换其他人。① 第二种为荡秋千,有双绳或单绳荡秋千,在此介绍一种独具特色的云南西部哈尼族(阿卡人)单绳荡秋千。秋千立于斜坡上,四根木棍构成两组支架,每组支架上端交叉呈"十"字并捆绑,两组支架间装一根横木,横木上部拴一根粗藤条作秋千绳,下端盘结一扣,秋千绳中段拴一根约2米长的细藤条。将一只脚踩在扣上或将腿伸入扣中,两手紧握细藤条,另一腿用力蹬地,旁人可拉动细藤条牵送。秋千荡得越高,以迎接天神,可祛除疾病和不顺,获得健康与好运。

表5 广西、云南跨界民族传统体育文化资源类型表

民族	分类	传统体育项目
壮族(岱族、侬族)	竞技类	抢花炮、龙舟、打陀螺、板鞋竞速、赛马等
	娱乐健身类型	抛绣球、板鞋舞、打扁担、麒麟舞、花凤舞、斗鸡、舞龙舞狮、蚂拐舞、狮子登高、打尺子、打铜鼓、武术、打磨秋、水车秋、跳桌、棋类(虎棋、花棋等)、踢鸡毛毽、顶杠、母鸡护窝、摔跤、高脚球等
布依族	竞技类	龙舟、抵杠等
	娱乐健身类型	秋千(十字秋)、人棋、打陀螺、耍狮、下火海等
京族	竞技类	游水捉鸭、沙滩板鞋竞速、沙滩拔河、打狗等
	娱乐健身类型	高脚罾(又称"搏脚")、跳竹竿、打棒(也有称打拐、打尺子)、捉活鸭、拉大网、潜水摸鸭蛋、顶头、顶臂、顶竿、哈舞(进香舞、献花舞、天灯舞、花棍舞、进酒舞)等
苗族	竞技类	射弩、射背牌、吹枪、赛马、划龙舟、抢花炮、独竹漂、摔跤、蓖弹弓等
	娱乐健身类型	斗牛、斗鸡、斗鸟、抛荷包(方形)、打陀螺、跳芦笙(芦笙拳、滚山珠、垒营盘、斗四方、芦笙刀等)、踢马脚、掷毽毛球、打鸡毛毽、毛线球、爬坡杆(正爬、倒爬)、接龙舞、舞龙舞狮、採火龙、跳竹竿、打花棍、耙棒类(打耙棒、抵耙棒、坐耙棒等)、撕牛肉干、倒挂金钩、踩高跷、母鸡抱蛋、穿花衣裙赛跑、打磨秋、八人秋、打花鼓、跳鼓、木鼓舞、踩鼓舞、猴鼓舞、苗拳、上刀梯等

---

① 文山壮族苗族自治州地方志编纂委员会.文山壮族苗族自治州志(第五卷)[M].昆明:云南人民出版社,2001:388-390.

续表

民族	分类	传统体育项目
瑶族	竞技类	射弩、射箭、打木球、打鸡毛球、蔑弹弓等
	娱乐健身类型	打腰鼓、长鼓舞、打陀螺、舞狮子、狩猎舞、人龙、打粉枪、独木桥、踩独木划水、掷石头、打泥陀、抛花包、点冲天炮、推竹杠、播公、武术、耍春牛等
彝族	竞技类	摔跤、射击、射箭、射弩、打陀螺、丢包、蹲斗、抵肩、扭扁担、斗鸡（脚斗士）等
	娱乐健身类型	武术、海马舞、跳弓、磨秋、打鸡毛球、跳花鼓、跳竹竿、爬竿、古蔗、跳牛、跳板发、跳小单门、跳鸡毛球、对脚跳、抓石、弹豆、耍龙、耍狮子、耍龙灯、老虎抢蛋、杠术、顶斗、对手拉、三雄夺魁、拔萝卜、跳高脚马等
傣族（老族）	竞技类	龙舟竞渡、藤球、打陀螺、顶杠等
	娱乐健身类型	堆沙、放高升、放昆明灯、丢包、赶摆、嘎秧、斗象脚鼓、爬滑杆、打篾弹弓、赛马（原是赛象，中缅边境大象较多）、踢毽子、打竹节子（又称打大巴豆，被誉为傣家保龄球）、孔雀拳、棍术、刀术等
哈尼族	竞技类	摔跤、射弩、打石头架、踩高跷（赛蒙抬）、打陀螺、抵肩等
	娱乐健身类型	赛蒙抬（踩高跷）、打秋千（荡秋、磨秋、车秋）、跳竹竿、斗鸡、爬山、射弯、泥巴架、跳水、铓鼓舞、棕扇舞、棋类等
景颇族	竞技类	拉拉、扭杠、顶杠、爬滑竿等
	娱乐健身类型	景颇族目瑙纵歌、秋千、蛇龙、赶猪等
傈僳族	竞技类	射弩、泥弹弓、爬山、爬杆（爬油杆）、顶杠、摔跤、游泳、投掷（投矛）等
	娱乐健身类型	砍竹竿、秋千（荡秋、磨秋、车秋）、上刀山下火海、拿石头、划竹筏（划爬子）等
拉祜族	竞技类	射弩、秋千、戛水戛都（踩高跷）、打陀螺、打鸡毛球、摔跤等
	娱乐健身类型	秋千（包括磨担秋、藤秋）、斗牛、跑杆（过独木桥）、丢包、踢脚架、打马桩、跳芦笙等
怒族	竞技类	摔跤、踢脚（脚斗）、怒球、虎熊抱石头、跳竹等
	娱乐健身类型	溜索、划猪槽船和祭天舞等

第二章　跨界民族传统体育文化资源概述

续表

民族	分类	传统体育项目
阿昌族	竞技类	射弩等
	娱乐健身类型	甩秋、耍白象与耍青龙、车秋、蹬窝罗、阿昌拳术、猫赖过(刀术)和晃赖过(棍术)等
独龙族	竞技类	射弩、老熊抢石头、阿扁(摔跤)、阿格来依(跳高)、网石(即投石索)等
	娱乐健身类型	溜索、滑草、登独木天梯、绳梯等
佤族	竞技类	射弩、布隆(摔跤)、打陀螺、打竹弹弓、打鸡毛球、顶杠、踩高跷、藤球等
	娱乐健身类型	剽牛、斗牛、踢脚、拉木鼓、甩发舞、打歌、舂米舞等
布朗族	竞技类	斗鸡(脚斗士)、射箭、爬竹竿等
	娱乐健身类型	藤球、布朗球(打竹球)、亚都都、布朗舞、铜鼓舞(克木人)、唱灯和武术等
德昂族	竞技类	射弩、打篾弹弓、打陀螺等
	娱乐健身类型	象脚鼓舞、佛鼓舞、水鼓舞、竹竿舞和武术(左拳、梅花拳)等

二、与南亚国家接壤的西藏跨界民族传统体育文化

西藏的南部地区、西部周边地区与印度、尼泊尔、不丹、缅甸等国家接壤,跨界民族包括藏族、珞巴族、门巴族,以及未界定民族的夏尔巴人等。西藏疆域在发展过程中,受政治因素的影响导致国界发生变化,这些民族不得不成为跨界民族,他们由于始终长期生活在青藏高原边境线上,在生产生活方式、语言文字、风俗习惯、文化传统、宗教信仰等等方面是相同的,他们都有共同的传统体育文化。根据调研资料整理,课题组将西藏各民族传统体育项目按照性质和作用分为：竞技类、娱乐类、健身养身类,[①] 在此基础之上我们再分出宗教节日祭祀类和生存技能类,这两种类型与宗教活动和生计方式密切相关。综上所述,共有民族传统体育共竞技类、娱乐健身类、宗教祭祀类、生存技能类。其中,西藏自治区西部与印度拉达克地区交界,藏族为该区域的跨界民族;西藏南

---
① 张选惠.民族传统体育概论[M].北京：人民体育出版社,2006：19-24.

部与印度北部地区、印度锡金、尼泊尔北部地区以及不丹接邻,在此边境地带生活着藏族、门巴族、珞巴族和夏尔巴人、僜人等族群。印度、尼泊尔仅在其北部边境(喜马拉雅山脉南麓)有藏族人,即被称为"菩提亚人"分布,印度锡金、不丹等地区的藏族以牧民居住为主,此外,尼泊尔还有夏尔巴人。印度境内有珞巴族、门巴族、僜人等居民,僜人是我国尚待确认的单一族群,主要分布在西藏察隅县,有 1300 多人,而中印边界南部有争议地区的僜人约有 2 万余人。

除了阿里地区没有成行,课题组沿着喜马拉雅山脉的林芝、山南和日喀则边境地区进行调研,从调研中不难发现,门巴族、珞巴族是紧邻,与藏族、夏尔巴人都属于喜马拉雅山脉生活的民族,生产生活习俗相近,特别是受藏族文化的影响,在政治、经济、生产、生活习俗、宗教信仰等方面与藏族联系非常紧密,藏族、门巴族、珞巴族和夏尔巴人等族群的传统体育文化有很多相似的地方,这都与生活环境、生活习俗、族群相似以及藏族文化的影响相关联,藏族的传统体育文化占据了门巴族、珞巴族和夏尔巴人传统体育的大部分内容。就调研情况而言,珞巴族、门巴族、夏尔巴人村民都认可他们的传统体育文化与藏族相似、相同的居多,珞巴族、门巴族、夏尔巴人与藏族大同小异的传统体育文化,可以说是藏族文化圈同化整合带来的影响与认同。跨界民族的传统体育与生存环境、生产生活方式相结合,与宗教文化难舍难分,种类繁多,并且这些民族的传统体育文化在民族交流中的作用不可忽视,同时要说明的是相同的传统体育文化具有多样的功能和意义,所以相同项目存在于竞技类、娱乐类、健身养身类、宗教祭祀类、生存技能类等不同的分类体系中(具体项目见表 6)。

(一)竞技类型跨界传统体育文化

与西藏跨界民族有关的传统体育竞技类项目有押加、赛马、抱石头(朵加)、射箭、骑马射箭、斗牦牛、赛牦牛、角力、吉韧(康乐球)、马术、古朵、摔跤、跑马打枪、打牛角等,藏族、珞巴族、门巴族、夏尔巴人等民族(人)在许多项目上的玩法非常相似,即使是尼泊尔交界的村寨也与西藏邻近村寨有所交流,如与西藏定结县陈塘沟夏尔巴人乡接壤的尼泊尔音达巴日县,该县的村寨小学教师吉玛唐卡介绍,他们也玩押加、抱石头、拔河、跳绳、抛沙包等传统体育活动。下面简单介绍几种竞赛形式。

第二章　跨界民族传统体育文化资源概述

（1）打牛角。这是课题组在山南泽当地区看到的一项极富藏民族特色、妙趣横生的传统竞技娱乐活动。一般在藏历初一时自发组织举行。现在，都会有一伙人聚在一起玩，课题组调研时跟着山南教体局局长仁增达杰一起参与他们的比赛。先将两个牛角尖朝上分别置于相距 15 米的地面，两边参赛者分别站在两个牛角处，每人三块石饼，石饼长约 15 公分左右、扁平、圆形光滑、约重 2 或 3 斤，每人向牛角抛石三次，然后互换方向，以中者多获胜。可以一对一比赛，也可以多人对多人比赛。

（2）朵加即抱石头。在山南泽当地区还看到一项具有藏族特色的举重运动：参赛者弯腰将巨石抱起，然后挺身尽力向上托举，从肩部抛向后为成功。巨石的重量为 25 公斤、50 公斤、75 公斤、100 公斤、125 公斤、150 公斤不等。分男、女组比赛。若最后两人抱起的重量相等，则依前次重量级成功时所抱次数定名次，少者列前。为增加比赛难度，所挑选的巨石一般为椭圆形，表面再抹上酥油。还有一种赛法就是将巨石托起后，抱在胸前围绕场地走圈圈。若重量相同，以走的圈数定名次，多者列前。

（3）大象拔河即藏语"拉古象"，这是藏族、门巴族非常有代表性的传统体育竞技项目。比赛分为两人和四人拔河两种：双人拔河，两个参赛者以四肢着地分别相对，以一条两头挽圆套的粗绳，从两人档间穿过，经过腹部套在各自的脖子上；绳子中间系一红布条作为标记，标指于"河"中央；当裁判一声令下，比赛双方用脖子、腰部的力量以及脚蹬地的力量猛拽，以将红布条拉过河界为胜。因藏族人民崇拜大象力大无比，所以称为"大象拔河"也称"二人拔河"。四人拔河，用两条粗绳，呈十字交叉状；每位选手前摆放一碗青稞酒，以谁先喝到碗中的酒为胜。

（4）摔跤。藏族称为"北嘎"，是具有藏族特色的摔跤运动。参赛双方均穿藏袍，系宽腰带，双方运动员必须抓好对方腰带，即双方双手在对方体侧或背后抓握，由裁判宣布开始或停止；规则要求只能用手和腰部的力量（不能用腿和脚，违者犯规）将对方摔倒，使其身体各部位（除脚外）触地为赢。

（5）射箭。藏族、门巴族、珞巴族都有射箭运动，都是从狩猎中来，射箭形式也各有特点。巴桑罗布向课题组介绍当地一种藏族独具特色的射箭形式。他说："以前亚东射箭所用的弓是用竹子做的，没有瞄准装备；弦用几根麻绳拧成，很有弹性；箭头大概长 2 至 3 厘米，很尖，锐利，箭镞分棱标形、三棱形和圆锥形三种，尾部嵌有羽翼以保持平衡，跟不丹的弓箭差不多。现在传统弓只有在规定的传统比赛中有，平时玩射箭基本不用了，大多都是玩可以带瞄准器或瞄准标记的现代弓了。"他给课题组演示了射箭技术，并教课题组成员射箭。亚东的射箭方式与打牛角相似，将稻草固定在支撑箭靶的靶架上，设两个箭靶，分别倾斜地固定在两边终点线的地上，距离视箭弓而定，若是传统弓相距30—50米，若是带有瞄准器的现代弓相距90—100米左右；参赛者在一边射箭后，再换到对面回射，以中者多获胜。当地人说不丹人也是这样射箭，主要跟他们玩传统弓射箭。在吉隆镇帮兴村调研时，村民还演示了当地特色的射箭，他们不是比赛射准，而是比射远。弓、竹箭材料都是从林芝或尼泊尔进的。制作竹箭也有讲究，将细竹剖开，清除竹竿里的东西，使竹箭轻盈，然后将竹箭黏合，竹箭的箭头是一根细长的铁簇。射箭的形式是在一块事先画好的扇形场地，射箭手按年龄分组，站在限制线后向远处扇形区域射箭；村里选择10个人帮助量距离，不是用皮尺量，是根据两箭在扇形弧线上的距离比远度。

（6）登山。登山与藏族人民生活关系密切，牧民们将牦牛放养到高山上是非常自然的事，因此是一种生存技能，现今有专业登山和普通登山。西藏自治区体育局局长、曾经登顶珠峰的尼玛次仁跟课题组主持人介绍，西藏高原拥有得天独厚的山峰资源，其中包括珠峰在内的海拔8000米以上的高峰就有5座。藏族长期生活在这特高海拔区域，他们信奉藏传佛教，认为高山神圣、具有生命和强大能力，因此对高山加以朝拜，还把寺庙建在山上，他们不仅崇山、朝拜寺庙、虔诚转山，而且放牧牛羊都是在山上，行走、登山对藏族人民来讲就是家常便饭，是一种生活技能。他们也开展一些登山比赛，往往以村为单位派代表队参赛，以先到山顶者为胜，插上自己村代表队的旗帜。

在西藏还有一个尚未确认民族的族群即夏尔巴人，藏语意思为"东方人"，他们与藏族历史渊源颇深，有本族群的语言，却未形成文字，会说藏文，尼泊尔的夏尔巴人还会英语。尼泊尔北部高山是夏尔巴人主要居住地带，中国、尼泊尔边境樟木口岸立新公社（包括雪布岗）和我们调研的定结县陈塘区是西藏夏尔巴人主要聚居区。课题组在定结县陈塘沟与我国夏尔巴人、尼泊尔夏尔巴人交流时，他们就是用藏语、英语接受课题组的访谈。夏尔巴人由于长期生活在喜马拉雅山脉高山山区，大多从事农业、畜牧业、背运和交换，不需要任何装备，背运稻米翻山越岭到西藏交换食盐，为了生存，这种生活方式反而造就了他们的登山天

第二章 跨界民族传统体育文化资源概述

赋,他们体质强健,跟腱长,抗缺氧能力强,能够吃苦耐劳,被称为"喜马拉雅山上的挑夫"。自20世纪20年代起,夏尔巴人就充分利用自己的生活技能,为登山队做向导和挑夫。前来珠峰登山的登山队会请夏尔巴人帮助上山探道、架设安全绳索、运送物资、辅助攀登等,夏尔巴人冒着生命危险以保障登山队员的安全。他们用生命谱写了"三个之最":攀登珠峰成功人数最多,不用带任何氧气装备登顶珠峰人数最多,在登顶珠峰过程中遇难人数最多(约60人)。

(二)娱乐健身类型跨界传统体育文化

跨界藏门珞传统体育娱乐健身类项目有锅庄舞、多波舞、藏戏、射响箭、拔河、骑马点火枪、藏牌、藏棋(吉布杰曾)、马术、赛牦牛、掷骰、果谐、堆谐、铃鼓舞、工布箭舞等。

(1)射响箭,珞巴族称为射碧秀。这是西藏林芝工布地区在藏族、门巴族、珞巴族民间流传的一项传统体育项目,邻近有60%左右藏族的不丹也有此习俗。响箭的赛场一般长40—45米,宽8米左右。依据传统箭手为男性,一般以村为基本单位组成比赛队伍。一般分为2—3组,每组5—10人不等。比赛正式开始前,箭手和歌舞队要齐唱《工布箭歌》给射手鼓劲。比赛开始后,第一组箭手在弓架前站成一排轮流射箭,同时有三男三女在箭手斜后侧站成一排,先给箭手们敬酒,再手牵手齐唱工布箭歌,并伴有工布舞蹈。每人每轮的第一次连射两箭,两箭都射中加一箭,若再射中则追加两箭,如此循环反复。射中红心也要追加一箭。箭靶是一种由三个环相套的玛儿蒂作为靶子,射中玛儿蒂中心红心靶落地得2分(中间环靶不落地),中间环靶与中心靶一起落地得1分。①

(2)锅庄,男女围成圆圈,自右而左,边歌边舞。锅庄舞形式多样且与生活实际相联系:"羊毛锅庄"反映了日常劳动生活;"吉庆锅庄"反映了婚庆习俗;"兔子锅庄"则以模拟兔子跳的动作来表现生活情趣;"醉酒锅庄"通过模仿醉汉神态,显示身体灵巧的嬉戏动作。锅庄舞姿矫健,动作挺拔,重情绪表现。舞姿顺达自然,优美飘逸。不但体现了藏族人民淳朴善良、勤劳勇敢、热情奔放的民族性格,而且具有明显的体

---

① 中央民族大学体育学院少数民族体育用品项目课题组.少数民族体育用品——中国少数民族特需商品传统生产工艺和技术保护工程第四期工程[M].北京:中央民族大学出版社,2011.

育舞蹈训练价值和锻炼价值。①

（3）撑竿跳过河。这是米林县珞巴族民间开展手持长竿做撑竿跳跃跨越高度和沟渠的比赛活动，需要掌握一定的技巧，主要在一些年轻人中作为娱乐竞赛开展。喜马拉雅地区雨水充沛，不仅有大河，小河也非常多，尽管小河不宽，但河水冰冷，若想直接跳过去也不是容易之事，为了不弄湿了衣服和鞋子，珞巴族就有了撑杆跳跨越小河的技巧，即手握一根长3—4米的树棍或竹竿，将其插到河中间，撑住杆子用力一跳就跨了过去，若是河水稍微宽一些，也可以跑几步便可跨越。

（4）断木杆，具有珞巴族生活环境显著特征的传统体育文化，男女均可参加。先在地上牢固竖立若干根3—4米长、手臂粗的木杆，也可将木杆悬空牢固地横架木杆上（如有合适的两棵树可以横架木杆，则无需木架），高度与人齐胸。比赛时，参赛者手持锋利的珞巴砍刀，轮流上场，每人限砍三刀，以一刀断木杆者为优胜。②

表6　西藏跨界民族传统体育文化存量资源类型表

民族\类型	竞技类	娱乐健身类	娱乐健身宗教祭祀类	竞技生存技能类
藏族	赛马、押加、抱石头（朵加）、射箭、骑马射箭、斗牦牛、赛牦牛、角力、吉韧（康乐球）、马术、古朵、摔跤、跑马打枪、打牛角、跳高	锅庄舞、藏戏、射响箭、转山、拔河、骑马点火枪、藏牌、藏棋（吉布杰曾）、马术、赛牦牛、掷骰、果谐、堆谐、铃鼓舞、工布箭舞	金刚神舞、转经、磕长头	登山
门巴族	射箭、藏式拔河、摔跤、抱石头、投石、跳高、跳远、古朵	锅庄、藏戏（阿吉拉姆）、门巴传统戏剧《卓娃桑姆》、牦牛舞、攀藤索、爬树、拔河、顶牛、背人转圈	拔羌舞	攀岩、打猎

---

① 丁玲辉.西藏的民族传统体育[M].拉萨：西藏人民出版社，2006.6：120-121
② 关东升.中国民族文化大观（藏门珞卷）[M].北京：中国大百科全书出版社，1994：601

续表

类型\民族	竞技类	娱乐健身类	娱乐健身宗教祭祀类	竞技生存技能类
珞巴族	拔河、射箭、藏式拔河、抱石头、古朵、掷石头	锅庄、藏戏、射响箭、跳索、跳杆、剥格（刀舞）、撑杆跳过河、断木杆、溜索、攀高与触高		登山
夏尔巴人	射箭、拔河、押加、抱石头	锅庄舞、掷骰		登山

三、与东北亚国家接壤的跨界民族传统体育文化

东北主要是辽宁、吉林、黑龙江东北三省和内蒙古东北部，主要与朝鲜、俄罗斯（亚洲）、蒙古等国相邻，朝鲜族、赫哲族、俄罗斯族、鄂温克族、鄂伦春族和蒙古族等为跨界民族，赫哲族、俄罗斯族、鄂温克族、鄂伦春族还是我国较少民族，东北的这些跨界民族是近现代形成的，他们保持着共性较多的传统文化。本部分主要探讨朝鲜族、赫哲族、鄂伦春族、鄂温克族、俄罗斯族这五个跨界民族，蒙古族作为单一部分介绍。

（一）东北三省跨界民族传统体育文化

1. 竞技类型跨界传统体育文化

（1）朝鲜族秋千

秋千是朝鲜族妇女们最喜欢的传统体育活动之一，凡是有朝鲜族聚居的地方，就有荡秋千活动，秋千是随着朝鲜族人到各地定居而逐渐发展起来。女子运动员在距地面高度为12米秋千架上脚踏长约11米、间距为1米两绳间脚踏板试荡，以尽可能少的预摆次数达到领先其他人的高度或触铃次数为胜，可单人或双人比赛。

（2）朝鲜族跳板

跳板是朝鲜族妇女喜爱的一项传统体育活动，一种是比高度，一般

两人一组,分站在跳板的一端,轮流依次向空中跳起,落下时双脚用力踏板,将对方弹起至空中,此起彼落,被对方弹起,越跳越高越好。另一种是比花样动作,在空中可做各种如直跳、旋转跳、屈腿跳、空翻跳、剪子跳等动作。

（3）摔跤

摔跤赫哲族语为"发日合玛乞咪",源于13世纪,在中国赫哲族和俄罗斯那乃族民间流传至今,在赫哲族的英雄史诗伊玛堪里的莫日根就是要有超凡的摔跤本领。赫哲族摔跤有花脖搂腰、支黄瓜架、抢跤和抓腰带等多种形式。[1] 花脖搂腰式是两人相向站立,两臂互从肩上、腋下抱住对方。裁判示意开始后,两人或用臂膀抱、扭腰腹互摔,或用腿脚绊,双脚之外的身体任意部位先着地者为负。支黄瓜架势是两人互抓对手双肩,两人可推、拉、抢、摔、用脚扫、绊等,双脚外的身体任意部位先着地者为负。抢跤是两人相距1—2步站好,一脚在前,一脚在后,双腿弯曲,身体前倾,两臂张开置于体前。比赛中,双方进退躲闪,寻找机会抓抢对方部位,用腿脚勾绊,使对方双脚外的任意身体部位先着地者为负。抓腰带摔是二人赤膊,腰系结实且柔软的布带（古时多为熊皮带）,在预备时,双方一手抓紧对方腰带,一手搭在方肩上。比赛时,双方用抵、拉、扭、抱、手提脚绊等动作迫使对方倒地,双脚外的身体任意部位先着地者为负。[2]

（4）赫哲族叉草球

赫哲族世代沿江依山居住生活,使用鱼叉捕鱼的传统渔猎文化催生了叉草球竞技性游戏。叉草球是靠近俄罗斯边界的黑龙江佳木斯八岔村、同江市街津口赫哲族乡开展得较普遍的传统体育文化,赫哲少年自12岁至16、17岁时,每至春秋季,常聚集年龄相若的少年二三十人,在屯中路上分成东西两队,每人手执一木叉,长一丈二三尺。先由东队里,选力大的人,将一草捆入球,向西队掷去,西队全队人一齐举叉叉草球。如将草球叉住,则前进二十步;叉不着则后退二十步。次由西队发球,东队叉球。如此更迭发叉,以决胜负。其用意是练习枪法,以为将来捕

---

[1] 贺春林,赵德龙,李博. 赫哲族摔跤在高校体育选项课中的设置研究[J]. 搏击（武术科学）,2015,12（2）:88-89.
[2] 黑龙江省同江市八岔赫哲族乡八岔村志编纂委员会. 八岔村志[M]. 北京:方志出版社,2017:123.

捉野猪及熊等野兽技术上的准备。①

（5）赛桦皮船

赫哲人与鄂伦春人世代生活在黑龙江、乌苏里江流域,船是他们打鱼、出门的工具,用桦树皮制作的桦树皮船简单、方便,可载一两个人,叉鱼、捕鱼、传递信息等灵活、快速、方便,因而形成了赛桦皮船,也称为"快马子赛"。课题组在佳木斯抚远市博物馆看到的桦皮船制作古朴,船身狭窄细长,无船头船尾,前后均能行驶;有菱形或平底船底两种,大概宽约1米、长约5.6米,船体非常轻盈;整只桦皮船构成为柳木条的骨架,包一层乳色的桦树皮,用松脂油粘合船的骨架、船帮接缝,不用一块铁和一颗铁钉。桦皮船比赛多为青少年自发组织,比赛方法分为过河赛和逆水赛两种。过河赛：一般是桦皮船在湍急的大河里进行,起始点是河的一岸,通过比赛断流而上直达对岸。由于这类比赛的参加者为一人一舟,仅凭着单桨板同波浪搏击,因而稍不慎即可翻船,所以需要勇敢和高超的驾船技术。逆水赛：即规定的距离比赛,以先到达者为胜。②不过,现今无论是中国的赫哲族还是俄罗斯的那乃族也都不划桦皮船了,桦皮船已经成为博物馆的展品,已经用现代船或皮筏来替代。

（6）滑雪

东北少数民族生活在一望无际的林海、崇山峻岭,冬季极其寒冷,形成了与环境自然适应的狗拉雪橇、马拉雪橇等独特文化,其中的滑雪在赫哲族、鄂伦春族、鄂温克族、俄罗斯族等东北民族中广泛开展,比赛用的滑雪板,大多是用桦木或樟子松制成的。一般板滑雪板的宽度在18—20厘米,长约2米。这类滑雪板分薄厚两种,在深雪中行进比赛用厚板,其他情况下用薄板。滑雪用的撑杆是用没有节子的柳木等做成,杆长与身高等同,下端削尖或安上铁尖。在比赛过程中,滑雪板用皮筋绑在鞋底下,撑杆在雪上滑行,以最先滑到指定的地点为优胜。③

（7）鄂温克族抢枢

在呼伦贝尔市鄂温克旗调研时,看到了鄂温克族传统体育项目——抢枢比赛。源于贝加尔湖沿岸的鄂温克人迁徙到外兴安岭广大森林繁

---

① 凌纯声.松花江下游的赫哲族·上册[M].北京：民族出版社,2017：202.
② 中国体育博物馆,国家体委文史委员会.中华民族传统体育志[M].南宁：广西民族出版社,1990：391.
③ 中国体育博物馆,国家体委文史委员会.中华民族传统体育志[M].南宁：广西民族出版社,1990：388.

衍生息,除了狩猎也捕鱼,勒勒车是他们迁徙的交通工具,以车的"枢"形成了鄂温克族独特的"抢枢"搏击竞技游戏。抢枢所需的比赛场地为长48米、上下端线分别为15米和30米的梯形,两队参赛双方各有7—9人,上场比赛各7人。采用单方面进攻,玩法与橄榄球接近,但对抗中融入了蒙古式摔跤。在比赛过程中,"枢"只能用手传递不能抛、踢,而且"枢"是随机隐藏在30米端线处藏枢区内任意点上,进攻方突破防守将"枢"找到并接触到车轱辘为得分。①

(8) 俄罗斯族竞技类传统体育文化

恩和俄罗斯民族乡退休工人俄罗斯族孙德福79岁(1944年生人)了,当时课题组在其家里访谈时,他们夫妻俩给课题组一边讲一边比划他们以前玩的俄罗斯族传统体育,不仅拉起手风琴、弹起三角琴,他老伴郎风香(1948年生人)同样是俄罗斯族,是一名退休的女护士,在访谈中还跳起了俄罗斯舞,孙德福说这些传统体育游戏都是祖辈传下来的,内蒙古俄罗斯民族研究会找过他,并整理了相关俄罗斯族传统体育项目。②

①棒球

分主、副两队在长约30—40米、宽约20米左右长方形场地进行比赛,击打的球是一种牛毛球(可用小皮球替代),击打的木板(也可用木棍代替)长约1米、宽8厘米左右且削出手柄便于手持;主、副队各不得少于4人,首先各出一名队员分别击球和发球,主队击球员将副队发的球击打出去但不能出界,然后从击球处为始点向长方形前方终点跑去,然后在第二个主队队员击球后向始点返回;此时副队队员要迅速拿到被主队队员击出的球,然后通过相互传球,力争在主队队员反复往返始点、终点途中击中他们;成功跑回始点得1分,被击中队员下场出局输1分,主队队员都结束击球后,根据得分计算一局输赢,然后互换身份。

②拉棍儿

两人赛,双方平坐地上,双脚伸直互相对蹬在一起。双手交错握住一根短棍拉拽紧,同时用力一方以将另一方臀部拉起离开地面为胜。

---

① 中国少数民族传统体育大全编委会. 中国少数民族传统体育大全(上卷)[M]. 沈阳:辽宁民族出版社,2017:155.
② 张晓兵. 内蒙古俄罗斯族[M]. 呼和浩特:内蒙古文化出版社,2015:208-211.

③拔大葱

两人相对弯腰,手指相互交错在一起,抱住对方腰部,同时向上用力拔对方,以将对方拔起双脚离地为胜。此活动大都是势均力敌者相互进行,要经数个回合,较长时间才能决定胜负。最有趣且经常出现的情况是:当一方体力耗尽,支撑不住松懈下来时,被对方拔起两脚朝天,大头朝下时其相特别滑稽,逗得围观者捧腹大笑。

④赛马

中华人民共和国成立前,居住在额尔古纳地区的俄罗斯侨民与华俄后裔每年在春暖花开时节,举办赛马运动。赛马的前几个月,专门饲养赛马的人家,便开始对赛马进行饲养与训练,没有赛马的也调养训练自己家中饲养的、奔跑速度较快的马,准备迎战。赛马项目只是单一的速度竞赛,但场面比较热闹。运动场地有拉桌子、摆凳子的布置观台,就坐的都是当地有头有脸的人士、富裕大户、侨民会会长等,在各地农牧场不定期的建场周年、庆祝丰收等活动中举办赛马活动。

2. 娱乐健身类型跨界传统体育文化

(1) 朝鲜族象帽舞

象帽舞是朝鲜族富有代表性的民族传统体育文化,其内容丰富、历史悠久,是一门综合性的民间艺术,它将身体活动、乐曲与演唱融于一体,其身形优美,节奏畅快,通常在节日、庆典等活动中展现。舞者头戴带有一条飘带的象帽,运用脖颈力量有节奏地摇动头部,转动象帽的飘带,越转越快好似车轮,飞旋般的飘带围绕着舞者形成美妙的彩环,光辉耀眼。甩象帽技术动作繁多,有"左右甩象""平甩象""立甩象"和"抖露珠象"等。

(2) 朝鲜族长鼓舞

长鼓舞用变化多端的鼓点和技巧、以柔软的扛手、伸肩、鹊雀步等为基础动作,以肩挎长鼓,右手持鼓鞭,边跳边敲鼓为表演形式,身、鼓、神融为体来体现两个队伍的互相比赛的情景,舞蹈高潮时中象帽和长象帽相互表演高难度的技巧带来欢腾的气氛。

(3) 赫哲族萨满神舞

在黑龙江佳木斯八岔村赫哲族乡调研时当地人还讲述了赫哲族萨满舞。舞的动作,可分手、身、足三部。舞时手持鼓槌击鼓,击法与普通击鼓不同,其鼓槌非直下,是斜击鼓面。身部左右摇动,腰铃随之摇摆成声。两足分开立,开始时左足较右足稍前,仅以足趾着地,身部摆三次,右足即进前一步;亦以足趾着地,身继续摆动三次,左足又进一步。如此更迭,前进不已。舞的姿势有三种:①立舞,上半身稍曲;②伛舞,上下身几成直角;③蹲舞,两足蹲下而舞。蹲舞最难,非有长期的练习不能胜任。有时萨满亦持刀舞,舞步与前不同。舞时左足在前,右足在后,足趾着地。移步时右足向右移一步,左足随之,但前后的位置不易如是地环舞三次。①

（4）鄂伦春族撑杆跳

鄂伦春人在深山密林中狩猎,追逐猎物,练就了跳越障碍物的本领。撑杆跳由此而来。杆,用柳木制成,一般长3米,也可按身高。另将一根长木杆横放在两根树枝上,跳不过杆时,杆便自行落地。②

（5）黑熊搏斗舞

黑熊搏斗舞广泛地流传于林区鄂伦春、鄂温克人生活当中,是模拟黑熊在搏斗时的一种动作。他们跳熊斗舞时以两人一组或三人一组为表演形式,既可以由男女组合一起跳,也可以分成几组同时跳,其舞蹈动作是上身略向前倾,两肩和头部左右晃动,做出双方互相斗架的样子,并发出"吼莫、吼莫"的声音,这种样子反复几次以后,由一方把另一方的帽子用手取下,做出熊逃走的动作为舞蹈结束部分。③

（6）俄罗斯族溜木段

恩和俄罗斯族孙德福老人还讲起了一种他小时候玩的俄罗斯竞技游戏"溜木段",也称为"遛狗"。他一边画图一边讲解玩法:参加游戏的人数大约3—7人,器材为一个长与粗各8厘米左右木段(即狗),参加者每人持一根长约1.5米左右的木棍。在较宽敞的地面画一直径3米左右的大半圆弧,缺口直线为大门,在弧线上根据参加人数减1,每人挖1个直径10厘米左右浅坑,圆弧中心也挖20厘米左右的中心坑。比赛者先在大门口横线上把木棍一端放置在脚背,用力向前踢出,以踢出木棍距离最末位者充当被遛者;其余持棍者将木棍一端置于圆弧的浅

---

① 凌纯声.松花江下游的赫哲族(上册)[M].北京:民族出版社,2012:159.
② 中国体育博物馆,国家体委文史委员会.中华民族传统体育志[M].南宁:广西民族出版社,1990:380.
③ 中国少数民族传统体育大全编委会.中国少数民族传统体育大全(上卷)[M].沈阳:辽宁民族出版社,2017:406.

坑,一人将放置在大门横线上的木段用木棍击出至大门外,游戏开始。被遛者必须用木棍将木段(即狗)拨弄着往中心坑送,其余持棍阻扰者在半圆弧内则寻找机会用木棍击打木段,阻挠被遛者往中心坑护送木段;被遛者也可乘阻挠者的木棍离坑阻挠时,乘机占据阻挠者的坑位;若成功,则由未占据坑位者充当被遛者。若被遛者将木段成功护送入中心坑,则原占坑者必须迅速找到其他坑位,此时被遛者也迅速占据任何一个坑位。最后,由未占据坑位者充当被遛者,游戏重新开始。该游戏极具趣味性,被遛者既需要耐力、力量极力阻挡阻挠者将木段击出很远地方,尽力将木段护送进中心坑,又要眼观六路、伺机占据阻挠者的坑位;阻挠者既要阻挠又要防止自己的坑位被占。最为有趣的是木段被送入中心坑时,游戏者忙乱抢占坑位,抢不到坑只能充当被遛者。该游戏男女皆宜,深受俄罗斯族中青年喜欢。[①]

表7　东北跨界民族传统体育文化存量资源类型表

类型 民族	竞技类	娱乐健身类
朝鲜族	摔跤、荡秋千、跳板、拔河、顶罐走	投骰、铁连极、高丽象棋、象帽舞、长鼓舞、农乐舞、刀舞
赫哲族	摔跤、射箭、划船、顶杠、拉杠、叉鱼、克莫奴("较量",即鱼王角力)、洼克乞(狩猎)、叉草球、滑冰、滑雪、杜烈其、跳冰赛	萨满神舞、击骰子、鼓舞、冰磨、雪橇赛、掷(挡)木轮、拔大葱、赶鱼汛、滑爬犁、囊图鲁(打兔子)、打瓦、打马仗、鹿毛球、渔具技巧赛等
鄂伦春族	射箭、射击、赛马、拉棍、接力、桦皮船赛、皮爬犁、滑雪	班吉(传统围棋)、毛皮球、撑杆跳、斗熊、狩猎
鄂温克族	搏克、挥杆套马、赛马、滑雪、抢枢、射柳	狩猎、熊斗舞、爱达哈喜楞舞
俄罗斯族	摔跤、打棒球、拔大葱、拉棍儿、掰手腕儿、滑冰	溜奇勒克、溜木段、拉幻、汤秋千、踢踏舞、单人舞、波尔卡

（二）跨界蒙古族的传统体育文化

蒙古族是中国境内的内蒙古、甘肃肃北、新疆哈密、阿勒泰地区与蒙古国的跨界民族,以及内蒙古满洲里、新疆阿勒泰地区布尔津县、哈巴

---

① 张晓兵.内蒙古俄罗斯族[M].呼和浩特:内蒙古文化出版社,2015:206-208.

河县与俄罗斯接壤处,中国新疆阿勒泰地区布尔津县、哈巴河县和塔城地区、博尔塔拉蒙古自治州、伊犁哈萨克自治州与哈萨克斯坦等国交界地区的跨界民族。俄罗斯称蒙古族分支为鞑靼人、卡尔梅克人、阿尔泰人、图瓦人和布里亚特人等。无论是在课题组调研的内蒙古东乌珠穆沁旗、阿尔山市、满洲里、新巴尔虎左旗、新巴尔虎右旗,还是在新疆塔城、哈密巴里坤,甚至是甘肃的"一块飞地"肃北马鬃山镇等地区,即使他们分属乌珠穆沁、察哈尔、喀尔喀、科尔沁(阿尔山)、布里亚特(巴尔虎)、厄鲁特(同卫拉特,阿拉善)、和硕特(肃北)、土尔扈特(额济纳)、图瓦(新疆)等不同蒙古部落,最后都统称为蒙古族。"共同的地域、共同的经济生活、共同的习俗和共同的宗教信仰以及共同的利益和命运将他们紧密联系在一起"。①因此,跨界蒙古族在经济上、文化上、宗教信仰以及生活习俗等方面相同的属性会更多,例如蒙古族的传统习俗那达慕、祭敖包等,养马、养骆驼等经济生活,只要是有蒙古族人待的地方都离不开这些习俗、生产技能,更离不开因此而产生的赛马、摔跤、射箭,即那达慕"男子汉三技"。但根据族群、地域等分布,一些项目玩法也都不一样。例如射箭,布利亚特蒙古族玩的是射布龙,其他蒙古族是射"萨仁靶";搏克即蒙古族摔跤,国内蒙古族搏克与蒙古国搏克也不是很相同。

表8 跨界蒙古族传统体育文化存量资源类型表

民族\类型	竞技类	娱乐健身类
蒙古族	射箭、骑射、搏克、沙力搏尔、摔跤、赛马、马术、赛骆驼、贵由赤、打布鲁、驼球、滑雪	套马、布木格(踢行头)、打唠嘹球、沙塔拉(蒙古象棋)、鹿棋、沙嘎、安代舞、牛斗虎舞、摔跤舞

1. 竞技类型跨界蒙古族传统体育文化

(1)射箭

在东乌旗调研时,"莫英"射箭传承人斯琴巴特尔跟课题组成员讲:"蒙古族射箭大多采用传统的射箭方式,就是所谓的蒙古式射箭法,拉弓弦时用拉弓弦的右手大拇指扣弦,用拇指和食指夹住箭尾,把弓拉开得很满,是一种大拉据的方式,这样有助于提高弓箭的威力。"但是,射箭的靶子不尽相同,他说:"你们看,今天我们射箭有两种靶子,第一种靶

---

① 金春子、王建民. 中国跨界民族[M]. 北京:民族出版社,1994:70.

子我们东乌旗蒙古族叫射'萨仁靶',而呼伦贝尔的蒙古族叫'通克',是大环套中环、中环套小环;还有一种叫射'莫英',即地上用绳索一头钉在地上,另一头拴一个直径为13厘米的球状体,是速射活动靶,即在起射线3秒里射箭,超过3秒再射就不算了。""萨仁靶"是五环箭靶,悬挂在目标地,由外至内分别为蓝、白、绿、黄、红五色,分数分别为1分、2分、3分、4分、5分。在意蕴上,代表着吉祥五色,在祭敖包的时候也是这五种颜色的东西,没有明确的象征含义,但可以解释为蓝天、白云、草地和太阳。"莫英"是一种靶球,牵引的皮绳索为80厘米,球身一半外表为皮质包裹,内部填充羊毛。课题组成员问:"蒙古国射箭跟我们一样吗?"他回答:"蒙古国不射挂起来或竖立起来的靶,他们都是射地靶,其中一种就是'莫英',还有两种地靶叫'乌利央海哈儿瓦'和'哈斯哈尔瓦','乌利央海哈儿瓦'是地上摆起三层菱形的圆柱形靶子,'哈斯哈尔瓦'跟它差不多。"

在呼伦贝尔鄂温克旗调研时还观摩了一个上午的布利亚特蒙古族射箭比赛,他们射两种箭靶,一种是射"通克",另一种也是射地靶叫"布龙",又跟"莫英""乌利央海哈儿瓦""哈斯哈尔瓦"不一样,是将皮毛缝制成19个圆柱状布龙,然后平行摆放在30米、45米远的地上,以射中中间或旁边布龙获得相应分数。在访谈中我们了解到,射"布龙"是布利亚特蒙古族的传统射箭运动,中国内蒙古呼伦贝尔、蒙古国、俄罗斯布里亚特共和国蒙古人都开展这项射箭运动,每年蒙古国举行那达慕时他们也去进行交流,也会从满洲里出去与俄罗斯布利亚特蒙古人进行交流。

(2)摔跤

蒙古摔跤即搏克,为蒙古族三大运动(摔跤、赛马、射箭)之首,搏克是传统的蒙古族体育娱乐活动之一,历史悠久,早在13世纪就已盛行。在蒙古族传统习俗中,摔跤运动员没有地区、体重的限制,比赛采用淘汰制,一跤定胜负。摔跤包括捉、拉、扯、推、压等基础技巧,并在此之上演变出多种技术动作。

蒙古族还有一种摔跤叫"沙力搏尔摔跤",是居住在阿拉善的蒙古族人民独创的摔跤形式,并保留至今。是模仿公驼争斗动作而命名的,不分体重级别,一跤定胜负。竞赛时赤足穿三角短裤,腰捆扎缰绳从赛场两角迎面而上,分别抓好对方腰部缰绳后开始进攻。摔跤技巧有:前攻、猛背、偷袭、后推、左拉右拧、内外夺脚、旋转猛压、上压、空旋、单打、松肩、硬抗、上翻下扣等,需要具有强壮的体质、耐力、智慧和技巧。

(3)打布鲁

在呼伦贝尔大草原还有一种蒙古族传统体育"打布鲁"。"布鲁"蒙古语为投掷的意思[①],是远古时代蒙古族先民的一种生产工具,用木棒和石器结合起来用以狩猎和防身,"布鲁"就是由此演变发展而来的。据《吉林外记》记载:"风气醇古,人醇厚,常用投掷的木棒,捕捉飞禽走兽不论马上、步下、无不百发百中。"[②]布鲁是一种前段弯曲的短棍,蒙古族骑马放牧时牧人手持布鲁驱赶牛羊,在发现野鸡、野兔等猎物时抛出布鲁将其捕获。布鲁还成为战争的武器,《铁木真帖木儿用兵论》中记载,铁木尔汗整顿部队时规定百夫长必须佩带布鲁。[③]牧民们为了能够准确打中猎物,平时十分注意练习布鲁的掷远和投准,并相互比试高低,进而逐渐形成草原娱乐项目和比赛项目。布鲁根据不同的材质、不同的形状可分为五种,分别是:杭噶布鲁、杜争布鲁、图拉嘎台布鲁、翁台布鲁、海门布鲁(也称海力亚布鲁)。现如今,打布鲁运动已经成为蒙古族那达慕大会上一项引人眼目的掷远、投准传统体育赛事。

2.娱乐健身类型跨界蒙古族传统体育文化

(1)沙塔拉(蒙古象棋)

在蒙古族地区调研,还有一个项目是见得最多的,那就是"沙塔拉"(也有称喜塔尔)即蒙古象棋。传说成吉思汗有过人的军事韬略,同时还具备有训练精兵强将的各种军事才能,他的布兵排阵、用兵之道,非常精巧,他人莫及,沙塔拉就是其研讨军事战争的手段之一。因此,在成吉思汗纵横欧亚时,蒙古象棋已在蒙古族人中间盛行,在他西征后的13世纪30年代又先于欧洲传到草原。

棋子,大多是用巴林石刻制而成,均涂有颜色,一方为一色。棋盘有用帆布画的,有用兽皮做的,也有的临时在地下画的,大多为木料制作。

棋盘是横、竖都有8个格子的正方形,共有64个方格子,用两种颜

---

① 布林特古斯.蒙古族民俗百科全书·文化卷[M].呼和浩特:内蒙古科学技术出版社,1999:1407-1409.
② 徐玉良.中国少数民族传统体育史[M].北京:民族出版社,2005:91.
③ 米·依·伊万宁.铁木真帖木儿用兵论[M].都固尔扎布,译.呼和浩特:内蒙古文化出版社,1987:253.

色涂之。横格双方每间隔一格,竖格也是如此。从斜角看,相同颜色的格子又对顶相连。

蒙古象棋在双方对弈时,不同地区的弈法不尽相同。一般情况是开局第一步,只能走狮子前兵,有时双方商议同意之后,也可以走王爷前兵。第一步走的兵可走两步之外,其他兵都只能一步一步走。兵到底线后可升变为狮子和无力狮,无力狮只能走车步和斜走一格。王爷和车之间不能移位。马或驼,只能着将,不能直接做杀,只有其他子在先着将前提下,才可以做杀。对弈时一般不允许吃光对方,必须留一子,经双方同意,用马将死对方和吃光对方可为和棋。在一般情况下是一盘定胜负,不计时间。①

（2）安代舞

由古代"踏歌顿足""连臂而舞""绕树而舞"等集体舞形式演变而来。其最初产生时有祛"安代病"邪、呈现安康保佑的含义,与古老的蒙古萨满教仪式有密切关系。集体表演时,队形呈圆圈,舞者边舞边唱,载歌载舞,节奏鲜明,无乐器伴奏。其动作踏步俯身、顿足起身、挺身抬头、挥臂甩巾、踢踏跳跃等。是蒙古族非常喜欢的集体舞,犹如广场舞一样。②

四、与中亚国家接壤的新疆跨界民族传统体育文化

中国新疆维吾尔自治区地处西北边陲,位于亚欧大陆腹地,是古代丝绸之路的要冲,民族成份较复杂。其周边与中亚8个国家自古为邻,有长达5600多公里的边境线,生活着众多的民族,其中有蒙古族（卡尔梅克族）、俄罗斯族、哈萨克族、维吾尔族、塔塔尔族（鞑靼族）、柯尔克孜族（吉尔吉斯族）、乌孜别克族（乌孜别克族）、塔吉克族、藏族、回族（东干族）等10个跨界民族,同时他们也是游牧民族,由于俄国沙皇侵略我国西北疆土的原因,也是属于近现代形成较晚的跨界民族,有着诸多共源与共同的传统文化,他们为新疆文化的形成具备了充分的人文资源,他们紧密联系在一起,构成了新疆的文化特色,也形成了独具特色的游

---

① 中国体育博物馆,国家体委文史委员会.中华民族传统体育志[M].南宁:广西民族出版社,1990:17-19.
② 中国少数民族传统体育大全编委会.中国少数民族传统体育大全(上卷)[M].沈阳:辽宁民族出版社,2017:268-269.

牧民族传统体育。因此,2018年9月2日在吉尔吉斯斯坦伊塞克湖举行的第三届世界游牧民族运动会上,有世界80多个国家和地区的2000多名运动员参加了赛马、民族摔跤、传统射箭、技能竞赛及叼羊、猎鹰、棋类等4大项37个民族运动项目的比赛,这些项目在我国新疆各民族日常生活中都能够看到,从这些项目的名称我们看到了各游牧民族传统体育文化的同一性。

由于新疆地形奇特,被喻为"三山夹两盆",即将塔里木盆地和准噶尔盆地夹在昆仑山、天山和阿尔泰山之间,中部的天山将新疆分为北、南两部分,天山以北与准噶尔盆地相间为北疆,天山以南与塔里木盆地相连为南疆,那么位于新疆东部的吐鲁番盆地与哈密相间地方就是东疆了。特殊的地貌特点导致自然环境的差异,进而形成了"历史上以畜牧业为主的北疆和以农耕为主的南疆经济结构",独特的生存环境造就了不同的经济社会形式,产生了独特的生产生活方式,形成了不同类型、丰富多彩的传统体育文化。① 根据新疆独特的地理位置、自然环境和生产生活方式的差异,我们非常赞同石河子大学体育学院朱梅新教授将新疆民族传统体育文化分为具有北疆草原、南疆绿洲和东疆歌舞等特色的传统体育文化。② 不论是互惠关系的节令习俗,还是传统体育文化,让新疆成为了一个多民族性、多语种性、多宗教性和多元文化形态,成为了多元发生、多维发展的多元文化区域。

(一)北疆草原体育文化

草原主要分布在新疆的北部地区,如阿勒泰、伊犁地区,主要与蒙古国、哈萨克斯坦、俄罗斯、吉尔吉斯斯坦、塔吉克斯坦等国家接壤,分布有哈萨克族、蒙古族、回族、维吾尔族、塔塔尔族、俄罗斯族、柯尔克孜族、乌孜别克族、塔吉克族等跨界民族。北疆草原面积占新疆166万平方千米的34.4%,是新疆最珍贵、最肥美的自然资源。这里降水多,水资源发达、土地非常肥沃,生活生产方式以畜牧业为主,草原、生活生产方式与当地的风俗习惯结合在一起。新疆草原体育文化是由新疆草原特定的地理环境以及气候条件所形成的,以游牧为主的"体育动态文化",

---

① 贺萍.对新疆多元民族文化的类型分析[J].西域研究,2004.(3):108-112.
② 朱梅新,张新辉,李进国.新疆民族传统体育的人文地理特征研究[J].西安体育学院学报,2009(1):50-51.

第二章 跨界民族传统体育文化资源概述

核心是尚力的文化。游牧民族的摔跤形式多种多样,且力西、搏克、绊跤、库热斯均具有较强的竞技性。这些游牧民族骑术类民族传统体育项目共有 17 项,有赛马、叼羊、姑娘追、马上角力、马背拔河、骑马抢布、飞马拾银等马上技巧,主要在哈萨克族、柯尔克孜族、蒙古族、塔吉克族、乌孜别克族中盛行,许多项目是相同的,但在规则与玩法上有些相异,有时只需要根据情况与参与者共同协商决定即可进行,[①] 例如在维吾尔族、哈萨克族、塔吉克族和柯尔克孜族民间喜欢玩的叼羊就是如此。草原体育文化是从生产和生活中产生出来的精神文化,并通过节日庆典集中地进行表现。[②]

(二)南疆绿洲草原体育文化

绿洲与水相关联,是沙漠中具有水草的绿地,属于干旱地区,农牧业比较好。根据新疆复杂多样的地貌类型,水资源虽然分散,规模也不大,但水资源与绿洲分布基本上在一起,整个新疆的绿洲有 7 万平方公里,占新疆总面积约 4%,都有居民居住。南疆绿洲主要包括在天山南北面与额尔齐斯河流域相连的塔里木盆地、准噶尔盆地,主要与巴基斯坦和印度控克什米尔地区、阿富汗、塔吉克斯坦等国家交界,这里聚居了维吾尔族总人口 80% 的维吾尔族群众,除了维吾尔族是跨界民族,哈萨克族、回族、柯尔克孜族、蒙古族、塔吉克族、俄罗斯族、乌孜别克族等也被视为跨界民族。由于南疆冬季比北疆暖和的气候缘故,则南疆主要以农业为主,小范围牧业、养殖业和手工业、商业等为辅的生活生产方式。从绿洲分布地域的单元看,南疆绿洲总面积要多于北疆。南疆所体现的是以农业为主牧业为副的特色,也形成了独具特色的绿洲草原文化和土生土长的传统体育形式。跨界民族中的传统休育活动,如达瓦孜、沙哈尔地(空中转轮)、秋千、赛驴等均具有绿洲"静态体育文化"的特点。

(三)东疆乐舞体育文化

东疆的哈密和昌吉部分地区与蒙古国接壤,跨界民族包括哈萨克

[①] 彭立群.新疆少数民族马上体育运动的文化透视[J].体育文化导刊,2003(6):75-76.
[②] 张新辉,赵凤霞,朱梅新.新疆民族传统体育文化圈及其特征研究[J].福建体育科技,2011,30(3):4-7.

族、蒙古族、维吾尔族、回族、乌孜别克族等,其生产生活方式与绿洲产业、绿洲文化密切联系,牧业是他们的主要生产方式。哈密是连接内地汉族地区的要道,历史上就有"西域咽喉、东西孔道"一说,承继着历史回鹘文化传统,同时与汉族人民交往甚好,相互影响,佛教、农业文化、歌舞、百戏等文化相互交流,使得回鹘文化传统成为东疆体育文化的典型代表之一,有"歌舞之乡"美誉,流传至今的哈密十二木卡姆、哈密赛乃姆等是维吾尔族盛行的著名民族音乐,与独特的麦西来甫歌舞相结合,群众往往是一边拍手唱一边伴以舞蹈。哈密的传统身体歌舞文化与古代丝绸之路的兴起密切相关,通过丝绸之路,让东西方文化、绿洲文化和草原文化在哈密交流交融。现在维吾尔族舞蹈中的急速旋转和骤然伫立的舞姿就是继承和融合的产物。

(四)新疆跨界民族传统体育文化汇总

随着民族的产生和发展,各民族形成了各自不同的社会生活特点和文化传统,创造并发展了各具民族特色的体育文化项目。[①]据了解,新疆民族事务委员会根据竞赛项目、表演项目、民间体育活动项目、民间游戏项目、濒临失传项目类型收集了新疆地区少数民族传统体育项目629个,但由于有些民族有许多项目是重复的,还有是不同地区对同一项目的类型及类别判定不一致等原因,最后共收集民族传统体育项目278项,全区真正普遍开展的传统体育项目也就39个,[②]许多项目失传。课题组结合文献与新疆北疆、南疆、东疆部分地区实际调研,大致列出"新疆跨界民族传统体育文化资源类型表"(见表9),举例几个现今流传在这些跨界民族中间的竞技类、娱乐健身类民族传统体育项目。

1. 竞技类型新疆跨界民族传统体育文化

(1)叼羊

叼羊在哈萨克族、柯尔克孜族、维吾尔族、塔吉克族、乌孜别克族等

[①] 王飞雄,史兵,张鲲.新疆民族传统体育文化的历史变迁研究[C].民族体育学术大会.2010.
[②] 新疆维吾尔族自治区民族事务委员会.新疆少数民族传统体育运动项目汇编[M].乌鲁木齐:新疆人民出版社,2006:7-8.

第二章　跨界民族传统体育文化资源概述

民族开展，略有区别，下面以哈萨克族叼羊为例。叼羊是哈萨克族男青年普遍参与的、竞技性很强的体育活动项目，在哈萨克族民间的民族节日、婚礼等时候举行，其历史悠久。

哈萨克族的叼羊比赛，根据人数多寡分为众骑对抗和单骑对抗，其比赛形式包括追击叼羊和原地叼羊。

100—200名参加众骑对抗的选手分为人数均等的两组。赛前，由一位长者将一只无头山羊摆放至选定草场之上，选手们在原地比试马匹的优劣与力量大小。接着参赛者准备好追击叼羊的阵型并等待裁判长示意。在比赛过程中双方选手如临阵军士，直奔目标而去。一人欠身将羊叼起，队友在后方掩护，双方合围包抄、你争我抢，势要夺取对方手中的山羊。观众的呼喊声此起彼伏，孩童将花帽抛向空中以示庆贺。比赛结束后，胜者将叼来的羊扔进一户人家，在哈萨克习俗中表示祝福，该户人家应设宴款待。

另一种比赛为单骑对抗。赛前将备好的羊丢在地上，两人上马后开始叼羊比赛。抑或在第三人协助下，两人将羊抓好，随裁判口令开始抢夺，比赛中不得奔跑。场地约为两三个篮球场大，采取淘汰或循环赛制。单骑对抗比拼的是选手的力量、叼夺技术以及马匹优良。

课题组在塔什库尔干塔吉克自治县调研时，还了解到这里的塔吉克族在冬天雪上进行骑牦牛叼羊的特色项目，也只有塔吉克族开展这个项目，其他民族没有开展。骑牦牛叼羊规则与骑马叼羊基本相似，就是速度慢一些，把抢夺的羊扔在地上的坑里为胜。

（2）赛马

速度赛马是维吾尔族、哈萨克族、柯尔克孜族、塔塔尔族、塔吉克族、蒙古族等跨界民族喜爱的一项传统马上活动。传统的赛马原来是跑25000米左右距离的直线，为了观赏性强，后来改为1000米半圆形赛马道，有1000米、2000米、5000米、10000米比赛。

还有一种是"赛走马"，是由驯马演变而来，是将骑着颠簸的未经训练马，训练成骑乘时舒适平稳无颠簸。比赛是在规定的赛程内，根据规则对如左右蹄式、双蹄落地式、四蹄踏点式等走马行走姿势进行评判。

（3）麦热球

新疆的曲棍球，在新疆和田地区称为麦热球，还有称为"帕卜孜""牙夏托卜""木球""打毛线球"等，哈萨克族称之为卡拉克夏托甫；场地有区别，维吾尔族曲棍球场地是长方形，而哈萨克族是三角形场地。

比赛可选择一块 40×60 米的平整地或草坪作为赛场,与足球场相似。根据现代体育的发展,对传统麦热球场进行改进,设置 2×1 米的球门。

麦热球分为两种,一种是双拳大小的用毛线或棉线缠绕制作成,重量在 400 克左右;另一种是用干柳条或杨树疙瘩做成的双拳大小的空心球,空心球的重量在 200 克左右。空心球内可以点火,适合夜晚在无灯光的场地上比赛。

球棒长度在 80 至 100 厘米,拱形处 20 厘米,麦热球杆在 10 厘米左右,重量在 500 克左右。球棒拱形处与棒杆连接处较粗,两头稍细。麦热球棒可从桑树、杨树、柳条、红柳等树上挑选枝条并慢慢折弯而成。

麦热球比赛可根据时间、赛场、运动员人数情况,组成 5 人制、7 人制、9 人制或 11 人制的比赛。

2. 娱乐健身类型新疆跨界民族传统体育文化

（1）姑娘追

姑娘追,哈萨克语音译为"克孜库瓦尔",是哈萨克族青年男女在节庆和集会时进行的民间传统体育娱乐活动之一。姑娘追产生于早期部落时期青年男女相互结识、倾吐爱情的迎亲聚会。举行姑娘追前,由小伙子向姑娘提出邀请,规定大致 2—3 公里返回点。去的路上两人骑马并肩慢跑,这时小伙子可以允许跟姑娘表白爱意或开玩笑,姑娘是不能反对的。到了往返点,两人开始赛马。小伙子在前面跑,姑娘在后面追,追上了还会根据姑娘对小伙子态度挥鞭抽打小伙子,但惩罚的方式不同,若姑娘不喜欢,还会根据过分的玩笑用鞭子抽打小伙子;若姑娘喜欢,会佯做样子、高举鞭子而不会重打身上。这一活动逐渐演变成姑娘追小伙子的传统体育活动,主要展示小伙子的骑术和女孩的马上表演。这个项目不仅在哈萨克族男女青年中开展,还有柯尔克孜族。柯尔克孜族为"追姑娘",是小伙子骑马追姑娘。

（2）马上角力（奥塔热希）

奥塔热希,是柯尔克孜族语,意思是在马背上赛力气,即"马上角力",为柯尔克孜族传统马上运动。比赛开始后,竞赛双方分别从相距 100—200 米左右距离的地方,纵马疾驰相对而来。靠近时,经裁判示意

第二章 跨界民族传统体育文化资源概述

开始,马上角力者即可借助坐骑,发挥自己的精湛骑技,伺机相互进攻。有时是在对手猝不及防时突击进攻,像闪电一样瞬间将对手摔下马来;有时是双方在马上扭作一团进行长时间的热战,拼力量、耐力和智慧。这和在地面上的摔跤不一样,毕竟是骑在马上,形势变化快,稍有不慎,优势就会变成劣势,主动变成被动。所以,在比赛中要求马上角力手要沉着、果断、机动灵活。既要随机应变,又要能攻善守。奥塔热希比赛是一人对一人,每人只可参赛一次,双方获胜人数多的一方为优胜。

奥塔热希比赛的规则,如双方选手只许用手臂的力量把对方拉下马,不得抓对方除手臂以外的任何部位;不允许做其他不正规的动作,否则以犯规论处,等等。

表9 新疆跨界民族传统体育文化资源类型表

民族	分类	传统体育项目
维吾尔族	竞技类	骑射、速度赛马、赛走马、叼羊、帕卜孜(曲棍球)、且力西(摔跤)、举石头、摆高墙、扔砖头、赛跑、国际象棋、荡秋千、爬山
	娱乐健身类型	达瓦孜、踢毽子、斗鸡、斗羊、沙哈尔地、麦西来普、刀郎舞
柯尔克孜族(吉尔吉斯族)	竞技类	赛马、赛走马、骑马射箭、赛骆驼、马上对刺、叼羊、摔跤、马上标枪叼羊、比武、马背拔河、科力布卡(颈力拔河)、打驴扩羊、马背击棍、牛毛球
	娱乐健身类型	马上角力(奥塔热希)、攻皇宫(奥尔达)、马上拾银、追姑娘、飞马射物、二人秋、跨驼比武、月下赛跑、昂克尔代克(扔木棒)、斗鸡(莫西拉西)、二人翻、"狼吃羊"棋
乌孜别克族	竞技类	赛马、摔跤、叼羊、骑马拔河、嘎里特克、秋千
	娱乐健身类型	击木
塔吉克族	竞技类	骑马叼羊、骑马射箭、挂波齐(马球)、赛马、押加、比腕力、斗狗、骑牦牛叼羊、恰甫苏伎
	娱乐健身类型	斗鸡、马上拾银、秋千
哈萨克族	竞技类	赛马、摔跤、叼羊、赛骆驼、库热斯(穿麻袋摔跤)、骑马抢带、马上摔跤、跑马射击、卡拉克夏托甫(曲棍木球)
	娱乐健身类型	姑娘追、马上角力、双人拉力、毽球、荡秋千、飞马捡手绢、马上拔河、骑马拾银圆、熊舞、黑斗马

续表

民族	分类	传统体育项目
回族 （东干族）	竞技类	武术、赶木球、掼牛、爬木城、木球、掷子、踏脚、绊跤
	娱乐健身类型	下方棋、西域鞭
塔塔尔族 （鞑靼族）	竞技类	赛马、摔跤、拔河、赛跳跑
	娱乐健身类型	爬杆、攀高竿、对唱
蒙古族 （卡尔梅克族）	竞技类	赛马、搏克（摔跤）、射箭、赛骆驼、射弩、射箭、布鲁（投掷）
	娱乐健身类型	喜塔尔（蒙古象棋）
俄罗斯族	竞技类	马术、滑雪
	娱乐健身类型	击木（打堡垒）、溜冰

第三节　跨界民族传统体育文化的形成

　　中国与14个国家近邻，在漫长陆地边界线约22800公里两侧或越过戈壁、山川、草原、河流等稍微深入之地，居住着两国或三国都有的蒙古族、朝鲜族、藏族、哈萨克族、壮族、傣族、彝族、哈尼族等民族，这些民族虽然生活在不同国度，受各自国家政治、文化、宗教、经济、教育等影响，但大部分有血缘、姻亲等千丝万缕的关系。两国之间一般隔着一条小河、一块戈壁滩或草原、一座山岭或一条山路、几里路，甚至是一个村寨、一个房屋分为两半。特别是广西、云南等乡村边境群众还互相走访，或祝贺或帮忙或共同生产，连牛、马、鸡、狗都会放养到双方地界。跨界民族有许多相同的传统文化，民族节日、宗教信仰、喜庆丧葬等习俗近似，其中传统体育文化也是跨界民族共有的。可见，接壤两国的大部分边民关系紧密，传统文化、传统体育文化基本相同，关注跨界而居的跨界少数民族及其传统体育文化，在加强交流、增进友谊、开展文体旅与贸易活动、优势互补、改善生活等方面具有现实意义。

第二章 跨界民族传统体育文化资源概述

各民族在历史发展过程中,总是要"寻求生存成本最低、生存快乐最高的生存方式,共生总是生存成本最低、生存快乐最高的生存方式"①。那么,作为各民族为了生存需要所进行的身心娱乐的传统体育文化应该是"共生生存方式"的载体之一,是一个共生系统。中华各民族的传统体育项目众多,但各民族不是所有的传统体育文化都是跨界民族共有的传统体育文化。在通常情况下,一个民族或族群的文化都应该被视为是一个整体,只是有些文化的组成部分可能变迁得快一些,另外一些部分变迁得慢一些。跨界民族传统体育文化也是如此,各民族在长期的历史发展过程中,依据所生存的地理环境和自然条件、生产生活实践创造了丰富多彩的传统体育文化,但由于民族迁徙、文化认同以及跨界而居,同一民族所面对不同国度社会制度影响等形成了具有跨界民族特性的文化活动。文化始终是变化的,跨界民族传统体育文化在形成有机整体过程中并非是静态的,也是动态发展而发生变化,这种动态的过程可以表现在时间和空间上。时间是一种自上而下、由远及近的发展变化,有较强的历史性;而空间比较突出地域性。因此,必须用一种历时的、过程性的观点来看待跨界民族传统体育文化。由于跨界民族这一概念是我国学者提出,为了便于对跨界民族传统体育文化形成的研究,本课题依据中国史进行时代划分:古代社会即1840年鸦片战争之前,近现代社会即1840年至1949年中华人民共和国成立,现代社会即1949年至今。

一、古代社会的跨界民族传统体育文化

跨界民族传统体育文化作为我国各少数民族传统文化的综合表现,在其历史发展过程中,与各少数民族生存的地理环境、生产生活方式、风俗习惯、宗教祭祀、身心娱乐、民族迁徙等有着密切的、错综复杂的联系,它的形成不是单一的,而是多源的、多流的。

(一)劳动生产生活形成的跨界民族传统体育文化

众所周知,人类的发展跟劳动有关,劳动创造了人。从猿进化到人

---

① 吴飞驰.企业的共生理论:我看见了看不见的手[M].北京:人民出版社,2002:48-85.

的过程中,采集、狩猎、渔猎、游牧、农耕等生活是人类生存的一种生产劳动,人类通过悬挂、攀爬树藤、悬崖获取果实,通过跑跳、投掷、游泳等获取生产资料,这些生产生活技能也都是通过地理环境及自然条件催生出来的。这些都是生产劳动技能,还不能称为传统体育,只能是传统体育文化的雏形,通过技能教育、身体练习、组织化游戏、祭祀赛会等形式,最终形成传统体育文化。

荡秋千是我国许多跨界民族共有的传统体育,跟上古人类采集果实、依靠树藤摆荡跨越鸿沟等不无关系。《古今艺术图》上说:"此(荡秋千)北方山戎之戏,以习轻骄者"[1],山戎即古代北方的一个少数民族。春秋时期,齐桓公征讨山戎后,将其国土划归燕国,秋千也随之向南流传,后逐渐变为游戏性质的活动。朝鲜族有邻国朝鲜于清朝同治六年即1869年以后大批进入中国东北境内沿江一带定居,同时也将其传统体育文化带到了定居地。朝鲜的秋千历史是非常悠久的,13世纪高丽史文献《雀忠献传》记载:"端午忠献设秋千戏于柏井洞宫,宴文武四品以上三日。"到了15世纪有了将金铃挂在秋千上来测量摆动高度多少以决胜负[2],已经成为朝鲜端午节妇女们盛行的传统体育活动。还有广西、云南彝族、壮族、哈尼族等少数民族的转磨秋、风车秋等各种秋千,都成为青年男女嬉戏的身体活动。云南1971年江川李家山出土的八件铜鼓,其中一个鼓面直径37.5厘米、高33厘米、腰围117厘米的大铜鼓,鼓身侧面最宽的第七晕分割的八格之其中一格就有"作一柱形物立于中央,柱顶引出四绳。绳端各系一圆环,四羽人各持一环作打秋千状"。[3]这就是云南少数民族最早的磨秋图案记载。

人类早期,为了获取野兽,制作了石球、石刀、石镞、石矛等生产工具,继而在一万多年前的中石器时代又发明了弓箭、弩等远距离狩猎工具。早期弓箭主要作为狩猎工具,后来也逐渐应用于军事战争中。我国北方游牧民族比较善于使用弓箭,据西汉《史记·匈奴列传》记载:"儿能骑羊,引弓射鸟鼠,少长则射狐兔,用为食。"13世纪,成吉思汗建立蒙古汗国后,蒙古族射箭有了迅速发展,骑射之风闻名于世,据《马可·波罗游记》记载:"在临战之前,每个士兵必须带六十支箭,其中三十支箭

---

[1] 翟灝.通俗编:卷三一[M].北京:东方出版社,2012.
[2] 徐玉良.中国少数民族传统体育史[M].北京:民族出版社,2005:158-159.
[3] 云南省博物馆.云南江川李家山古墓群发掘报告[J].考古学报,1975(2):133.

第二章 跨界民族传统体育文化资源概述

头较小,用作远距离发射之用,而另外比较大的三十支,带有宽大的叶片。这是在逼近敌人的时候使用的,专门射敌人的脸部和手部,使敌人遭受重大的损失。当他们弓箭全部射完之后,才使用剑和锤矛,互相砍杀。"[①]元朝时,元统治者非常重视骑射,以骑射立国,弓箭仍然为作战武器,使骑技、射术得以传承与发展。蒙古族非常尊重优秀射箭手,这些射箭手也非常愿意展示、比赛自己的技艺,射箭后来逐渐成为跨界蒙古族那达慕"好汉三艺"之一。山地森林环抱,栖息多种庞大禽兽,给早期人类生存带来很大的威胁。射弩是南方、西南如佤族、布朗族、德昂族、壮族等山地跨界民族狩猎、战争的器具,唐代樊绰《蛮书·卷四》所言:"扑子蛮,勇悍趫捷……善用泊箄竹弓,深林间射飞鼠,发无不中。"这里的"扑子蛮"是隋唐对今佤族、德昂族和布朗族的称谓,包括"望蛮",其先民是永昌濮人,同书又记:"望蛮外喻部落,在永昌北,又能用木弓短箭,簇缚毒药,中人立毙。"元李京《云南志略》:"蒲(濮)蛮,一名朴子蛮,在澜沧迤西,性勇健……善用枪弩。首插雉尾,驰突如飞。""木弓""枪弩""毒箭"是佤族、德昂族、布朗族等跨界民族先民狩猎文化的一个特征。即使是迁徙到西南地区的彝族、傈僳族、哈尼族等跨界民族,同样也需要射弩打禽兽这个技能。

在江水、河流生活的渔猎民族,下网捕鱼是其生产劳动技能,从他们早期的衣服被褥是用鱼皮、兽皮制作。鱼兽肉为传统特色主食等生活特质能够看出,是与他们的渔猎、狩猎生产方式密切相关的。跨界赫哲族居住在黑龙江、乌苏里江、松花江流域,世代用鱼叉捕鱼、激达(木制扎枪)渔猎技能,成为狩猎生活的补充,自然环境造就的渔猎民族经济文化生活一直延续至今。课题组在赫哲族地区调研时就看到博物馆、民俗中心都有流传千百年伊玛堪的记载,伊玛堪《土如高》里有对叉草球的描述:"额尔登、土如哈土、阿尔荪、苏颜等五位公子,每天来与贝了土如高一同玩耍,作叉草球之戏。此外又练习跑马射箭刀法枪法,以为将来出战准备。"[②]学会使用鱼叉、木制扎枪是赫哲族先民需要掌握的生产劳动技能,用茅草做成球状在草地上滚动,犹如水中鱼游的波纹练习扎鱼;或将茅草扎成长条形以做猎物抛向空中,用鱼叉或木制扎枪争叉草

---

① 刘玉庆.中国新疆古代体育发展史研究[D].乌鲁木齐:新疆师范大学,2013.
② 凌纯声.松花江下游的赫哲族(下册)[M].北京:民族出版社,2012.

把,练习使用劳动工具的准确性,这就是叉草球的雏形①。

马是高原、草原游牧民族的生产生活资料、交通和作战工具,由此产生的赛马不仅是在蒙古族、哈萨克族、塔塔尔族、柯尔克孜族等游牧民族盛行,也同样得到彝族、苗族等南方民族的喜爱,这些古代民族主要是游猎、游牧,顺带从事农耕。《突厥文化史》序言记载的公元五六世纪,突厥就有军马、坐骑、比赛用马和驿马的区别。《新唐书·西域传》记载"龟兹国……岁朔,牛羊马囊驼七日,观胜负以卜岁盈耗云"。可见,当时地方赛马习俗的盛行。蒙古是当时蒙古高原许多游牧部落之一,2000年前蒙古族便举行赛马活动,蒙古族由狩猎经济生产方式逐渐过渡到以牧业经济生产方式,从11世纪到13世纪是蒙古汗国军事、政治、经济、文化发展的一个兴盛时期,同时也是射箭、赛马、搏克开始运用到当时的军事、政治、经济、文化娱乐的时期。《后汉书·南匈奴列传》记载:"匈奴俗,岁有三龙祠,常以正月、五月、九月戊日祭天神。南单于既内附,兼祠汉帝,因会诸部议国事,走马及骆驼为乐。"②南单于在祭祀同时,不仅商量国事,还进行赛马、走马、赛骆驼等活动。元代时,由于蒙古贵族的支持,马上运动与兵役制相结合成为当时的一项制度,赛马成为大型集会的一项活动。南宋彭大雅《黑鞑事略》记载了蒙古族的骑马技术娴熟是骑射的基础:"孩时绳束以板,络之马上,随母入;三岁,索维之鞍,俾手有所执射,从众驰骋;四五岁,挟小弓短矢,及其长也,四时业田猎,凡其奔聚也,跂立而不坐……疾如飙至,劲如山压,左旋右折,如飞翼。故能左顾而射右,不持抹鞦而已。"明朝宋濂、王祎在《元史·一百章·志第四十六·兵一》中记载:"其法,家有男子,十五以上、七十以下,无众寡尽签为兵。十人为一牌,设牌头,上马则备战斗,下马则屯聚牧养。"清代时,赛马更加盛行,据《清稗类钞·技勇类》记载:蒙古族人"不论男女老幼,未有不能骑马者。其男女孩童自五六岁即能骑马驰驱于野……"《新疆图志·礼俗篇》有每年四五月祭鄂博记载:"祀毕,年壮男子相与贯跤驰马,以角胜负……驰马者,群年少子弟,选善走马,集数十里外,待命斗胜负……"③蒙古族无论迁徙到哪,无论贵族或民间,赛马运动都历代相传,非常盛行,逐渐成为祭敖包、那达慕活动中三大

---

① 中国少数民族传统体育大全编委会.中国少数民族传统体育大全(上卷)[M].沈阳:辽宁民族出版社,2017:29.
② 宋国栋.回纥城址研究[D].太原:山西大学,2018.
③ 徐玉良.中国少数民族传统体育史[M].北京:民族出版社,2005:79-81.

第二章 跨界民族传统体育文化资源概述

竞技之一。

民以食为天,农耕在社会发展过程中占有举足轻重的位置。从广西地区新石器时代如南宁邕江南岸豹子头贝丘遗址出土的石锛、石杵、磨棒、石磨盘、蚌刀以及各种陶器等生产工具、谷物加工工具和炊煮食物的器皿来看,大约在距今1万年左右的新石器时代早期,壮族先民瓯骆民族在长期的采集劳动过程中,就开始了水稻种植生产。铜鼓是源于稻作农业的一种文化,铜鼓纹饰中太阳、雷纹、水波纹以及蛙纹等都与稻作农业有关。壮族先民使用青铜器始于3000多年前的商代,到了西周、春秋、战国,广西、云南壮族地区青铜冶炼非常普及,在广西靖西、武鸣、平果、北流等、云南文山等地区出现了大批铜鼓及其他青铜物品[①]。即使是在越南出土的东山铜鼓也是受广西、云南汉朝时代文化影响而铸造,如在当今越南的岱族、赫家(苗)、傣族、倮倮、克木、布依等少数民族中使用,然后大量铜鼓向缅甸、老挝等东南亚国家传播[②]。壮族的"打铜鼓"就与农耕生产有直接的关系。铜鼓是壮族古老的生活用具,是盛装稻谷的生活器具,逐渐演化为打击乐器,壮族先民敲打铜鼓,跳起"铜鼓舞",舞者做播种、插秧、追赶鸟兽、保卫农作物等动作,激烈、兴奋,表现了壮族先民在欢庆一年丰收之时,又希望来年经过辛勤劳动,再获丰收的心愿[③]。

(二)地理环境、自然条件形成的跨界民族传统体育文化

人在长期与自然环境相处、互动、共生中建立了文化适应,进而也创造了相应的、特色的传统文化特质。跨界民族共生关系是通过一定的自然环境而产生的,在相互信息、物质交流过程中形成了满足自身娱乐健身需要的、共享的传统体育文化。我国35个跨界民族(人)大多生活在中国边疆的高山峻岭、高原草原、白山河流等地理环境,跨界民族传统体育文化的形成都因地理环境因素而产生、变迁及发展的,他们"在自然环境和社会发展特征方面都具有较强同一性的相对完整和独立的地

---

① 梁庭望.壮族文化概览[M].南宁:广西民族出版社,2018:141-142.
② 蒋廷瑜.铜鼓是东盟古代文化的共同载体[J].广西民族学院学报,2005:111-117.
③ 韦晓康.壮族传统体育文化研究[M].北京:中央民族大学出版社,2004:59-60.

理单元"。① 表现了传统体育文化与自然环境的互动、共生适应。

《淮南子·齐俗训》云:"胡人便于马,越人便于舟。"正可谓印证了"一方水土养一方人""南人善舟,北人善骑"。壮族、布依族、傣族等民族龙舟竞渡与我国南方多水的自然环境有关,新石器时代的古代土著居民"越人"分布"自交趾至会稽七八千里",正是龙舟文化分布最密集的水乡泽国,临水生活,必然有"渡"的需求,就会产生"渡"的工具"舟",舟楫成为壮族、布依族、傣族等先民"越人"支系瓯骆土著日常生产生活中的重要工具,操舟捕鱼、渡人,这就是"南人善于用舟"的生产生活技能,在广西、云南、越南等地方出土的铜鼓胸部就饰有龙舟竞渡纹案,划船竞渡同时也是老挝、缅甸等东南亚国家原始祭祀仪式。随着生活用舟、祭祀娱神、民间嬉戏逐渐形成了龙舟竞渡,也成为越南、缅甸等东南亚有水域国家的传统文化俗事。

东北、新疆跨界民族大多生活在白山黑水之间,冬季寒冷,冰雪期大约长达半年以上,他们为了适应冰雪自然条件,在长期的生存过程中,脚踏着滑雪板去快速追逐野兽、在封冻江的冰面上、树林雪道上用狗拉雪橇穿行极其灵活方便,由此创造了雪板、冰鞋、拖床、扒犁等冰雪上行走生活用具以及各种滑雪、滑冰技术。《隋书·北狄传》有对东北少数民族骑木滑冰雪记载:"南室韦北行十一日至北室韦,分为九部落,绕吐纥山而居……气候最寒,地多积雪,惧陷坑阱,骑木而行,俗皆捕貂为业,冠以狐貉,衣以鱼皮。"《新唐书·回鹘传下》记述了新疆少数民族速度滑冰、滑雪情景:"拔野古,漫散碛北,地千里。俗嗜射猎,少耕获,乘木逐鹿冰上。""黠戛斯古坚昆国也,地当伊吾之西,焉耆北。白山之旁,俗乘木马驰冰上,以板籍足,屈木支腋,蹴辄百步,势迅激。"无论是东北少数民族还是新疆少数民族的骑木、乘木、乘木马就是我们现代的滑冰、滑雪运动。研究赫哲族文化的北方交通大学何玉芳教授跟课题组主持人讲:"我就是地地道道的赫哲族人,老家是饶河县四排赫哲族民族乡,就像费孝通先生说的做研究从自己的家乡开始做起,2007年我的毕业论文就是跟赫哲族那乃族文化变迁有关。赫哲族、那乃族以前就是一个民族,由于所处的自然环境,夏天使用桦皮船在江里用鱼叉渔猎,冬天用滑雪板、狗拉雪橇狩猎是常事,也是一种技能。如赫哲族人

---

① 曾梦宇.湘桂黔侗族地区区域经济协作发展探析[J].广西社会科学,2006(10):61.

第二章 跨界民族传统体育文化资源概述

冬天非常喜欢使用奔跑如飞的狗拉雪橇,每天可以跑两百多华里。在元朝、明朝的时期,黑龙江、松花江沿岸的赫哲族先民居住生活的地方都设有很多狗站,就是为那些冬季狩猎的人们传递消息、进行交通运输的。"清代李重生撰写的《赫哲土风记》曰:"赫哲地滨北海,天气早寒,重阳后即落雪花,迨十月则遍地平铺,可深数尺。土人以木板长五尺贴缚两足跟,手持长杆,如泊舟之状,滑雪上前进,则板乘雪力,瞬息可出十余里。"描述了赫哲族用滑板追逐野兽的生活。不仅有双滑雪板,还有狗拉雪橇,光绪富魁纂修的《三姓志·山川险要古城河海·卷六》载:"水路自音达穆河顺松花江两岸,东尽海中库页岛,各部俱用狗车即狗爬犁,所谓使犬部也。而赫哲射猎有狗车、木马,轻捷利便。木马形如弹弓,长四尺,阔五寸,一左一右,系于两足,激而行之,雪中冰上可及奔马。狗车以木为之,二者皆行于冰雪中。"文字记录了赫哲族在当时分布的地域进行狗拉爬犁和乘木马滑雪情景。①

即使是迁徙的民族,也会随着地理环境或生产劳动的变换而适应环境,如源自古氐羌族群、属于汉藏语系藏缅语族的彝族、哈尼族、景颇族、阿昌族、傈僳族等民族先民于3000多年前南下缓慢进入云南地区,与先期到达的百越、百濮两大古老族群长期生活、交流、融合,这些民族不仅保留了原游牧民族高原山坡脊梁上的居住生活(当然也有被其他民族挤迫原因),也逐渐适应云南山区的农耕生产生活;不仅保留了高原草原游牧民族的摔跤、赛马、射箭等,也随着山区环境、农耕生产的改变使用弩箭射猎飞禽走兽,以蹲斗、扭扁担等活动为乐,像彝族的"蹲斗"即两人双手合拢犹如公雄昂头,相互用撞肩、手推、跳起等动作就像是模拟公鸡打架一样,这就是典型的原始农耕文化驯养家禽的特征。

(三)古代战争形成的跨界民族传统体育文化

古代社会,由于生产生活资源稀少,争夺拓展生存地域的战争基本上是与原始农业生产同时出现。人类古代战争,除了运用智慧较量,就是双方体能、技能的直接对抗,获取最终的胜利。

摔跤源于猿人与野兽搏斗而解放双手成为直立人的对抗动作技能,

---

① 吕秀莲,田丽华.清代东北地方志对赫哲族历史的研究价值[J].佳木斯大学社会科学学报,2006:92.

共生、交流与发展：跨界民族传统体育文化的人类学调查

人类早期将模拟牛羊相抵相戏的"角抵"与徒手相搏结合起来，用来作为战争短兵相接时徒手相搏制服对方的重要手段。摔跤是蒙古族、哈萨克族、鄂伦春族、朝鲜族、藏族、彝族、哈尼族等许多跨界民族喜爱的传统体育项目，各民族各有各的摔跤形式，以蒙古族摔跤即搏克为例。蒙古族搏克即蒙古语"攻不破、摔不烂、持久永恒"结实的意思，据考证，从西汉初期至今已有2000多年悠久的历史，于我国北方匈奴人中盛行摔跤。课题组在内蒙古自治区博物馆调研时看到展出的一件1955年在陕西沣西客省庄出土的战国时期匈奴人文物铜饰牌，牌上有两个强壮的人摔跤的情景，其架式、摔法与今天蒙古式摔跤相似；1931年出土于辽东京城的八角陶罐上，绘有契丹人摔跤的情景，可见，匈奴、契丹等古代游牧民族喜欢角抵摔跤，故在器物上刻画其图案。清代《辽史拾遗》引自北宋张舜民《面墁录》云："角力以倒地为负，两人相持终日，欲倒而不可得。又物如小额，通蔽其乳，脱若褫露之，则两手覆面而走，深以为耻也。"[①]《元史·仁宗三》载："延祐六年六月戊甲，置校署，以角抵者隶之。"《马可·波罗游记》里还描述了蒙古族女性摔跤场景。清光绪官刻本王先谦撰《东华录·天聪》卷七云："三人皆蒙古人，臂力绝伦，善角力。都貌胸阔，时为侍卫。特木德黑，身长七尺。杜尔麻，貌不逾中人，而筋骨实坚强云。"这三个就是被当时朝廷封为"力士"的蒙古族摔跤手。看来，搏克在古代社会一直是当时蒙古汗国军事、政治、经济、文化娱乐的中心之一，由于蒙古族历来就把摔跤手作为英雄看待，因此也成为民间那达慕、祭敖包等仪式的重要民族传统体育活动之一。

"贵如赤"是蒙古族长跑活动的代名词，可原来是作为元朝一支禁卫军称号，都是由能跑善走的蒙古族步兵组成，"贵如赤"在训练、检阅禁卫军身体耐力素质有着举足轻重的作用，属于军事体育。每年进行一次有起点、终点、距离、规定时限等超长距离比赛，皇帝亲临并发奖。元太史杨瑀《山民新语》中有史记载："'贵由赤'者，快行也。每岁一试之，名曰放走，以脚力便捷者膺上赏。故监临之官，齐其名数而约之以绳，使无先后参差之争，俟齐去绳走之。在大都，则至河西务（今河北武清县东北三十里、北运河西岸）起，至内中。若上都，则至泥河儿（今河北省宣化东）起，至内中。越三时（大约六个小时），走一百八十里，直抵御前，

[①] 钟志勇. 蒙古族传统体育传承的教育人类学研究[D]. 北京：中央民族大学，2007.

俯伏呼万岁。先至者赐银一饼,余则缎匹有差。"广西壮族的"板鞋竞技"与古代壮族先民喜穿木屐即板鞋有关联,徐霞客的《粤西游日记》记载:"男子着木屐,木片为底,端绊皮二条,交于巨趾间……"由木屐制作而形成的三人板鞋竞速却源于明代嘉靖年间壮族首领瓦氏夫人为抗击倭寇,用来提高士兵身体素质、训练士兵步调一致的练兵方法①。明《筹海图编》中记载有瓦氏夫人的《岑氏家法》:"七人为伍,每伍自相为命,四人专主击刺,三人专主割首与势,所获首级七人共分之;割首之人,虽有照护主击刺者之责,但能奋杀向前,不必武艺之精绝也。凡一人赴敌,一伍争救,若没一人,必斩一伍,其伍之于队亦然。故设而受上赏,临阵摧敌,若不获级,亦受上赏。斩级者论首虏以应。斩级而能冠同伍者,辄以其人领之,其兵可死而不可败。"② 阵法要求互相呼应、共同推进、不可分离,只能前进,不许后退,瓦氏夫人创造的三人板鞋正好起到了练兵作用,现今已成为集竞技、健身娱乐为一体的壮族民间传统体育文化。

(四)民俗游戏形成的跨界民族传统体育文化

民俗是人类为了生活需要所创造、传承下来的民间生活文化,其中游艺民俗跟身体运动有关的就是游戏、歌舞、杂艺等,主要目的就是通过这些身体活动所进行的玩耍、嬉戏而获得身心的欢愉、技能创造。游戏是原始人过剩精力的娱乐活动,大多是在劳动生产之余自由地模仿、创造的。早期人类的日常生活无外乎是生产、狩猎、战争等,长此以往累积了丰富的经验、知识,大人们会将生产、采集、狩猎、战争等技能以游戏方式传授给小孩,小孩们也会根据自己的日常活动、环境、大人行为等进行模仿创造孩子游戏,狩猎、作战、玩耍、模拟动物等竞技性游戏就非常普遍了,正如赫伊津哈认为:"用武器严肃争斗和种种竞赛,从最琐碎的游戏到身体、道德的冲突都包含且伴以游戏,依据一定的规则,具有单一的基本观念,即与有限命运作斗争。"③

有一种甩石索,是原始人类用树藤或牦牛毛制成的,兜上石头甩出

---

① 韦晓康.壮族传统体育文化研究[M].北京:中央民族大学出版社,2004:191-192.
② 郑若曾《筹海图编》、《江南经略》卷8下〈调狼兵记〉.
③ 约翰·赫伊津哈.游戏的人[M].多人,译.北京:中国美术学院出版社,1996:43.

去打击野兽，这种生产工具或狩猎工具无论是山地民族还是草原民族都有使用。藏族"俄尔多"或"古朵"就是一种甩石索，在人们日常生活中，它充当了如生产劳动工具、武器、法器、竞技游戏工具等多种角色，是用牦牛毛编织而成，用它来打准或投远而成为一种竞技性游戏。据传说，在藏族第一代赞普聂赤赞普时期，人们开始普遍使用"俄尔多"——大约是西汉时期。根据藏族英雄史诗《格萨尔王传》记载，"俄尔多"是格萨尔王时期的重要军事战争武器。藏族牧民们在放牧牦牛、羊群时，为了能在远处驱赶奔跑速度快、数量庞大且分散、难以管理的牛羊，牧民在皮鞭木把一端加一个可套在中指上的皮环，另一端和鞭梢中间加一块椭圆形的皮革，大小正好可以放一块小石头。利用鞭子高速旋转时的离心力将石头抛出，击打牛羊的犄角，以控制整个畜群的方向；也可以利用鞭子抛石或空甩发出的清脆响声来约束畜群，这便是俄尔多的雏形[①]。牧民们放牧之余就用"俄尔多"甩石头打击目标以练习准度，将石头甩远以练习力量，形成游戏娱乐。后来，为了便于携带，用牦牛毛、羊毛编制成现今的"俄尔多"，逐渐又产生了法器、武器等效能。

吹枪是云南麻栗坡县董干镇自然村马林、马崩、麻栗堡等以及接壤的越南董奔、龙坪、铳杆等村寨跨界苗族的一项民族传统体育，它源于苗族先民原始的狩猎游戏。课题组在此调研时看到，村民们仍然使用原始的吹枪、玩着吹枪狩猎游戏。这一带中越边境的苗族是古代从外面迁徙过来的，迁入时由于大部分平地已被其他当地族群居住而不得不住进山区。他们平时除了采集山里果实，还种植庄稼以维持生计。庄稼熟了总有山里鸟类前来糟蹋，苗族先辈在用旱烟杆将烟渣通过烟杆顺势吹出之时，制作了吹枪且取名为"盏炮"。吹枪的枪管是用马林村邻近的越南董奔等地薄竹子制作的，弹丸是用黄泥捏制的，或用一些植物种子，为了打到更多飞禽，人们平时就玩吹枪游戏以练习准度。数百年来，中越边境的跨界苗族一直用这种古老的武器打鸟、打老鼠、打马蜂等，来守护庄稼。

---

① 中央民族大学体育学院少数民族体育用品项目课题组.少数民族体育用品——中国少数民族特需商品传统生产工艺和技术保护工程第四期工程[M].北京：中央民族大学出版社，2011：5.

二、近现代社会的跨界民族传统体育文化

1840年鸦片战争之后,由于西方列强的侵入、欺凌,我国许多边境地区逐渐沦为半殖民地半封建社会。然而,西方大国列强的称霸,没有"销蚀掉我们民族的传统与'共生'心态,反而促使它们'自为'发展。"①使得各民族更加团结、交流与融合,历史形成的共同生产生活、风俗习惯、宗教仪式、礼节礼仪、心理特征的华夏民族共同体继续发展。

19世纪末的中国广西、云南地区受到英、法帝国主义的侵略,19世纪七八十年代,法帝国主义侵略越南,攻打广西及云南文山壮族地区,中越边境的跨界壮族(越南为岱族、侬族)受到侵袭。虽被广西黑旗军、冯子材等军队打败,但腐败无能的清政府与法国签订卖国条约,让法国在一些壮族边境地区建立经济侵略的领事馆据点,从经济上压榨广西各族人民血汗。即使这样,广西壮族与越南岱族、侬族还保存着"三月三""中元节"等节日,虽然过节方式不完全相似,但开展的民间竞技性游戏基本相同,如抛绣球、抢花炮、舞狮子、比武艺等。同样,在云南地区,如德宏、西双版纳边境的一些地区被划割英属缅甸、法属越南(现属老挝),原属中国境内的傣族、景颇族、佤族、哈尼族等云南少数民族由于划界而成为跨界民族。即使是这样,这些跨界民族"血缘"亲情始终没有间断过,基层政治制度还是掌握在当地山官、头人手中,对辖区的生产、政治、军事、宗教、习惯法等负有责任,权力很大。虽然分属不同国度,管理制度会有所不同,但传统文化仍然遵循。

西藏地区在19世纪70年代后,越来越多的英、法、俄等帝国主义以通商、传教、调查等名义进入青藏高原。1888年藏族人民抗击英侵略者侵入,即使英军被挫,但腐败的清政府和屈从的西藏地方政府被迫同英军签订不合理的"拉萨条约";1913年,袁世凯为换取英帝国主义对中华民国的承认而妄图分裂西藏,同时英国阴谋签署了一条一直不被我国历届政府承认的非法麦克马洪线,使得西藏部分土地被割裂。被分割的藏族、门巴族、珞巴族成为跨界民族。1888年、1904年英帝国主义两次武装入侵西藏,促使西藏当地政府继续延续吐蕃时期"全民皆兵"军事制度,在军队中、群众中、寺庙喇嘛中开展以射箭、跑马、摔跤、跳跃、爬

---
① 李禹阶.中国文化的共生精神(上)[J].重庆师院学报哲社版,1996(1):9.

杆等为主的传统体育运动。一些传统体育还充当了战争武器的作用,例如藏族传统体育"古尔朵"即"古朵""俄尔多",藏语音译"古尔"为拟声词,"朵"是石头,是一种放牧的投石索生产工具,由于有投远功能,在特殊时期还能以投远击中目标而成为牧民打击敌人的有力武器。光绪二十九年(1903年),英军以中国拖延谈判边界问题作为借口,对西藏进行第二次侵略战争。1904年,为了抗击英军,保卫家园,西藏江孜人民就用"古尔朵"做武器,打得英军狼狈不堪。当时在英军中就有传说,这是一种"长了眼睛的子弹"[①]。

在1840年以前,沙俄对我国东北、西北新疆领土逐步蚕食。第一次鸦片战争后,清朝的腐败无能推进了沙俄对我国土地的疯狂侵略,使得我国东北、西北疆界发生了巨大的变迁(本研究在跨界民族形成的论述中已有简述,在此不再赘述),促使了赫哲族、鄂伦春族、鄂温克族等东北民族成为中俄跨界民族延续至今,而西北新疆的哈萨克族、塔吉克族、柯尔克孜族等少数民族先成为中俄跨界民族,后由于1991年苏联的解体,使得中亚各国独立,新疆的这些原中俄跨界民族又成为与独立后的中亚各国的跨界民族[②]。沙俄对中国入侵一直受到中国军民一系列的反抗和抵触,导致在殖民行政管理方面遇到极大的困难而无法征税。在这种情况下,沙俄不仅是领土的军事侵略,还有经济、教育、文化等侵入,如沙俄在东北推行的俄语教育和俄国文化,不过由于推广范围小、又难以处于强势地位,以及爆发战争使得俄国惨败导致沙俄殖民统治终结,对我国涉及到的跨界民族传统文化影响效果不大[③]。但对沙俄控制的领土,影响还是有的。迁徙或者划界造成同一民族或族群跨界而居,因为跨界而居面对的社会制度(含政治、经济、文化等制度)、意识形态、族群关系等方面的差异,而逐渐造成和促进了文化观念,或者说是文化的不同方面的变迁。也有些跨界民族在文化变迁中出现了文化流失的现象,跨界民族有可能会从相邻的边界另一端跨界而居的引借文化表现形式,以创造和延续"民族文化"。课题组成员到现今贝加尔湖俄罗斯联邦成员国控制的蒙古族布里亚特人地区调研,发现生活在城市的布里亚特人

---

① 刘生文.藏族体育[M].兰州:甘肃民族出版社出版,1994:41.
② 冯瑞(热依曼),艾买提.中国西北疆界变迁及周边跨国民族特征[J].广西民族大学学报(哲学社会科学版),2007(9):15-20.
③ 李逊.清末民初沙俄的东北语言教育政策特点及效果[J].哈尔滨师范大学社会科学学报,2016(6):166-170.

第二章 跨界民族传统体育文化资源概述

过着城市的生活方式;而生活在传统村寨的布里亚特人则保持着较为传统的种植业和畜牧业的生活方式,信奉着传统的萨满教,原来在藏传佛教寺庙前进行的摔跤、射箭、赛马三技,受苏联新兴体育运动冲击发生变换,虽然保持着蒙古族三技,但规则趋向近现代体育发展。再如沙俄对黑龙江下游赫哲族住地的入侵,被俄国占据土地的赫哲族即那乃人在19世纪末20世纪初居住区域缩小、人口锐减,大量俄国人移民占据了那乃人领地,然后开展俄语、俄国体育、舞蹈等教育[①];随着1917年十月革命开始,苏联对那乃人进行军事技能训练,在那乃人地区开展了以军事体育为主的大型体育盛会。而在我国赫哲族地区,赫哲族(那乃人)的传统体育文化是否受到影响呢? 1880年受清政府"移民实边"政策影响,山东、河北等地汉族为了生存迁移到赫哲族地区,同时也带来了汉族的传统体育文化如武术等;还有1895年《中俄密约》签订及西伯利亚铁路修建,俄国的文化与入侵的军队及枪炮进入黑龙江、乌苏里江和松花江一带,赫哲族的弓箭、弩等原始狩猎工具被快枪火药替代而逐渐被淘汰,当时的赫哲族青年喜欢跳的"踢踏舞"就是依据俄国传统舞蹈的加工[②]。当然,一个体育文化的传承要从整体性出发,"任何一个群体都是多元文化因子的构成体,文化各要素之间处于动态平衡状态,这是文化继承和弘扬的前提条件"。[③]无论是身处俄国的那乃人还是中国的赫哲族,他们虽然受不同国度政策的影响而发生传统体育文化的流变,"但是民族文化自身调节与平衡的功能,使传统体育文化仍然处于重要地位"。[④]如狗拉雪橇、滑雪等依然存在,即使是19世纪末至20世纪初,已经有车辆在聚居区使用,但雪橇、滑雪板仍然是主要交通工具,是东北跨界民族传统体育文化的一大特点。赫哲族文化研究学者何玉芳教授谈到:"这个时候,赫哲族的每个大家庭里都有自己的桦皮船和一挂狗拉雪橇,每人都有一副滑雪板,家里都要养上一两条狗和许多只猎犬,用于狗拉雪橇。"无论是身在中国境内的赫哲族还是身处已经被俄国占领领土和苏联时期的那乃人,由于自然气候生存环境和渔猎、狩

[①] 魏春洁,崔玉范.从传统到现代俄罗斯那乃族的文化变迁[J].黑龙江教育学院学报,2012(9):150-151.
[②] 何玉芳.赫哲族那乃族文化变迁比较研究[M].北京:世界图书出版公司,2009:49.
[③] 包路芳.社会变迁与文化调适——游牧鄂温克族社会调查研究[M].北京:中央民族大学出版社,2006:2.
[④] 张珊珊,王韶峰,隋东旭.中俄跨界民族(赫哲族-那乃族)体育文化流变研究[J].体育文化导刊,2018(6):74.

猎经济生活,仍然继续保持着本民族的传统文化,但也因为受到汉化、俄罗斯化和苏联影响,一些传统文化表现形式也有所淡化,如划船项目还依然存在,但渔业生产工具随着时代发展有了较大的改进,原来赫哲族用桦树皮制作外壳的独木舟改为用松木板制作的快马子船,而那乃人的船成为铁皮制作的船;还有13世纪形成的摔跤仍然在赫哲族那乃人民间盛行。同样,沙俄对蒙古地区从19世纪中叶就开始侵略,不仅垄断贸易,还设立领事,享有特权,多次阴谋分裂中国当时的外蒙古地区。1917年10月苏俄政府推翻了沙俄资产阶级政府,但在后续的几十年里言行不一,始终挑拨、支持外蒙古"自治""独立",使得1945年10月外蒙古当局以所谓的"公民投票"确定独立而成为苏联的卫星国[①]。需要指出的是,无论是独立前或独立后,蒙古国在文字、宗教、传统文化等方面受苏联最直接、最深入的影响,内蒙古职业体育学院殷俊海教授在接受访谈时谈到:"当时的蒙古国高层、知识分子接受的都是苏联教育,对苏联文化是全盘接受的。他们的文字借鉴了俄语的字母拼音,改造为所谓的新蒙文。""传统体育文化受苏联新兴体育的影响也比较大,他们的蒙古式摔跤就是我们说的'搏克',已经类似自由式和古典式摔跤;服饰也不像我们国内蒙古族的传统服饰,他们改变得很简洁。"蒙古国也举办那达慕,1921年后将7月11日定为举办大型那达慕蒙古国庆日,1922年在宝音图乌哈嘎恢复了中断多年的国家那达慕,历史上称之为"军人那达慕"[②]。课题组在甘肃肃北蒙古族自治县调研了解到,1941年、1947年肃北都举办祭祀"敖包",不仅邀请附近内蒙、新疆蒙古族,也邀请蒙古国人前来摔跤、赛马等活动。

当然,也有迁徙过来的跨界传统体育。例如前面对跨界朝鲜族形成中论述到,朝鲜族从17世纪末到1870年清政府解除封禁、1910年日本侵占朝鲜、1931年日本强制移民等阶段大批至中国境内,在我国东北三省有了固定聚居的生活区域。课题组成员在延吉体育运动学校访谈了解到,随着朝鲜族的迁入,同样将朝鲜族传统体育文化迁入并与中国文化相结合,逐渐得到传承与发展。1922年就有组织地举办了中国朝鲜族传统体育运动会,直到1937年"七七事变"前还举行了第六届延吉综

---

① 张世均.从外蒙独立历程论苏(俄)联对华政策中的民族利己主义[J].西南民族大学学报,2012(11):195-197.
② 转载苏叶,刘志民,包呼格吉乐图.蒙古国那达慕的起源与发展[J].体育文化导刊,2012(6):123.

合运动会,从没有中断过如秋千、跳板、顶罐走、摔跤等朝鲜族传统体育项目的比赛。内蒙古额尔古纳市有一条额尔古纳界河,是17世纪末沙俄的侵略,将中国与俄罗斯分割开来,这里曾经养育了蒙古人、鄂温克族、鄂伦春族的先人,是蒙兀室韦部落的发祥地。虽然清政府在额尔古纳河流域东岸有驻兵把守,但在1884年前后还是有大批俄人越界进入我国境内盗采黄金等,19世纪末到十月革命后,有更多的俄国人因为各种原因迁徙到额尔古纳地区的室韦定居,与中国人结婚生子形成了俄罗斯族。同时也把俄罗斯民族文化、民族音乐、生活居室饮食等带到了我国境内,在各种节日聚会里都要热闹7天,载歌载舞,进行踢踏舞、集体舞、荡秋千等娱乐活动,消除平时矛盾,烘托节日气氛[①]。平时日常生活也玩抽陀螺、拉棍儿、打棒球、拔大葱、溜木段等,在冬季开展滑雪橇、溜冰等活动,一直流传至今。

三、现代社会的跨界民族传统体育文化

1949年中华人民共和国的成立,标志着中国现代史的开始,跨界民族传统体育也随之进入了一个新的发展时期。特别是在2万多公里的陆地边境线上,两国边民可以通过民族体育活动形成民族认同、文化认同、情感认同的共生关系,化解边境区域矛盾与冲突,从而促进跨界民族团结和边疆社会稳定。

(一)中华人民共和国成立至改革开放前

中华人民共和国成立之初,党和国家不仅需要面对旧社会遗留的各种历史问题,还要面临美国等西方国家在政治、军事、经济等堵截,及"中国威胁论"等严峻的国际压力,特别是中国与周边国家还存在领土、边界等问题,甚至周边邻国心存戒心,形势错综复杂。在这种情况下,中国必须突破西方封锁,从周边国家开始,发展睦邻互信友好关系以获得和平的国际环境。当时,我国外交政策从邻国缅甸开始解决边界问题,起到示范作用。从1954年开始,中缅两国总理为了巩固、发展"胞波友

---

① 董宪瑞,闫广庆.额尔古纳俄罗斯族[M].珠海:浪漫之城系列丛书编委会出版,2012:85.

谊"进行互访、交流,于1956年12月16—17日在中缅边境的云南芒市举行了"中缅边民大联欢",人们跳起了象脚鼓舞,两国总理的手紧紧握在一起。并于1960年10月1日率先签订了中缅边界条约,起到了解决边界问题的榜样作用。当时时任国务院副总理陈毅在1957年访问缅甸时有诗赞道:"我住江之头,君住江之尾。彼此情无限,共饮一江水。彼此为近邻,友谊长积累。不老如青山,不断似流水。"在互访期间,除了边界洽谈,还观摩龙舟比赛、跳象脚鼓舞表演、参加泼水节,共同的传统文化成为中缅两国的共生纽带,具有历史意义的"中缅边民大联欢",一直延续至今。

看来,少数民族传统体育不仅是各民族沟通、交流的纽带,也是跨界民族认同、文化认同的桥梁。实际上,中华人民共和国成立以后,党和国家将民族稳定、民族团结作为一项重要工作来抓,贯彻执行党的民族政策,团结少数民族,重视开展少数民族传统体育,增强各族群众体质健康。中央人民政府副主席朱德在1949年10月就指出:"要广泛地采用民间原有的许多体育形式。"中央人民政府为了加强与民族地区的联系,加强民族团结、消除民族隔阂,从1950年开始陆续向民族地区派中央访问团,如到云南访问,石林村寨彝族跳起了"阿细跳月";在新疆,蒙古族、哈萨克族、柯尔克孜族等民众以叼羊、赛马等传统体育活动迎接访问团。1950年在北京举行的北京市人民体育大会还邀请了各地少数民族体育代表观摩,大会上就有彝族"阿细跳月"、蒙古族"刀马舞"、朝鲜族歌舞等表演;在1950年举行的东北第一届人民体育检阅大会上,内蒙古表演了马术、摔跤等传统体育文化[①]。1961年,周恩来总理在继续友好协商中缅边境问题参加云南西双版纳"泼水节"时提出:"傣族人民的划龙船不仅是娱乐活动,而且也是体育活动,可以增强人民体质,练习保卫祖国的本领。"又说:"只有尊重少数民族的风俗习惯,才能和各族人民心连心。"党和国家领导人的重要指示,少数民族传统体育不仅作为增进各族人民身心健康的活动形式,同时也为促进民族团结带来了希望。1953年11月,在天津市举办了全国民族形式体育表演及竞赛大会(后定为第一届全国少数民族传统体育运动会),当时有380名运动员参加了武术、拳击、骑术、射箭、摔跤、举重、民间体育等竞赛和表演项

---

① 李延超.建国以来少数民族体育发展的回顾与展望[J].山东体育科技,2012(6):44-45.

第二章 跨界民族传统体育文化资源概述

目比赛[①],极大地鼓舞了各少数民族地区群众参与传统体育运动的积极性,如课题组在甘肃肃北蒙古族自治县调研时,当地搏克手玛拉沁夫回忆,1955年肃北县举办了一场"那达慕"比赛,参加的运动员大约有200多人,其中还邀请了蒙古国人前来交流。1956年10月,文山州举办了专区农民运动会暨民族射弩比赛。1963年内蒙古草原上的牧民组织了摔跤、赛马、射箭等那达慕大会;1960年举办有全国性的摔跤、马术、马球等比赛[②]。1966年起的马关县木厂镇就每年举办"七一"运动会,竞赛项目增加了抢花炮、倒爬花杆、射弩、蔑弹弓、打陀螺等,吸引了中越边民民众,丰富跨界民族文化生活[③]。以各族传统体育的开展来凝聚民心,对当时各民族的团结、跨界民族的稳定起到了重要的助推作用,也为此后少数民族传统体育的发展打下了基础。后来的形势发生了变化,内蒙古职业体育学院殷俊海教授谈到:"由于当时苏联在蒙古国大肆对原属蒙古国传统文化的改造,限制一些传统体育的开展,内蒙古这边因靠近外蒙,为了区分和割裂对方的文化影响,减少苏联对我方传统文化的影响,再加上十年浩劫等各种原因,内蒙古境内的传统那达慕会等民族传统文化作为一种政府推动的形式层面基本几乎不存在,只是作为一种民间的形式存在,日渐式微了。"就是说,随着1966年以后,全国各项体育工作都受到了影响。中华人民共和国成立以来筑起的少数民族传统体育发展根基遭受冲击,各民族地区的一些传统文化被纳入封资修那一套,大规模的传统体育活动都被限制或者取消,少数民族传统体育面临失传的威胁。

(二)改革开放以后

1978年召开的十一届三中全会,党和国家提出了改革开放的思想,中国社会重新进入一个全新的发展阶段,把民族团结、民族平等以及各民族共同繁荣作为关系国家前途命运的战略高度,把民族工作的恢复列为全党工作要点之一。此时,少数民族地区传统体育发展重新受到重

---

① 中国体育年鉴编辑委员会.中国体育年鉴1949-1962[M].北京:人民体育出版社,1964:41.
② 中国体育年鉴编辑委员会.中国体育年鉴1963[M].北京:人民体育出版社,1965:41.
③ 文山壮族苗族自治州地方志编纂委员会.文山壮族苗族自治州志(第五卷)[M].昆明:云南人民出版社,2001:392

视。在这个阶段,恢复与重构是少数民族体育贯穿全过程的重点工作。

1979年后,一些少数民族地区的传统体育项目逐渐恢复与开展,如包括在边境地区的内蒙古、西藏赛马、射箭、摔跤,延边朝鲜族荡秋千、跳板,德宏傣族"泼水节"象脚鼓舞,苗族"赶花山"、彝族"火把节"以及民族节日举行的划龙船比赛,等等[①]。1981年9月21—28日国家体委、国家民委在北京联合召开1949年以来第一次研究中国的少数民族传统体育工作座谈会,出台了相关工作方针,广西、内蒙古、新疆、云南、吉林等省、自治区纷纷举办了赛马、摔跤、射箭、秋千、跳板等少数民族体育比赛和表演[②]。1982年3月11日,云南文山州就举办了第一届少数民族传统体育运动会,至今已举办十届;1982年9月在内蒙古呼和浩特市举办了第二届全国少数民族传统体育运动会,并四年一届成为常态;1995年至今各阶段颁布的《全民健身计划纲要》都提出了要"积极发展少数民族体育,广泛开展以少数民族传统体育项目为主的体育健身活动"。可见,国家对少数民族传统体育发展的重视。进入21世纪,民族发展被提到了重要位置,国家继续推进少数民族传统体育文化繁荣与发展,2006年《关于加强少数民族传统体育工作的意见》的颁布,要求"弘扬少数民族优秀文化,增强少数民族体质,实现各民族共同团结奋斗,共同繁荣发展";2006年国家开始陆续将满族珍珠球等22项少数民族传统体育文化列入非物质文化遗产名录,各个地区也纷纷设立省级、市级非物质文化遗产名录,极大地促进了民族传统体育文化的保护。

在国家民族政策和非物质文化遗产受到重视的时代背景下,我国少数民族传统体育文化同样得到了应有的重视和发展,各民族地区不仅积极开展民族传统体育文化保护与传承,而且在边境线一带利用跨界民族共有传统体育文化开展民族交流、贸易往来。跨界民族传统体育文化大概有这么几种形式。

---

① 中国体育年鉴编辑委员会.中国体育年鉴1979[M].北京:人民体育出版社,1981:885.
② 中国体育年鉴编辑委员会.中国体育年鉴1981[M].北京:人民体育出版社,1984:18-114.

第二章 跨界民族传统体育文化资源概述

1. 历史上流传下来借助原有的共生民族节日继续开展跨界民族共有的传统体育活动

在边境沿线许多跨界民族都有自己的传统节日、传统文化和传统体育活动，它们大都是从历史流传下来，并在群众中开展广泛、喜闻乐见，也是维系民族传承、民族生存的血脉。例如课题组在广西靖西龙邦镇调研，由农耕文明孕育的跨界壮族传统体育抛绣球一直流传至今。龙邦镇地处广西靖西市南部，地处山区，南邻越南高平省茶岭县，有6个村街与越南接壤，立有界碑87号至98号，边境线长43.85公里，跨界壮族为其世居民族。这里每年春节、三月三、农历五月十三"关圣祭祀节"等节日经常开展跨界壮族、跨界苗族传统体育文化交流活动，主要有歌圩、抢花炮、抛绣球、苗族芦笙舞、下甲山歌等民间民俗文化活动。特别是抛绣球，中越边民依然保留比较原始的玩法，主要体现在高杆上圈的大小：每到春节，各村寨的未婚男女青年会相聚到一个村寨，一般为男青年相邀拜访女青年。正月初三前夕，村寨里的女青年在晚饭后就会到一处山坡上，将抛绣球的高杆竖立起来；高杆一般有八九米高，也有的是十多米；杆的顶部是一块木板，木板中间会凿出一个仅比绣球大一圈的圆洞（经过改良的圈直径1米）；圆洞的横截面呈梯形，面向男青年群体的一侧为剖面梯形的上边（偏小），朝向女青年群体的一侧是剖面梯形的下边（偏大）；圆洞的表面要糊上红纸，抛掷绣球时需要把红纸穿破，穿过圆洞，才算成功。课题组沿着中越边境线从靖西向西北方向经那坡进入云南富宁、麻栗坡至马关县，一路上了解到中越跨界民族民间经常开展如壮族"三月三"、苗族"芦笙节""花山节"、彝族"跳弓节"等节日，开展抛绣球、抢花炮、打陀螺、斗牛、斗鸟、跳芦笙、跳弓、射弩、吹枪、爬花杆等跨界民族传统体育活动。当然，随着国家政治制度的不同和时代的发展，我国的少数民族传统体育文化要抛弃糟粕的旧观念、旧习俗，既适合新时代需要也注意大众发展、国际化发展。云南景颇族的"目瑙纵歌"自改革开放以来，目瑙主体是前来参加跳舞的群众，减弱宗教性和仪式性；目瑙纵歌的统称改为"祝荣文蚌统肯目瑙"，其中"统肯"就是传统，主要强调这仅仅就是景颇族传统的目瑙，不仅利于跨界景颇族、其他民族的交流，还能够对外展示，加强表演性、娱乐健身性，简单易行，便于大众的参与。

2.跨界民族互相借鉴共生的传统体育文化重构民族节日

随着1990年我国边境沿线国家通道陆续开放,各边境省、自治区努力抓住改革开放的契机,积极与周边国家进行贸易往来、文化交流、旅游开发等。具有民族性、传统性、娱乐健身性、地域性等特性的少数民族传统体育最受跨界民族的喜爱,跨界民族不仅同根同源,文化习俗、语言相通,非常乐意参加自由、随意、简洁的娱乐健身活动,他们以增强感情、促进友谊,以共生状态、共生行为、共生组织等模式建立一种共同的传统体育文化现象的共生系统。例如具有历史意义的"中缅边民大联欢",不仅于2019年4月在德宏州芒市建起了"中缅边民联欢大会纪念馆",在这之前,中缅两国还以"中缅边民大联欢"进行协商,从2000年开始举办"中缅胞波狂欢节",延续了"中缅边民大联欢"活动,至今举办了19届。参加活动的人都是来自中国、缅甸、老挝、泰国等跨界民族,活动内容包括举办跳象脚鼓舞、藤球、射弩、顶杆、蔑弹弓等比赛。身处中、越、老三国交界的云南普洱江城,生活着彝族、傣族、哈尼族等跨界民族,江城县文体广电局为了加强中越老三国交往,将彝族、傣族等跨界民族对共同喜欢的浪漫行为活动"丢包"进行重新设计,制定比赛规则,与越南、老挝共同组织比赛。从2009年开始,中国、老挝、越南三国每两年轮流举办一次"丢包狂欢节"活动,除了丢包,射弩、陀螺也是三国跨界民族喜欢的项目,而藤球在越南、老挝、缅甸等东南亚国家比较盛行,我国傣族也玩,虽相对较少,但也把藤球比赛列入狂欢节比赛里,形成了中、老、越三国特色体育竞赛项目,建构了中老越三国"丢包狂欢节"共生模式,展示了中老越跨界民族传统体育风采及跨界民族人民生机勃勃、乐观向上的精神风貌。生活在黑龙江、乌苏里江等流域的中国赫哲族、俄罗斯那乃人,随着生态环境的保护和赫哲族向农耕、旅游业、服务业及那乃人保持渔业向林业、采集业等经济生活的转变,狩猎、渔猎等经济生活受到很大的限制和影响,所形成的划桦皮树船、射箭、射击、滑雪、狗拉雪橇等生产生活技能成为了赫哲族那乃人健身娱乐的传统体育文化和旅游景区的消费产品。北京交通大学何玉芳教授在访谈中谈到:"俄罗斯那乃族开始恢复20世纪50年代的传统节日,并冠以区域民族奥林匹克,有射箭、打靶、格斗、拔河、划船、萨满舞等文体活动;而黑龙江的赫哲族有识之士自20世纪80年代初开始推动,重构了具有娱乐功能的'乌日贡文娱体育大会',每四年举办一次,就有射箭、叉草球、划船赛、萨满舞等文体娱乐活动,每个赫哲族村屯、乡镇都派队参加,甚至邀请俄罗斯那乃族代表队前来参加,共同欢聚一堂。"一个民族要保存下去,就是要进行文化转型,若一个民族自己的文化消失了,那么这个民族很快就会被其他民族同化而不复存在了。

3. 传统与现代的结合形成新兴跨界民族传统体育文化

改革开放,特别是受全国少数民族传统体育运动会引导,如已经进入全国民运会的抢花炮、陀螺、射弩、板鞋竞技、毽球等,有些项目如划龙舟、陀螺、射弩、毽球等都成为跨界民族节日的比赛项目。使得各省市自治区开始挖掘、整理具有民族特色的传统体育文化,将一些现代竞技体育的规则引入传统体育重构新兴的民族体育项目。例如赫哲族即那乃族受中国和苏联不同国度、不同体育文化背景影响,传统体育文化延续有所不同。我国赫哲族继续根据"伊玛堪"说唱形式传承祖辈流传下来的传统体育文化,甚至结合现代体育规则设计像"叉草球""鱼皮球"等新兴传统体育项目;俄罗斯那乃族由于受苏联军事体育影响,传统项目丢失不少,也有结合得好的项目,佳木斯大学汪作鹏博士从俄罗斯那乃族地区调研回来说:"由于受苏联军事体育文化的影响,那乃人的传统体育与现代体育很好地结合,至今在青少年当中开展比较广泛。例如传统舟已经被现代船替代了,但儿童青少年会划船的很多,并且每个村落有自己的训练队。不像我们这边赫哲族现在会划船项目的人较少,且大多是中年人,技术技能水平下降较快。""不过,现今的那乃族在苏联解体后,有回归传统文化、打造狩猎捕鱼传统文化的举措,俄罗斯那乃族举办的'阿穆尔开江日'大会就是以狩猎捕鱼为主题的民族歌舞节日,而中国赫哲族举办'乌日贡'文体大会,主要是以传统体育项目作为活动内容。这几年都是两边互相邀请观摩、参加,互相借鉴。"还有利用古代民族传统体育名称开展现代体育竞赛的。前面记述过"贵如赤"是元朝蒙古族的长跑活动,现今借用古老的蒙古族传统体育名称与国际长跑赛事结合起来,如2019年10月13日,在内蒙古锡林郭勒盟元上都举行了一场"元上都·贵由赤国际长跑挑战赛"。比赛设有贵由赤90公里、迷你贵由赤5公里跑及《环古驿追健美》15公里健身徒步三个组别,参加长跑的人数有2500人左右。

4. 重塑传统的跨界民族体育文化

非物质文化遗产愈来愈受到世界各国的重视,我国周边邻国同样重视和保护自己本民族的传统文化、本民族的传统体育文化。虽然,各民族传统体育文化都是具有历史传承的,只是在某一个时期受政治因素影响丢失,这个需要重拾历史记忆,恢复传统文化。搏克是蒙古族具有传统历史的摔跤运动,但蒙古族还有一项摔跤运动同样很有历史,即沙力博尔摔跤,它属于阿拉善卫拉特蒙古族具有独特传统历史的传统体育项目,其独特在蓝绿色服饰、盖头,即出场摔跤手需要遮着盖头、摔跤时掀开盖头才知道对手是谁,还有摔法也和搏克有些区别。课题组在内蒙古额济纳旗了解到,2004年阿拉善组织人员深入全盟各旗及青海、新疆等地,对沙力博尔摔跤进行挖掘、整理,重新制定服装要求与规则进行传统的再造,恢复了这个比赛项目,并成功申请了国家级非物质文化遗产。除了摔跤,哈萨克族、维吾尔族、柯尔克孜族等许多游牧民族的传统体育活动都在民间得以恢复,特别是苏联解体,中亚各国独立后,采取的第一个行动就是重新恢复传统,有条不紊地减少苏联时期"全民军事训练体系"的体育非传统因素,恢复传统的比赛规则并将体育活动重新整合形成游牧民族独特的体育比赛。例如由吉尔吉斯斯坦共和国倡议、每两年举办一届,具有赛马、民族摔跤、传统射箭、叼羊、猎鹰等内容的世界游牧民族运动会,于2014年在吉尔吉斯斯坦举行第一届,至2018年已经举办三届了。它的宗旨就是要恢复、传承世界上游牧民族的历史传统文化,倡导共享游牧民族传统体育文化,达到加强友谊、和平、合作的共同发展。正如阿尔弗雷德·格罗塞认为:"疆域、边界的界定往往能够产生身份认同。获得共同治理、接受共同教育、参与或应对相同的权力中心,单单这一事实便超越了共同归属的表象,产生并强化着一种共同身份的情感。还有什么比西方殖民者在非洲任意划分的、切断族群归属的边界更加人为呢?然而,当新独立国家依照此边界获得独立之后,无论其内在稳定性如何,仍然都维持了下来。这不仅是因为这些国家的政府总有国土稳定完整萦绕于怀,还因为联合国也希望其成员国保持长期稳定,更因为一种国家归属情感也随着时间同样发展出来。"[①]

[①] 阿尔弗雷德·格罗塞.身份认同的困境[M].北京:社会科学文献出版社,2010:12.

第二章 跨界民族传统体育文化资源概述

我国内蒙古派队参加了第三届世界游牧民族运动会。同样,蒙古国也参加了游牧运动会,并把他们的搏克带了过去,由于都是受苏联影响,蒙古国搏克与中亚那些国家的摔跤方式都比较接近,蒙古国也在努力恢复传统的蒙古文化、文字,殷俊海教授谈到:"在2020年看到一个重大变化,文字上的变化。就是蒙古国总统新型冠状病毒肺炎期间来中国,受到习近平主席接见,他们赠送了三万只羊,在那个赠送书上撰写的都是老蒙文而不是借鉴俄语字母改造的新蒙文,而且他们这个总统也是搏克手。"可见,蒙古国恢复老蒙文与传统文化意味深长,反映了尽力与苏联或俄罗斯文化依附的分离,彰显独立自主的信心,希望与中国的联系更加紧密。

跨界民族的传统体育文化源于跨界民族共生的生产、生活,自然环境的变化为跨界民族的生存及传统体育文化产生提供必要条件,战争促进了军事技能的形成,宗教祭祀需要身体运动以为人们祈求美好生活获得心理平衡。时代的发展不仅需要传统体育文化的延续,还需要不断演绎和设计形成新兴传统体育文化,进而满足人们的需要。因此,跨界民族传统体育文化要在边境区域形成共生共享的合作与发展模式,形成共生共存的传统文化扩散系统模式,对加强跨界民族互动与交流,巩固跨界民族团结,保障边疆稳定与安全,推动中国与周边国家经济和文化交流合作与发展,提升文化软实力,实现共赢共享共荣的人类命运共同体就显得尤其重要。

第三章　跨界民族传统体育文化交流的历史经验与现状

对外文化交流是中国与周边国家关系的重要组成部分。历史上中国与邻国一直保持着文化交流，且关系日益密切，因佛教的渊源使中尼两国结缘，并维系了2000多年的交往历史，佛教的流传成为中国与尼泊尔两国联系的纽带。再如越南历史上曾是中国的藩属国，即使领土独立后也一直交往不断，越南不断学习中国的治国方式和文化模式，如今边界村寨供奉的庙里仍可看到中文书写或镌刻的楹联。文化地理因素使得中国与邻国彼此交融、无法切割，无论是中蒙、中俄，还是中尼、中越，中国与周边国家始终是一衣带水、领土相连，地缘联系是使得跨界民族得以生存和延续的重要因素，而这种生态位上的共生关系也使得周边国家在发展的过程中根据彼此的民族性和独特性形成相互依存的关系。基于此，跨界民族内部的联系可以说是共生依存关系在民间的直观体现。中华民族在几千年的历史进程中离不开与周边各国各民族的交流与互动，边缘的动态变迁无不在证实着世界进程的坎坷与辉煌。文化贯穿民族历史交往的始终，是人类社会发展的产物，同时也受到发展过程中政治、经济、民族关系等各方面的影响而发生变迁，因此每个时代的文化都具有该时代的特性，透过文化变迁可以窥探民族的历史进程。民族传统体育文化多源于当地百姓的生产生活，受到不同地域生态环境、生产生活方式、风俗习惯的影响，形式多样，内容丰富，多在民族节日和民俗活动中开展，集娱乐性、竞技性、趣味性、健身性和民族性于一体，是民族文化的重要组成部分。因此，从历史来看，传统体育文化起到沟通桥梁的作用，连接跨界民族甚至是各国与周边国家之间的交流，并且也将会在今后的国际交往中发挥越来越大的作用。

第一节 民族传统体育文化是跨界民族
历史交往的重要途径

中华民族悠悠5000年历史，朝代更迭、跌宕起伏。从历史来看，自秦朝中国实现大一统，成为对亚洲，甚至是对世界具有重要话语影响力的国家，尤其是处于强盛时期的汉、唐、元、清时期，中国居于中心地位，周边的民族或是邻国都处于臣附地位，因此国家和民族间的交往均以中原政权为上。但中国历史上有大一统、有局部统一、有大分裂、也有小分裂，同时古代对于边界的划分并未进行严格的规定。因此，中国的边界一直随着夷夏关系的变化而发生动态变迁。而近代以来的帝国主义入侵和殖民主义的侵略，使得中心—周边的国家格局发生变化，边疆地区的民族交往关系也随之发生变化。此外，边疆地区与中原地区有着不同的民族观念和边疆观念，从而使边疆地区的民族关系呈现出多元化的历史发展。近代以来，随着民族独立、国家建立，边界意识逐渐确立，国界线的清楚划分使得这些历史上有着密切关系的民族分属不同国家，成为跨界民族。

不可否认的是，尽管千年沉浮、沧海桑田，但跨界民族的交往关系源远流长。在跨界民族的共识中，他们同根同源、共生共处、并无差异，相同的民族文化和民族意识是维系民族内部交往的关键，在边界划分模糊、族群观念大于国家意识的古代尤其如此。相似的民族文化是当今探究跨界民族历史交往的重点，而古往今来，民族传统体育都在民族交往中扮演重要角色，是跨界民族内部互动交流的一个重要途径。

一、历史上的中越跨界民族一直保持着密切的传统体育文化交流

中国与越南自古以来便是山水相连的友好邻邦，两国人民有着历史悠久的深厚友谊。中越两国都是多民族国家，不少民族本质同根、文化同源，跨境而居，一直保持着密切的交流。

（一）中越跨界民族不同时期的交往

1.20世纪70年代以前的中越跨界民族交往亲密无间

历史上越南曾作为中国的郡县而存在，史称"北属时期"。至宋朝时期，越南建国受封，成为独立的附属国，中越之间的交往才真正算是国与国之间的往来。至清朝时期，越南先后被法国、日本、美国入侵，而清朝末年的中国同样受到帝国主义的侵略和压迫，中越两国满目疮痍，清朝失去了对越南的宗主国地位。待到新中国成立以后，两国关系密切，中国派遣军队援助越南击退了法国、美国的侵略，确保越南的民族独立，维护我国的领土安全。中越两国的关系往来可谓是源远流长。在久居边境的少数民族看来，学术定义上的"跨界民族"是同根同源的一个民族，语言相似、服装相同，只不过是因为国界的划分才导致民族称呼上的不同，在中国称为"壮族"，在越南称为"侬族"。20世纪五六十年代，两国边民的交往互动相对而言较为自由，主要是以民间交往互动为主，欢度佳节、探亲访友，因而节日举办的各种民族活动两国的边民都很熟悉，传统体育好比原生纽带唤起他们的历史记忆，强化他们的族群认同，构建起他们的互动交往的关系网络。龙邦街举行的抢花炮由中越边民混合组队参加，弄关苗族的抛绣球是他们联谊择偶的交流工具。"上世纪70年代的时候我们交流还是比较自由的，六几年的时候，如果我们举办抢花炮的话，越南那边也会过来参加，也不分中国队还是越南队，都一起参加。过节也一起过。"龙邦街的梁主任描述道。而中越间正式的体育交往从20世纪50年代胡志明提出的中越间的"同志加兄弟"关系后开始逐步发展起来[①]，这并不限于民族传统体育，还包含一些现代竞技体育的交流。

2.20世纪70年代至90年代期间的中越跨界民族交往关系紧张

20世纪70年代期间，尤其是1979年以后，中越两国爆发战争，两

---

① 李乃琼.中越体育交往研究[J].体育文化导刊,2012(8):13-16.

第三章 跨界民族传统体育文化交流的历史经验与现状

国关系恶化,边境战争不断,严重影响了两国边境社会的正常发展,体育交往一度停滞,两国边民停止往来。

3.20世纪90年代以后的中越跨界民族交往全面恢复

20世纪90年代中越关系开始缓和,两国边民的交往逐渐恢复正常。中越边贸开始逐渐恢复,互市口岸重新开放,边境地区重新恢复了以往的生机和活力。政府对边贸进行了管理,并且实施了一系列的相关政策,如"桥头堡"政策、"两廊一圈"政策以及"东盟"合作来促进和带动边境地区的发展和繁荣。云南、广西的边境县市、村寨都积极与越南临县建立"友好邻邦""友好县市""友好村寨"关系,利用资源优势互补,协同发展。龙邦镇的大莫村在政策的指导下,与越南临县的哥多屯建立了"友好村寨"的关系。"我们打算与越南合作,利用他们的土地和劳动力来种植桑叶,我们来收购,既满足了我们的需求,又能改善他们的生活。"大莫村的村支书向课题组介绍道。越方出土地,中方出资源,或者越方提供土地和劳动力,中方回收,通过这种合作方式来促进双方共同发展,平日里基层政府经常相互访问学习,共享发展技术和心得,共同进步。而两村之间关系的友好,就是通过抛绣球来建立和促进的。"我们村主要有壮族和苗族两个民族,也有一些家庭娶的越南人,所以村里也有一些越南人。平时年轻人会外出打工,或是到口岸做点生意。到了过年时候大家都回来了,我们就会举办一些传统的民族活动来增加节日气氛,比如抛绣球、抢花炮。越南亲戚和我们玩的是一样的,所以我们两边百姓的关系一直很好。"这种两国合作互惠的方式,使两国的边民社会形成一种相对稳定的流动结构,从文化认同到经济互助再到政治共识,最后回归到经济共增长上。这也证明抛绣球不只是两国边民交流的方式,而是能在民族传统活动进行中建构情感和联系,并且在此基础上发展更多、更高政治层面的互惠行为。这是"一带一路"给予民间社会发展的一个思路。社会交往方面,跨界民族之间维系着亲戚关系,相互走动频繁,民族之间相互通婚,即使中越划定国界,但民族之间的关系无法割断,其内在的结构网络无法扰乱,因此民间的交往几乎从未中断,而民间的和谐共处对于国家之间的睦邻友好起着重要作用。

（二）中越跨界民族传统体育文化的交流形式

1. 中越跨界民族传统体育文化交流的官方形式

1990年,中越关系开始缓和,两国之间开始进行官方的文化交流,越南应我国邀请派出100多人的体育代表团来华参加第11届亚运会[1],这一举措有力地推动了中越关系正常化。而自2004年中国—东盟博览会召开之后,中越的政治、经济间的交往与合作日益密切,而以官方组织为主的体育交往也越来越广泛。如春节、中秋节等传统节日,中国官方会举办隆重的庆祝仪式,民间亦是一片欢腾,越南边民会在节日时分到中国走亲访友,感受节日的氛围。广西凭祥与越南谅山省、高禄县、同登市等地的政府之间会相互邀请,举行各种文化体育交往活动;斗鸡在云南景洪的民族中广受欢迎,逢年过节便会举办斗鸡活动,参与者有来自老挝、缅甸、越南、泰国等国的群众,形成了西双版纳傣族独特的跨界斗鸡文化[2];云南普洱市江城县的傣族丢包节已由政府进行开发,将其组织成为官方的国际活动,由中老越三国联合举办,并移至县城举办等等[3]。

独具地域性和民族性的传统体育活动所具有的经济文化效益和发展前景是当下传统文化具有新兴发展趋势的重要因素,因此地方政府,尤其是少数民族地方政府致力于将其打造成为地方品牌,不断扩大传统民族文化的影响力,以当地经济增长为主要价值导向,不断扩大民族体育交往的规模和影响。如南宁和防城港联合举办的国际龙舟赛、南宁的中国—东盟藤球大赛以及百色田阳的国际狮王争霸赛等,这些以当地传统体育文化为主题的国际比赛和活动都成为当地推广地方及沟通跨国友谊的文化标志。随着中越全面合作的推进,体育交往势必不断向教育、科研等领域渗透,中越两国相继召开民族文化或体育文化交流研讨会,相互输送体育专业人才。2009年中越两国签署了《中越关于相互承

---

[1] 施鹭玺.体育对外交往研究——云南"桥头堡"建设中加强与东南亚、南亚周边国家体育交往与合作研究[J].大众体育,2013(76):142-143.
[2] 李乃琼.中越体育交往研究[J].体育文化导刊,2012(8):13-16.
[3] 李乃琼.中越体育交往研究[J].体育文化导刊,2012(8):13-16.

第三章　跨界民族传统体育文化交流的历史经验与现状

认高等教育学历和学位的协定》①，两国间体育类留学生教育的规模不断扩大，为两国培养了大批体育专业人才。2011年，首届"中越边境文化交流会暨学术研讨会"在崇左市宁明县召开，中越两国50多名教授、专家和学者参加了研讨会。② 这些国际赛事和交流研讨会的举办，使得民族传统体育不断引起重视，推动其国际化的转型和发展，也是凭借民族传统体育的民族性和地域性，加强国家之间的交流和互动，维系国家之间、民族之间的友好关系，同时对推动边疆社会的经济发展产生重要影响。

2. 中越跨界民族传统体育文化交流的民间形式

中越两国长久以来一衣带水，同耕一亩田，同饮一江水，尽管历史上两国也纷争不断，但不可否认在现代化发展中，彼此不可或缺。在倡导和平与发展的今天，有一个和谐友好的邻邦，有利于边疆的和谐稳定。国家之间的交流多以政治政策或经济合作为主，而民间的往来则更多是以民俗文化为桥梁，互走亲戚，节庆同欢，对歌共舞，都是民间交往的方式。

在长期的生活实践中，各族人民根据所处环境特定的地理和自然条件，以及各自的生产水平和兴趣爱好等形成了独具民族特色的体育项目。这些项目以趣味性和娱乐性为主，渗透到百姓的生活当中。在课题组的调查中了解到，像打陀螺、打尺子、斗牛、斗鸟、斗鸡等玩法简单、受众面广的竞技性游戏，可以不受地理气候、生活环境的影响，广泛渗入百姓的生活当中。因此这些游戏也成为了百姓交流的媒介。课题组在靖西大莫村弄关苗族屯中看到村头有不少孩子在一起打陀螺，因为家乡特殊的地理环境，他们对于隔壁的越南并不陌生。在交谈中得知，每逢镇上的集市日，越南的边民都会过来采购东西。他们会和越南的同龄人一同玩耍，诸如打陀螺、打尺子这些大家熟知的游戏，自然而然成为他们的共同话题。一位苗族姑娘告诉课题组："春节的时候，村里面会比平时热闹，打工的人都回来了，我们会举办一些活动来玩。隔壁越南的

---

① 胡英清，蒋心萍，黄河，吴铁勇．越南高校体育专业人才培养模式现状研究[J]．职能信息技术应用学会会议论文集，2011：333-337．
② 农淑英．文化软实力视域下中越边境文化交流合作探讨——以广西崇左市为例[J]．广西民族师范学院学报，2015（2）：64-66．

亲戚会过来和我们一起过节,他们会穿着节日时才穿的民族服装,一起抛绣球。"这位姑娘是家里最年轻的一辈,她的父亲有四位兄弟,均娶了来自越南的媳妇,而她的母亲是家里唯一一位中国的媳妇。虽然国籍不同,但都是苗族,同讲苗语,因此在他们看来族内成婚并无不妥,家里分工明确、和谐相处。这些民间自发的交往形式能够被延续的最主要原因是跨界民族间的族群认同感。与此相同,课题组走访了广西隆林苗族爬坡杆传承人敖德金,作为一名非遗传承人,他告诉课题组:"跳坡节是苗族的一个节日,爬坡杆和芦笙舞是跳坡节里最隆重的两个项目。参赛者则一一展示其强健的体魄和过人的爬杆技巧,那些动作优美、在杆顶畅饮美酒、摘取红腰带和腊肉的小伙子是坡场上的英雄,赢得比赛的同时也赢得姑娘的芳心。在古时候的爬坡杆比赛中,小伙子爬到杆顶上就会受到千万个女孩子的青睐,小伙子可以任意挑选一个女孩子确立恋爱关系。在比赛的时候,爬到杆的上端要做倒立动作,用脚来扣杆,用双手摘下一块腊肉和一壶酒,以此作为冠军的奖励。我在1981—1986年,连续6年获得冠军,目前有比赛就会参加,其他时间在打工。

"每年农历初一到十四就是苗族的跳坡时节,正月初九当天最为热闹。以前交通不便的时候,我们会准备七八天的伙食、盘缠,拉着马翻山越岭,从自己家去德峨乡的路上只要有跳坡节的活动,就会参加爬坡杆比赛,最后一天全部集中到广西隆林县德峨乡,聚集到这个中心举行盛大的跳坡节活动,当地的观众人山人海,都是穿着盛装的各族老人、妇女、儿童,可以说是万人空巷的场面,之后再分散开返回各自的家。

"广西隆林距离越南有500多公里,一般会从隆林走小路去越南,用三天时间从广西隆林走路到云南文山,再从云南文山过境到越南。跳坡节在越南被称为'花山节',还有些地区称之为'花树节',云南文山马关县称之为'花坡节'。这是一项非官方组织的民间活动,只要越南苗族同胞邀请,广西、云南的苗族同胞都会去越南参加活动,一年去一次。去越南参加爬坡杆比赛,由于地理环境、装备条件等影响,基本能拿到二等奖或三等奖,一等奖几乎拿不到。与越南交流除了爬坡杆和芦笙舞,还有唱歌、打陀螺、打鸡儿棒等项目。

"我们主要与越南的苗族进行交流,大家同宗同源只不过处在两个不同的国家,好在越南是社会主义国家,双方交往情谊深厚。越南苗族称中国为'大朝',中国苗族称越南为'小朝'。双方的交流能增强民族的认同感,天下苗族一家人,不分国籍、不分富贵贫贱。因为中国与越南都是社会主义制度,双方交流频繁,边境管理相对宽松,如果与老挝、缅甸交流需要向公安机关出入境管理部门报备,并且要批准后才能出发。类似于中美的'乒乓外交',中越两国苗族的爬坡杆和芦笙舞活动,也能增进中越两国的友谊,中越两国的苗族称兄道弟,在交往过程中不会发生摩擦。

"在送别的时候,有送别歌、留客歌,氛围浓厚。从民族情感、民族体育、民族乐趣、民族凝聚力、民族团结等方面来看,爬坡杆活动是很重要的。"

这些传统的习俗所蕴含的文化内涵,是人们对于民族来源和发展的共同认知,是人们对于民族文化和民族精神的共同记忆。这种认同感是维系民族内部生生不息、历久弥新的重要支柱,也正是因为这一份认同感,维系着跨界民族内部的关系和结构,维护着边境地区和谐稳定。

促进民间交往的另一个原因是在官方组织的导向下民众的定向参与。越南同登举行一年一度的庙会,因为互市口岸的开放,跨界政策放宽,2009年同登庙会当天共有10万中国游客慕名前往同登庙会,领略异国风情。而同登庙会的核心寺庙,属于典型的中国传统建筑,楹联以汉字雕刻,显示了两国文化的历史与融合。再如壮族三月三歌圩、彝族的火把节,是在政府支持之下边民较大规模地参与其中,多是以生活娱乐为目的。民间的交往形式则较为灵活和多样化,建立在地缘和血缘关系上的民族情感在一次次的跨界活动中得到强化,并贯穿始终。

二、中老跨界民族传统体育文化交流主要在民间

据相关史料记载,中老两国的交往可以回溯到1700多年前。中国主要集中在唐朝时期、明朝时期与清朝时期这三个阶段与老挝存在历史上的关系往来,而当时的老挝主要是文单国、澜沧王国、琅勃拉邦王国掌权。除这三个阶段,其余多属空白时期,两国交往关系中断时间长。

(一)中老两国的民族往来历史悠久

宋元时期,老挝北部的猛老政权辖地与云南西双版纳的景龙政权辖地山水相连,关系密切,且两个政权的主体民族都是傣族,相同的文化减少了他们在交流和沟通上的阻碍。元代在云南通往老挝的线路上设置了驿站,大大促进了云南与越南北部地区的民间交往。而后元代中央王朝降服了西双版纳的景龙政权,在车里(今西双版纳地区)设置车里军民总管府,行使管辖权,"总管率各酋长求净土密要于大理崇圣寺"。①1338年,朝廷设立老告军民总管府,但元朝中央并没有对该总管府进行实质上的统治,仅处于松散的形式关系。因此实际上,中央王朝与老挝北部地区实际上并未对外交进行严格的规定。车里(今西双版纳)地区属于中央管理的统治体系内,但老挝北部与元朝的关系则较为疏远,实际上属于藩属关系②,且车里军民总管府也并没有明确的管辖范围,因此元朝时期的云南与老挝北部存在着模糊的界线。

1353年,由猛龙政权继承发展而来的澜沧王国建立,成为老挝第一个统一的国家。同一历史时期,1368年,中国建立了明王朝,中老两国都进入了稳定、和平发展的阶段,这为两国进一步的政治、经济、文化的交流提供了有利的条件。澜沧王朝每两三年便派遣使者来华,仅在明朝政权统治期间,澜沧王国就先后30多次派遣使节访华。明朝期间,朝廷在西双版纳地区成立了军民宣慰使司,其主要管辖区域包括今天思茅地区和西双版纳地区的一部分,以及老挝、缅甸境内的部分地区。澜沧王国成为中国的藩属国,明朝中央对澜沧王国行使形式上的管辖权。且澜沧王国自成立以来,便一直积极地处理与其北方车里(西双版纳)的关系,因此明代的老挝与云南地方一直保持着密切的关系,且局面形势相对平静。明朝中后期,由于缅甸新政权的繁荣与明代朝廷的衰落,缅甸开始进攻并占领了车里(今西双版纳)地区,导致西双版纳与中央王朝的关系减弱,老挝也不再向明朝进贡。而此前,中老双方除官方往来以外,一直保持着民间来往。

清朝初年,老挝发生内乱,境内分裂成三个王国:琅勃拉邦王国、万象王国和占巴塞王国。由于王国政权之间的对立与抗衡,三个王国中主要是琅勃拉邦王朝与中国建立了外交关系,因此清代史料中所记载的中国与老挝的外交,实际上并不是指整个老挝,而是指琅勃拉邦王国。清朝时期中国与老挝之间的官方交往从1729年开始,至1853年中断,这些年间,老挝通过云南与清朝政府一直保持着联系。从时间上看,清朝中老之间的官方交往维持了124年,时间较短,主要是因为老挝国内战

---

① 何昆.景洪县志[M].昆明:云南人民出版社,2000:6.
② 李正亭.论元明清时期中老边地民族与疆界发展变迁关系[J].阿坝师范高等专科学校学报,2009(4):43-45+60.

第三章　跨界民族传统体育文化交流的历史经验与现状

乱不断、内忧外患。而后帝国主义对中、老两国的侵略和占领使得两国的关系中断。鸦片战争爆发以后，中国半殖民地半封建化的程度日益加深，朝廷腐败，清政府忙于应对接连不断发生的国内起义与殖民主义的压迫，对于国家外交已是分身乏术。老挝也沦为法国的殖民地。由于殖民主义国家的介入和对被殖民国家主权的藐视，中老两国的边界也发生了变迁。法国在占领老挝之后，继而向中国的领域侵入。今天老挝北部、原属于明朝车里宣慰司勐乌、乌得，由于清政府对殖民国家的妥协，而被迫割让给法国，导致原居住于这两个地方的中国居民，被迫流落到国外，殖民统治结束后归入老挝的版图，这也是导致景颇族、傣族等如今居住边境的少数民族演变为跨界民族的原因之一。

（二）中老跨界哈尼族的传统体育发展

中国与老挝交界的跨界民族不少，如彝族、苗族、哈尼族、佤族、布朗族等，因课题组在云南江城调研，江城是哈尼族彝族自治县，先以哈尼族传统体育文化为个案研究。史诗《哈尼阿培聪坡坡》中记载："摘回野果，先祖们又唱又跳，高高低低的声音，在高山峡谷回荡。黄茅草戳穿了脚背，他比着做成竹箭，先祖们都学他做，弓箭成了男人的靠望。撵山的时候，利箭像流星飞去，中箭的老虎像麻蛇扭成团，最恶的豺狗也不敢下山岗。"在渔猎时期的哈尼族先祖们与大自然共同生存，向猴子学习摘回野果，用茅草竹子制作成竹箭、弓箭，男人们学习射箭，日常追逐虎豹、大象、豺狗、野猪等野兽，在水边撒网捕鱼，回到住地高兴得又唱又跳庆贺一天的收获，久而久之渐渐形成了渔猎身体文化。然后，受战争影响，哈尼族先民不断南迁，先进入"一片宽平的大坝"，最后因战争到"厚厚的老林高高的山场"云南哀牢山、无量山的元阳、红河、江城等一带半山区生活，逐渐形成半山稻作农耕文化，民族性格既有彪悍、勇猛，又不缺忍让、平和，忍耐超越极限也会奋力抗暴，在迁徙过程中战争不断。"冲啦！冲啦！杀啦！杀啦！哈尼的大刀砍朝前，哈尼的长矛戳朝前，哈尼的棍子朝前，哈尼的三尖叉剁朝前，还有那哈尼的流星，在敌人头上飞转！"兵刃相见，渔猎文化得以体现[①]。可见，他们除了以拳

[①] 云南省少数民族古籍整理出版规划办公室.哈尼阿培聪坡坡[M].昆明：云南民族出版社，1986.6：9-12，114，150，197

脚对付敌人以外,还会利用森林中获得的木棒、石头进行反击。随着社会的不断发展,先祖们还会制作和使用简单的武器,如棍棒、竹箭等,运用一些格斗的技术如劈、砍、刺、扎等防御动作。这些动作都为哈尼族体育的形成提供了条件。

关于哈尼族的族源迁徙,从史诗《哈尼阿培聪坡坡》中就知道它是一个迁徙的民族,学界大多认为哈尼族是从甘青高原南迁而来的氐羌族群。彝族、拉祜族、哈尼族、纳西族都共同来源于古代氐羌族群。由于居住在甘青高原,逐水草而居,将狩猎到的野牛野羊野马等进行游牧驯服饲养,因此"摔跤""抵肩""爬山"这些民间游戏都是从与牛羊的接触中发展而来的。

哈尼族南迁进入土地肥沃的平原以后演变为部落联盟社会。残酷频繁的战争使得哈尼族部落不断迁徙。在抗击战斗的过程中,哈尼族练就了很多自卫技能,这些自卫的能力和技术在后面都演变成为体育活动项目,如"射弩""哈尼族武术""打石头架""铓鼓刀、铓鼓舞"等等,这些都反映了哈尼族先民在战争过程中对森林、山林环境的适应。哈尼人一路迁至哀牢山并定居下来,开垦梯田,种植水稻。今天闻名世界的梯田奇观便是哈尼族祖先世代流传下来的农耕文明与智慧。现居住在江城的哈尼族是其先祖继续南迁老挝、越南而留居下来的[①]。农耕文明养育了哈尼族人民,同时也带来灿烂的哈尼族文化,"跳高跷""磨秋、荡秋千""打陀螺""乐作舞"这些具有农耕文明色彩的体育活动也随之诞生,反映了哈尼人与自然和谐共处的美好文明。

(三)"丢包狂欢节"成为中老越三国跨界民族的共同庆典

江城哈尼族彝族自治县是云南省唯一一个与两个国家接壤的县,具有"一眼望三国"的独特地理区位条件。历史上江城曾与老挝、越南部分区域划分为同一辖区,正所谓"地域有界,三国无界",长期以来,中老越三国边民相互交流融合,有着深厚的国际友谊。

丢包是一项民族民间活动,在云南许多少数民族中广泛开展,属于青年男女非常喜爱的一种独特的传情定姻缘的健身娱乐活动。尤

---

① 江城哈尼族彝族自治县民族宗教事务局.江城哈尼族[Z].内部资料,2016:5-16

第三章 跨界民族传统体育文化交流的历史经验与现状

其是在西双版纳、普洱等地区,丢包,也叫"溜包",具有几千年的悠久历史。据学者考究,丢包最初源于一种叫"飞砣"的民间风俗,这一说法与壮族的抛绣球传说同源,由此可见飞砣是当时西南地区流传较为广泛的风俗活动之一。最早的丢包活动是由该地区的土司(即当地的首领)组织的,参与丢包活动的主要是当地的未婚青年男女,他们都穿着干净整洁的新衣,男女相对站于丢包场地,相互抛掷,接到了丢包的男女,可以获得鲜花和赏钱。一开始丢包只是一个单纯的娱乐活动,在辛苦劳作之时愉悦身心,而到了后面逐渐演变成娱乐和传情的活动,借助丢包的机会,你来我往,在抛掷中培养感情,觅得自己心仪的对象。

江城是彝族、哈尼族聚居区之一,古时候称为"羌浪川",东晋、南北朝时为永昌郡属地,一直到 1929 年民国设县制,1954 年成立了江城哈尼族彝族自治县。南朝之后,由于中央王朝对云南边境偏远地区管辖的疏忽,云南一些地区一直被少数民族首领管理,江城也逐渐发展成为傣族土目的统治领地。随着朝代的发展,中央朝廷开始对云南各地进行行政管辖,在少数民族地区设置土司,今天的江城在历史上便属于傣族土司的管辖。同时《江城县志》中也有记载,在当时傣族统治当地时已开始有丢包活动的痕迹,经过长时间的演变,丢包逐渐成为中、老、越三个国家周边人们都喜闻乐见的兼具娱乐性和体育性的活动之一。20 世纪,随着西方国家的入侵,外来的西方文化也随之进入中国内陆,篮球、乒乓球、排球这些西方体育项目也开始在江城出现,但丢包、秋千以及打陀螺这些民族传统体育,仍广泛地存在于农村地区,同时更多是以游戏的形式开展。直到 20 世纪 50 年代初,政府加强对少数民族的重视,加强对民族地区文化的建设,"丢包"运动被挖掘出来,成为重要的少数民族体育运动项目,重新进行了规范化和竞技化的发展,而在民间仍以游戏的形式保留下来,在节日期间开展。2009 年,为了加强中国与周边国家的交流,江城县充分挖掘本土区域资源和民间文化,推进经济社会发展,建设美好家园,时任江城县文体局局长李启学在访谈时说:"关于丢包节,我亲自参与整个活动的筹划、组织。当时就筛选出两个适合三个国家都能够进行的传统体育,一个是打陀螺,一个是丢包,都是在彝族、傣族、哈尼族等跨界民族中比较喜欢开展的娱乐活动,这就需要讲好丢包这个故事。我们就以国庆乡彝族丢香荷包为基础,搜集资料征集故事传说,保留四角菱形民族传统元素,琢磨丢包投远、丢包投准、丢包穿月、丢包负重、丢包击鼓等规则,最后在三国共同努力下就举办了这样一个大型民族节庆比赛活动。"鉴于江城"一眼望三国"独特的地理优势,加上丢包运动在中老越三国边民当中流传度广,因此丢包节成为了江城县的文化标志,于2009年举办了第一届"中、老、越三国丢包狂欢节",丢包运动开始走进国际视野。一直到2019年12月,已经举办六届丢包节(见表10)。

表10 中、老、越三国丢包狂欢节

序号	届数	时间	地点
1	第一届	2009年12月29日—2010年1月1日	中国江城
2	第二届	2011年12月29日—2012年1月1日	中国江城
3	第三届	2013年12月29日—2014年1月1日	越南奠边府市
4	第四届	2015年12月29日—2016年1月1日	老挝丰沙里
5	第五届	2017年12月29日—2018年1月1日	中国江城
6	第六届	2019年12月29日—2020年1月1日	越南莱州省勐谍县

"丢包狂欢节"是中老越三国百姓共同的庆典,节日期间所有的活动都由三国轮流主办,庆典规模大、层次高、影响力大,每两年一届,活动地点也在中老越三国之间轮流选定。活动期间,各国都会派出代表队前来比赛,并将传统的特色民俗与文化进行展演,届时,三国及其周边的人民都会参与到盛大的丢包节当中,并且也会吸引其他东南亚的国家前来一睹三国共庆的盛况。丢包节包括竞技类项目和娱乐类项目,竞技类项目包括丢包投远比赛、丢包击鼓比赛、丢包负重前行比赛、三国陀螺比赛、三国藤球比赛等。同时还包括三国文艺展演、三国团拢古宴、三国边境商品交易会等丰富的活动形式,为边境带来了具体的经济效益和文化效益,从而以文化交流的方式促进了中老越三国的情感和友谊。

三、地缘相亲导致中缅跨界民族体育文化交流从未间断

长期以来,中缅两国边境一带,村寨相依,山水相连,边民同饮一江水、共奉一尊佛,形成了婚姻互通、商贸互市、朝夕相伴的跨界民族关系①,云南与缅甸接壤的边境村镇,也因"一井两国""一院两国""一寨两国""一城两国"等奇特地缘景观而闻名。中缅边境的跨界民族世代跨界而居,长期友好往来、亲如一家,因此不同国家不同民族的同胞汇集在一个家庭里的现象在中缅边境一带并不罕见。尽管分居两国,但历史上中缅两国民间一直保持着密切往来、唇齿相依的关系。两国边民同族不同名,相似的生产生活,相同的宗教信仰、民俗节庆使得中缅边境沿线,乃至中缅国家之间的文化交流都始终保持着活跃。缅甸的掸族、克钦族与中国的傣族、景颇族有着相同的语言、文化和习俗,尽管国别有异,国家制度不同,但历史上形成的传统交往从未间断过,居住在边境线两侧的边民平日里时常走亲访友、节日聚会、拜佛朝庙。例如我国的景颇族和缅甸的克钦族都有着相同的宗教信仰,每年农历正月十五,中缅双方相互邀请,举办盛大的目瑙纵歌,双边亲朋好友共度佳节是自然而然的事。

传统体育活动成为跨界民族文化交流的载体和主要形式。中缅少数民族传统体育活动中有很多喜闻乐见、普及度较高的项目,比如藤球、打陀螺、拔河等。藤球是边境地区最为常见的民间体育活动,中缅两国的活动形式基本相同。在云南瑞丽市的姐告国门前有4块藤球场地,每当傍晚时分,都会有来自缅甸、巴基斯坦、印度和中国的年轻人来到这里进行藤球比赛②。课题组在怒江片马镇中缅口岸,就看到缅甸边检的大门前就有一块藤球场地,当地人说经常和缅甸人在这块场地上玩藤球。这种喜闻乐见的体育活动成为一种民间交流的方式,使不同国籍、不同身份的人都能在其中找到共鸣,获得一种情感上的归属和认同。如今很多边境少数民族地区都以体育与经济、政治紧密联系的形式来开展活动,宣传边境民族体育文化、打造边境民族体育风情。这种活动形式

---

① 顾薇."桥头堡"战略背景下中缅边境农村体育的发展研究——以姐相乡、城子镇为个案[D].昆明:云南师范大学,2014:21.
② 顾薇."桥头堡"战略背景下中缅边境农村体育的发展研究——以姐相乡、城子镇为个案[D].昆明:云南师范大学,2014:26.

在传承和弘扬民族文化的同时,也挖掘出传统体育更多的可能性。从 2000 年开始,中缅"四城一区"(中国瑞丽、畹町经济开发区及缅甸木姐、南坎、九谷)都会联合举办中缅胞波狂欢节,届时景颇族、傣族、阿昌族、德昂族传统的体育项目都会得以展现,吸引了国内外大批的游客。

(一)中缅跨界民族的民间交往关系源远流长

中国与缅甸山水相连、唇齿相依,传说远在纪元前两国人民便有交往,而有明确史料记载的中缅两国的交往最早可以追溯到西汉时期。当时的云南地方政权还未属中央管辖,地处西南边疆,远离中央行政中心,而当时缅甸与中国的往来主要是与云南地方政权的交往,而云南地方政权与缅甸也并未有明确的边界划分,因此两个地区的交往存在于民间层面,并延续至今。直至东汉时期在云南地区设置永昌郡、哀牢县后才算是地区间、国家间的跨国往来。

公元 12 世纪左右,滇缅一带建立掸国,包括云南的西部(今德宏地区)和缅甸北部的掸邦高原。掸国在汉朝统治时期先后三次派遣使者访华,向王朝供奉珍稀物品,史料中曾对掸国的访华有详细的记录,记述掸国随访的幻人"能变化吐火,自支解,易牛马头,又善跳丸,数乃至千"。[①] 永宁二年(121 年)汉安帝封掸国国王为汉大都尉,并赐印绶、金银和彩缯,这是我国与缅甸最早建立邦交的记录[②]。唐代,西南的南诏国和缅甸骠族建立的骠国关系密切,由于地理位置上相近,所以骠国与南诏国的交流更加频繁,两国歌舞相互学习和交融,使用的乐器也相同。当时的南诏、大理作为独立于中原王朝的少数民族政权,中原货币对其影响较小,而作为中原与东南亚连接的贸易中心,"海贝"作为货币流入云南,并逐渐被广泛使用。以"海贝"为纽带,当时的云南与东南亚、南亚被连接成为同一个货币流通体系[③]。

10 世纪至 11 世纪,中国建立"宋朝",缅甸建立了有史以来第一个封建王朝"蒲甘王朝",两国都进入大发展时期,交往十分友好。蒲甘王朝与当时云南地方的大理国政权交往十分密切,两国同信仰佛教,互赠

---

① 范晔,李贤等注.后汉书(卷八十六)[M].中华书局,1965:2851.
② 杨丹.清代滇缅文化交流研究[D].昆明:云南师范大学,2018:9.
③ 伍洲扬.明代中国云南与缅甸的文化交流研究[D].昆明:云南大学,2016:19.

第三章　跨界民族传统体育文化交流的历史经验与现状

佛像,交流佛教文化。宋以后中国建立了元朝,开启了新的统一时代,而缅甸的蒲甘王朝却濒于溃亡,两国的发展出现差异。而后元朝与缅甸之间多次发生战争,缅甸在内忧外患的局势下,整个北部地区都被纳入了元朝的统治范围,成为中国的行省之一。战争是促进国家之间交流的另一途径。由于军事的需要,元朝在云南地区设置了大批驿站,方便行军路上的交通,而这些驿站也方便了中缅往来贸易的商人,即使在战争期间,民间也保持着密切的交流和联系,中缅商人往来贸易,维系着两国边民的交往和情感。不少中国商人随着驻扎缅甸的军队也留在了缅甸,促成了缅甸华侨的产生。明朝时期,缅甸南北分裂成勃固王朝和阿瓦王朝两大政权,中原王朝与分裂时期的缅甸一直保持着和睦友好的关系,云南地区与缅甸更是联系密切。云南边境傣族地区的宗教信仰、建筑风格和风俗习惯等文化很大程度上受到缅甸宗教文化的影响,两地文化存在很多相似之处。但随着缅甸东吁王朝政权的建立和强大,缅甸开始与明朝建立起对抗关系,大举进犯中国云南边境,中缅之间的关系开始进入时战时和的状态[①]。待到万历三十四年(1606年)双方停止战争,缅甸、木邦、老挝一带被纳入东吁王朝的版图中。

清朝初期,中央统治者忽视与缅甸的往来关系,并未进行正式的官方互访,因此在土司归属、边界划分等问题上两国也一直未有明确的商讨定论。两国模糊的边界也造成了后来因缅甸新政权对外扩张而爆发的维持数年的中缅战争。直到乾隆四十七年,中缅关系修复,两国开始进入长期友好往来的时期。但到了19世纪,缅甸沦为英国的殖民地,此时中缅的交往实际上变成了中英的交往。除缅甸以外,中国也沦为半殖民地半封建社会,英国逼迫清朝签订不平等条约,向云南倾销商品和掠夺材料,导致中缅原本的友好正常关系中断。

由上可见,中缅两国历史上的往来、民间交往一直不曾间断,而国家外交稍晚于民间交流,也延续了数千年的历史。例如沧源沿边的出入通道较多,民间往来自由一直是历史习惯,跨界耕地、放牧、嫁娶、砍伐、竞技游戏、骑线定居等司空见惯[②],中缅文化相互影响,相互融合,在两国边境地区形成了独特的少数民族异国风情。明朝《西南夷风土记》中有记载,缅甸江头城有一条大明街,来自中国广东、福建、四川的商人达到

[①] 杨丹.清代滇缅文化交流研究[D].昆明:云南师范大学,2018:11.
[②] 云南省沧源佤族自治县地方志编纂委员会.沧源佤族自治县志[M].昆明:云南民族出版社,1998:680-683.

数万人,大约五日一市或十日一市①,缅甸蒲甘城中还立有武侯南征的纪念碑,缅人称其为汉人的地方,足见贸易的兴旺以及文化的碰撞。

(二)新中国成立至改革开放时期的中缅跨界民族体育文化交流繁荣一时

1. 新中国成立至改革开放以前的中缅边境体育交流

新中国成立以后,中缅政府双方多次友好协商、互谅互让,取得中缅边境的共识。在这种情况下,中缅边境地区的政治、经济、文化等各方面都在经历适应、转变和复兴,传统体育文化仍然在中缅民间的交往中延续。目瑙纵歌作为景颇族传统文化的标志和象征,受到重视并开展得较为活跃。1950年,陇川境内中缅连接的景颇族聚居地,连续举办了多次规模很大的目瑙纵歌活动,欧洲、亚洲的许多报纸对此进行了报道,影响空前,达到了上半世纪目瑙纵歌发展的顶峰②。1953年陇川县成为中国境内最大的目瑙纵歌举办地,当年的活动有来自世界各地约8万人聚集参加。缅甸地区的南坎、木姐、密支那等地也相继举行相关的欢庆活动。还有最著名的1956年在云南芒市举行的"中缅边民大联欢",已在前一章叙述。

"文革"时期,边境地区的村寨掀起了除四旧运动,大量的佛像、经书、目瑙示栋被破坏,传统文化遭到了严重的破坏,许多民间传统的体育活动被划定为封建残余迷信活动,发展停滞。大批的边民,尤其是傣族土司、景颇族山官的后代纷纷逃到缅甸,民族传统体育活动在这一时期全部中断。

2. 改革开放促进中缅跨界民族传统体育文化成为建设边疆社会的重要途径

1978年改革开放以后,国家的一切发展逐渐恢复正常,民族文化重

---

① 杨丹.清代滇缅文化交流研究[D].昆明:云南师范大学,2018:21.
② 顾薇."桥头堡"战略背景下中缅边境农村体育的发展研究——以姐相乡、城子镇为个案[D].昆明:云南师范大学,2014:30.

第三章 跨界民族传统体育文化交流的历史经验与现状

新受到重视,少数民族体育得到恢复并快速发展。不少民族代表性的传统体育项目成为少数民族传统体育比赛和运动会的比赛项目,云南边境小城瑞丽举行少数民族传统体育运动会,射击、耍刀、巫术等传统体育项目成为竞技项目,1984年的瑞丽少数民族武术运动会还邀请了缅甸木姐、南坎的武术大师来进行武术的展演和交流。[①] 此外,民间交流文化的频繁,姐相、弄岛两地的青年在平日的交流中,歌舞是他们拉近距离、增进情感的重要途径,他们把缅甸南坎、泰国的南旺舞动作与自身民族的"嘎光"舞蹈进行融合,使"嘎光"舞更具有多样性和变化性,随后广受欢迎,传遍全州。此外,体育项目不仅是节庆时的活动,更是人们日常生活中的维护社会结构秩序的一种方式和途径。姐相乡的青年们自发组织"戒烟球队",时常与缅甸边民进行足球友谊赛,丰富闲余生活,保持良好的身心健康,同时拉近两侧边民的情感交流。

90年代,边境地区开设口岸和边境贸易互市区,同时国家对于边疆治理和边境开放制定并实施相应的政策,中缅边境关系在原有友好关系的基础上得到了巩固,跨界民族社会得到快速发展。对于瑞丽市、陇川县这些具有独特和浓郁的少数民族文化的地区,打造民族特色文化品牌是他们在对外开放新形势下的优势和发展方向,民族传统体育是必不可少的发展对象。中缅胞波狂欢节、目瑙纵歌节、万人狂欢泼水节等传统的民族节日成为了中缅边境县市文化标志,同时也打破了传统习俗只在特定的时间举办的局限,将民族传统体育与文化展演、旅游开发相结合,使民族体育文化焕发更多的可能性。中缅边境地区的体育交流活动已经超出了体育的基本功能,在参与和互动的过程中,加深了中缅边民的情感,推动了边境稳定发展。

中缅边境与其他国界线旁的跨界民族有所不同,中缅的国界线穿过村寨内部,因此"一寨两国"的独特现象也使得中缅边境的民族交往较之其他地方更加稳定、和谐。即使是中越这样较为亲密的关系,虽然地理位置上两国村寨相依,但实际上民居之间仍隔着山和荒田。也正因为"一井两国""一院两国"的独特景观,吸引越来越多的国内外游客、学者一睹风采。

[①] 顾薇."桥头堡"战略背景下中缅边境农村体育的发展研究——以姐相乡、城子镇为个案[D].昆明:云南师范大学,2014:34.

四、马上运动是新疆跨界民族传统体育文化交流的主要形式

中亚与中国西北地区边疆跨界民族的形成,从民族学的角度来看,大多数的跨界民族都属于次生型民族。[①] 历史上,今天的中亚地区曾经活跃过众多部落和族群,塞种、坚昆、乌孙、匈奴、突厥以及契丹、蒙古等都曾在这片区域生息繁衍、征战更替,经过不断的融合、吸收,逐渐形成了今天的哈萨克族、乌孜别克族、塔吉克族等民族的祖先。因此中亚一带的民族具有很深的历史渊源,而近现代以来国家关系的变化和民族的迁移导致这些民族形成了跨界民族。哈萨克族在 15、16 世纪因为部落内部的分裂,有一部分的哈萨克部落迁徙到中亚地区,即今天的哈萨克斯坦一带,建立了"哈萨克汗国",清朝时期随从准噶尔部归顺朝廷,受到中国清王朝管辖。19 世纪,在清廷内忧外患之际,沙皇乘虚入侵中国北部领土,强迫清政府签订一系列不平等的界约,强占中国版图。中亚地区部分哈萨克人不愿意接受沙俄的统治,遂迁入中国新疆地区,形成中国的哈萨克族。乌孜别克族则是在 16 世纪初期南迁与突厥人融合形成了乌孜别克族。清王朝统一新疆后,乌孜别克族建立的汗国也归属清廷管辖。19 世纪 60—80 年代,沙俄吞并乌兹别克人居住地,大量的乌兹克人迁入我国新疆地区,从事以贸易为主的劳动并定居下来。而中亚地区的乌兹别克人也一直维持着与新疆乌孜别克族的联系,一直延续至今。维吾尔族跨国界而居的情况则与前两个民族相反,一些维吾尔人或为躲避战乱,或是因为不满于清政府的专制统治,而选择迁入中亚生活。柯尔克孜族和塔吉克族同样是由于外来势力的干预导致民族的迁移,从而形成了跨界民族。随着中亚国家的先后独立,使得这些民族分属不同的国家,而在中国属于少数民族的这些民族,在邻国成为了主体民族,这也形成了新疆与中亚地区多元的跨界民族的现象。由历史可以窥探,这些现代的跨界民族,历史上同属于一个部落或氏族,具有共同的历史文化渊源,因而具有相似的民族文化传统。

由于生态环境的影响,新疆及中亚地区的狩猎战事、日常劳动、宗教活动等主要是依靠马、牛、骆驼等动物作为行进工具来进行,并以此形

---

① 丁建伟.中亚与我国西北边疆地区同源跨国民族问题[J].西北第二民族学院学报,2004(1):5-11.

第三章　跨界民族传统体育文化交流的历史经验与现状

成了以赛马、赛骆驼、叼羊等为重要形式的体育活动。①同时也因该地区纬度和海拔较高,气候寒冷,且冬季时间长,新疆的部分地区有着丰富的冰雪资源,也产生了滑冰、滑雪、狗拉雪橇等冰雪体育项目。每逢节假日,例如"开斋节""丰收节"或是"古尔邦节"之时,各个民族都会举行文体活动,如弹唱、歌舞、赛马、摔跤、姑娘追、叼羊、射箭等活动。新疆与中亚跨界民族体育文化,由于产生的历史渊源、特征、功能方面都非常相近,具有明显的共性,这为加强跨界民族所在的两地之间体育文化的交流和互动创造了条件。苏联解体后,中亚五国与中国的交往日益密切,在体育文化的交流上也逐渐频繁,中国与中亚国家多次举办国际传统体育比赛,国家之间互访不断。而受到中亚地区多元民族文化的影响,新疆地区跨界民族在迁徙的过程中相互融合和涵化,文化之间相互采借,导致新疆的跨界民族之间出现相同或相似的传统体育项目,例如哈萨克族的叼羊,在维吾尔族和塔吉克族当中同时深受欢迎,并且与自身民族文化融合形成了不同的内容和形式;新疆地区的俄罗斯族大部分是从俄国边界迁入到中国逐渐与维吾尔族、哈萨克族等民族趋同,这些民族的传统体育项目也相同,例如新疆地区的击木,原本为俄国俄罗斯族的体育项目,进入到新疆地区后,由于受到当地民族文化的影响,逐渐演变成为新疆地区俄罗斯族独特的体育项目。

马在新疆少数民族的军事战争和生产生活中起到了重要的作用,很多传统体育项目都是在马背上进行的。"叼羊"和"姑娘追"是新疆和中亚民族历史悠久且流传最为广泛的传统体育项目。叼羊活动兴起于北疆,是哈萨克族一种传统的马上运动,通常在秋季牧场上举行。据记载,叼羊运动大约起源于5世纪的突厥汗国时期,《新疆图志·礼俗志》中曾记载过节时叼羊活动的场面:"开斋过年,谓之小年,越七十日始过大年,男女老少,着新衣相往来,依麻目率众西向诵经祷祝,礼毕相庆,三日之内,唱歌跳舞,相与叼羊之戏。叼羊者,封羊搁于地,群年少之弟飞骑拾之,赫然霍落,众人随之,以攫一脔肉至亲友,为吉祥喜事,受者必亦厚报之。"②因为在新疆民族中广为流传,不同的民族演变出各自民族独有的叼羊活动形式,主要有哈萨克族叼羊、柯尔克孜族叼羊、塔吉

---

① 李卫民,曾建明.新疆与中亚跨境民族体育文化的互动发展——从文化互动优势谈起[J].新疆师范大学学报,2016(2):67-70.
② 新疆维吾尔自治区民族宗教事务委员会.新疆少数民族传统体育项目汇编[M].乌鲁木齐:新疆人民出版,2006:43.

克族叼羊和维吾尔族叼羊。每个民族都有自己关于叼羊的传说和来源，以及不同民族根据自身所处的社会环境和文化习俗有不同的比赛规则和形式，但基本上大同小异。叼羊的活动形式主要分为单骑叼羊和众骑叼羊。单骑叼羊主要是个人之间的对抗，用力量、骑术、智谋较量，奋力争夺，夺羊者为胜。众骑叼羊主要是群体叼羊或是分组叼羊，就好比是体育运动中的集体对抗赛，将羊叼到指定地点的队伍获胜。而塔吉克族的叼羊则分为骑马叼羊和骑牦牛叼羊两种形式：骑马叼羊比拼速度和技巧，骑牦牛叼羊则比拼耐力和胆识，多在婚礼、割礼、古尔邦节、肉孜节等节庆时分举行。维吾尔族的叼羊与其他三个民族大致相似，只不过会在物品使用、场地使用或是人数限制上有所区别。马背叼羊在中亚地区吉尔吉斯斯坦、乌兹别克斯坦、哈萨克斯坦等国是极受欢迎的民俗体育项目。2003年，克孜勒苏叼羊队参加了吉尔吉斯斯坦举行的国际叼羊比赛，获得第五名。

"姑娘追"是哈萨克族适婚男女青年通过骑马活动去追求情感的一种体育形式，通常在节庆时分或是举行婚礼时举办。"姑娘追"，哈萨克语叫"克孜库瓦尔"，男女青年通过马背上的相互追逐来相互了解、相互认识并萌发感情，这种具有戏谑性的民间活动体现了哈萨克族男女青年摆脱束缚、实现自由恋爱的一种方式。考古学者曾在新疆的阿尔泰山、天山和昆仑山中发现了大量的岩画，其中从巴里坤县的一处岩画中可以窥探哈萨克族传统习俗"姑娘追"的源流。课题组在巴里坤兰州湾子古遗址看到了许多岩画，有一处岩画的内容是骑着母马的男性追逐骑着公马的女性，这与柯尔克孜族的"追姑娘"习俗有相似之处。这里表现出强烈的生殖崇拜的意识，对于两性情感与生命繁衍的歌颂和祝愿，马是西北民族必不可少的生活工具。而另一处岩画画的则是"姑娘追"的画面，女性骑公马在追逐骑着母马的男性。"追姑娘"是柯尔克孜族的传统游戏，与哈萨克的"姑娘追"游戏规则相反，是女的骑马在前面跑，男的骑马在后面追。"姑娘追"是由"追姑娘"变异而来，与哈萨克族的起源传说有关："从前有一只白天鹅化为女子，和一位猎人结为夫妻，成为哈萨克人的始祖。他俩结婚那天，骑着两匹白色的骏马，像白天鹅一样，飞来飞去，互相追逐。"[①] "姑娘追"的岩画地处丝绸之路的交通要道，很

---

① 彭金城.异性追逐岩画与新疆少数民族传统体育文化变迁研究——以巴里坤县双马图岩画为例[J].黑龙江史志,2009(8):110+121.

第三章　跨界民族传统体育文化交流的历史经验与现状

好地展现了西北少数民族在历史上的迁徙和移动,体现了今天的跨界民族的历史演变。今天的中亚民族与新疆少数民族之间存在不少相同的民族文化,因为游牧文化的影响以及共同的历史渊源,诸如摔跤、骑马、射箭、姑娘追、叼羊、马上角力等都在两地广受欢迎,百姓喜闻乐见的歌舞形式也存在相同之处。

五、外来文化与地方文化相互融合形成了独具魅力的东北跨界民族传统体育文化交流

中国与东北亚各国有着悠久的联系,课题组所讨论的东北地区跨界民族主要是分布在中俄、中朝边疆地区跨界而居的朝鲜族、俄罗斯族、蒙古族、赫哲族、鄂伦春族、鄂温克族等民族,其中朝鲜族、俄罗斯族是外来迁徙的民族,蒙古族、赫哲族、鄂伦春族、鄂温克族是世居中国本土民族。自先秦以来,中国灿烂的中华文明以及相对独立的政治和经济实力,使得中国在东亚地区形成较为强大的政治地位,周边各国在政治上承认对于中国的臣附关系,中国与东北亚各国形成了一种以中国为中心的朝贡册封体制,常向中国朝贡,这是古代较为常见的国际关系形式。同样,中国也会对邻国回赐,与东北亚各国就建立起来密切的经济、文化交往。我国东北地区是一个多民族地区,具有悠久的历史,从遥远的古代起,就是肃慎、东胡等族群及其后代生息繁衍的地方。[1]蒙古、索伦及野人女真等族部落,随着各民族的融合、迁徙和发展,他们的后代逐渐分化成为满族、蒙古族、鄂温克族、鄂伦春族、达斡尔族和赫哲族等民族。待到明末清初,女真政权兴起,黑龙江地区各民族相继被统一,而后成为清朝政权的属民。中原与北方民族的关系,时战时和,有相当长一段时期,北方的游牧民族作为独立的国家与中国政权对峙,并不断骚扰中国边境,有时又臣附于中国,迁入中原内地。[2]由于北方民族的纷扰不断,中国的领土边界也在动态迁移中,民族间的交往一直有维系,直至 20 世纪各国先后独立,疆域明确,东北地区一些民族由于地域和国属问题而形成跨界民族,开始了新形势下的民族交流。

---

[1] 周喜峰.清朝前期黑龙江民族研究[D].天津:南开大学,2003:7.
[2] 孙泓.中国与东北亚各国关系的历史、现状与未来[J].中国中外关系史学会会议论文集,40-43.

(一)"乌日贡"大会是跨界赫哲族传统渔猎体育文化展示和传承的重要平台

中国东北地区与俄罗斯接壤的地区主要是内蒙古的西北部和黑龙江省,这里主要探讨的是黑龙江地区的中俄边境地区。黑龙江境内的跨界民族主要有赫哲族、鄂伦春族、鄂温克族、俄罗斯族等,由于当年签订的一系列不平等的边界条约,黑龙江的部分地区被划分给俄国。因此,居住在该地区的民族成为跨居中俄两国边界的跨界民族。下面以跨界赫哲族传统体育文化交流为例。

古赫哲人聚居于我国北方的水畔江边和山林荒野,由于生存生活的需要,成为我国北方唯一一个渔猎民族。赫哲族世代居住在黑龙江、松花江和乌苏里江的三江交汇流域,渔、猎资源非常丰富,适合捕鱼和打猎。于是赫哲人根据日常生产和劳动的一些常用技能,形成了独具地域性且实用性很强的一些身体语言,发展出了叉草球、叉鱼、跑山、射箭、赛船等民间传统体育活动。

根据丰富的考古发现,赫哲族渔猎文化的历史可追溯到6000—7000年前。商周时期,赫哲族的先人们就与中原王朝发展着较为密切的政治、经济关系,其族源与我国编年史所记载的肃慎、挹娄、勿吉、靺鞨、女真等有着很深的渊源。19世纪中后期,铁制工具的传入,大大提升了其生产力,由此也带动了船网钩叉等的变化,渔猎生产效率不断提升[①]。清末民初,其生产力提升已从游猎业转型为定居渔猎业,在富锦、同江、饶河、抚远等地形成定居点。但由于赫哲族居住环境的局限性,导致赫哲族直到20世纪40—50年代中华人民共和国成立后仍保留着较为完整的原始渔猎文化体系。但随着现代生产技术的提高以及市场需求量的加大,渔猎资源大幅度减少,同时传统的渔猎生计方式也发生了根本性的改变,赫哲人被迫进行生产转型。但民族对于经济的快速发展出现了明显的不适应,导致传统的赫哲族文化逐渐被忽视甚至面临着传承的困境。改革开放以后开始对赫哲族文化进行抢救性的挖掘和保护。"乌日贡"大会是展现赫哲族传统渔猎体育文化的重要平台,对于传承传统赫

---

① 覃劲,尤文民.改革开放以来赫哲族渔猎文化遗产的创造性转化——"乌日贡"的文化传承功能[J].黑龙江民族丛刊,2018(3):136-141.

第三章 跨界民族传统体育文化交流的历史经验与现状

哲族渔猎文化具有重要的积极作用。"乌日贡",赫哲族语意为"欢乐喜庆"。"乌日贡"大会从1985年开始,至今已举办10届,活动内容囊括了赫哲族传统的渔猎文化的各个方面,几乎涵盖了赫哲族历史、文学、哲学、宗教、艺术等广泛的文化领域,包括文艺体育活动、萨满文化、传统古歌、历史史诗《伊玛堪》的说唱艺术等等,研究本民族赫哲族传统文化的何玉芳教授对课题组谈到:"赫哲族由于传统节日已经消亡,在改革开放年代,一些赫哲族精英提出要重构一个既能体现赫哲族精神生活、又能够传承本民族文化的文体大会,就在'休渔期'的农历五月中旬举办了'首届赫哲族文体大会',后在1988年的第二届正式命名为'乌日贡'大会。""乌日贡节日由原来三年一届改为四年一届,时间为农历五月十五,日期为两天。节日举行大致有开幕式、民族文艺表演、民族传统体育竞技、闭幕式、篝火晚会。其中的民族文艺表演和民族传统体育竞技是节日里的核心内容和决定节日的生命力。民族文艺表演除了体现赫哲族歌舞就是史诗体民间说唱艺术,即'伊玛堪'民间文学,而赫哲族传统体育文化就有在'伊玛堪'里反映。"课题组在赫哲族地区调研时就看到博物馆、民俗中心都有流传千百年伊玛堪的记载,同江市非遗中心主任李鼎仁谈到:"伊玛堪是赫哲族文学一种形式,人类学家凌纯生在20世纪20年代末至30年代末就在赫哲族地区调研,出版有著作,你们可以找来看看。他当时以田野普查形式记录赫哲族渔猎生产生活及乐曲、民间故事,他用汉语言记录、整理的这些民间故事就是属于伊玛堪内容。叉草球是赫哲族传统体育竞技项目,是赫哲族所有文化的载体,伊玛堪《土如高》故事中就有记载叉草球竞技。"2009年第8届赫哲族"乌日贡"大会,参会运动员、观众、新闻记者、国内外学者以及俄罗斯那乃族代表等已有近千人参加,多家媒体对此进行了报道。[①] 大会上,叉草球、摔跤、射箭、鱼王角力、划船等具有浓厚渔猎文化的传统体育项目是"乌日贡"极具代表性的项目。叉草球运动就是由传统生产劳动中的叉鱼演变而来,适应当卜环境的发展演变而成的体育项目。"乌日贡"是对赫哲人传统节庆资源的创新性发展和创造性转化,是对传统赫哲先民们下江捕鱼、上山狩猎前的祭拜山水之神和庆祝丰收的原始娱乐文化活动的综合创新[②]。

[①] 韩二涛,黄河.赫哲族渔猎体育研究[J].体育文化导刊,2012(7):107-109.
[②] 覃劲,尤文民.改革开放以来赫哲族渔猎文化遗产的创造性转化——"乌日贡"的文化传承功能[J].黑龙江民族丛刊,2018(3):136-141.

中国境内的乌日贡大会,每四年举办一次,从1985年开始举办第一届。随着中俄两国交流不断深入,中俄两国许多边境城市也积极地开展各种形式的体育交流赛、体育友谊赛和友好赛事,多次在黑河、满洲里、饶河等地举办冰球友谊赛、雪地足球邀请赛等,活动项目的内容包括民族传统体育和现代竞技体育,已逐步成为两国人民友好往来的社会基础。

（二）秋千、跳板是跨界朝鲜族交流的迁徙传统体育文化

朝鲜民族现已成为东北亚地区较为典型的跨界民族。中国的朝鲜族是日本占领朝鲜之后一些朝鲜人来中国东北谋生定居下来而形成的民族,是近几十年才在中国出现的,同时也是东北亚诸民族当中唯一发展成为现代跨界民族的群体。

中国的朝鲜族是近代以来朝鲜人迁徙而致,其形成的过程大致有三次较大规模的移民迁徙。近代以来,由于朝鲜国内连年不断的自然灾害和封建王朝的剥削统治,使得一些朝鲜边民不堪忍受灾害饥饿,迫于生计,他们便以逃荒的形式迁往中国。当时的中国东北地区空旷荒凉,正好解除封禁,开始"移民招垦",便放宽朝鲜移民政策,致使大量的朝鲜边民移民东北,形成了第一次移民高潮。迁徙定居的朝鲜族人将朝鲜文化带到了东北地区,并仍与境外朝鲜保持着联系。此后由于日本帝国主义的侵占和控制,异族的压迫和剥削使得朝鲜人民大批移入东北各地。这形成了第二次和第三次朝鲜族迁入东北的移民高潮。许多朝鲜族人越过鸭绿江,并更多地聚集在鸭绿江西岸的长白山脚下,包括今天的延边朝鲜族自治州、长白县、集安市以及辽宁丹东等地,跨境朝鲜族因此形成①。

由于中国的朝鲜族是外迁民族,最初迁入我国东北地区之时,带来的是朝鲜族本源的民族文化,而在日后的生产生活过程中与中华文化不断的适应和融合,形成了具有中国特色的朝鲜族文化。朝鲜族是农耕民族,因此他们的民族传统体育中带着明显的农耕文明色彩。初迁入东北地区之时,土地贫瘠荒芜,朝鲜人民将水稻种植重新带到东北土地上,

---

① 曹萌,横田咲子.东北跨境民族的形成及文化传承发展研究的意义[J].边疆经济与文化,2016(7):38-42.

第三章　跨界民族传统体育文化交流的历史经验与现状

并且辛苦勤恳地开垦,使荒凉的东北延边地区重新焕发生机。在农忙闲暇时间,朝鲜族人民会进行传统文娱活动来丰富自己的生活,例如跳农乐舞,男人们进行摔跤,或是举办拔河等,这既体现了朝鲜族的农耕文明,也表现了朝鲜族人民的勤劳淳朴、追求美好生活的品质。除此之外,朝鲜族学校还聘请朝鲜半岛人士作为体育教师,教授体育和民族传统体育,①并举办群众性的体育活动和运动会,以保证传统体育在群众中的普及和发展。到抗日战争及伪满洲国建立时期,由于侵略者对于东北地区的占领和控制,导致东北人民生活在压迫和奴役当中,朝鲜族的传统体育在缓慢前行。

新中国之后,朝鲜族的传统民族体育得到了稳定且快速的发展,延边朝鲜族自治州成立后,在每年的州庆日当天,全州各地都会举行盛大的庆祝活动,传统体育活动成为主要的内容,例如秋千、跳板、摔跤等,极具朝鲜族的民族特色。改革开放以后,国家越来越重视对民族传统文化的传承与保护,在国家的引导下,群众对于传统文化的关注和重视程度也越来越大,民间相继成立了朝鲜族象棋协会、朝鲜族摔跤协会、武术协会等,并定期举办有关的赛事。随着对外交流和开放程度不断深入,社会组织在政府的支持下开始举办国际性的赛事,邀请相邻及周边国家一同参与。2016年在辽宁举办的朝鲜族摔跤国际友谊赛便有朝鲜、俄罗斯、韩国等国的选手参加,不仅促进了相邻国家跨界民族之间的交流,同时也有效地弘扬和发展了朝鲜族的传统体育文化。

六、那达慕大会是跨界蒙古族传统体育交流的文化认同

历史上,蒙古人是形成于漠北的土著民族之一,蒙古高原历史上曾经生活过匈奴、鲜卑和契丹等部落。今天的内蒙古与蒙古国之间,存在着大片的隔壁沙漠,古代曾以这片沙漠来将阴山以北的广大区域划分为漠北、漠南和漠西地区。漠南地区是指戈壁沙漠以南、阴山以北的地区,即今天的中国内蒙古自治区,漠北地区则是戈壁以北的广大区域,今天的外蒙古便是处于曾经的漠北地区,而漠西地区则指我国的西北区域和中亚地区的部分区域。蒙古国曾经是中国的一部分,蒙古族的祖先生活在今天内蒙和外蒙一带地区。

---

① 李成龙.中国朝鲜族民俗体育文化发展研究[D].延边:延边大学,2018:28.

共生、交流与发展：跨界民族传统体育文化的人类学调查

公元 1206 年,成吉思汗于漠北建立"大蒙古国",漠南、漠北地区都属其管辖,统称为蒙古地区。而后大蒙古国在成吉思汗的带领下,不断扩张,征战四方,先后三次西征,建立了四大汗国,横跨亚欧。同时挥师南下,历经 70 年的征战,统一了中国,建立了元朝。史无前例的大一统使得蒙古文化的影响范围逐渐扩大,蒙古语的使用范围日趋广泛。同时,军事上的扩张也导致了东西方各地区、各民族文化的不断碰撞和交融,促进了东西方的文化技术交流和多民族的文化融合。1368 年,元朝灭亡,朱元璋建立明朝。在明政府的允许下,在长城以北与汉人聚居的一部分蒙古人所在地成为内蒙古,另一部分被驱逐至漠北地区的蒙古人聚居地称为外蒙古。清朝时期,蒙古地区被纳入清政府的统治版图,漠南地区蒙古族聚居的地方称为内蒙古,居住在漠北蒙古(漠北边外)的蒙古族聚居地称为外蒙古,内外蒙古均受到中央政府的管辖。此后,由于国内王公贵族政权的独立以及国外势力的干预,外蒙古地区一直处于动荡不安的局势。而今天外蒙古的独立,归于清末沙俄对中国领土完整的无视,为了自身的国家利益,与其他国家签订密约,将外蒙古变成自己的势力范围。也正因如此,蒙古族形成了跨界民族。受到所属国家背景的影响,跨居两国的蒙古族在民族特征方面也呈现出差异,蒙古国的蒙古族文化由于受到苏联的影响较大,因此文化发展的过程中受到欧洲文化的影响较大,而我国的蒙古族则保留得较为完好,主要受到汉文化的影响较多。[1]

远古时期,蒙古族以游牧经济为主,狩猎经济在其中占据重要的地位。蒙古族的射箭、打布鲁便是从日常的生活技能中演变而来的,而后逐渐演变成为如今的射箭和投掷体育活动,反映了当时北方民族生产、生活的需要,体现了当时的社会环境背景。随着社会的不断进步,各氏族的社会发展程度不同,生产力水平相差较大,一些实力较为强大的氏族为了自身的生存发展,通过掠夺他族的人口、资源来壮大自己,而弱势氏族为了抵御外族的侵略而需要开展自我保护,由此也就发生了战争。由于生存环境的限制,蒙古族以狩猎、放牧为主要生产生活内容。游牧的生计方式促使他们必须不断迁徙,寻找并抢夺资源,因此冲突和战争是不可避免的。因而战争一直伴随着古代蒙古的生息和发展。骑

---

[1] 王珊.试析内蒙古与蒙古国的跨界民族问题[J].今日中国论坛,2013(7):188-189.

第三章　跨界民族传统体育文化交流的历史经验与现状

马和射箭作为游牧和战争必不可少的技能,也逐渐成为蒙古族文化中不可缺少的一部分,也成为蒙古民族气质和精神的象征。古代蒙古部落一直处于战争状态,首领们为了提高士兵的作战能力,经常会通过体育手段来训练他们的身体素质和作战能力,角力、赛马、射击、搏克都是从军事中演变而来的体育项目。正是这些体育项目的训练,加之生存方式使然,蒙古军队具有强大的作战能力和过硬的身体素质,为蒙古民族征服亚欧大陆奠定了基础,也正因如此,蒙古族的传统体育项目得到了快速发展,并且逐渐成为蒙古族的象征。战争结束以后,诸如射箭、摔跤这些军事化的体育项目成为文娱比赛的主要内容,各部落经常举办搏克、马术、长跑等比赛活动。那达慕大会是蒙古族人民最具有代表性的传统体育活动盛会。那达慕具有悠久的历史,相传在蒙古汗国初立之时便存在。相传成吉思汗被推举为大汗,建立汗国,为表达庆祝之意,寓意国家稳定和祈求丰收,同时也是为了向各部落表明团结友谊之心,成吉思汗将各个部落的首领召集在一起,举行那达慕。此后,那达慕便作为一项固定的活动在草原上流传下来。最初的那达慕只是举行单项的体育活动,比如射箭、赛马或是摔跤。待到元、明朝时期,那达慕在草原地区广泛开展并流行起来,于是便将射箭、赛马和摔跤比赛结合在一起,形成那达慕的固定形式。清朝时期,那达慕大会改由官方举办,由皇帝召集蒙古高原各旗首领举行集会,变成了一项有组织、有目的的游艺活动。集会期间举行射箭、赛马、摔跤、蒙古象棋等各类文娱体育表演和围猎活动,举行的内容和形式都较之元、明发生了很大的变化。

清末民初,外敌入侵,蒙古族地区社会动荡、军阀混战,而部分蒙古族地区在沙俄干预下独立,蒙古族人民无法正常开展生产生活,传统体育更是受到严重的影响,没有得到很好的发展。新中国成立以后,蒙古族多项体育活动被列为少数民族运动会竞赛项目,而那达慕大会也成为蒙古族人民的传统盛会。搏克运动发展迅速,成为全国农运会正式项目,同时进行相应的推广,蒙古国也加入进来。蒙古族作为蒙古国的主体民族,那达慕大会在蒙古国则成为了全国性的节庆,每年举办都会吸引无数国内外游客前来一睹盛况,欢庆的形式也随着时代的变化更加丰富多彩,但摔跤、赛马、射箭这些传统的体育项目依旧保留。

文化作为人类社会的产物,能影响人们的生活习惯、行为方式、思维模式、道德标准和经济方式等生活的每一个方面。在功能主义看来,文化是一个整体,文化所涉及的每一个部分都存在联系,并且都相互影响。文化的每一个部分都有其功能,在社会整体中发挥作用和价值。跨界民族传统体育作为民族文化的一部分,在民族社会发展的过程中对于社会行为规范的建立、民族共同体的凝聚具有重要作用。民族传统体育作为一种身体运动的文化,是人们在社会生活过程中所创造和独有的文化活动,是人类的基本文化现象,而人的每一种特殊的生活方式与存在样式都决定着一种体育形式。① 因此,传统体育活动的内容和形式会受到该民族社会意识形态的影响,成为该民族象征的文化符号之一,具有独特的民族特性,唤起本民族人民的心理共鸣,维系民族团结,尤其对于边疆动荡不定的跨界民族而言,传统体育文化所表现出来的民族性、地域性,无不在唤起他们的民族认同意识,某些体育活动所承载的族源传说、宗教信仰等精神文化,更是促使跨界民族内部一次次打破边界和壁垒,借此来维系族群内部的情感。这些民族传统体育活动会形成一条文化链条,将民族文化、民族意识和民族特征紧紧串联在一起,② 作为文化象征流传至今。

跨界民族这一概念是近代以来为了区分当前国际形势下跨国界而居的同一民族而提出的,但跨界民族的交往早已历经千年。民族传统体育文化是历史时期的产物,是具有本民族文化特色的以及具有强健体魄和娱乐身心作用的各种身体活动。③ 它的产生可能源于人们的生产生活、宗教信仰、军事战争或是娱乐游戏,以满足人们的物质生产需求和精神文化需求。民族传统体育在传承和发展的过程中不断地复制、融合和再创造,其所蕴含的民族特征作为一种历史记忆,维系着民族内部、代际之间的交流和延续,是民族情感和民族精神的外化,是社会维系稳定和发展的生命力之一。边疆民族与邻国自古以来便渊源不断,跨界民族本是同根,更是交流无碍。跨界民族传统体育作为边民日常生活、民俗信仰的重要组成部分,是百姓同胞沟通交往的工具和桥梁,是跨界民族内部情感维系不可或缺的方式之一。以民族传统体育文化作为国际体育文化交流渠道的媒介,不仅能满足边境人民强身健体的需要,还能使他们在精神文化上达到共鸣,以此加深跨界民族人民之间的交和友谊。

---

① 陶玉流.体育本体的文化哲学阐释[M].北京:北京体育大学出版社,2016:38.
② 李成龙.中国朝鲜族民俗体育文化发展研究[D].延边:延边大学,2018:35.
③ 姚重军,薛峰.民族传统体育文化概论[M].兰州:甘肃民族出版社,2008:3.

第二节　跨界民族传统体育文化交流的生存现实

窥探历史可以知晓,今天的跨界民族自古以来便是同根同源、一族同胞,或因战乱分离、或因族群迁徙、或因政治勘界,同一民族因分属不同的国家或地区而不得不接受"人为界线"所赋予他们身份上的变化,也因此形成了跨界民族,随之带来的是族称分类、发展水平、意识形态等方面的差异。而在跨界民族成员的认知里,两国民族并无差别,相同的语言、相同的民俗、相同的信仰,如中缅、中老、中越、中蒙、中朝等边境的跨界民族,边民村寨相依,同耕一亩田、同饮一江水,血缘和地缘上的联系使得他们互通有无。

一、跨界民族传统体育文化生存状况仍然延续、承继同源民族的历史记忆

通过对跨界民族历史渊源的追溯,可以了解到跨界民族本是同一原生民族,因为外界因素的影响,进行了所谓的"边界"划分,一条实际存在的界线,把本是同根生的同一族群分布在相邻的两个或两个以上的国家。[①] 受到不同国家政治意识的影响,分属不同国家的跨界民族内部间也会产生不同的诉求和分歧,蒙古国的蒙古族深受俄国和欧洲文化的浸染,而我国内蒙古地区的蒙古族则受到汉文化的熏陶。边界的划分使得边疆民族的交往产生复杂的跨界民族问题,从而产生影响族际关系和国家关系的国际形势问题。但探究跨界民族内部之间的交往,我们可以发现,尽管受到"边界"的限制,但同一跨界民族内部仍是承认彼此之间的同族关系,他们认为彼此之间同根同源,具有相同的语言、相同习俗、相同的信仰,仅是因为被划分为不同国家而被加上了"中国人""外国人"的身份,但他们一直保持着联系,就如相邻村庄之间的往来一般热络和

---

① 雷勇. 论跨界民族的历史记忆 [J]. 黑龙江民族丛刊, 2009（2）: 24-29.

正常。之所以跨界民族内部能维持并延续互动关系,是因为他们围绕共同的祖先、共同的渊源、共同的文化和共同的信仰有着共同的认知和记忆,这种社会历史记忆是民族得以发展和延续的重要因素。民族是被社会精英在特殊的社会背景喜爱建构起来的,这种族群的自我构建过程,实际上就伴随了社会历史记忆。[①] 尽管对于跨界而居的族群来说,分属不同的国家和地区,其意识形态会受到或多或少的影响,尤其是在涉及政治、社会层面上的判断时会出现根本上的差异,例如对于同一件历史事件,受到不同国家意识形态的影响会有不同的立场和解读。社会习俗也会出现差异,根本上是为了适应所在国家的主流文化。但社会历史记忆却不会受到过多的影响,因为这是民族身份认同的基本要素。跨界民族在认同和记忆的建构过程中延续至今。

历史记忆是一个宽泛的概念,具体表现为民族的语言文化、祖源传说、历史事件、社会习俗、宗教礼仪等等,这些独特的民族文化的象征符号,通过在日常生活中与族群成员一次次地展现和互动,不断唤起族群的回应和认同。这些社会记忆的形式,在横向上,能够巩固占据特定空间的人类共同体的成员的心理认同,使他们目标一致地按照既定的模式改造自然和社会;在纵向上,能传承于后代,是民族教育的重要组成部分,对于新一代人它的价值永远不依其意志而转移,并表达着历史积淀下来的价值取向[②]。民族传统体育文化作为民族文化的重要组成部分,同样是历史记忆的具体表现。跨界民族传统体育文化源于百姓的生产劳动、军事战争、生活娱乐或是信仰崇拜,其活动内容、举办形式、文化特征和内涵都包含着民族性、地域性和历史认同。游牧民族的骑射、摔跤,是战争时期保卫家园的必要技能,同时也是彰显民族气概和民族精神的重要方式,因此每逢节庆,草原地区都会举行赛马、射箭等比赛,展示民族独特文化;朝鲜族的农乐舞和拔河则是农忙时期百姓们的娱乐生活,展现了东北地区独特的农耕文化;而景颇族的目瑙纵歌则与民族的宗教信仰有关,是对于祖先的纪念和崇拜,从而衍生出独特的景颇族舞蹈。传统体育项目在一次次的举行过程中不断唤起族群成员的历史记忆,其主要功能就是通过延续和承继的方式来实现对族群的认同,所以在相当一段时期内,这种历史记忆无论其身处的社会环境发生

---

① 雷勇.论跨界民族的历史记忆[J].黑龙江民族丛刊,2009(2):24-29.
② 纳日碧力戈.现代背景下的族群建构[M].昆明:云南教育出版社,2000:234.

第三章　跨界民族传统体育文化交流的历史经验与现状

多少的变化，由于历史的惯性，其传承和延续的作用和态势是得以保持的①。而与此同时，民族历史记忆不断被唤起和强化，民族传统体育也得以成长的土壤，随着民族的发展而发展变化着。

相同或相似的文化背后所承载的是共同的历史记忆，在跨界民族社会中发挥文化链条的作用，将其他方面联结起来。边疆地区民族普遍存在多元性和复杂性，加之边界地理环境的政治特殊性，使得民族之间的交往也具有多样性和复杂性。跨界民族之间的往来不仅是民族与民族之间文化的交流与融合，更会受到不同国家文化意识形态的影响。民族之间长期的交流互动发生文化采借的现象，导致不同的民族拥有相似的文化特征。这些相似的文化所分布的范围便形成了文化圈。文化圈理论实际上是传播学派早期的理论代表，它试图说明不同文化之间的产生和发展是由于文化之间的交往和传播，以说明文化特质的起源、相似或差异。文化圈是一个有机的整体，它包括人类需求的各种范畴。②它实际上是地理学中"文化地理区"的一个借用，因此文化圈强调一定的地理空间，是以较为集中的民族或族群固定不变的基本文化作为基础；③同时格内布雷尔提出文化圈中存在和分布着若干文化丛，与特定的文化丛相结合的空间就是文化圈。④民族之间文化的影响力会导致不同民族或族群之间的文化成分发生采借、融合或是排斥，从而带来文化圈范围的变化。随着现代社会的发展，传统民族文化的内涵和方式随之发生了变化。因为民族的融合发展，文化在交流的过程中出现同化和涵化的现象，文化跨越了地域和民族，呈现出现代化和多样性。跨界民族因为跨界而居，国籍不同族称有别，因此文化圈中的相似文化特质格外凸显，同时也更加突出跨界民族共同文化的桥梁作用。

跨界民族文化圈在今天看来无疑具有重要的作用。"一带一路"的实施、人类命运共同体的构建，无不在强调民族与民族之间、社会与社会之间、国家与国家之间的关系日益密切，无不在提供全球化背景下国际关系新的应对形式。构筑在历史记忆之上的跨界民族文化圈为边疆

---

① 雷勇.论跨界民族的历史记忆[J].黑龙江民族丛刊,2009(2):24-29.
② 乌丙安.非物质文化遗产保护中文化圈理论的应用[J].江西社会科学,2005(1):102-106.
③ 乌丙安.非物质文化遗产保护中文化圈理论的应用[J].江西社会科学,2005(1):102-106.
④ 乌丙安.非物质文化遗产保护中文化圈理论的应用[J].江西社会科学,2005(1):102-106.

社会提供了新的交流途径。今天,国家和社会在应对边疆和国家问题的时候,都注意到了跨界民族传统体育文化上的相似性和连接性,并将这种功能和特性突出放大,使其成为新时期国家之间的文化交流形式。历史悠久的跨界民族传统体育文化在时代的浪潮中逐渐发生变化。

二、跨界民族传统体育文化交流的现实存在形式

少数民族是在异质现实中构建起来的同质化群体,共同的文化认同是维系族群的纽带。民族传统体育文化作为民族传统文化的一部分,以其娱乐性和健身性深入百姓的日常生活中。例如,中越两国共有的民族传统体育有抛绣球、跳芦笙、打陀螺等,这些体育项目是由人们在生产生活中创造出来的具有民族特性和地域特征的传统文化。中越两国历史上一直冲突不断,民族间存在的文化认同一直维系着两国人民间的友好往来,虽战乱不断但感情仍旧。春节期间唱山歌、抛绣球,传情达意;中国的孩子会跑到隔壁邻国的村子寻找打陀螺的玩伴;国籍不同但土地相连的两个村子通过斗牛以示各自的农养水平。跨界民族传统体育文化作为跨界民俗文化圈的重要组成部分,维系着跨界民族的社会关系网络,沟通和联系不同场域。

随着现代社会的发展,传统民族文化交流的内涵和方式发生了变化。由于边疆治理政策以及相关发展政策的实施,边民们很难像昔日一般可自由往来,建立在共同信仰、共同语言、共同习俗基础上有着共同记忆和共同意识的文化圈,很多时候需要添加一个身份上的限定——"跨界民族"。这是横亘在跨界民族内部交往最大的障碍。在这样的社会环境下,传统体育文化交流也随之发生变化。同时社会的生产力水平普遍提高,民族之间、地域之间的交流不断密切,文化跨越了地域和民族,呈现出了现代化和多样性。但有的民族的历史文化受到现代文明的冲击,民族文化逐渐丧失了自己的独特性,被时间抹去了民族历史的烙印,渐渐地失传甚至消失。课题组在滇桂五个边境县市调查了解到,他们都在采取一定的措施,试图实现传统体育文化的现代化转型,以适应当下的发展。根据课题组对各跨界民族调研所了解的情况,跨界民族传统体育文化的交流和发展主要分为几个形式:一是举办隆重且盛大的节日庆典,传统体育项目在其中作为一项活动或是展演节目;二是申请为"非物质文化遗产",设立较为完整的传承体系;三是组织一些较为普

第三章　跨界民族传统体育文化交流的历史经验与现状

通的民间游戏,在群众中的普及度较高。

(一)节日庆典

传统节日是中华民族千百年的历史文化积淀产物,它的继承性和延续性使得当地的人们对传统节日有着内在的文化共鸣。"土生土长"的体育活动作为传统节日中最为活跃的内容之一,深受广大群众的青睐,由于这些体育活动源于当地居民的生活、生产,故易于被当地的群众接受和适应。在广西的一些贫困边境村寨,传统民族文化已经出现了传承上的断层,大多数青少年都外出务工或上学,留在家里的也只有劳动能力较弱的老年人。老年人对传统文化的讲述很了解,但是却无法见诸实际行动。类似于抛绣球、抢花炮之类的传统体育活动,有空间、时间和参与人数的要求,筹办一次群众性的民俗活动,需要资金的保障和人力的支持,只由老年人来完成,显然是不可能的。于是逐渐地这些文化便被冷落和边缘化,久而久之,这些文化就会消失。近年来,民族传统文化越来越受重视,以政府为主导,社会力量支持的形式也在社会上不少见。最为常见的形式便是借助代表性的民族传统节日,将其打造成为该地区的"名片",在这个平台上,各类民族传统文化都会以各种形式得到展现和推广,包括展演性质的体育活动或是娱乐性的竞技活动,使得资源得到有效整合。这其中所带来的文化效益和经济效益也是当下传统民俗节日选择和实现现代化转型的原因和结果之一。

而另一方面,当今国家之间友好关系的建立以及"一带一路"倡议的实施,使得边境地区跨界民族都深受影响。如今中国边界上的跨界民族,历史上无不与邻国的同一民族同根同源、一衣带水,相同的民俗所建构而成的跨界民族文化圈,是维系跨界而居的同一民族深远情谊的根本,而这一文化情感的历史记忆,也是我们考虑跨界民族跨国交往的重要因素。今天的跨界民族,由于分属不同的国家,已经具有不同的族称和不同的身份,民族文化也随着所处的社会环境的变化而发生变迁,但地缘上的连接性和血缘上的亲密性,使得它们仍然互通有无。可以说,跨界民族的和谐稳定,对于国际关系的友好稳定以及国家政策战略的实施具有重要意义。共同的节日庆典作为民族文化的汇聚和民族情感的宣泄,起到了增强凝聚力和认同感的文化功能,并且对于社会秩序和社会结构具有一定的调节和建构作用。在这一基础上,将民族传统节日打造成跨国庆典,将节日的受众面从一个民族、一个地区扩展成几个民族,国界周边共同参与,扩大了传统民族节日的影响力。民族传统节日现代化和国际化,无疑是在历史记忆的基础上建构一个新的文化圈,以民间社会的和谐稳定来推动国家关系的向前发展。

1. 苗族"花山节"

花山节也称"踩花山","踩花山"是云南苗族重要的民俗活动,在马关流传至今已有悠久历史,是对先祖(蚩尤)及英雄崇拜的一种祭祀活动。大年初二到初九,中越两国各个村寨的年轻男女(主要是未婚男女),就会汇集到山上的山洞,吹芦笙、跳苗舞,传递感情,共建良缘。吹芦笙是苗族的民族传统之一。吹芦笙一般为男人,边吹边跳,有人领吹,其他人跟着节奏跳舞,女人则为伴舞。过年时,每一天的早上八九点到下午三四点,年轻男女聚集一起,载歌载舞,借此机会遇上心爱之人,缔结良缘。"踩花山"在苗族青年看来,就像是男女青年感情交流的场合。"不少中越商贩来到山上做买卖,非常热闹。斗牛、斗羊、斗鸡、斗鸟,是苗族人民生活的一大乐趣,在踩花山中也是一项重要的活动。一家如果牵出一头牛去斗,全家人都会去捧场,全村人都会去观看,因此比赛的场面是相当壮观的。我年轻的时候也经常会去踩花山玩,和我老公就是在踩花山的时候认识的。"这是一位嫁到中国的越南妇女告诉课题组的。越南人也会牵着牛羊到边境的山上参与踩花山,斗牛无国界,中越边民都可参与,输赢平等,毫无偏见。

马关县苗协会的会长告诉课题组,在以前,踩花山都是民间自发组织的,而后停滞了一段时间。自苗族人民从山上迁到山下定居以后,踩花山若还在山上举办便很烦琐,从2002年开始,民间社会组织苗族学会自发地承担起花山节的组织工作,并将活动规模逐渐扩大。今天的马关花山节是由马关县县委、县政府主办,县委宣传部、县文产办、县民宗局承办,马关县苗族学会协办,是云南省"十大少数民族狂欢节"之一。花山节持续六天,国内外的苗族同胞都会齐聚马关,盛况空前,如同北方的庙会,政府专门划出一片山坡上的空地用来举办花山节,同时对于各项活动和交易的场地都进行了划分,很多跨国商贩会到马关来做买卖。

如今的花山节已不同往日,虽是在传统基础赋予了现代含义,但基本的内涵和形式还是遵照祖制。花山节主要分为立杆、祭杆、闹杆和收

第三章 跨界民族传统体育文化交流的历史经验与现状

杆四个阶段。每年的腊月十六,就由花山节的主持人带领着德高望重的前辈将精心挑选的花杆立起来。据传说,在春节前(腊月十六)立花杆,是一种对祖先死难日的祭祀,也是一种昭示,目的是让大家相互传告,让十里八乡的人们提前知道正月初三将在这里踩花山。立杆时要先立公杆,后立母杆。当花杆竖起来的时候,点燃鞭炮,预示立杆成功。到了正月初三上午,吉时一到,在挺直的花杆顶端挂上彩旗,彩旗依次分黑、绿、红三种颜色,表示天、地、人。主持人身着古装,手持象征平安顺达的树枝,率领9男8女和武士队进入花山场。主持人唱着《花山起源之歌》,芦笙师吹奏芦笙曲,围着花杆转九圈。所有参加仪式活动的人员站在花杆的西面,面向东方,主持人向四方作揖,然后跪拜花杆,此为祭杆仪式。

闹杆是花山节的重头戏,是祭祀花杆之后直到收杆前开展的群众文化娱乐民俗活动。活动内容丰富多彩,有山歌对唱、倒爬花杆、打鸡毛毽等传统的体育活动,也有苗族最美艺人评比、摄影展览、篮球赛等现代文体活动。初六的"倒爬花杆"比赛是"花山节"中最刺激、最受欢迎的。倒爬花杆是马关县一项独特的活动。随着一声令下,参赛选手一个鲤鱼打挺,身体倒转180度,双脚夹住花杆倒挂,脚朝上攀爬,直达杆顶。参赛选手会在腰间别上芦笙,爬到顶端之后倒挂着吹芦笙。倒爬花杆是力与美的竞技,对参赛选手身体素质的要求很高。

此外,在闹杆期间,还会有来自泰国、越南、老挝等国以及贵州、四川等地区的苗族同胞带来的文艺节目登台演出。同时,在花山场上还安排了打陀螺、打鸡毛毽等民族体育竞技活动,场面热闹非凡。待到初六下午,花山节各项活动顺利结束后,随着《收杆歌》音乐响起,芦笙师、歌师带领着山歌对唱的男女顺时针转三圈。主持人组织收杆仪式,在花杆脚烧香烧纸,吟诵收杆祭词。等到花杆被妥善放置之后,花山节才算是圆满结束。

这样一来,花山节活动实现了资源的整合,同时打造了一张属于当地特色的名片,也成为了文山州日后申报非遗项目的重点。除此之外,政府还注重打造区域联动,即让相邻的省县达成合作,轮流坐庄举办民俗系列主题活动。这样一来解决了资金和组织问题,使各县市在友好合作的同时,也互利共赢,既扩大了活动的涉及面和影响范围,又提升其影响力。同时以文化促发展,以文化促经济,借助文化活动的契机,打造文化产业链,形成自己的特色,带动当地经济的增长。

相较于中国苗族花山节的现代性,越南的花山节则保留其传统节日的原真性。除了传统的立杆、祭杆和收杆仪式,最为重要的闹杆环节主要是以传统的对歌、倒爬花杆、斗鸟、斗鸡、打磨秋为主,除了开幕式的歌舞表演以外,没有过多的现代流行活动。芦笙舞是花山节舞台的重头戏,其展现的是越南苗族较为原生态的歌舞。总体而言,越南花龙的花山节强调传统以及"本真性",通过历经久远的祭祀仪式、对歌、芦笙舞表达着当地苗族人民的集体记忆,表达娱神祈福、代际绵延的愿望,核心目的是达到一种群体欢愉的状态[①]。两国任一方举办花山节都会带来人数较多的跨境流动,少则几百人,多则上千人。跨越边界的相邻地域同一民族的花山节活动,延续着花山节固有的立杆、祭杆、闹杆、倒杆的习俗,为官方和本地文化精英所推崇的跨越边界的、统一的"苗族文化"[②]。但由于边界的存在,看似均质、统一的民族文化实际上已经开始逐渐分化。在参与节日庆典的百姓心中,中国的花山节更加与时俱进,具有创新性和娱乐展演性,而越南的花山节无论是场地的选择还是活动的安排,都更接近传统的真实性,但与此同时,也被外界贴上了"落后"的标签。由于中越两国经济发展的差异,致使两国文化呈现出截然不同的体验差异。可见花山节并不仅仅是维系共享的文化认同与集体记忆的场域[③],它也在不断重新确认中越文化之间的差异,不断重构两国跨界民族内部的认知和认同感。

2. 龙邦街民间民俗传统文化艺术节

每年的农历五月十三,是关帝磨刀日,是龙邦百姓所崇敬和信仰的"关圣"祭祀日。"不仅是我们信仰关公,越南也会祭拜关公"。所以每一年在龙邦举行的关圣祭祀日都是中越两国边民共同参与的,载歌载舞,欢聚一堂。2013年3月5日,自治区在边境少数民族地区非遗文化分布区域建立"中越边境非物质文化遗产保护惠民富民示范带",在靖西龙邦镇龙邦口岸启动建设。2014年开始,每年的农历五月十三日,除

---

① 郑宇,曾静.仪式类型与社会边界: 越南老街省孟康县坡龙乡坡龙街赫蒙族调查研究[M].北京:中国社会科学出版社,2013:220.
② 唐雪琼,钱俊希,杨茜好.跨境流动视阈下的节庆文化与民族认同研究—中越边境苗族花山节案例[J].地理科学进展,2017(9):1081-1091.
③ 唐雪琼,钱俊希,杨茜好.跨境流动视阈下的节庆文化与民族认同研究—中越边境苗族花山节案例[J].地理科学进展,2017(9):1081-1091.

第三章 跨界民族传统体育文化交流的历史经验与现状

了是关圣祭祀日,还是龙邦街的民间民俗传统文化艺术节,举行盛大的非物质文化遗产传习大典。典礼上,文化传承者将龙邦的传统民俗以竞技与观赏并存的形式展现出来,体现龙邦民族文化的独特性和多样性。"这一天,会举办关公祭祀、抢花炮、抛绣球、对山歌等活动,还会邀请越南亲邻参加中越男子篮球赛、中越文化交流文艺展演活动。过去从五月初三至十二就有男女青年成群结队从龙州、水口、大新、硕龙、德保、平孟等地赶来,甚至广东的客佬、越南的越仔也都汇聚而来。把龙邦街所有大院小户都住得满满的。"我们未能亲身经历这一中越同欢的盛典,但从当地村民的描述中,可以感受到现场的热闹程度。镇政府、街委、社会组织、商家等都会对文化节提供支持和帮助。现在的这一天,人们仍承传着古老的传统,操着不同的方言古音,从四面八方向圩场赶来,盛时达万人,生意通宵达旦,热闹非凡。这不仅是壮、苗族人民求知、求乐、祈福的大典,也是边疆各族人民文化娱乐体育活动的盛会。每一项活动都有深厚的历史积淀和优秀文化传承。

3. 赫哲族乌日贡文体大会

赫哲族从1985年6月开始在民间举办重构的、新兴的文体大会,1988年6月改为"赫哲族乌日贡大会",确定每四年一届,时间为每年的农历五月十五,正是赫哲族的"休渔期"。乌日贡节日基本上是在黑龙江的同江市街津口、八岔,饶河县四排、饶河镇,佳木斯市等赫哲族聚居区轮流举行,这个时期不仅是黑龙江赫哲族聚居区赫哲族群众前来参加节日大会,就是分布在大庆、双鸭山、哈尔滨、北京的赫哲族人都派出了代表队,甚至包括俄罗斯远东哈巴罗夫斯克边疆区首府哈巴罗夫斯克市管辖的特罗伊茨科耶那乃区那乃族也派队参加。节日活动有开幕式、民族文艺表演、民族传统体育竞技、闭幕式和篝火晚会五个部分。开幕式要进行点香并跳"温吉尼"的仪式,这是赫哲族特色的展现。参加过乌日贡大会的何玉芳教授说:"虽然是民族节日,乌日贡大会开幕式模仿了许多运动会开幕式程序,有各地来的代表队入场,中国国旗走在各队伍最前列,旗手由武警战士担任。接下来就是升国旗、奏唱国歌,然后是升会旗、奏会歌,紧接着是选定的德高望重且健康的男性老人或年轻莫日根来点燃圣香、民族精英及各代表队队员跳'温吉尼'、介绍出席的上级行政部门领导与本地各级领导等。闭幕式也是相同程序:奏会歌、降会旗、传香火、传会旗、奏国歌、降国旗等。从组织机构来看,组委会成员是由当地政府各级部门领导担任,可见,乌日贡大会得到了政府的支持,奏唱国歌、升国旗、行政部门领导出席等都表明了民间仪式的'国家在场',表明了赫哲族是中华民族的一分子,这是自豪与骄傲的自信,就连俄罗斯那乃族与我们这边赫哲族相互参加两边的节日活动,通过互动交往,那乃族不仅羡慕我们政府对乌日贡节日的支持,而且在赫哲族经济发展、生活基础设施、住房等各方面给予大量投入,使赫哲族人民生活水平得到大幅度提高。我们赫哲族也通过参加那乃族那边的节日活动,对比了俄罗斯那乃族居住生活水平、交通基础设施等,更加深了对党、对国家、对中华民族、对改革开放的认同。"整个仪式中的民族文艺表演、民族传统体育竞技是节日大会的核心,民族文艺表演主要是赫哲族的伊玛堪说唱、歌舞、服饰、声器乐等,表演的节目传统与现代融合,是对赫哲族古老传统文化的再现与发展。赫哲族传统体育竞技有划船、叉草球、顶杠、射箭、杜烈其、鱼王角力、打兔子、摔跤等具有渔猎、狩猎特点的比赛项目[①]。

再如东兴京族的哈节、广西大新的壮族歌圩等影响范围较广、具有标志性民族特征的传统民俗节日,都是官方与民间组织联合举办的形式。一方面,社会经济的快速发展对大型活动的组织举办提出越来越高的要求,一般的民间社会组织的举办能力已经很难保证活动的顺利开展,即使拥有雄厚的资金支持,若没有一定的号召力,也难以开展大型活动,因此需要政府的介入;另一方面,政府部门充分认识到民族体育活动丰富的人文内涵以及其所蕴含的现代化发展潜质,并设法予以保留,因此,官方部门在策划活动时需要预留足够的、对传统文化保留"原真性"的空间。在原有民间自发组织交往的群众基础上,地方政府负责规划统筹、经费投入、开展宣传等支持和辅助工作,可以在规范体育活动的同时尽可能地保持原有的节庆内涵。

节日庆典实现了资源的整合,同时打造了一张属于当地特色的名片。诸如江城县的"三国丢包节"、马关县的"花山节"等,政府还注重打造区域联动,即相邻的省县达成合作,轮流坐庄举办民俗系列主题活动。这样一来解决了资金和组织问题,使各县市在友好合作的同时互利共赢,也扩大了活动的涉及面和影响范围,提升其影响力。同时以文化

---

① 何玉芳.中国节日志·乌日贡[M].北京:光明日报出版社,2018:53-61.

第三章 跨界民族传统体育文化交流的历史经验与现状

促发展,以文化促经济,借助文化活动的契机,打造文化产业链,形成自己的特色,带动当地经济的增长。

与此同时,传统节日越来越现代化使得不少学者对于传统文化的本真性表示担忧。传统的娱乐性节庆"花山节""歌节"原本就是民族文化汇聚共欢的舞台,而如今政府将其中的经济效益不断放大,文化展示是其次,借此机会能带来多少经济收益、促成多少经济合作才是重点;再者,像景颇族"目瑙纵歌"这样具有浓厚文化色彩的节日和仪式,开始逐渐从"娱神"向"娱人"转变,社会的快速发展使得人们不再需要依靠祈求神灵庇护而维系正常的社会秩序和生产生活,传统节日逐渐成为一种习惯,或者说是规则,每年的这个时候,人们都需要遵照旧制来举行庆典。而仪式也逐渐舞台化和展演化,逐渐向着美观和简洁的形式发展。适者生存与保留本真无疑是矛盾的,不仅仅是体育文化,这种现象是民族传统文化普遍的生存现状。但毫无疑问,跨界民族传统节日的打造,加固了意识形态差异之上跨界民族的认同感与凝聚力,对于跨界民族内部、边境社会之间、国家之间都具有积极的推动作用。几乎所有的边境少数民族地区都有代表性的跨界传统节日。

(二)非遗传承保护

非物质文化遗产指被各群体、团体、有时为个人所视为其文化遗产的各种实践、表演、表现形式、知识体系和技能及其有关的工具、实物、工艺品和文化场所。非遗所承载的,是对于地域、族群的文化认同感和历史感,它作为一种原生的情感纽带,维系着一个民族、一个社会、一个国家的团结和发展。国家重视对非物质文化遗产的保护,许多少数民族传统体育非遗项目同样是跨界民族共同的文化,如蒙古族搏克、蒙古象棋、驼球、哈萨克族叼羊、鄂温克族抢枢、朝鲜族跳板、秋千等都已列为国家非物质文化遗产。地方上也在积极挖掘、抢救少数民族传统体育文化,如文山州文化遗产科邓科长告诉课题组,文山州全州共有国家级非遗5项,分别是"壮族彝族铜鼓舞""彝族葫芦笙舞""壮剧""坡芽情歌""女子太阳山祭祀",都是壮族和彝族的民俗;省级非遗有43项;州级非遗83项;涉及边境民族的非遗项目就有35个,射弩、吹枪、绣球都属于非物质文化遗产。邓科长非常遗憾地告诉课题组,花山节源于马关苗族,是文山重点打造的非遗申请项目,但被临县屏边苗族自治州抢先一步申遗成功。现今,全国各地相关部门正在积极发掘和抢救少数民族的传统文化,建立相应的保护传承机制,通过建立非遗传习基地、实行师徒制、加大经费投入力度等方式,保护非遗项目的发展土壤,壮大传承人队伍,注重非物质文化遗产的真实性、整体性和传承性,推动优秀传统文化繁荣发展。

(三)群众性民间游戏

如今,跨界民族传统体育文化的交流方式主要还是以官方的形式为主,民间自发进行体育文化交流的机会很少,更多的交流还是处于亲属关系之间的走动和商贸往来上的交流。但基于民族认同,两国边民对于共有的传统文化还是具有一定的亲切感的。打陀螺是村镇街头随处可见的一个娱乐项目。陀螺为木制的圆锥形,上大下尖,尖头着地,以绳绕螺身,然后旋转放开鞭绳,使陀螺旋转。民间打陀螺,一般是比旋转时间长短或相互撞击的准确性及稳定性。因制作方便,便于携带,易于操作,打陀螺在很多民族和地区当中作为一种体育游戏而存在;但在冰天雪地的东北打的是冰陀螺。打鸡毛毽和打石子也是滇桂边民茶余饭后经常进行的娱乐健身项目。文山、广南等地苗族村寨的青年男女经常开展打板羽球(鸡毛毽),比赛的形式规则与近代项目羽毛球相近。这是一种男女之间相处的方式,借助打鸡毛毽的方式来进行交友沟通。藏族俄尔多就是孩子们放牧闲暇时打准、投远的游戏,没想到还成为战争武器。打石子是孩童时期的传统游戏,广西和云南的各地均有对这一游戏的解释,虽有不同,但大同小异。先是准备一小堆石子,多为双数。将一颗石子向上抛,在石子还未落下之前,快速拾起地上的石子,再将落下的石子接住。有的地方是将石子全部捡完算作获胜,有的地方是看每次抛起后能捡起的石子数多少。若是没有接住落下的石子或是没有捡起地上的石子都算输。这种游戏是就地取材,参与者多为女孩,男孩较少。而在西藏日喀则定结县陈塘沟夏尔巴人乡,孩子们玩的是羊骨头。这些项目能因时、因地、因人而异地开展,对参加者的年龄、性别、职业等都没有特别的要求,动作简单易学,所以容易被大众接受。随着越来越多的人开始认识、接受和参与,这些项目得到广泛传播,形成了稳定的群众基础。诸如朝鲜族的秋千、蒙古族的摔跤、哈尼族的丢包等体育游戏项目,都在跨界民族中广为流传,虽然两国的形式有别,但基本的内容大致相同。

第三节 跨界民族传统体育的文化变迁

跨界民族传统体育文化在发展过程中,通常因民族迁徙、民族交往、社会发展等原因而发生改变,并非静止不变的,是历时性的、动态的变化。

文化变迁是人类学研究的重要概念。文化变迁通常是由历史发展、社会转型而引发的民族社会内部的变动或者不同民族之间文化的交融所发生的文化的改变。一般来说多发生于多种文化交流的过程中和旧有社会文化不适应新环境时,通常是来自本体内在或外在影响因素同时的作用,社会文化需要不断从环境中取得,以满足人们的生产生活需要[1],因此在各种沟通、交融、碰撞的过程中不仅会产生新文化,也会伴随着旧文化的衰败。现代文化变迁一般分为两类,即社会内部因素和外部因素。也有人将其分为自然变迁和计划变迁,总结来看,导致文化变迁的原因"一是内部的,由社会内部的变化而引起;二是外部的,由自然环境的变化以及社会文化环境的变化如迁徙、与其他民族的接触、政治制度的改变等而引起。"[2] 传统体育文化作为民族传统文化的重要组成部分,作为族群文化的象征之一,在时代发展和社会转型的背景之下,不可避免地受到政治制度、经济发展的影响,发生内容、模式或结构上的变化。而跨界民族的特殊性质,也导致了传统体育文化传承和发展过程当中不仅仅是受到本民族社会变迁的影响,同时也会随着两国关系和边疆政策的变化而变化。此外,多民族杂居的社会环境带来的民族交流和共融,以及制度上对于传统体育文化的定位,都使得跨界民族传统体育文化发生变迁。下面主要以中越跨界民族传统体育文化为个案加以论述。

---

[1] 张江予.文化变迁视阈下畲族民间体育传承路径研[D].集美大学,2019:4-6.
[2] 李泓.改革开放以来中国文化变迁研究[M].北京:中国社会科学出版社,2013:20.

一、跨界民族传统体育文化变迁的内容

(一)物质层面——从村寨到舞台

随着社会生产力水平的提高,民众的生活水平有了显著的提高,尤其是生产方式和生产工具发生了变化。受到外部经济因素的影响,传统体育在制作工艺、组织方式、开展形式上也发生变化。绣球,最早出现在广西宁明县境内的"花山岩壁画"上。崖壁上画着一些人像,手上挂着一圆物,看似像当时用以甩投的青铜铸造的古兵器"飞砣",并且多在作战和狩猎中运用[①]。随着社会的发展与物质生活水平的提高,飞砣渐渐演变成为人们休闲娱乐的工具——绣球。绣球一般为拳头大小,妇女用绣花布(起初为边角布料)缝成球状,里面塞上谷糠、玉米、棉花籽等干谷物。有些地方的绣球呈菱形、方形。绣球的一端系上一根70—80厘米的长带,带子末端结上几小块碎布。绣球的底部是用碎布条缝成的流穗。用布囊包裹作物种子,是先民对于性生殖最初认识的兴奋,对生殖器官的一种崇拜,其孕育了子孙后代,表达人们"生育兴旺"的寄望。绣球高掷,更多是寄托了祝福。传统的抛绣球为高杆绣球。高杆一般有八九米高,也有的是十多米。杆的顶部是一块木板,木板中间会凿出一个仅比绣球大一圈的圆洞(绣球洞)。圆洞的横截面呈梯形,面向男青年群体的一侧为剖面梯形的上边(偏小),朝向女青年群体的一侧是剖面梯形的下边(偏大)。圆洞的表面要糊上红纸,抛掷绣球时需要把红纸穿破,穿过圆洞才算成功。抛绣球传承人唐兰英老人说抛绣球时所握的绳子的长短、甩绣球的圈数和力度非常重要。抛掷时整个手臂用力绷直,身体随着绣球飞出去的方向送出去。这不仅是一项体育娱乐活动,更是一种信仰。绣球被壮族看作是吉祥之物,能穿过绣球洞,表示抛掷者有着过人的本领,也表示这段感情能够得到保佑。这与今天民运会的抛绣球项目有很大的不同。高杆竞技绣球的比赛场地为长26米、宽14米,中间一根高九米的杆上架一个直径为1米的圆环,这比传统的圆洞大大增

---

① 周华,唐拥军.广西壮族抛绣球文化特征与健身价值的研究[J].职业时空,2008,4(10):182.

第三章 跨界民族传统体育文化交流的历史经验与现状

加了投球的命中率。另一种竞技方式是背篓绣球,在规定范围内,运动员在规定时间内将绣球从抛球区抛向接球区,本队队员背上背篓内数量多为胜。传统的民间抛绣球考验的是力与美的结合,对参与者的手臂力量、挥臂方式与节奏以及全身的协调性都要求极高。因此抛绣球的一大优点就是强身健体。如今龙邦街唯一一根绣球杆是依照民运会竞技的要求设计的,节庆时分,有意者均可来参与,抛中绣球筐者即可获得相应的奖励。如今民间的抛绣球逐渐成为一种娱乐健身项目。

吹枪和射弩不及抛绣球的群众性和普及度,需要一定的技巧和训练。吹枪是由枪管和枪套两部分组成,用长约1.2米,内径约0.01米的薄竹管做成,捆绑在木质的枪套上即成。子弹是由黏泥捏成的弹丸,击发时将泥丸塞入枪管,瞄准目标后用嘴发气将泥丸吹出枪管。山林狩猎是苗族传统的生计方式之一,随着吹枪技术的推广和熟练,人们开始用吹枪来捕捉鸟类。射弩的起源主要基于军事作用,用以保卫家乡。弩是由木材刨削而成。原始的弩床是弯弓起来的,较短,制作时没有过高的要求,只是为了方便使用和考虑射程的远近。最远的射程是三四百米,要致命的话是一百米,普遍上都是几十米。随着技术的进步,到后来出现了扳机和握把,前后扳机之间有绳子连接,扣动后扳机带动前扳机发射。这样的设计稳定性相对较好,摆动力较小。也发明安装了瞄准器。弩在战争时起到了重要作用。用毒药浸洗箭头,一旦射中,三步必死,射击精准,借助传统文化的智慧消灭敌方,保卫故土。今天我们所见到的枪和弩,除了保留了原有的功能之外,开始考虑外观上的精致和使用上的方便。我们在麻栗坡县猛硐射弩传习基地看到了各式各样的弩,有便于携带的精小的弩,也有专门设置远射程的弩,还有图案精美、做工精致的弩。游牧民族向来以骑射水平作为能力与身份的象征,也是民族特质和精神的彰显。随着游牧民族的定居,这些代表男儿气概的体育项目更多地成为现代竞技场上的比赛项目,或是文化展演项目,正逐渐被现代化磨去原有的特质和棱角。如今很多民族传统体育都成为非遗传承项目,若非如此,很难有人愿意主动学习和传承下去。因为现在大多数年轻人都选择外出务工,村里面只有到春节时候才会热闹,因此举办活动选择在春节期间,其他的时间基本上很难举办起来。这些传统的体育活动,也逐渐变成了节日期间或是旅游景区展演的一项文化活动。

（二）制度层面——从无序到规范

从传统的民间民俗活动,发展为非物质文化遗产,这是跨界民族传统体育项目在历史发展过程中一个重要的身份转变。除了基础的物质条件发生变化以外,制度管理形式也在与时俱进。蒙古族历来重视摔跤,规则也有一个动态发展的过程,从原来野蛮时代的"以生死为取胜"的标准演变为元代时期"双肩或躯干着地即负"的标准,后来又逐渐发展到"膝关节以上任何部位一点着地即负",就是"点到为止"。还有广西龙邦镇抛绣球的例子：龙邦镇政府和街委建立了完整的传统项目的传承体系。当地在龙邦街设立传承基地,由文化传承人黄卫良为基地管理人,负责基地日常管理。街上有抛绣球的传承人黄卫良、唐兰英两位老人。传承人是大家公认选举出来的技术最好、最有威信的人。基地以集中交流、培训、师徒传承、嫡系传承等方式开展活动,每年开展传承活动约4次。1—2月份为日常训练,旨在提高竞技技术,带队参加靖西市、龙邦镇春节文体活动;5—6月份集中培训,筹备参加龙邦街航诞非遗传习大典的抛绣球仪式,与越南边民、龙邦周边群众开展抛绣球交流、比赛等,旨在扩大传统文化的影响力;8月份进行队员集中训练,参加靖西市抛绣球比赛,着力培养精英队伍;11月份集中培训交流,侧重于师徒传承。这是我们在龙邦镇的街委办公室看到的关于龙邦镇文化传承的宣传牌,除了抛绣球,还有抢花炮项目。龙邦街还针对抛绣球项目制订了保护传承计划。在龙邦街建立抛绣球活动基地,在街文化活动中心设立抛绣球活动场地,建立抛绣球生态保护村(街)。利用春节、农历五月十三龙邦传统文化艺术节的契机,举行抛绣球比赛,运用奖励机制,提高群众参与的积极性。充分发挥边境旅游景点服务优势,在边关增设抛绣球项目,大力推广普及抛绣球娱乐活动。同时利用现代传媒手段,加大宣传力度,在全社会形成自觉保护壮族文化品牌的意识。龙邦镇对于传统文化相当重视,除了各项目的传承人,还有一个传统文化的总传承人,平日里负责重大节日传统项目的操办。抢花炮同样有这样一个类似的体系,但抢花炮每支队伍人数较多,参与人员并不固定。这种形式很好地将群众与官方组织协调起来,有效地保证了传统体育文化的传承和建设。但是传承人年龄上的断层仍是令人担忧的现象,老人们也在积极地带动村里的孩子加入传习的队伍当中。

第三章　跨界民族传统体育文化交流的历史经验与现状

吹枪和射弩已经被列为文山州民运会的运动项目，文山州在文化的发扬地设立了训练基地，以竞技体育比赛的形式鼓励年轻人学习传统体育项目。吹枪省级非遗传承人罗洪明是多届云南省民运会吹枪项目的冠军，并且近几年开始传授徒弟。"正是因为有民运会这样的机会，有政府的重视，吹枪这些传统文化才得以传承。不然现在生活中哪里还需要用得到吹枪？"如今的传统体育文化，很大程度上依赖于官方所给予的支持和认可，政府的补贴、比赛的奖金是传承人所能获得的基础保障和激励措施。

（三）精神层面——从"娱神"到"娱人"

自中华人民共和国成立以来，各边境地区的生产力水平不断得到提高，中国边境一带人民的思想认识、受教育程度和生活水平得到了很大程度的改善，日常行为中的禁忌逐渐消失，传统文化活动开始从"娱神"向"娱人"转变。

少数民族体育运动与其他体育活动一样，都是社会文化活动，但少数民族传统体育与其他体育活动不同的地方在于参与人群的民族性更强[①]。龙邦镇的抢花炮活动从 20 世纪 60 年代便开始，延续至今。抢花炮的时间一般定在春节时初一或十五，后来在每年农历五月十三的民俗文化节也举办抢花炮活动。龙邦街张支书介绍："抢花炮是为了纪念当年的关公磨刀日。当年关公磨好刀，带领着将士们将敌人赶出我们的家园。"龙邦镇至今还保留着靖西市唯一一座关公庙。抢花炮活动举行之前需要提前两天到关公庙将活动当天的关公像和花炮等进行开光。抢炮过程每年会分为三炮，头炮寓意"发财"，第二炮寓意"添丁"，第三炮寓意"如意"。一般先放第三炮，头炮最后。抢到花炮的人要将花炮带到关公庙前祭拜以示感谢和祈福。现在的抢花炮作为节庆活动的重要组成部分，人们可自发组队参加，抢到花炮的人可获得相应的奖金。马关的倒爬花杆是花山节的重头戏，分为立杆、祭杆、闹杆和收杆。立杆示意节庆已到，以鸡血祭之。爬花杆的参赛人员要倒着爬上花杆，将芦笙别在腰间，爬到顶端后要倒挂吹奏芦笙，示意自己的水平和喜悦。伴随

---

① 张江予.文化变迁视域下畲族民间体育传承路径研究[D].集美大学，2019：21.

着闹杆期间的其他各类民俗活动,踩花山已经逐渐向节日娱乐和展演性转变,宗教和祭祀的功能越来越小。抢花炮亦是如此。人们依旧在遵循老祖宗的旧习俗,记挂着活动过程中的种种规矩和禁忌,但他们说"老人是这么跟我说的""流传下来一直就是如此",人们更多是怀着"循旧制总不会出错"来进行着这些"习惯性"的仪式。实际上这些传统的文化习俗开始逐步实现现代化转型,以更好地满足市场和民众的需求。

而如今随着社会快速发展和市场经济观念的传入,宗教仪式功能已经发生了明显的变化,传统体育的宗教文化功能明显弱化,其对于人们宗教情感的满足和日常焦虑的释放已经转变为为当地带来经济效益。但随着社会的变迁,现代化思想逐渐传入边境村寨,一些传统活动丧失了其原有的神圣性,而在后期的传统文化恢复当中又加入了其他自娱自乐的成分,娱人作用逐渐加强,逐渐变得戏剧化和展演化,更多是在节日和庆典的时候才会出现。

二、跨界民族传统体育文化变迁的因素

(一)文化变迁的内部因素

随着时代的变迁,伴随着社会经济发展所带来的物质条件的进步是传统体育文化变迁的基础和动力。中越漫长的边境线上居住着壮、汉、苗、瑶、彝、傣、岱、侬、京、布依、泰等跨界民族。多民族世代杂居,在百姓间一直流传着一句俗语:"苗族占山头、倮倮占箐头、壮族占水头、汉族占街头。"[①] 由此可以大致了解到广西、越南一带边境地区少数民族的分布情况以及民族之间的交往互动关系,同时也反映了边界少数民族所处的地理环境和条件。文化是人们在适应生存环境和试图改造自然的过程中产生和演变的,我们由文化探知民族的历史进程,亦可以探索文化诞生的根源。少数民族传统体育最初起源于人类的生产生活,它是民族传统体育文化产生的动力和源泉。壮侗语族是百越族群发展衍生而来的族群分支。百越族群是最早一支种植水稻的民族。骆越先民是最早开始人工栽培水稻的族群。云南与越南北部的山区、平原地区气候相

---

① 龙邦街张支书采访

第三章 跨界民族传统体育文化交流的历史经验与现状

似,主要受到亚热带季风气候的影响,雨量充沛,日照充足,资源丰富,适合稻作农耕文明的发展。壮族是中国最早种植水稻的民族之一,在祭祀、祈年等仪式中,稻作农耕是极为重要的内容。因此壮族传统的体育文化与它的生产生活是密不可分的。绣球是壮族的吉祥之物,是壮族文化的代表,距今已有2000多年的历史。抛绣球作为壮族最具代表性的传统项目,除了所熟知的传情表爱之意,还有另一层含义,便是庆祝丰收,祈求来年风调雨顺、五谷丰登。这些习俗,都是基于传统社会的农耕经济形式,受当时的社会经济条件影响的。

地理环境影响了生产生活方式,进而也影响了民族传统体育文化的形成与发展。壮族因为居住在地势较为平坦的地区,因此开发了抛绣球、抢花炮这些空间较大、人数众多,集祈福、娱乐等功能于一体的体育项目。苗族居住在山地地区,丰富的林木资源为制作弓、弩、箭等器材提供了便利,因为射弩、吹枪、陀螺等项目,其制作材料无不是因地制宜。这两项苗族的典型体育项目随着迁居山下而逐渐失去了其原有的普及度和重要性,人们不再需要依靠枪和弩来保护安宁,也不会有外敌入侵,弩挂在村民家的墙上,逐渐变成了一项装饰。人们不再"靠山吃山",耕作或是外出务工成为更多人的选择,人们也不再愿意进入危险的山林去谋生,而早年间的大量砍伐也使得植被遭受到了一定的破坏,吹枪的非遗传承人罗洪明告诉我们:"现在制作吹枪的竹木,需要到越南去购买,在云南一带已经找不到合适的材料,并且买回来的竹木,也已不是早年间直接从山上砍下的那般原生态。"

与此有着相同困境的还有前文提到的龙邦绣球。镇上的年轻人多外出打工,具有经济物质条件基础后会迁到靖西或是百色生活,留在村里或是镇上的多为老人和小孩,镇上的主要干部也是50岁以上的本地人。文化传承出现年龄上的断层,并且这些作为象征标志的民族传统体育已从生产生活、到信仰仪式,再到如今的娱乐节目,在很大程度这些传统体育文化在民族中的作用和含义在发生变化。我们去龙邦街委的张支书家拜访的时候,正是春节前夕,春节期间镇上即将举办一系列的迎新活动,其中就包括抛绣球和抢花炮。他为我们展示了他专门订做的新绣球,以供活动使用。"这些绣球是最传统的样式,只有我们龙邦才保留得最完整。这十个是那天我托别人做好给我的样品,我打算定做几十个。这种绣球我批量买的话是10块钱一个。"张支书特地送了我们几个留作纪念。"这个才是最传统的,现在旧州的那种绣球都是工艺品,好看而已。以前家家户户都会做,现在会做的都是老人了,也不太愿意动手了。我专门找了一家定做,这几年都是买的他们家的。"

"优胜劣汰、适者生存"。不是老人们遗忘,也不是年轻人丢弃,如今的生活,如果只是男耕女织,很难满足时代进步的需求。也有很多年轻人愿意学习传统文化,但真正要让人感受到原始的感情和民族的生命力,只有在春节时刻才能实现。

(二)文化变迁的外部因素

1. 政治因素

政治早在人类原始社会时期就已产生,随着国家的形成而产生,是一个复杂并涉及领域较广的社会产物[①]。政治体制作为国家或利益主导集团的具体表现和实施形式,代表着统治阶级的根本意愿和社会发展的程度和水平。国家会依据不同的自然环境和社会背景制定相应的政治制度,以适应时代发展背景,推动社会进步,维护国家和政权的稳定。传统体育的产生和发展受到政治因素的影响,政治政策的制定对于传统体育的发展模式和未来走向起着重要的作用,如对传统文化的重视引发了"非遗"保护的热潮,民运会的举办使得传统体育项目开始向竞技性、标准化和规范化的方向发展。历史上,体育服务于政治,也影响着政治,各个阶段政治环境的变化对于各民族传统体育的起源和发展也有着不同的影响。在古代,一些体育项目有着阶级特性,只有统治阶级或是贵族才可参与,如蹴鞠、马球、捶丸(今天的高尔夫)等,都非平民百姓可以从事的体育活动。战争时期,体育项目训练成为提高军队战斗力的主要方式,如蒙古族的角力、马术、射箭,就成为为军事政治服务的工具。而基于外交的需要,为了睦邻友好,传统体育又作为文娱活动来增进彼此的感情。在与邻国关系紧张的时期,这种传统体育的交往又出现停滞,严重时甚至会影响传统体育文化的发展。

而就现代来看,国际关系日益密切,全球化将各国的命运联系在一起,形成命运共同体,所谓牵一发而动全身,独立发展、一国独大的局势

---

① 王鹏飞.蒙古族传统体育起源与发展的环境因素研究[D].内蒙古师范大学,2015:13.

第三章 跨界民族传统体育文化交流的历史经验与现状

早已不存在。因此在这样的全球化时代背景之下,各国的政治体制和政治政策也发生相应的改变,不仅要关注自身社会的发展,同时也要关注其他国家,尤其是相邻国家之间关系的发展。正因如此,国家依据每段边界的实际情况制定了相应的边疆政策,以促进和稳定边疆社会的发展。民间社会与国家的关系向来是民族地区发展过程中所要探讨的重要问题。国家作为符号会出现在民间的文化仪式当中,而国家在场的体现则是对民间文化仪式的征用[①]。最为常见的形式便是将民族传统的节日或仪式打造和宣传成地方性的文化标志,扩大其影响力。马关县每年春节时期举办的盛大的"花山节",就是由政府牵头、苗学会主办的。一则是为了弘扬传承苗族文化,以官方举办的形式唤起苗族同胞的认同感和凝聚力;二则是以这种大型活动的形式增加节日氛围,以文化带动经济,形成地方品牌文化,打造地方特色。这种形式现在被很多地区认可并且实施,如凉山彝族的"火把节"。马关县将民族传统文化作为建立特色产业和弘扬地方文化的其中一个发展方向,致力于打造具有地方性的民族文化,同时也是为了保护地方文化的多样性和完整性。壮学会则通过发表刊物、收集文化资料来传承文化。

2. 经济因素

经济发展是每个民族乃至每个国家发展的重中之重,是人类学社会政治、文化发展中不可缺少的重要因素之一。北方游牧民族受到草原动植物生长规律的影响,形成了独特的游牧文化;西南山地民族由于所生存地势环境的限制,形成了山地耕牧文化;青藏高原地区由于高海拔、低气温的生活环境,形成了高寒农牧业的经济方式。生产方式是经济活动的外在体现,是人类社会得以发展的决定性因素,很多跨界民族的传统体育项目的起源,都与他们的生产方式有着很大的关系。以狩猎经济为主的蒙古族、鄂伦春族、哈萨克族等民族崇尚射箭、摔跤;以农耕方式为主的民族,如壮族、苗族、仫佬族等,热爱秋千、斗牛、爬杆等传统体育,这都与他们日常的生产生活方式有着密切联系,它们的运动方式大多是模仿生产劳动中的行为与动作。各民族在不同的历史条件下,生产方式也会因生态环境和政治政策的变化而发生变化,而生产方式的变化

---

① 高丙中.民间的仪式与国家在场[J].北京大学学报,2001(01):42-50.

也会影响民族传统体育的发展。鄂伦春族实现山下定居后,传统的狩猎方式失去了用武之地,逐渐被遗忘;随着蒙古部落统一中国,建立政权,蒙古族进入中原地区,受到农耕文化的影响,蒙古族传统体育失去以往的活力。同一项传统体育由于在不同发展程度的社会中,受到当地经济条件的影响,也会呈现出不同的形态,如跨界苗族的传统节日花山节,越南的花山节更具传统性和本真性,而中国的花山节则带着时代性和传统转型的标签。也正是在经济因素的影响下,民族传统体育体现出其在经济效益方面的功能,现代社会中国家的介入将传统节日带入了市场机制中,传统节庆活动的举办不仅仅是文化象征意义上的呈现,随着文化资源的深入挖掘,这些传统的节日和体育文化也带来一定的经济效益。马关的采花山是很隆重的,专门有一片山坡上的空地用来举办活动,同时专门划分交易的场地。当天四面八方的苗族同胞或者非苗族人也会来参加,十分热闹。节日连续举办十多天,这期间,酒店、餐饮、服饰和特产等行业进入繁荣发展时期。"一带一路"倡议的实施,必然会为两国的市场流动带来影响。"一带一路"倡议的实施为跨界民族与沿线各国文化交流提供了契机,方便了文化产品"走出去"与"引进来",带动了跨界民族地区经济的发展。跨界民族传统体育文化集娱乐性、健身性和休闲性于一体,作为打造民族传统文化的一个品牌,具有的地域性和民族性使其具有独特的稀缺性,强化其在国际市场上的绝对优势,使得文化产品在国际市场上极具竞争力,带动文化的繁荣。随着马关花山节的规模逐渐扩大,越来越多的人了解花山节并且参与其中。但一部分并不是因为花山节所具有的民族性或是喜欢民族节日而来参加的,而是因为"热闹"或是旅游,有些商贩仅是因为节日所带来的商机和收益而来。官方举办的花山节大多为了社会经济的发展和吸引广大游客,倒爬花杆、跳芦笙等传统项目逐渐变成展演节目,但不可否认花山节确实给马关带来了发展的活力。

　　云南文山州体育科的郭同志告诉课题组,近年来,文山州政府加强在体育基础设施上的建设,截至2010年,文山州通过采取"政府投入、争取上级补助、挂钩单位支持、社会力量参与"等方式,使全州体育基础设施得到改善。1998年投资3500万建成文山州第一座综合性民族体育馆;2007年总投资1.2亿元的文山盘龙体育场开工建设,用来承担文山州大型活动的举办,此后也不断投入资金进行场馆建设,广泛开展全民健身活动,不断完善全民健身服务体系,业余训练场地设施条件得到

第三章　跨界民族传统体育文化交流的历史经验与现状

明显改善。

3. 文化因素

跨界民族传统体育文化,应当作为一张交流的名片。传统体育文化既蕴含着民族的历史底蕴,也体现着民族的精神气节,更是民心相通的重要方式。此外,由于国家重视非遗传统文化的传承与保护,有关部门对于民族传统文化的保护和传承很重视,积极挖掘民族传统文化,努力申请非遗,同时对现有的各民族文化进行统计,对自身民族有清楚的定位和了解。对于省级和市级非遗文化他们建立相应的传承训练基地,并积极鼓励参加民运会,进行对外交流。文山州苗族的吹枪、射弩,壮族的绣球、花炮,这些有着民族特点的非遗体育项目,在中越边境维系着跨界民族的认同感和标志性。由于边境县市地理环境的特殊性,马关县民族文化的发展受到外来文化的影响,与越南的民族文化相互交流、相互融合,呈现出多元的特点。

边境地区作为运输交流的要道,是最受到外界文化影响的地带,同时也因为生活的原始和地形的阻隔,很容易受到外来文化的冲击。例如,课题组在广西龙邦镇的一个边境苗寨了解到,寨子里的苗族人信仰基督教,逢周末会进行礼拜,过圣诞节。这是因为当初法国殖民越南的时候,西方文化渗透到了边境地区。边境地区的民族文化具有脆弱性、互通性、多元化,既有利于跨界民族文化的交流,但也让人担忧文化差异带来的冲击。

三、跨界民族传统体育文化变迁的特征

(一)民族性

各少数民族在长期发展过程中,由于语言、经济、地理、心理、道德和价值观念等的差异,形成了本民族具有鲜明特色的传统体育项目,表现出了相对独立的发展脉络与文化特质。正如蒙古族的骑马射箭、彝族的阿细跳月、景颇族的目瑙纵歌,是代表着该民族所特有的气质和特征。例如,龙邦的壮族和苗族都有抛绣球的习俗,但两个民族无论是在

制作工艺还是开展形式上都有不同之处,各具特色,表现了本民族特有的个性特征。壮族的抛绣球是高杆绣球,而苗族的绣球则以休闲娱乐为主。弄关苗族的绣球是椎体状,四面呈菱形,以白布包裹着的木糠和泥沙为主体,四条棱用绿丝线编织花纹以突出棱角。椎体的四角系着四条20—30厘米长的流穗,上半段是用各色的彩珠编成的珠串,下半段接着绿丝带扎成的流苏,轻轻甩动,珠串相互碰撞,带来细微叮当的响声。绣球椎体的正中央上面系着一条长约1米的珠带,同样是绿色珠子串成,末端连接着各色彩珠与绿丝带的流穗。苗族的抛绣球一般为两人面对面互抛,分站两侧,中间约间隔3—4米,将绣球抛掷给对方,一来一往。若说传统的壮族绣球是简洁朴实的,体现壮族人民的踏实勤劳的农耕精神,那么苗族的绣球则像是精美的工艺品,精致华丽,一如他们的民族服装一般流光溢彩。

(二)跨地域性和适应性

地域的差异造就了不同的民族传统体育项目。我国是一个多民族国家,由于信仰、经济、心理素质、生活环境、道德观和价值观等的不同,形成了各具民族特色的传统体育,它们反映了该民族的生产、生活方式及宗教信仰等。但随着时代的发展、生产力的提高,不同民族、不同地区的人们交流逐渐密切和频繁,进行民族传统体育交流和互动,开展环境和开展形式也随之发生变化。例如,广西壮族的竹竿舞,在海南的瑶族、苗族以及广西的京族同样也受人喜爱。而中国传统体育项目赛龙舟,如今也走出国门,成为越南、泰国等东南亚国家人民喜爱的体育形式[①]。民族传统体育不仅具有区域性的特点,还能够通过民俗文化的交流,发挥其适应性强的优势。

(三)娱乐观赏性

民族传统体育最初起源于人民的生产生活、宗教祭祀,由此逐渐发展,其与现代竞技体育相比,更具有娱乐性和健身性,侧重于满足人们

---

① 刘朝猛.中越边境民俗体育在全民健身中的价值研究——以广西崇左地区为个案[J].南京体育学院学报,2012(1):134-136.

第三章 跨界民族传统体育文化交流的历史经验与现状

生理和情感上的需求,并以自娱自乐的、消遣的和游戏的方式出现[1]。如苗族的跳芦笙,就把竞技、舞蹈、艺术、音乐体育融为一体。吹芦笙是苗族的传统,在节日、丧葬等一些重要的节点,村里的男人会一边吹芦笙一边和着节拍跳舞,以达到欢庆、哀悼、祭祀等目的。不同的场合有不同的曲调和舞蹈动作,既有民族特色,又有健身娱乐价值。

(四)时代性

社会的变迁决定了文化具有时代性。传统体育作为一项民族性和群众性的文化,也能直接或是间接反映每个时期的时代特点。跨界民族传统体育文化流传至今,经历了不同历史时期的变革,凸显了时代的符号,同时也折射出民族关系和国际格局与时俱进的演变过程。吹枪在传统的苗族生活当中是一种谋生手段,就好比蒙古族的弓箭,苗族人民用吹枪来捕捉山林鸟兽,来御敌妨害。旧时家家户户都可学习使用,然而随着工具制造水平和人们生活水平逐渐提高,苗家人不再需要依赖山林而生,同时更加精巧的工具代替了不易携带且需要训练方可使用的吹枪,这象征着英勇的传统工具逐渐被人们搁置、疏忽、遗忘,吹枪成为一项只存在于老一辈人当中的手艺。现在已经被列入州级非物质文化遗产,成为省民运会的比赛项目,并且根据竞技比赛的规则对传统的枪管进行了改造,泥丸也变成了飞镖。这样的改造也意味着传统体育文化随着时代的进步也进入了新的发展阶段。

(五)延续性

如今的民族文化传承,民族的共同信仰和共同意识在其中起到了很大的作用。每年的这个时候,大家都会齐聚一堂,去商讨民俗活动的举行仪式。例如,在春节时候男女青年相聚抛绣球,绣球里包裹干谷物,高抛过圈,以这种愉快轻松的方式,表达人们对来年风调雨顺、五谷丰登的美好愿望,长久以来流传不息,是寄托了祖先的思念。民间在举行竞技类体育活动之前,都会举行一定的祭神仪式,一是为了告知先祖,又到了举办民俗活动的时节了,希望祖先保佑一切顺利;二是借着祭神祭

---

[1] 丛密林.民间体育、民俗体育、民族体育和民族传统体育概念辨正[J].体育科技文献通报,2014,22(1):3-5.

祖之名来举办活动,赋予了体育活动一定的神圣性和特殊性,以一种隐藏的强制性来使得这些活动得以举办和延续。虽然在历史的演变过程中曾面临过挑战和挫折,但传统民族体育文化表现出的强大生命力,使其在历史长河中始终保持着顽强的姿态,维护其独特性传承至今。

(六) 多元性

跨界民族传统体育是多民族共同创造、共同延续至今的优秀民族文化,其内容丰富、形式多样。它的产生形式复杂,具有不同的历史起源,如源于宗教祭祀、生产生活以及娱乐健身等各个方面。因居住在不同的地域,经历不同的历史变迁过程,受到不同政治背景和社会因素的影响,其文化的内容和方式会有所不同。此外,各民族交错杂居增加了跨界民族文化的多元性。该区域各民族交错分布,杂错而居,各民族的文化习俗相互影响相互融合,多民族的共生依存关系使得跨界民族文化呈现出多元的特点。有以养生、健身为目的的拳术、剑术,又有健身娱乐的民族舞蹈,也有规则明确的竞技体育活动。跨界民族传统体育多种多样,异彩纷呈。

地缘上的文化边缘性使得跨界民族文化具有多元性。例如,云南文山州地处边疆,在地域划分上属于边缘地带,远离核心区域,同时从文化圈划分的角度来看,跨界民族文化也与文化核心区域之间存在一定的距离。文山州相较于西南民俗文化圈而言,处于西南边缘地带,各民族交错杂居,相对于本民族的核心文化区,存在较大的空间距离。尽管受到强大汉文化的影响,但仍是汉文化的边缘薄弱地带。这使得跨界民族传统体育文化变迁具有多元性。

(七) 包容性

文化的多元性和血缘的相通性使得跨界民族文化具有包容性的特点。居住在同一地域的各个民族具有共生依存性,决定了多民族交往的过程中必然会有所接触,相互吸收各自文化中优秀的部分,融合进各自的文化当中,例如,无论是世居壮族、还是从高原游牧迁徙的哈尼族、彝族等,都融合到农耕文化,他们都同样打磨秋。在文化相互接触的过程中,出现了相互采借的过程。采集的过程是适应的过程,同时也是创造

第三章　跨界民族传统体育文化交流的历史经验与现状

的过程。地域环境的复杂性使得各民族为了适应而在文化上体现出包容性，以利于民族发展的文化兼收并蓄。杂错而居的民族关系使各民族在日常生产生活的过程中接触较多，吸收对方文化中的优秀部分，摒弃自身的陋习，做到各民族和谐共生发展。

综上所述，跨界民族长久以来一直保持着密切的关系，除了史料上所记载的官方外交以外，民间交往更为频繁和自由。由于资源的互通性和互补性，民间时常进行贸易上的往来，而民俗的相似性和隐寓性则使得双方常常通过传统节日或是传统活动来不断凝聚和增进彼此之间的原生情感，维系边民社会的和谐稳定。传统体育文化便是贯穿于跨界民族历史交往、情感交流始终的纽带，它所象征的不仅是一种民族文化的特质，它所承载的更多是一个民族的历史记忆，通过传统体育活动的一次次举办和展示，来不断唤起民众对民族的情感，来不断强化跨界民族内部的共同认知。共同的文化隐寓着共同的历史记忆，在跨界民族分布的场域内形成文化圈，在数千年的沧桑变化中延续着跨界民族的生息繁衍。

随着社会的发展进步，跨界民族的生活形态已经发生了翻天覆地的变化，传统体育活动也随之发生变化。受到外部经济因素、政治因素以及文化因素的影响，传统体育在制作工艺、组织方式、开展形式上发生变化，组织管理形式也向着规范化和制度化迈进，而传统体育活动当中精神层面和宗教层面上的意蕴也开始从"娱神"转变成"娱人"。传统民族节日和传统体育活动的文化功能被放大，同时挖掘其新时代下的政治功能与经济效益，将民间交流与官方互动相结合，打造其成为边境县市的文化品牌，成为跨界民族沟通的重要桥梁，乘借时代发展的契机，推动边疆社会的发展，促进中国与周边国家之间的友好往来与协同发展。这种跨界民族传统体育文化发展的新形式，其实是在承袭历史记忆的基础上建构一个新的文化圈，以民间社会的和谐稳定来推动国家关系的向前发展，无不在提醒全球化背景下国际关系新的应对形式和交流途径。历史的传承给予了后代丰富的经验，跨界民族传统体育文化历经沧桑变化，在今天的时代社会背景下，正焕发着它的价值和光彩。

第四章 跨界民族传统体育文化的价值与作用

2万多公里的陆地国境线上,与14个国家接壤,35个跨界民族跨界而居,这些跨界民族是在历史变迁和国家疆土变更或者迁徙的基础上,生活区域因国界分割而跨居两个或两个以上国家的,在特殊的地理、历史发展条件下形成的特有的传统体育文化现象,这些传统体育文化除具有其他少数民族传统体育文化特点外,还具有自身的独特性,在跨界少数民族的生活中具有非常重要的价值。此外,作为跨界民族的传统体育文化,在跨界民族交往,促进经济、文化、商贸等往来,维护国家安全等外交方面还具有特殊的作用。

第一节 跨界民族传统体育文化的特点

一、跨界民族传统体育文化与境内少数民族传统体育文化的共有特点

(一)地域性

少数民族传统体育是在一定的气候、地理环境条件下产生的,离不开所在地的天然生态环境,不同区域的跨界民族传统体育是适应各自不同的生态环境而形成的,各族人民充分利用自然环境形成了各具特色的体育项目。区域自然环境为体育活动的产生提供了土壤,民族传统体育产生于其中,场地、器材的制作、运动形式都受环境的制约与限定,与生态环境相互影响、相互作用、互为因果、相互依存。我国幅员辽阔,边境线长,生态环境跨度大,正是在不同的生态环境条件下,产生孕育了各

第四章　跨界民族传统体育文化的价值与作用

具特色的跨界民族传统体育,不同区域的跨界民族传统体育深深刻上了地域特色。

不同场域下形成了不同的民族传统体育项目,同一场域下的不同体育项目有共性,而不同场域下的不同体育项目具有差异性,也就是地域性。

东南亚跨界民族多是热带、亚热带气候,常年多雨,天气炎热。多处于青藏高原的南边,地形多山地峡谷,发源于青藏高原的河流由此经过流入东南亚国家。在多雨的地区很多跨界民族傍水而居,项目都与水有关,如龙舟、独竹漂、踩独木划水、游泳、潜水、踩高跷等。这些地区多处于我国的第二级阶梯,地形崎岖不平、险峻奇异、山川密布,难以连接成广阔的空间,地形狭小,身体展现幅度有限,为适应这种地貌环境,这些运动项目对场地要求不高,但难度系数大,动作要敏捷迅速。产生于这种深壑峡谷的跨界民族体育文化灵活、惊险、顽强、刺激,具有明显的山地特色,如溜索、爬花杆、斗鸡、舞龙舞狮、射弩等。

西藏跨界民族位于青藏高原,海拔高,天气寒冷,雪山、草原遍布,西北及蒙古位于亚欧大陆中部,降雨少,地形广阔平坦,沙漠、草原连绵。虽然青藏高原海拔高,气候更为寒冷,但西北、蒙古和青藏高原的跨界民族都以牧业为主要的生计方式,人口稀少,地形较为平坦广阔,体育活动展示的空间大,体育活动围绕着草原进行,动作简单、幅度大,讲求速度、力量,为适应自身的气候和地理环境,这一区域的民族传统体育文化具有游牧、草原文化特征,即具有勇猛强悍、激烈、奔放的地域特征。如赛马、抱石头(朵加)、射箭、骑马射箭、赛骆驼、赛牦牛等体育活动的场面都很壮观震撼,人数众多,热闹无比。

东北跨界民族主要在东北三省,与俄罗斯、朝鲜、蒙古接壤,纬度位置较高,地处温带,跨界民族主要分布在小兴安岭、长白山沿线,森林、河流、平原、山地资源丰富,因此跨界民族传统体育具有多样性,既有山地特色,如鄂伦春、鄂温克族的骑射,又有独特的雪域文化,冬季漫长、寒冷、干燥,寒风刺骨。因而滑雪、滑冰成为人们生活所需的技能、技术,无论成人还是儿童都很擅长冰雪运动[①]。这是东北跨界民族所独有的,是其他跨界民族不能比拟的。

---

① 陈立华.东北少数民族传统体育文化成因研究[J].大连民族学院学报,2007(3):80-83.

各跨界民族传统体育文化的形成、发展、价值观念、审美情趣等在很大程度上受其所处地域条件的限制,也很大程度上因其地域而生。南方水乡与北方草原的体育文化是完全不一样的,东北的滑冰、滑雪,南方的龙舟、独木舟,大漠的赛骆驼,草原的赛马,山地的爬山等都具有明显的地域特色,保留着不同地理环境、气候条件的烙印。高原、山地、坝区、平原、流域、沙漠等不同地区的传统体育文化具有不同的风格,即使现在也能从不同体育项目的活动内容、形式、器具等侧面反映出体育文化的地域性特征。

（二）生产生活性

人类早期的一切活动都是围绕生存进行的,生存是人类首要的目的,维持生存就要进行生产活动,以满足衣食住行的需要,人类在捕鱼、采集、狩猎等生存活动中学会了走、跑、攀爬、游泳等基本技能,这些活动客观上增强了人体体质,是体育产生的早期根源。生计方式对跨界民族传统体育文化的产生、发展具有重要的作用。不同的生计方式会有完全不同的体育活动的产生。体育项目的起源传说、器材、规则、活动形式等都可以找到生计方式的影子。跨界民族都分布在偏远的边境线附近,生存环境恶劣,常常会陷入周边民族或部落的战争之中,需要身强体壮的勇士来战胜敌人,同时也产生了射箭、摔跤等体育项目。

以耕田稻作为主要生计方式的跨界民族,水资源充足,苍林翠竹,体育文化也具有稻作文化的特征,如打铜鼓、打扁担、丢包、扭扁担、顶杆、斗牛等。以游牧畜牧或游牧畜牧兼农业为生的跨界民族中,牛、马、羊、牦牛是重要的生产对象,其中马、牛也是重要的交通工具、生产工具,草原、草场放牧、游牧,逐水草而居搬迁中都需要马的参与,所以赛马、叼羊、姑娘追、骑马、俄尔多等是他们重要的传统体育项目。以游猎、渔猎兼采集为主要生计方式的跨界民族,他们生活在森林之中,在狩猎采集中,射箭、射弩、吹枪等能力显得尤为重要,京族的拉大网、高脚罾,鄂伦春族的叉草球、桦皮船等也是人们为了生计在江河、大海里捕鱼的工具。东北常年大雪封山、江河冰冻,创造了在雪地里行驶的交通工具,从而形成了一些体育活动,如狗拉爬犁、滑雪板等。以山地旱地农耕兼营部分牲畜养殖、山地刀耕火种的游耕为主要生计方式的跨界民族的传统体育活动则表现出明显的山地民族特色,如秋千、爬山、爬杆、爬绳项目就是在崎岖的山地中非常需要的技能,利用山地丰富的竹条、藤条编制体育器材也是重要的就地取材手段。

除了生产活动中产生了的体育活动,生活中也会产生一些体育活动,如在恶劣的环境中,为了民族的延续,民族内部会为少男少女举行集体活动,为他们提供一个交往的机会,在这种活动和节日中能展现男子健壮的体魄和高超的劳动技能,受到女子的青睐。也有属于女子的体育活动,来挑选自己中意的男子,男女在体育活动的互动中相互认识,传达感情。彝族、哈尼族、傈僳族的"打磨秋",壮族的"抛绣球",维吾尔族、哈萨克族的"姑娘追",瑶族的"踏歌",苗族的"斗鸟""芦笙踩堂"等都属于这类活动。在重大的节庆日子中也会通过体育活动来庆祝,如蒙古族的那达慕节日上会有很多体育活动。

总之,很多跨界民族的体育活动都是与日常生活密切相关的,是各民族在生活中逐渐发现的"体育成分",并将其用来丰富、娱乐生活进而逐渐发展起来的,是各民族人民勤劳、智慧的体现。

(三)多样性

我国与14个国家接壤,跨界民族仅确立的少数民族就有33个,中国55个少数民族就有一半以上的少数民族都是跨界民族。漫长的国境线跨越不同的自然、地理、气候、人文环境,为各民族体育文化的产生提供了肥沃的土壤,各民族在历史发展过程中,在生产生活中产生了丰富的体育活动,体育文化资源丰富,33个跨界民族不仅体育文化项目数量庞大,单一民族也具有丰富多彩的体育活动,体育活动内容和形式都具有多样性。既有适合不同年龄的体育活动,也有适合男女的体育项目;既有不同目的的体育活动,也有不同空间的体育项目。

首先是适合不同年龄的体育活动。如彝族为青年男女交往举行的盛大的丢包传情活动,这是为适婚年龄的年轻人专门举行的,在活动过程中,一定范围内的彝族青年男女都会赶过来参与其中,男女可以在众多的适婚青年中找到自己中意的对象。而同样是彝族的每年六月二十四举行的火把节,那就是全族人员参与了,在节日当天,全村寨不管男女老少都可以参与,尽情狂欢。根据体育项目的来源,对体力、速度、力量等素质的不同要求而形成适合男性或者女性的体育活动,如蒙古族那达慕会上的"男儿三艺"——骑马、射箭、摔跤,是男性的体育项目。与此相对应,也有属于女性参与的体育活动,如"打扁担"源于壮族女性打春堂,宋代学者周去非在《岭外代答》中记载:"静江(今桂林一带)民间获禾,取禾心一茎连穗取之。室角为大木槽,收食时,取桩于槽中,其声如僧封之木鱼,女伴以意运杵成音韵,名曰春堂。每旦是,则桩堂之声,四闻可听。"后来,人们感到,以浑木刳为槽,不拘轻便,便做了改革。《隆山县志》云:"惟打春堂之日,相传久矣;今犹未衰",又云:"但浑大木,返颇难得,妇女每用木板以代其法,以一长方坚硬之木板,两边垫以长凳,两旁排列妇女二三,手持扁担上下对击,或和以锣鼓遍迫轰咚,高下疾徐自成声调。"朝鲜族的跳板、秋千也是身穿鲜艳民族服装的女性参与,在跳板上腾空跳跃,展现了女性动作的轻盈优美;秋千上的女子飘飘长裙,随着长绳荡漾而优美地迎风飘舞。这样的体育项目有很多,需要力量、速度、勇敢等体现男子气概的体育项目多为男性参与,女性参与的多是柔美、娱乐性较强的项目。

其次是不同空间举行的项目。最多的是直接在地面上进行的活动,如抛绣球、板鞋舞、打扁担、麒麟舞、花凤舞、斗鸡、武术、打磨秋、踢鸡毛毽、打陀螺、顶杠、顶头、顶臂、顶竿等。不同空间项目有的是徒手的,有的需要不同的器材工具;有的运动项目则需要在水上进行,如赛龙舟、独竹漂、竹排漂流、划船、游水捉鸭等;还有在空中进行的体育活动,最为熟知的就是"上刀山"(也叫上刀杆),由勇者赤脚登上锋利的刀梯,以此展现人类的勇猛无畏,上"刀山"的阶梯越多、越高,攀登者越勇敢、能力越强;还有需要借助动物进行的体育活动,典型的就是草原上的赛马、赛牦牛、骑马射箭、斗牦牛、叼羊等。

除上述之外,还有很多体育活动需要借助不同的器材、有不同的规则和不同的参与人数,对体育活动场地的需求也不一样,既有在原地进行的,也有需要在广阔的空间场地进行的;既有竞技型的,也有娱乐型的;既有信仰型的,也有健身型的。即使是同一项目,在发展过程中,在不同民族、不同地区也有细微的差异。境内和境外同一族源、同一项目也有不同,如蒙古族摔跤即搏克,中国内蒙古搏克与蒙古国搏克有区别,即使是内蒙古西部地区与东部地区的搏克也有不同。在锡林郭勒盟锡林浩特市调研时,锡林郭勒盟农牧民体协主席李·巴特尔跟课题组成员谈到中国蒙古搏克和蒙古国搏克在服装、比赛礼仪与仪式以及相关的比赛技术、规范与胜负的判定、摔跤比赛获胜者的奖励内容与称号等方面都有所区别:①内蒙古搏克的最大特点是不许抱腿,但是蒙古国的搏

第四章 跨界民族传统体育文化的价值与作用

克是允许抱腿的。②内蒙古搏克的摔跤手膝盖以上任何部位着地者为负,但是蒙古国搏克是两只手着地后还可以继续摔跤。③内蒙古搏克的摔跤上身服装称为"昭德格",牛皮制成,上边钉满铜钉或银钉;蒙古国的摔跤服是不同的。④内蒙古搏克手脖子上戴五彩飘带,称为"将嘎",是由红、黄、蓝等五颜六色的哈达制成;蒙古国搏克手不戴"将嘎"。⑤内蒙古搏克手下身穿套裤,而蒙古国搏克手是穿短裤。⑥两国搏克手脚都穿蒙古皮靴,但蒙古国搏克手腰带上系牛皮制作的绳子。这些都构成了跨界民族传统体育文化的多样性。总而言之,跨界民族传统体育种类繁多,内容丰富,形式多样,造就了千姿百态的民族传统体育文化。

二、跨界民族传统体育文化与境内少数民族传统体育文化的不同特点

上述的地域性、生产生活性、多样性是跨界民族传统体育文化的特点,也是境内少数民族传统体育文化所拥有的,是所有少数民族传统体育文化的共性。作为跨界民族传统体育文化,"跨界"必定带来与内陆民族传统体育文化不同的特点,下面将介绍跨界民族传统体育文化的自身特点。

(一)共有性

跨界民族不管是什么原因形成的,都是由原来属于同一个民族,被划分在国土毗连的、不同的国家之中而成为跨界民族的,这些民族在历史上具有同源性,在国界线没有明确划分之时,这些族群之间形成了你中有我,我中有你的格局。课题组在中越边境广西靖西、大新段与云南富宁段的壮族、苗族村寨进行田野调查时了解到,许多壮族、苗族边民认为自己与越南的某些民族"应该为同一个民族",用他们的话说就是:"虽然他们那边叫什么民族,我们不清楚,但我们应该是一个民族,说的话都是一样的,两边都有亲戚关系相互走动,我们也从他们那边找老婆,只是现在分为两个国界而已。"这种格局中也形成了共同的文化、习俗、节日、语言文字、价值观念等,那么传统体育文化也是其共同所有的一种。内蒙古民族大学刘巴图教授在外蒙古读博士,他谈到蒙古国那达慕时对课题组成员说:"蒙古国把那达慕当作国家节庆的主要仪式。1921年蒙古人民革命党领导的人民革命取得胜利后,将每年的7月11

日定为蒙古国庆日。蒙古国的国庆那达慕是参与人数最多的,对蒙古国人民来说是一次非常有意义的那达慕。蒙古国的那达慕和咱们内蒙古都以"男儿三艺"为主要项目,指的是搏克、射箭、赛马。蒙古国除了国庆那达慕外,他们还会举办盟市旗县级的比赛,但是在比赛规模和人数上会有差距,而时间也不固定。除了国内比赛外,也会举办国际邀请赛,但是时间上会错开国庆那达慕,不会同一段时间举行。蒙古国的邀请赛还会邀请国外选手参赛,但是也不是很多。比如会邀请俄罗斯、我国内蒙古等地的搏克手去参赛。如果普通选手去参赛肯定会输的,在力量、体格等就这些身体素质上会有很大的差距,所以能参与邀请赛的选手也不多。蒙古国搏克手的力量、体格、体型都是高大魁梧的,能跟他们较量的国外选手还是少数的,所以国外选手参与的次数不是那么多。只是邀请赛没有特定的日期。"本尼迪克特·安德森认为民族其实是"想象的共同体",具有相同或相似的种族、文化等客文化特征,但缺乏共同体想象的人群不会是同一个民族[1]。因在国界线的两边而有不同的称呼或依旧保持相同的称呼,生活在不同的政治国度仍然拥有相同的文化记忆。作为历史上曾经的同一民族所显示出来的那些亲缘、地缘、业缘、物缘、神缘、语缘关系依旧保留着[2],还保留共有的文化,有着相同的传统体育文化。即使是最开始没有相同的传统体育文化,那么作为边民在自古而来的互市、交往中,民族传统体育文化也伴随着互动而相互影响、学习和吸收,也具有共有性了,尤其是现在,跨界民族交往更加频繁、容易,更促使传统体育文化的交往互动。

  跨界共有性,首先是我国一个民族跨一国共有的体育文化。比如,云南德宏傣族景颇族自治州的景颇族目瑙纵歌节庆,就是我国德宏瑞丽景颇族与缅甸边境景颇族群共有,在这个节庆上举行的剽牛仪式、跳回旋舞、拔河、射击比赛、"万人之舞"、景颇武术刀舞等体育活动是中缅共有的传统体育活动。我国壮族和越南的三月三,有抢花炮、抛绣球、打壮拳、跳竹竿、打陀螺等相同的民族体育项目。东北的赫哲族与俄罗斯的那乃族共有叉草球、赛船、顶杠、拉棒、射箭、射击等项目。其次是我国多民族跨多国共有的体育文化,如中国、缅甸边境的多个族群都有的蚂

---

[1] 本尼迪克特·安德森.想象的共同体[M].上海:上海人民出版社,2005:115-116.
[2] 黄光成.跨界民族的文化异同与互动——以中国和缅甸的德昂族为例[J].世界民族,1999(1):25-31.

第四章 跨界民族传统体育文化的价值与作用

拐节,这个节日中的铜鼓舞广泛流传于我国的壮族和越南、泰国、老挝、缅甸等多个国家。我国瑶族与越南、老挝、缅甸、泰国的瑶族族群的盘王节,有瑶族打陀螺、打长鼓、射弩比赛、打响炮、踩高脚、斗牛等共享的传统体育活动。哈萨克斯坦与我国的哈萨克族基本拥有相同的赛马、摔跤、姑娘追、叼羊、马上角力、射箭等各种活动与比赛。

跨界民族体育活动除历史上未划清国界线之前自然产生外,在划清国界线之后,时常还有"一井两国""一院两国""一寨两国""一城两国""一县连两国"甚至"一寨三国"的地缘景观,在这种情况下最容易形成传统体育活动的共有性。在国家边界清晰之前,这些民族之间的体育交流与互动基本是处于自发状态的。这种传统体育的共有性是历史上传递下来的,近年来官方组织的跨国体育活动、赛事、节日越来越多,在官方组织下的体育文化交流中也成为民族传统体育文化形成跨界共有的重要原因,增强了国际之间这种民族传统体育文化的共有性。

(二)国际性

跨界民族虽然属于不同国家,有不同的政治认同,但有共同的文化、语言、服装、饮食等,这些共同点构成了跨界民族之间天然的联系。民间以亲缘、地缘、业缘、物缘等纽带进行互动,也带动了民族传统体育文化的国际交流。由于地理环境的便利性,边界线附近的人们会在劳作之余一起参加体育活动,跨界民族也经常会举行各种形式的传统体育活动或者传统体育比赛,例如云南怒江片马镇中缅边民的射弩友谊赛、广西靖西龙邦镇中越边民抛绣球,等等。尤其随着改革开放以来,边界国家之间的互动往来环境变得宽松,边界线地区努力打造面对东亚、东南亚、南亚、中亚的门户,通过与边界国家的合作,大力发展民族特色产业,实现互通有无,着力构建特色经济体系,加速地区经济发展,促进与东亚、东南亚国家的文化、文体往来互动,以此提升文化建设水平,也带动经济发展。边界互动往来的频率变高,形式变得多样,如云南江城中老越三国的国际"丢包节"、中缅胞波狂欢节等。在社会经济、文化、政治、外交等客观因素发展的需要下,邻国相互参加跨界的传统体育比赛或节庆活动得到开展。体育活动或比赛由单一民族发展到了多国、多民族的体育文化节、体育文化圈。

虽然近些年境内的少数民族会举办一些盛大的赛事,也会邀请国外的运动队参与,但一般少数民族地区经济发展比较落后,举办赛事的经费有限,属于少数民族的传统体育运动项目,其他国家没有或者很少见有一样的传统体育项目,加上与国外的距离、语言、赛事规模等条件的限制,邀请国外队员来参与的情况是很少见的。但是对于跨界民族来说就不一样了,举办国际赛事拥有得天独厚的条件。跨界民族原本是同根同源的族群,拥有相同的民族传统项目,使用相同的语言,认同感强。加上距离近,沿边对外开放往来方便快捷,举办传统体育活动、赛事就会有沿线国家的参与,尤其是近些年来,我国经济、文化、外交等各方面的实力增强,有能力进行边界线的建设,为了加强沿边经济发展,加强与邻国各领域的交流沟通,我国举办了更多的民族传统体育国际赛事和活动。

无论规模的大小、参与人数的多少,不管是官方举办的还是民间自发的,跨界民族的传统体育活动都具有国际性。例如,调研去的广西防城港中越边境的峒中镇那丽村,村民尤其喜欢砧板陀螺这一民族传统体育活动,晚饭之后的打陀螺活动是一项重要的趣味性活动,为此村里专门修建了一块用来打陀螺的场地,男性村民们常常会相约在此打陀螺,他们会在逢年过节的时候邀请仅一河之隔的越南村民过来进行陀螺技术切磋。在调研的座谈会上,黄姓、赖姓等村民讲:"我们这个村主要是壮族,也有瑶族。越南那边跟我们一样,都是讲壮话、瑶语。""我们这的砧板陀螺已经有两百多年的历史,是祖辈一代一代传下来的。越南那边的壮族、瑶族都会打和制作砧板陀螺。""我们每年春节、三月三这边搞砧板陀螺比赛,就邀请他们过来打。他们是以村为代表,一般来一两个村子队。他们的队是经过自己选拔的,每年来的都不是同一帮人。他们来的队伍大概十几人,这里边除了三人是参加打陀螺比赛,其他是参与其他活动,如跳天琴、唱山歌等。比赛当天,我们八点钟过去接他们来,然后打一天,吃完晚饭就回去了,还有奖品给他们。""以前两边边民民间就很随意地玩,小的时候我们也跟大人过去看比赛,我们一过去就是一拖拉机过去,二三十人过去,去跟他们打,大大小小的人,真正打比赛的是五个人;他们过来也是一样,大小人都过来,小的不打。现在不行了,需要办手续。现今他们那边也搞陀螺比赛,只要邀请我们,就过去跟他们玩。"从调研就可以了解到,边民之间的"国际性"比赛是比较正常的事情。

第四章 跨界民族传统体育文化的价值与作用

表 11 近 5 年跨界民族的有关传统体育国际活动一览表

时间	活动名称	传统体育项目	参与国家
2015	海外华侨青少年"中国寻根之旅"德宏夏令营	太极拳、藤球	中国、缅甸
2015	中缅边境青少年联谊活动	藤球、打陀螺、秋千	中国、缅甸
2016	中国德宏国际木瑙纵歌节	刀书	中国、缅甸
2017	中缅胞波狂欢节	赶摆、木瑙纵歌、藤球、顶杆等	中国、缅甸
2018	中老越三国丢包节	丢包、陀螺、藤球	中国、老挝、越南
2018	佳木斯·同江中俄边境文化季		
2018	第五届中俄民间体育大会	武术、射箭	中国、俄罗斯

（三）融通性

跨界民族传统体育作为跨界民族日常生活中的一项重要文化，是与生活紧密联系在一起的，与经济、节庆、习俗文化等也联系在一起。作为日常娱乐、锻炼身体的手段，在人们的生活中扮演重要角色，是边界人们进行身体锻炼、社会交往、娱乐、丰富生活的重要选择和方式，已融入人民的日常生活中，如云南江城的彝族、傣族、哈尼族等跨界民族共同生活在边境线上，各种风俗相互融合。在江城给课题组做向导的是哈尼族姑娘梅朝喜，她是全国少数民族传统体育运动会陀螺女子单打冠军，她说起江城的陀螺如数家珍："我从小就喜欢打陀螺，我们这不同民族的陀螺是不一样的，彝族爱玩平头陀螺，而傣族喜欢玩鬼头陀螺，我们哈尼族爱打尖头陀螺，也就是鬼头陀螺。三种陀螺的缠线长短不一样，但是玩法是相同的，若要进行比赛，打的距离都要规定好。在 2006 年到老挝丰沙里参加中老越三国丢包节的陀螺比赛，男子比赛距离就是 15 米。"可见，共同的陀螺、丢包、射弩等传统体育文化促进了跨界民族文化认同、文化交流。但是跨界民族传统体育并不完全作为娱乐和身体锻炼方式，它还与其他事项结合在一起，融会贯通在经济发展、文化建设中，融入传统节日、婚俗、祭典等节日活动中，融入学校教育等领域，与其他领域融合发展，相互促进。

文化与经济始终是紧密联系在一起的，在沿边地区经济建设中，为吸引投资,在举办的各种文化盛会中,经济占了很重要的地位,通过包括传统民族体育在内的文化活动展示,为各地和跨国经济合作交流提供平台,在类似的文化盛会中国内或者邻国会在经济领域达成很多合作。民族传统体育融入"节庆+经济合作""节庆+文化建设"中,在沿边民族旅游经济、跨界民族旅游带的建设发展中,跨界民族传统体育文化本身也是旅游业的重要组成部分,在体验其他民族文化、风景的同时,也体验了民族传统体育文化。例如,与老挝、越南交界的云南江城以一脚踏三国为地域优势,打造了江城独特品牌,即影响三国、影响世界的品牌,形成一个三国经济圈,江城县政府在 2009 年 10 月打造了一个中老越三国丢包狂欢节。时任江城县文体局局长李启学向课题组介绍:"当时江城需要办一个展示三国民族风情,推介提升江城独特的区域、资源、产业等优势的大节日,就以传统文化搭台、经济唱戏为主线。一脚踏三国须三个国家连在一起,并且要有一个陆地交界点。我认真看过中国地图,咱们国家与 14 个国家交界,其中只有 12 个区县具备同时与两个国家毗邻。但是实际上只有两个地方可以是一脚踏三国,一个是内蒙的满洲里,还有一个就是江城了。其他地方不是在河中就是在六七千米的高峰上。江城这个中老越三国交界点就是在你们前几天去的曲水乡十层大山里的顶峰上,对,现在在铺路,你才上到第七层。地理位置的故事讲好了,那办什么节呢?只是做一个中老越三国旅游文化节,那与全国其他旅游文化节雷同,没有特色,要寻找、挖掘吸引眼球的亮点。我们从江城的彝族、傣族、哈尼族等主要民族节庆活动中逐一分析筛选,就把视线放在丢包活动上。丢包是我们这三国彝族、傣族等民族玩的一项活动,是青年男女通过丢包这个纽带寻找情感的情人节。江城的年轻姑娘说丢包:'三包一盒糖,五包小领褂,七包一个人,九包跟你走。'就是在第三次接住包时给你一盒红糖吃,第五次接到包时送给你一件小褂子,第七次接包时就能赢得姑娘的心,连续到九次接着包人就跟你走了。当然,我们就是想用这个富有爱情信物的丢包故事作为支撑节日活动的文化内涵,使丢包活动成为山水相连民族相通的中老越三国各民族男女老少都可以参加的全民活动。这很符合你们调研的利用跨界民族共有传统体育文化搭台节庆活动的作用。以包会友,以包传情,跨界民族不仅用丢包传情、传友谊,还更多地赋予经济发展、开发旅游、和谐相处等其他内涵。"课题组在江城看到各种式样繁多、色彩斑斓的丢包款式,这里已经成为丢包的世界、丢包的海洋。

第四章　跨界民族传统体育文化的价值与作用

与民俗节日的融合是跨界民族传统体育发展的重要表现。在跨界民族中有很多风俗节日,傣族的泼水节、景颇族的"木瑙纵歌"、邻国联谊活动。在这些风俗节日中,民族传统体育是贯穿在节日之中的。例如,在泼水节中既有青年男女传包投情的活动,适婚男女可以在互动过程中找到意中人,又有集体舞蹈,不论男女老少都可以在广场上跳孔雀舞和象脚鼓舞。这些活动既丰富了民俗节日的内容,又促进了传统民族体育的发展传播。民俗节日和民族传统体育活动、节日是相互融合、相互渗透、你中有我、我中有你的。又如在学校教育中,边界有一些学校对边界国家也开放,邻国的孩子与中国孩子享受同等的教育,在教育领域,民族传统体育也是一项重要的教育方式。另外还有一些传统体育活动也和传统节日、婚俗、祭典、学术、演艺等活动相融合。

(四)外交性

跨界民族传统体育因其地理位置的重要性成为一种特殊的社会文化,所扮演的角色不仅仅是跨界民族的娱乐、健身、休闲项目,也是国家外交的重要形式之一,担负着重要的外交使命。跨界民族传统体育文化的共有性源于跨界民族共同的起源,相似的生活环境与习俗,邻近的地理位置与空间。受到跨界各民族的喜爱,具有广泛接受性与参与性。在各自的区域内按照共同遵守的规则与标准进行着。在边界民族之间是一种参与度广、障碍度小、最受欢迎、最具有共同语言的跨界文化之一。在这种历史、地理、社会环境下,传统体育被赋予了一定的政治使命和任务,是边界地区一种特殊外交手段。

跨界民族因其迁徙、国界划分而使原本是同一民族的后代,成为不同国家的公民,虽然地缘、血缘、婚缘、业缘等天然联系依旧存在,但在发展当中,文化发生了变迁,不同的政治制度和文化差异带来的社会问题同样存在。外交无小事,在边民日常频繁的体育活动交往中,看似毫不起眼的一种边民之间的小活动,只要上升到国家与国家之间,就是非常重要的外交事件。不管是边民自发组织的个人传统体育活动,还是政府举办的各种传统体育赛事或习俗节日,都代表着中国,代表着国与国之间的交流交往,传统体育活动的参与者都代表国家的形象。一言一行都可以放大到国家的层面。传统体育活动是促进边民交流、增进友谊、消除政治制度和文化差异带来的各种矛盾和问题的重要途径,推动着

"以邻为善、以邻为伴"的邻国外交政策,对维护边疆稳定、和谐,建立睦邻友好的邻国关系具有重要的外交意义。就犹如课题组在广西靖西龙邦镇大莫村调研结束准备离开时,村支书说还要赶到对面越南"友好村寨"哥多屯去,继续商谈土地、劳动力合作一事,他说这样的友好关系就得力于抛绣球这个载体。

体育活动与艺术、学术、语言等活动不一样,很多项目具有直接的身体接触,跨界民族的传统体育活动也一样。在直接的身体接触中,可能激烈的身体冲撞也是其中规则范围之内的,很多传统体育项目不只是徒手进行的,还需要器材,这些器材也会在特殊情况下充当武器的角色,另外体育活动还具有重要的输赢意义,尤其是代表国家进行比赛时,输赢不只是个人的事情,更是与国家的荣耀、地位、实力联系在一起的。家国情怀、国家身份、国家形象在比赛中起着激励的作用,能激发个人的能力,获得胜利,为国家争得荣誉。但是在比赛氛围、人群欢呼等情景下,个人也更容易变得冲动,那么在参与这些体育项目或比赛的过程中,有容易引发直接的身体冲突与矛盾的潜在成分。若上升到国家层面,将是很严重的外交事件。因此在民族传统体育活动交往中,传统体育活动具有重要的外交性质。

虽然民族传统体育活动也有产生冲突的一面,但这是由体育的本质特征与特殊的环境使然,是所有体育都具有的潜在的性质。但更多的时候,体育扮演的是和平交往的角色,是国际友谊的黏合剂。例如,课题组在中缅边界怒江的片马镇古浪村、岗房村调研时看到,大部分边界线是简陋的铁丝网,古浪村与对面缅甸拉吾库村还有一座临时搭建的小木桥连接中缅村寨,有的村寨是一条溜索,边民有急事的话很容易就跨越边界线。这么近的距离,难免会有一定的摩擦,当然需要通过口岸政策渠道。岗房村村队长张某某跟课题组说了一个通过射弩消除双方边民矛盾的案例:"在边界线附近两边村寨,经常有双方村民养的家禽越过边界线跑到对方村寨田地找食,双方的村民也时有将对方越界的家禽捕获吃了,两边经常会为此闹矛盾。但两边村民不仅是同一民族傈僳族,且都有一个共同爱好,那就是喜欢玩射弩,当地政府举办双边射弩比赛,双方的矛盾就消除了。"由此可见,射弩这项运动能促进民族融合,维护稳定。

综上所述,跨界民族传统体育文化既具有境内民族传统体育的特点,还具有"跨界"的不同于境内民族传统体育文化的特点。跨界民族

第四章　跨界民族传统体育文化的价值与作用

传统体育除具有上述特点外,还具有民族性、广泛参与性、传承性、发展性等特点。

第二节　跨界民族传统体育文化的价值

联合国科教文组织在其发表的《传统体育与游戏国际宪章》中认为,传统体育和游戏能够以教育、文化、交流和健康促进作用,推动个人和社区全面发展[①]。跨界民族传统体育文化作为社会中的一部分,对整个社会的发展具有一定的作用,跨界民族传统体育与传统体育一样也具有多重价值,伴随着社会生活的转变,一些起源于宗教祭祀的民族传统体育文化的原始宗教功能开始退化,变得世俗化,娱乐、休闲的功能得到突出,表现出娱人、娱己或者娱神的特征。民族传统体育伴随社会的发展发展发挥越来越多、越来越重要的价值。

一、健身价值

当今社会是一个人力资源社会,人才是社会竞争力的关键,而健康是参与社会竞争中的基础与前提,是一种资本。尤其是对于边界的少数民族来说,以农业、游牧、农耕等体力劳动为主,保持良好的健康状态是一个人创造收入的基本前提,一旦个人处于不健康状态或是疾病状态,不仅影响个人收入,还会额外增加医疗费用,使个人和家庭陷入贫困状态。并且跨界民族地区经济发展相对落后,交通不便,医疗卫生事业发展相对欠缺。良好的身体健康对他们来说尤为重要。

促进健康是体育的本质作用和首要的功能,"健康中国"战略的提出为体育包括传统体育的发展提供了良好的机遇,首先已有研究表明民族传统体育活动中有许多项目既能改善和提高心血管功能,加强血液及淋巴的循环,减少体内淤血,降低血脂指数,防止动脉硬化,又能起到很

---

① 联合国教科文组织. 传统体育与游戏国际宪章[EB/OL]. (2005-08-11). http_jugaje. com_en_source_popups_charte_unesco.

好的医疗保健作用①。其次很多跨界民族传统体育项目的开展对运动设施、器材、场地、经费及活动比赛的组织等要求都不高,因产生环境的不同,许多项目只需要一块平地或一片草坪,在村前寨后、堂前屋后即可开展,活动器材只需利用身边的生产、生活工具(如船、马匹、刀枪、箭、弩等)和自然资源(竹、木、藤、石等)即可解决②,基本不需要额外的投入。由于场地、器材、规则简单,基本不需要投入就可以简单参与体育活动,当经济欠发达,无论政府还是社会都没有足够的财力进行现代体育场地、器材等公共体育设施建设时,跨界民族传统体育就被人们所熟悉且拥有广泛的群众基础,因此可以广泛推广,并且不需要太多的经费就可以获得比较理想的效果。最后跨界民族传统体育存量多,不同类型、不同项目的活动方式对不同身体素质的要求不同,会有不同的健身效果,不同年龄、性别、职业的人群可以根据自己的实际情况选择不同的运动方式。

在参与传统体育活动时需要消耗体力和身体的能量,促进血液循环,不同的项目锻炼了不同的身体素质,能提高人的劳动效率,提高生产力水平。当然,跨界民族的传统体育的健身价值不仅体现在促进身体健康之中,还具有促进心理健康的价值,缤纷多彩的民族传统体育活动具有娱乐性、休闲性、艺术性、游戏性、情境性,为生活服务,能带给人娱乐,跨界民族人民在辛苦的劳动之余,利用闲暇时光开展民族体育活动,有利于人的身心放松,缓解心理压力,释放消极情绪,使人精神饱满,增加生活的乐趣。如课题组在西藏山南勒布沟门巴族乡调研,门巴族群众说:"我们这的年轻人也玩抱石头、射箭等,女子就跳舞健身娱乐。我们在每天6点左右就吃完晚饭,睡觉之前大家都愿意聚在一起娱乐一下,就跳那个'神舞'(即拔羌舞)改编的广场舞吧。"在京族三岛,京族群众在哈节进行"捉活鸭""摸鸭蛋"竞技活动,分别将鸭子和煮熟的鸭蛋丢进海里,参与者纷纷跳入海里抓游走的鸭子、鸭蛋,谁先捉到鸭子,摸到最多鸭蛋者获胜,众人跳入海里,相互争逐,嬉笑欢乐溢于海面。京族"哈节"的很多传统体育项目在现代都具有重要的娱人功能。

"生命在于运动",综上所述,跨界民族丰富的传统体育为全民健身的开展创造了有利条件,为跨界民族以及全民健身提供了多元化的健身

---

① 赵玉娟.民族传统体育与全民健身计划[J].河南机电高等专科学校学报,2008,16(4):62.
② 姚重军.少数民族传统体育文化研究[M].北京:民族出版社,2004:189.

第四章　跨界民族传统体育文化的价值与作用

手段和方式,有利于建立健康的生活方式,具有十分重要的健康价值。还要充分挖掘跨界民族传统体育的保健价值,使其与娱乐性、竞技性相结合,助力"健康中国"建设。

二、经济价值

改革开放40年来,我国经济高速增长,人民生活水平和质量普遍得到提高,文化教育事业不断完善,受教育程度不断提高。在物质生活接近满足的时候,精神生活的要求开始迅速提高,闲暇之余的度假旅行已是人们较为普遍的生活方式和追求。

但是我国的经济发展是不平衡的,在2012年,我国仍有3000万左右的贫困人口,绝大多数分布在边疆民族地区,脱贫攻坚任务十分艰巨[1]。2017年10月,党的十九大报告要求:"坚决打赢脱贫攻坚战,坚持精准扶贫、精准脱贫,注重扶贫同扶志、扶智相结合,确保到2020年我国现行标准下农村贫困人口实现脱贫。"[2] 跨界民族处于边疆,多处于山谷、高山、冰封、沙漠等自然环境中,受地理环境、气候条件的限制,很多地方经济发展较为落后,缺少传统的支柱型产业,是精准扶贫的重点区域。

与此同时,民族文化不是阻力,亦非摆设,而是一种可利用的资源,东兴万尾哈亭亭长苏春发告诉课题组:"哈节活动内容太少了,要把京族的高脚罾、游水捉鸭、拉大网、打棒、打狗等京族传统体育项目纳入到哈节里来。我是非常担心的,现在年轻人会唱京族歌、跳京族舞的在减少,包括会玩京族传统体育游戏的,再这样下去,京族传统文化就流失了,需要传承啊!"东兴研究京族文化的苏凯讲:"我们民间缺少哈节策划的人,因此哈节一直停滞不前。东兴社科联这几年一直在挖掘、推广京族传统体育文化,如有一个反映京族500多年捞虾劳作方式的高脚罾,就是渔民双脚绑在一米左右的木棒上进行捕虾,京族人叫'搏脚',人们用这个方式进行捕虾比赛,以数量多少论胜负。后来经过改良慢慢

---

[1] 联合国教科文组织.保护和促进文化表现形式多样性公约[EB/OL].[2018—02—18]http://unesdoc.unesco.org/images/0014/001429/142919c.pdf,2012.
[2] 习近平.决胜全面建成小康社会夺取新时代中国特色社会主义伟大胜利[M].北京:人民出版社,2017:47-48.

共生、交流与发展:跨界民族传统体育文化的人类学调查

发展可以在草地、泥地或海滩上玩高脚竞速、接力、踢足球、角斗等高跷运动,还推广到学校。这个已经列入哈节了,但活动内容还是不够,还需要挖掘整理。"跨界民族要充分利用所拥有的文化资源,助力经济发展,跨界民族大量的传统体育文化的产业化发展在促进跨界民族地区经济发展中将发挥巨大作用。

跨界民族传统体育产业可以独立发展,如朝鲜族的弓箭项目,它的种类众多,可用于打猎、打仗,也可用于游戏,但现今保留的只有"弓角"[①]。目前,不仅在国内建立了很多弓箭馆,在延边与韩国成立了传统弓箭的制作工坊,其制作的传统弓箭还远销国外。不仅传承了传统体育文化,还带动了地区经济发展[②]。但更多的传统体育产业结合旅游业,形成观赏性体育旅游和参与体验式体育旅游。观赏性体育旅游,是以旅游景点为载体,以民族传统体育表演为形式,丰富景点的文化内涵,怒族、傈僳族上刀山、下火海有较强的竞技性和观赏性。而参与式体育旅游,游客既能观看风景,又能体验民族传统体育文化,旅游与体育相辅相成。

跨界民族地区不仅自然风景怡人,还有独特的风土人情,具有良好的旅游资源,而种类繁多的传统体育文化可以与旅游相互依存、相互促进,将体育资源与跨界民族地区的他资源进行整合,共同促进旅游产业的发展。如课题组在云南江城外事局做访谈,外事局李姓工作人员谈到中老越三国丢包狂欢节时很自豪地说道:"我是一名越南翻译,从2009年开始,一直在从事三国之间的外事联络工作。通过这几年三国之间的活动组织以及开展,我们这三国边境之间已经形成良好的国际关系。比如我要从事与其他国家之间交谈工作,去到越南,走在街上很多人都会记得我,并跟我打招呼、聊天。'三国丢包狂欢节'发展到今天,更加促进了我们三国之间的交流,形式大致有:青少年文化教育的交流、体育文化的交流、医疗卫生的交流、农业技术的交流等。就拿农业技术交流来说,我们帮扶老挝、越南那边的农业生产,赠送他们的农业生产器械,他们用得很好,都到我们这边来订货。人们都很期待每一届的'三国丢包狂欢节',他们已经把这个节日当作了很有意义的盛典,就犹如我们希望过春节一样。"在云南德宏州姐妹乡的"一寨两国"特色旅游区,利用

---

① 金青云.中国朝鲜族弓箭运动研究[J].吉林体育学院学报,2015,31(10):99-104.
② 李成龙,金青云.国家认同视野下朝鲜族传统体育文化价值研究[J].西安体育学院学报,2018,5(35):477-583.

第四章　跨界民族传统体育文化的价值与作用

一寨两国的独特地理优势,利用银井奘房、姐兰土司府遗址、中缅集市与民族传统体育资源相结合,打造了集田园休闲、傣族民俗表演、缅甸风情、民族文化展示等于一体的极具魅力与特色的旅游项目。通过在中缅胞波节、中缅边交会、泼水节等节日中进行比赛,将其节庆体育赛事旅游资源融入"一寨两国"特色旅游区建设,能极大地增强"一寨两国"特色旅游区的吸引力。又如,近年来,傣族的泼水节越来越盛大,不仅吸引了来自全国各地的游客参与,还有来自缅甸、泰国、越南等相邻国家的游客前来进行交流,为德宏州的经济发展注入了新的动力。另外传统民族体育还能助力精准扶贫,在乡村旅游中,少数民族传统体育可以与精准扶贫耦合助力扶贫工作,助推乡村振兴战略[①]。

随着非物质文化遗产保护的进行,更多的民族传统体育文化得到了重视和保护,进入了大众的视野,在其发展传承中,充分挖掘其经济价值,既是民族传统体育发展的新方向,也是保护民族传统体育的重要形式。

三、文化价值

中华民族拥有几千年历史文化,被称为世界四大文明古国之一,这些文化不仅包括汉族的文化,也包括少数民族创造的文化,而跨界民族传统体育文化是中华民族优秀文化中不可或缺的一部分。

每一项民族传统体育都具有特定的历史渊源,源于各个民族的日常生活与劳作生产,是各民族在能够提供的物质条件基础上,筛选、发展出自己能够运用的装备,通过自己在生产生活中的认知和智慧去利用它们、改造它们,随着时间的推移不断完善"玩法"和规则,这才形成比较独特的体育项目,是不同民族对自然环境的适应,是不同生计方式下的产物。以蒙古族为例,受以游牧为主的生产方式的指导,蒙古族人民在放养牲畜的时候骑马追逐,并为了保护牧群、捕获猎物,就产生了弓射,还利用放牧之余进行赛马、摔跤,进而产生了草原那达慕文化。甘肃肃北蒙古族自治县文体局H在接受课题组访谈说:"我们这过去民间祭敖包,由高僧喇嘛选日期,大概在每年6月份。祭敖包主要是预祝风调雨

[①] 王兰,韩衍金.精准扶贫视阈下少数民族传统体育价值及发展愿景[J].北京体育大学学报,2019,5(42):120-129.

顺、五畜繁盛等好运。祭敖包结束后,大家下山到草原上进行庆祝敖包集会活动,逐渐演变为那达慕。庆祝活动开始,强健者赛马,勇敢者摔跤,神力者射箭,既娱神也自娱。后来又加进一些拔河、舞蹈、下棋等体育活动。"蒙古族的赛马、摔跤、射箭"男儿三技艺"成为那达慕大会文化的主体。从不同类型的项目中能看到民族的生产方式,也体现了人与自然和谐相处的法则。

各民族发展出了异质于其他民族的文化传统,这些文化传统反映了各少数民族的生活风貌、风俗习惯及人文情怀。其中,作为民族文化中最具代表性、最富于生机活力的部分,民族传统体育文化承载着一个民族的起源、发展、生活的历史,是一个民族的集体记忆,蕴含丰厚的文化底蕴。同时也反映着一个民族特定的精神面貌、价值观、审美意识、观念、思想意识。不仅包含了民族特有的生命观念和健康意识,而且包含了各民族人民理解自然、理解人生,正确和巧妙处理人与自然、人与区域、人与社会、人与人间关系的许多处世哲理。作为民族文化中举足轻重的组成部分,民族体育文化是我国少数民族在长期的历史发展过程中继承和积累的珍贵的精神层面的文化资产[1]。如京族的传统体育活动是他们热爱生活、乐观向上、尊重自然、勤劳勇敢的海洋文化精神的重要反映[2]。而朝鲜族的秋千、跳板、顶罐等,赫哲族的渔猎文化,鄂伦春族和鄂温克族的萨满文化等,都能促进同源跨界民族的传统体育文化交流、认同、互动与沟通,相互学习、相互发展,共同保护、传承跨界民族共有的传统体育文化,使传统体育文化继续保持自身特色,逐渐融入本国主流体育文化中去,不断促进自己国家的体育文化多元并存和永续发展。

从20世纪起,蕴含着西方价值取向的竞技体育项目开始在世界范围内传播,篮球、足球、网球、排球、击剑等强对抗、强技术、强竞技项目成为了世界体育运动的主流。无论是乡村还是城市,无不受到现代体育文化的影响,奥林匹克运动会亦展示出其无与伦比的世界影响力,成为全球影响力最大、参与度最高、关注度最强的国际盛会。其秉持着"更高、更快、更强"的宗旨,竞技体育构成了现代社会普遍存在的体育文化景观。而民族传统体育则在社会变迁中逐渐走向边缘。在国际上文化

---

[1] 张小龙,丁雨.我国民族体育文化特征及其传承新解[J].贵州民族研究,2018,9(39):95-98.
[2] 陈惠娜等.京族传统节日中体育的社会价值探寻[J].体育科技,2012,3(33):20-22.

第四章 跨界民族传统体育文化的价值与作用

软实力决定着一个国家在全球化进程中的重要地位,从国际上看,在全球体育文化一体化的进程中,跨界民族传统体育是维护世界体育文化多元化的重要组成部分,传承、发展、传播民族体育文化,对于在国际体育文化中的交流与沟通中拥有话语权具有重要意义,能使中国屹立于体育文化之林。

从国内看跨界民族传统体育文化的许多项目都与少数民族的历史进程、生活方式、伦理道德、风俗习惯有着密不可分的关系,紧紧地附着在地方传统文化活动和传统风俗节日中,是民族特色的体现。

四、政治价值

体育作为社会结构中重要的组成部分,受社会结构整体的影响,体育的发展受到国家政治环境的影响,体育政治化是体育发展的重要特征之一,体育发展要服从于国家的政治。当前,全球化席卷世界,国家之间相互依存的程度越高,面对日益频繁的国际交流,国际形势也复杂多变。我国正在进行现代化建设,面临并承受着多重压力,维护和平安定的环境是进行一切现代化建设的前提和基础。而边疆的和平稳定对整个国家的稳定起着重要的屏障作用。无论是历史上还是现在,跨界民族传统体育都起着重要的政治作用,在维护边疆的稳定与和谐、展示中国形象、加强边界邻国之间的交流中起着不可替代的作用。

现在国家大力支持"一带一路"的建设,"一带一路"以道路联通、贸易畅通、货币流通、政策沟通、人心相通"五通"为合作重点,共同打造政治互信、经济融合、文化包容的利益共同体、命运共同体和责任共同体①。在"一带一路"国家倡议下,意味着中国与"一带一路"沿线国家的交流与合作变得更加频繁,那么边疆的安全和稳定就越发显得重要。

跨界民族传统体育作为一种特殊的文化现象,与艺术、文字等文化受到传统文化根深蒂固的影响不同,这些文化在交流中存在很大障碍,而民族传统体育所受的限制小,在跨界沿边各民族间有广泛的可接受性与广泛的参与性,是边界各民族障碍最少、共同语言最多、最受欢迎的跨境文化交流活动。因此跨界民族传统体育具有特殊的政治价值。

---

① 王毅."共同现代化":"一带一路"倡议的本质特征"一带一路"是什么?"一带一路"的目的[C]察哈尔报告——"共同现代化":"一带一路"倡议的本质特征.2015.

共生、交流与发展：跨界民族传统体育文化的人类学调查

体育外交群众参与广、社会影响大，由于较少受到社会制度、意识形态等因素的影响，因而具有较强的灵活性[①]。体育外交的这种灵活性决定了跨界民族传统体育是重要的体育外交手段。在边界民族进行传统体育比赛或者交流活动中，邻国之间相互到对方的国家参加比赛或者观看比赛，这种体育之间的交流是展现国家发展面貌的一面镜子。在举办、组织各项体育交流活动中，最大限度将社会资源、民族资源结合起来形成强大的合力，不仅展现了中国的经济实力、社会治理能力，还展现了中国的民族精神和时代精神，各个邻国可以看到中国的综合国力，举办民族传统体育文化交流活动的过程就是向邻国展示国家形象的过程。在这交流过程中，邻国人民可以在这种日常生活中切身体会、感受中国热情、爱好和平、珍惜友谊的民族性格，可以将"中国威胁论"等负面、不实形象于无形中消除。并且这种日常生活中的切身感受与某些外媒体新闻所建构、报道的中国形象不一样，它更具真实性和持久性，不易受外界的干扰。因此跨界民族传统体育文化的交流能够传播、展示中国形象，建立正面、真实的国际形象。

跨界民族传统体育有利于建设和谐边疆。跨界民族传统体育具有娱乐性、休闲性、健身性、生活性，是跨界民族人民的生活方式之一，这种健康、积极、传播正能量的生活方式有利于丰富日常生活，加强村民之间的社会互动，增强相互之间的感情，减少邻里纷争，有利于从内部维护民族团结，将民族传统体育作为一种非正式制度来推进村民自治，增强民族凝聚力，增强对国家的认同[②]。对外能自觉抵制边疆不良生活方式的侵袭，边界通常是各种不良交易、习惯聚集的地方，随着边界国家之间交往的频繁，边境地区面临不良势力的渗透，"黄赌毒"滋生，敌对势力利用边境特殊的地理环境进行渗透，并利用民族内部矛盾、民族之间的矛盾扩大矛盾，严重影响了社会经济的发展与人民的日常生活，对和谐边疆的构建提出了挑战。闲暇时间开展民族传统体育有利于自觉抵制不良势力和不良生活习惯的影响。尤其是"一带一路"的提出，沿线国家更是紧密地联系在一起，民族传统体育活动有利于促进边界各族人民的和平交往，使得"和平共处五项原则"和"睦邻友好政策"等外

---

① 李忠华.论体育外交在和谐世界构建中的价值[D].河北：燕山大学，2010：13-15.
② 韦晓康，蒋萍.民俗体育文化在社会治理中的作用研究[J].中国体育科技，2016（07）：15.

第四章　跨界民族传统体育文化的价值与作用

交政策得到贯彻落实,有利于构建和谐的邻国友好关系,促进和谐边疆建设。

五、休闲娱乐价值

伴随人们生活水平的提高,休闲娱乐是未来生活的发展方向和普遍追求,民族传统体育项目随时间的变迁逐渐变得世俗化,由娱神变成娱人、娱己。随着现代旅游产业的发展,传统体育活动的表演化、舞台化趋势增强,依靠民族节日而举行的各种各样的民族传统体育活动的娱乐性更加明显。跨界民族传统体育活动更是如此。跨界民族之间举办传统体育赛事是为了人与人、民族与民族之间的交流沟通,这类活动注重各个传统体育项目带给人的欢乐体验和创造欢快的氛围。在跨界民族边境或口岸举行的传统体育活动大多改变形式,以群体参与的形式出现,这样做的目的就在于带动更多的人参与进来。在活动过程中还会结合其他民族特有的活动或表演,如"寻祖问根"、汉文化展示、青年男女的爱情相亲活动之类的,各种活动夹杂在一起,创造盛大的场面,吸引更多的人前来观看参与,对于参与者来说这是一场集体盛宴,拥有无限乐趣。

以德宏目瑙纵歌为例,原来的目瑙纵歌起源于神话传说,是人类模仿鸟类参加天神会学会的舞蹈,后来演变为对天神的崇拜,只要景颇族社会发生大事就跳目瑙纵歌,成为了景颇族的一个重要民族宗教祭祀活动[①]。现在目瑙纵歌发展为一个节日,每年农历正月十五、十六日举行,节日期间将商业合作、文化交流、体育活动、艺术展示等活动结合进行。现在目瑙纵歌本身也发生了很多变化,服装、道具、音乐、乐器、动作、线路等都发生了改变,参与者越来越多,场面盛大,主要是为了吸引参与人员,让目瑙纵歌更具有观赏性与娱乐性。传统意义上所具有的祭祀天神的性质已经基本上得到了转变。除本国的景颇族外,还有领国缅甸的参与者和观众,更吸引了大量的外地游客。在这个节日盛会上,人们自娱自乐,宣泄心中的不良情感,获得心理上的放松与愉悦。传统体育活动与歌舞相结合,载歌载舞,既强身健体,又娱乐了身心,参与时尽情沉浸其中,激情昂扬、热情澎湃、兴高采烈,参与者的体验完美诠释了它的

---

① 岳品荣.景颇族目瑙纵歌历史文化[M].德宏:德宏民族出版社,2009.

娱乐价值。

与此类似的跨界民族传统体育活动不计其数,可以说娱乐化是民族传统体育发展的未来趋势,传统体育活动的娱乐功能将不断凸显。

第三节 民族传统体育文化作为跨界民族交往桥梁的特殊作用

跨界民族关系是民族关系的重要组成部分,是我国在民族发展和社会发展中必须处理好的社会问题。跨界民族处于祖国的边境地区,其地理位置的特殊性,决定了所处社会的安全稳定对内地的安全稳定起着屏障作用。近年来,国家加大了对边境地区的开放程度,大力发展边境地区的经济。中国边境地区是实施"一带一路"倡议的前沿地区,在新的历史条件下,边境地区的安全问题对国内和国际合作发展显得更为重要,那么构建和谐的跨界民族关系是建设睦邻、稳定的边境关系的重要一环。

国家在加强边疆治理、建设的过程中,除了要加强军事、政治、经济、外交建设外,文化建设也是不可或缺的一部分。我国素来秉承"以邻为善、以邻为伴"的国际外交政策来处理我国边境地区面临的各种边境关系与社会问题。具体到实处就是要构建和谐、友爱、和睦相处的跨界民族关系。那么体现了跨界民族所共同具有的心理结构、思维习惯、生活风气、价值取向等内容的民族传统体育文化规范着跨界民族的生活方式、价值取向、精神追求,能产生强大的民族凝聚力,促进民族认同,加上现今群众体育已上升到国家战略高度,作为群众体育的重要形式和民族文化代表之一的传统体育文化也扮演着更加重要的角色,肩负新的使命,在跨界民族交往过程中起着特殊的作用。

一、跨界民族交往状况

跨界民族的交往古来有之,由于他们生活在边境线附近,因此是边民的主要构成部分。但是在不同的历史条件下,交往的频率、空间、时间

第四章　跨界民族传统体育文化的价值与作用

受到不同的限制。中华人民共和国成立之前,部分地区的边境线未得到明确的划分,边民的国家归属感不是很明确,少部分边民的国家认同处于模糊状态,那时国家对边境地区的管理较少,边民的往来也很少受边防的限制,但是这种交往限于封闭的地理环境和欠发达的经济状况下,跨界民族的交往半径小,熟人社区是他们交往的主要场域,交往的内容主要也是情感交往之内的走亲访友、婚丧嫁娶。中华人民共和国成立之后,国家逐渐对边界线进行了清晰的划分,原本属于同一地域空间的群体变成了分属两个不同的民族国家,并加强了对边境的管理。跨境边民的交往由"自由"变成了"限制性自由",由"自发"变成了"自觉"。

边境跨界民族主要是少数民族,形成了以民族国家为主的政治文化和以边民日常生产生活为主的地域文化。政治文化与地域文化属于两个完全相反的领域,政治文化强调国家意志、国家安全、国家领土完整,维护国家利益、国家形象,一切以国家为主。边民在交往过程中,要承担"公民"的责任与义务,以主权国家和国家之间的规定从事生产、生活行为,进行经济往来、文化交流;而地域文化建立在共同的业缘、血缘、地缘、人缘等基础之上,强调特定区域内的特定人群、个人利益,这种利益不具有强制性,稳定性也较差。跨界民族在交往过程中,对国家的政治认同和对地域文化的认同不一定总是重合的,交往行为的实施与跨界民族所属国家的政治、经济、文化、宗教、军事的发展状况有着密切关联。[①]要促进跨界民族和谐交往,就要促进边民对国家认同与对地域文化认同之间的一致性与和谐性。

随着国家对边境对外开放程度的提高,跨界民族双边的互动往来增多,交往时间、频率、空间、范围、领域都大大超过以往。边境跨界民族往来的主流是积极的、正面的,民族分离、边境战争等交流形式占很小比例,交往主体主要是个人、社区、区域,还有地方政府在生活、生产、政治层面的交流互动。边民社会的生活交往主要包括走亲、访友、过节、赶街、通婚等;生产交往主要包括务工、生意、边界小额贸易等;政治交往则主要包括地方性政府为了推进边境社会发展而组织的政治沟通、商品贸易等[②]。边境的集市、村寨、口岸通常是跨界民族交往互动的场所。

[①] 韦福安.跨界民族交往心理的构成要素分析[J].广西民族师范学院学报,2013,31(1):143-147.

[②] 吴兴帜.中越跨界民族交往与边民社会治理研究——以云南省河口、金平县为例[J].青海师范大学学报(哲学社会科学版),2015,37(2):50-55.

跨界民族在交往实践中，彼此交互扮演着主体与客体的角色，在相互影响、相互作用中共同实现物质、情感、资源、信息等方面的共享与交流，由此形成主客体间交流与往来的过程。

（一）跨界民族的生活交往

走亲访友、逢年过节的赶集、通婚是生活交往的主要形式，跨界民族经常存在一家亲戚分属不同国家的情况，在平日的生活中，大家虽属于不同国家，但是相隔的距离并不远，各种节庆中相互走访还是同国内一样亲密，亲戚之间有喜事、丧事也都相聚在一起相互商量、操办。就算没有亲戚关系，基于地域文化，拥有相同的族源，语言、饮食上基本一致，文化相通，相互交往并无障碍，相互之间的往来自然形成。双方在日常生活中，会邀请对方来家中聚餐吃饭，节日期间相互邀请到对方家里过节，遇到婚丧嫁娶事宜时，双方相互帮忙、组织、张罗酒席，与本国邻里无异。在相互交流往来中，还经常会有适婚的青年男女成功成为一家人，通婚在边境地区很是常见。尤其是近年来，国内男女比例失调，边境地区相对是贫穷的地区，村里的适婚女性都向外嫁了，边境地区家庭经济条件较差的男子转而去迎娶邻国姑娘，相比国内，越南、缅甸、老挝等邻国的娶妻成本要低得多，她们也愿意嫁给经济条件较好的中国丈夫，课题组在广西、云南的中越、中缅、中老边境一带调研时，就有很多不同民族的"越南媳妇""缅甸嫁娘""老挝嫁娘"等。

边境互市也是跨界民族生活互动的重要一面，边境地区很多地方的边界线就是一条河、一条路，边境的村寨里，政府修建了专门的贸易集市，每隔几天开放一次。由于边民都有边民证，往来比较方便，届时，边境两边的人都会在此聚集，或是看热闹，将赶集作为闲暇生活中的一种乐趣所在；或是进行农业物资的买卖。如在那坡平孟口岸，就有互贸市场，许多越南人在我们口岸这边做生意，一家做越南特产的侬姓商店老板娘告诉课题组成员："我们白天在这里卖东西，晚上都回到越南那边去，非常方便。每年的大年初九，我们都会到口岸这里来赶风流街（即歌圩民俗活动），场面十分热闹，到时你们来看、来玩啊。"可见，边境的口岸更是边民娱乐、休闲、消费的重要去处。

(二)跨界民族的生产交往

人与人之间的交往主要是物质和精神的交往,马克思认为物质交往是其他交往的前提①。跨界民族的生产交往在所有的交往中占据最大的比例,这种交往主要是务工、生意、小商品买卖。自从改革开放以后,边境地区的中国公民就前往沿海、发达地区进行务工,以此改善家庭经济条件。但是从边境地区本地劳动力构成来看,边境地区中国公民的跨区域青壮年劳动力转移,造成边境地区劳动力相对不足,特别是农忙季节,出现季节性劳动力短缺。而邻近的越南、缅甸、老挝等国家的经济社会发展与中国存在落差,本国的工资水平低于中国,因此邻国经常有边民到中国务工。课题组在广西靖西龙邦镇大莫村调研,大莫村与越南邻近的哥多屯建立友好村屯,两国界碑就立在两村交界的山鞍豁口上,有架好的围栏向人们显示这就是国界线。围栏过去就是一个小土坡,土坡下面就是一大片空旷的田地和水源,远处能够看到哥多屯。大莫村租借哥多屯的土地,边民种植桑叶,两边村民友好交往互助。生活在边境线附近的边民还在口岸进行小商品的买卖活动,在口岸经常有妇女往返中国和其本国,带来本国的农产品卖给中国人,又从中国人手里买一些本国没有的商品回去。在广西东兴的中越边境口岸,每天都有越南妇女大包小包匆匆忙忙往返中越之间,其实就是进行一些农业产品和生活产品的买卖活动。

政治交往多是政府组织的一些国家之间或国家的区域之间的贸易、文化、经济活动。目的在于促进国家之间的友好往来,经济互补,促进共同发展。总之,民族交往是不同民族在社会生活中的各个领域内进行的全方位、多层次的互动,它涉及不同民族的政治、经济、文化、生态等多个方面,是一个民族社会发展的动力、源泉和结果②。

---

① 马克思,恩格斯. 马克思恩格斯全集(第45卷)[M]. 北京:人民出版社,1961:207.
② 李静. 民族交往心理构成要素的心理学分析[J]. 民族研究,2007(6):22-32.

二、跨界民族交往中的问题

虽然边境呈现出勃勃生机,边境贸易蓬勃发展,原先一些边境小村镇已经变成了繁华的边境城市了,国家间的文化交流不断深入,跨境边民的友好往来频繁。但在跨界民族的往来过程中还存在一些问题和不足。

(一)人口非法流动问题

首先是跨国婚恋者,由于长期的生育性别喜好,国内出现了男多女少的性别比例失调,加上昂贵的彩礼,边境附近的适婚男性经常会娶边境线附近的邻国女性,跨境新娘增多,但这种跨境婚姻多是非法的事实婚姻,受经济条件和文化水平的限制,很少严格依照法律流程结婚,更没有根据法律要求办理户籍和落户手续,如在靖西大莫村弄关苗族屯,课题组了解到苗族村庄与越南边境的婚嫁交流就更为密切,由于村寨里的几个姓氏不能通婚,久而久之就需要对外交流,而由于经济水平的原因,苗寨一般与苗寨通婚,而那坡的苗寨距离比较远,所以只能与越南邻近苗寨通婚。这种同一民族跨界通婚的情况在西南的中越、中缅、中老边境村寨都存在。无国籍、无户口、无结婚证的"三无人员"大大增加,因此也带来了一系列社会问题,如骗婚、人口买卖、传染病的蔓延等。其次是跨境务工人员,边境农忙或农作物收获季节对劳动力的需求急切、紧张,为了补足劳动力,就近的边民省时省力不按程序办理直接偷渡过来。据广西调研得知,每年到广西甘蔗收获的季节,就会有很多越南廉价的劳动力偷渡到中国来做小工收割甘蔗,他们偷渡已形成了一种产业链,偷渡的越南人什么都不带,当工作做完后就"自愿"被抓,被中国公安遣送回国,这样还省去了一笔车费开支,而他们的工钱则有专门的中间人进行管理,回国后,中间人再把工资转给他们。

(二)走私问题

中国与邻国经济发展落差的背后是同一商品的不同价格,也就意味着走私拥有巨大的经济收入。贫困和落后制约边民生活条件的改善,而

第四章　跨界民族传统体育文化的价值与作用

走私是边民根据当地经济发展水平以及当地特殊的生态条件所做出的选择,给部分边民带来了新的收入来源,因此一些边民对走私活动趋之若鹜。要么直接参与走私,要么在路上拦走私车要钱,要么替走私人员通风报信,早期走私人群发家致富,也给村民树立了负面典型,助长了走私的社会风气,形成对走私的依赖。走私中的利益冲突不仅导致族群冲突,使得族群械斗事件时有发生,造成小区域内社会秩序的失序,还导致国家损失了大量的海关收入,冲击了国内正常的市场秩序,而未经过卫生部门检验的走私商品也对人的健康构成威胁。

三、民族传统体育文化作为跨界民族交往桥梁的特殊作用

文化的力量是持久而强大的,跨界民族基于千百年来相同的文化基因在今天仍然发挥巨大的作用。跨界民族拥有共同的血缘、族源、亲缘、业缘、物缘、神缘、语缘[①],在这样的历史现实环境下,它们之间的交往是全方位的、多层次的、多领域的,跨界民族传统体育文化作为跨界民族历史上传承下来的民族文化,本身就是跨界民族之间文化交往的内容,它印刻着跨界民族共同的文化基因,体现对同一族源、同一文化的认同,这种认同是自然的、原生性的、非理性的认同。另外民族传统体育还架起了跨界民族交往的桥梁,为跨界民族的交往提供平台。

2013年10月,中央召开了周边外交工作座谈会,习近平总书记指出:"我国周边外交的基本方针,就是坚持与邻为善、以邻为伴,坚持睦邻、安邻、富邻,突出体现亲、诚、惠、容的理念。"[②]构建"以邻为善、以邻为伴"的领国关系,离不开跨界民族之间的和谐往来,而基于共同文化基因的民族传统体育文化则对跨界民族的交往起着特殊的作用。

（一）为跨界民族交往提供平台

国家的对外开放不断深入,边界地区的交通和通信技术日益发达,国家的跨界民族交往政策更加宽松,群众体育活动的形式更加多

---

① 黄光成.跨界民族的文化异同与互动：以中国和缅甸的德昂族为例[J].世界民族,1999（1）：25-30.
② 《习近平在周边外交工作座谈会上发表重要讲话》,人民政协报,2013年10月26日.

样，依附于各种民族节日的跨界民族传统体育文化日益被更多的人知晓，跨界民族传统体育活动表现出一种开放性、包容性和发展性，为跨界民族之间的交流提供了平台，为跨界民族之间的文化融通创造了条件。

近年来在沿边口岸通常会举行国际性的传统体育活动赛事，如"中老越三国丢包狂欢节"，在这样的节日中，既有中老越三国运动员代表参赛，也有这三国甚至是泰国等周边国家的观众前来观看，为自己国家的运动员加油助威，这样的活动是借跨界民族传统体育比赛平台，结合旅游开发、经济合作、商品贸易、文化交流的一个盛会，跨界民族传统体育为其他生产、生活、经济、文化、生态等领域的交流提供机会。在活动中，各国能充分利用机会销售本国的商品、洽谈商业合作、进行文化交流。同时，也给普通民众创造了集会的客观条件，对普通民众来说，这样的节日盛会也是与邻国亲朋好友进行情感交流的机会，相互邀约共同度过欢庆的节日，加强感情。个体商户也能利用这个机会进行商品交易。在江城去国庆乡的路上，向导陀螺冠军梅朝喜跟课题组讲国庆乡彝族丢包活动："可惜你们春节后才来，若是春节初二，国庆乡的彝族丢包活动才好玩、热闹呢。这一天，不仅是彝族，其他民族都聚集到国庆乡丢包场，包括老挝、越南的边民，公路两边停满了车辆。丢包场内更是人山人海，当地人称为'公开找情人的日子'，我们这丢包是表达爱情的方式。许多未婚男女都会在这一天成群结队到国庆乡来，穿着艳丽的民族服装，男女分站对面两排，彝族、傣族小姑娘将自己做的荷包抛向小伙子，小伙子得到荷包后再丢回给姑娘，来回几次中意后就会成为情侣。当然，这一天也不仅是丢包，还有荡秋千、打陀螺等，我也去打过陀螺；还有抱着三弦边弹边跳边唱，许多男女游客都会加入到跳舞唱歌队伍里。这里还是一个大集市，有卖小商品的、卖茶卖吃的，服饰、水果、电器等等。整个活动场所，有谈爱情的，有看风景的，有卖商品的，互不干扰，大家其乐融融。"在内蒙古新巴虎右旗调研，摔跤协会秘书长说："我们新巴虎右旗就是一个大草原，也需要发展，想发展就走旅游业，旅游业发展它离不开文化，离不开那达慕文化，现在提倡文化旅游加体育。"

这种地区之间的传统民族体育盛会，既有政府层面的交流，也有社区、家庭和个人层面的互动，能为各个领域的交流提供舞台，在这个过程中，不仅是"体育搭台，经济唱戏"，更是"体育搭台，多方唱戏"，跨界民族传统体育盛会已成为跨界民族之间交流交融、消除隔阂、增加信任

第四章　跨界民族传统体育文化的价值与作用

的重要方式,是推动跨界民族和谐相处、各领域共同进步的重要平台。

(二)扩大了跨界民族的交往空间

上面提到,跨界民族之间的交往主要集中在生产、生活和政治领域,传统上这些领域的交往在于走亲访友、赶集、婚丧嫁娶、过节、务工、生意、边界小额贸易以及地区政府组织的政治沟通、商品贸易等。新的发展时代,民族传统体育文化的功能更加丰富多元,集政治、经济、文化、社交等多种功能于一体。群众体育已上升到国家战略层面,在人民生活条件日益改善的条件下,健康生活已成为人们的普遍追求,更追求精神文化的发展。作为群众体育重要形式的民族传统体育活动也扮演着重要的角色,肩负新的使命,尤其是在新的历史时期,跨界民族要深度融入"一带一路"建设,加深合作,跨界民族传统体育的交流不失为邻国交往的有效途径,民族传统体育文化交流创造了一种传统体育交流空间,并以此连接其他交往空间。

跨界民族共同的传统体育活动拥有广泛的群众基础,在跨界民族的生活中扮演重要角色,但是以往民族传统体育活动的跨界交流较少,这种交流局限于小地域范围内的民间交流。随着经济的发展和对民族传统体育文化的重视,加上交通条件的改善,跨界民族传统体育的交流变得日益重要与便利,特别是官方组织的传统体育跨界交往活动,与传统的外交手段(如首脑会谈、外交谈判)不一样,跨界民族传统体育作为一种新的外交手段,更加灵活、变通,其所带有的政治色彩变得隐蔽化,民族传统体育外交拓展了外交手段,其所宣扬的价值观更易被民众所接受。在海拉尔鄂温克旗观摩射箭协会的射箭比赛,其中有一项射布龙比赛,是布里亚特蒙古人的传统体育,一位布里亚特蒙古族射箭老人对课题组说:"射布龙是我们布里亚特蒙古族喜欢的一项传统射箭,外蒙是这样,俄罗斯的布里亚特蒙古人也是。射箭距离为 30 米、40 米、45 米,老年人 30—40 米,年轻人 30—60 米。外蒙那边组织那达慕的时候就邀请我们去参加比赛,大概七八个人去。我们是从满洲里口岸出去,费用都是我们射箭协会掏,到了那边他们接待。"

在普通百姓的闲暇时间里,相约跨界的边民一起参加传统体育活动,以此进行身体锻炼,娱乐生活,是一种体育锻炼、休闲娱乐方式往来。如在内蒙古东乌珠穆沁旗调研了解到,边民都有边民证,通过中蒙口岸走亲戚、旅游等往来比较方便,且嘎查、苏木民间每年农历六月都有祭敖包,东乌旗文体广电局敖副局长说:"乌珠穆沁和外蒙都知道,敖包是神圣的,后代都会过来祭祀。祭敖包结束后就进入搏克、赛马、射箭、蒙古象棋比赛等活动环节。尤其是搏克比赛,只要是蒙古人都会,小时候就开始玩搏克。像我们这个嘎达布其镇有5个嘎查,每个嘎查都有比较有名的敖包,每个嘎查祖祖辈辈就祭这个敖包,每年都要祭敖包。一般是由4个牧户联合一起办,这次办完以后开个会,把下次主办人定下来,前提是以前没举办过。今年能够主办祭敖包就会认为特别顺,就像是精神上的寄托一样,因此祭敖包大家都争着主办,有的还排不上。不过,这个嘎查也就是有20几户有主办权权限,其他户是没有权限能够办的。大概是以前祖辈祭这个敖包时是这几个户发起,那这个发起户就一直祭这个敖包。外蒙也过来祭敖包,有亲戚关系。这里的乌珠穆沁部落以前就有迁到蒙古国那边的,所以两边都有乌珠穆沁部落。我们这跟外蒙有亲属关系的特别多,他们许多亲戚都在蒙古国。祭敖包时他们也会有少部分人来,还参加搏克比赛,按我们这边嘎查搏克规则;赛马也参加,因为马是过不来的,主要是请他们那边的小骑手过来与当地牧民比赛,外蒙的小骑手赛马很好。"民族传统体育在现代化进程中,传统的规则、形式、规模等也逐渐在发生变化,在现代体育的渲染下,对传统体育针对性地进行了挖掘、整理、规划、加工、完善,传统体育的赛事运作和表演性得到增强,带动了更多的人群参与,吸引了多个民族的参与,经过调适的民族传统体育活动在更大的空间范围内发挥交往作用。无论是普通百姓之间进行的活动还是政府带头举办的各种传统民族体育活动,跨界民族传统都依靠各民族的节日庆典、民俗活动等载体进行传播与交流,拓宽了以民众、政府为主体的跨界民族交往的空间范围。

(三)为跨界民族交往提供健康、积极向上的文化环境

边境贩毒、赌博、走私等违法犯罪行为的产生,除了因为特殊的地理环境、国际环境外,还与当地的文化环境有关,边民长期生活在封闭的地理环境中,生计方式单一,走私交易常常出现在边界,在这些不良生活方式的影响下,当地的文化环境也变得消极、阴暗,对走私、贩毒等极端赚钱方式抱有依赖思想。虽然民族传统体育文化不能直接根除上述所讲的跨界民族交往中存在的问题,但民族传统体育是跨界民族健康交

第四章 跨界民族传统体育文化的价值与作用

往的一种方式,要积极发挥民族传统体育在引导人们建立健康、阳光的人际关系中的作用。

很多跨界民族传统体育活动来源于先民的生产生活,其中体现了不同民族的思想文化、风俗习惯、伦理道德、价值取向等深刻的内涵,民族传统体育活动的举行可以激发、调动人们的思想,用其所包含的伦理道德对人们进行教育。民族传统体育活动以广场舞形式开展,村寨群众在闲暇时间有了健康的生活方式,养成健康的生活习惯,为生活增添了乐趣,精神需求得到了满足,相应地就会减少"黄赌毒"等不良生活方式。

民族传统体育的开展具有广泛参与性,不具有排他性,不管男女老少都可以平等参加,或根据自己的实际情况选择自己喜欢的传统体育项目,这样的平等参与规则有利于村寨亚文化群体融入主流文化当中,减少亚文化群体的孤独和排斥,充分发挥传统体育的社会化功能,也能帮助亚文化群体减少对本群体的依赖,融入社会中。如村寨吸毒的亚文化群体,不被正常的村民所接受,面对社会的排斥,更容易集结形成自己的亚文化群体,陷入吸毒的深渊中,由此引发更多的不利于社会和谐的违法犯罪行为。原江城县文体局局长李启学在课题组访谈中讲了这样一个案例:"在与老挝接壤的江城勐烈镇,是一个有哈尼族、彝族、拉祜族、瑶族等的民族乡镇。这里活跃着一支'乡友芦笙队',他们是由40多名乡下农村到镇里打工的各族农民兄弟和镇上一些老人组建的。当初这些农民兄弟到了镇上来务工,务工之余生活比较空虚、贫乏、单调,喝酒闹事、家庭不和谐等事件时有发生,给镇上带来了不安定因素。一些老人觉得长期下去不是一个解决的办法,经过商量,就把江城群众性参与广泛和喜闻乐见、老少皆宜的跳芦笙活动作为突破口,以进城务工人员为主、退休老人为辅成立芦笙队。他们在空余时间自己练习、自己编健康向上、歌颂党和国家的芦笙调。他们不仅健身娱乐、促进团结,生活得以充实、家庭和睦,还为江城节日庆典、重大外事活动、农村丰收喜庆、讨婚嫁女等进行表演,家喻户晓。连近邻的老挝边民都慕名而来,还多次邀请'乡友芦笙队'出国为他们的节日、婚礼等演出助兴,促进了中老边民文化交流与友好往来,传播中华优秀传统体育文化。"

很多民族传统体育蕴含了艰苦奋斗、顽强不屈、勤劳勇敢、平等友爱、天人合一、团结合作等精神,这些丰富的精神内涵都有利于加强文化建设,其所具有的增强合作意识、净化道德环境和提高人格境界方面的价值越来越凸显,民族传统体育活动规则和活动过程中体现了强大的精神感召力和道德意志培育力,在这样的精神文化建设下营造和谐的边界氛围,以健康、向上的文化环境推动跨界民族交往互动,民族传统体育文化所蕴含的人文精神虽然不会对边民社会起到立竿见影的效果,但是会潜移默化影响人们的交往并产生持久的影响力的。

(四)增强跨界民族间的文化认同

跨界民族在不同国家的区分,使得跨界民族的认同具有复杂性,不仅具有民族认同、政治认同,还具有文化认同和社会认同①。这里的政治认同就是对国家的认同,跨界民族的民族认同与国家认同关系复杂,一方面国家认同与民族认同具有一致性和包容性②,但是民族认同与国家认同之间还存在差异与矛盾。分属不同国家的同一民族在交往过程中,既要保持对主权国家的认同,又要持有对同一族源、同一文化的认同。跨界民族的国家认同与文化认同取决于民族的发展状况,当国家给予优惠政策,跨界民族社会的经济得到发展时,比邻国同一民族发展情况更好时,跨界民族的国家认同就会更强烈,而境外同一民族则相反,文化认同强烈,对民族国家的认同稍弱。在广西大新县硕龙镇,课题组有幸观摩了由中越边民共同表演的隘江村舞狮:硕龙镇隘江村业余舞狮队组建于清朝康熙年间,原取名"广福堂""乐春堂""同庆堂"民间演艺队,队员来自隘江村各村屯,有极少数越南边民。狮子登高山这一表演项目,是一个具有一定危险性和挑战性的节目,使用21张长形凳子,不用一钉一铆叠成11层,约12米高的金山,双狮子在锣鼓声中和猴子滑稽逗引下随绣球手登上金山顶,这一项表演其实是在考验表演者的胆识和毅力,寓意劳动人民的勇敢和智慧,表演中不用任何保险设备,表演者要有良好的心理素质和身体素质,所以队员随年龄增长而被淘汰,因此必须不断培养新队员。在狮子登高山前要进行表演前热身,这次表演前的热身乐器队由三个人组成,中间那个人身着壮族服装,腰上系着红色的腰带,敲着铙钹,左边那个人身着黑色的壮族服装,腰间系着红色的腰带,敲着鼓。右边那个人身着布袋式的裤子、红色的上衣,敲着锣,他们坐在车里敲锣打鼓,沿路发出信号,通知大家要准备开始"狮子登高

---

① 雷勇.论跨界民族的多重认同[J].内蒙古社会科学,2008(5):28-32.
② 陆海发.边疆治理中的认同问题及其整合思路[J].西北民族大学学报(哲学社会科学版),2011(5):51-56.

第四章　跨界民族传统体育文化的价值与作用

山"表演了。在进行狮子登高山的地方，两个舞狮的人在乐器的伴奏下进行热身，下面进入了叠高凳的环节，首先两个长凳分开平行式摆放，并且中间隔了一个长凳的长度，下一步要将两个长凳架在上一个平行摆放长凳的上面，两个长凳中间也是隔了一个长凳的距离，这样可以增加稳定性。就这样依次摆放叠加了10层，然而又在最顶层的位置，两个长凳中间放了一个长凳，在顶层长凳的上面插上了两面小旗，一面是红色的，一面是黄色的(每个长凳的高度约为110厘米左右，叠加起来的高度大约有12米左右)，在最底下两长凳的边上，每一边都要上一支香，总共上了四支香，下面进行了所有舞狮参与人员的一个合影，狮子登高山的活动马上就要开始了，这时，所有人都各就各位，敲锣的人敲着锣；敲铙钹的人敲着铙钹；打鼓的人击打着鼓；舞狮的人，带上狮头，穿上舞狮的衣服；扮演大头娃娃的人，戴上大头娃娃的头盔，身上穿了一件长袍；扮演猴王的人，戴上猴王面具，现在所有人都整装待发。随着阵阵锣鼓鞭炮声的响起，开始了振奋人心的狮子登高山，鼓声节拍强劲有力，浑厚响亮，振奋人心，狮子随着节拍跳跃，时活泼，眨眼睛，扇耳朵，真让人陶醉，充分展现了狮子的活灵活现，大头娃娃两只手中各拿着一个竖条，引狮人成弓步站立，手握旋转绣球，举过头顶，在鞭炮声结束的时候，引狮人翻了一个跟头，猴王也翻了一个跟头，舞狮的人在地面上翻滚了一次，引狮人手握旋转绣球，引导狮子起舞，从而使人与狮融为一体，通过生动的狮子形象，以美育人，以境育人，以情动人。大头娃娃在狮子后面驱赶，猴王也跟在后面驱赶狮子，他们绕着长凳走了一圈。引狮人爬上了长凳，每爬上一层，引狮人都要摇动一下手中的旋转绣球，象征着步步高升，舞狮在下面舞动着，当引狮人爬到顶层时，挥动着手中的旋转绣球，在这时，伴随着猴王和大头娃娃的挥舞逗引，舞狮逐层攀上高台，直至顶端，上攀的动作十分危险，有正上、斜45度向上等，他们不戴任何保险绳索，所表演的技巧，都有活灵活现的名目，如"蜘蛛吊线""仙猴摘桃""冲天倒立"等。当然也有些动作使人平心静气，怦然心动，有些动作又滑稽可笑，令观众忍俊不禁。舞姿勇猛而雄伟，气概非凡。充分展现狮子登高山"难""精""险""美"的特点。同时，也展现了"百兽之尊"狮子的雄伟俊武，给人以威严，勇猛之感。当两只狮子都攀到顶端时，引狮人坐在两只狮子的中间挥动着手中的旋转绣球，似乎是在祈望着生活吉祥如意，事事平安。随后引狮人下来了，每下来一个长凳，引狮人都要挥动一下手中的花环，寓意着风调雨顺，万事亨通。随后舞狮也下来了，舞狮者呈斜45度向下走，两人动作连贯敏捷，协调一致，充分证明了舞狮者的胆识和毅力，展现了舞狮者良好的身体素质和心理素质，寓意着劳动人民的勇敢和智慧。最后，舞狮在引狮人的带引下，在地面上表演了腾翻、跳跃、扑跌的技巧，表现了舞狮者们不畏艰险、勇于拼搏、积极进取、蓬勃向上的精神，最后对现场观众进行了朝拜，也表达了对生活中事事顺利的美好祝福！由于相同习俗，每逢节日，越南群众都邀请舞狮队表演助兴，长期往来交流，精彩的表演吸引群众，一些越南青年人也加入表演队。近几年来应邀在大新县其他乡镇及邻县靖西、龙州、天等和崇左市等进行表演，得到了广泛赞誉。

  跨界民族交往心理的基本要素由边境跨界民族交往的内在驱动力、认知、情感体验、意识以及以此指导的交往行为共同构成。现阶段，中国的经济发展迅速，国家综合国力提升，相对邻国来说，国家实力更强，因此跨界民族的国家认同强，而境外同一民族的文化认同强。跨界民族之间的交往就是要增强共有的文化认同。在内蒙古新巴虎左旗调研，该旗文体新闻广电局图日巴图局长说道："我们旗分别与蒙古国、俄罗斯交界，由于蒙古文化相似、相同，如蒙古长调、蒙古服饰、搏克、射箭等，因此与蒙古国交往比较多。文化底蕴有共同点，所以民间交流一直有的，特别是摔跤，我们都会请蒙古国教练过来，他们的技术不错。我们每年也组织中俄蒙国际摔跤比赛，既有成人的，也有青少年的。"东乌旗文体广电局孟克局长说："我们东乌旗珠恩嘎达布其口岸是1992年开通的，2009年就与对面蒙古国苏和巴托省建立合作关系，还有与东乌旗比较近的东方省、肯特省，主要在经济、文化、教育、体育等方面常年交流。比如参加他们的那达慕，有赛马、射箭、摔跤，也有男儿三技，这些项目，按他们的规则要求。就像东方省有两个苏木，一个是苏日古勒，还有一个是白音塔拉。这两个苏木居住的大部分蒙古国居民是1948年从我们这儿迁移到蒙古国的，都是乌珠穆沁部落，所以它的习俗文化啊都接近，他们同样祭敖包。他们的上一辈都在这儿祭祀，现今的后辈也有到我们这儿来祭祀，主要是走访亲戚。除了祭敖包，我们大大小小那达慕一年四季都有，仅民间自己组织的一年不少于100次。他们来我们这边参加活动按我们的规则习俗，我们去他们那儿按照他们的规则习俗，大家互相尊重当地的民俗、民风和文化。"

  跨界民族传统体育是跨界民族历史上传承下来的文化，是同一民族的共同的集体记忆，体现了一个民族的心理结构、审美情趣、思想精髓、

第四章　跨界民族传统体育文化的价值与作用

深深蕴藏着民族的文化基因、精神特质[①]。跨界民族传统体育活动的开展,需要身体的身体力行,在参与的过程中,即使是比赛,不同国家、民族的选手在比赛中都要进行技战术的交流,在情感上与思想上进行碰撞,培养竞争、合作意识。在现场观看的氛围会让人们有一种亲切感,在民族传统体育活动中能找到共同的运动项目、规则或相似的服饰,这些共同点唤醒了不同民族之间的共同历史记忆和文化传统。尤其是对境外的同一民族与我国部分的历史记忆,增强他们对所共有的同一族源、同一文化的认同,跨界民族间的文化认同为跨界民族交往行为提供心理认同基础。文化认同能够让两国人民相互尊重、相互理解,搭起交流合作的桥梁与纽带,实际上也发挥着戍边的作用。通过跨界民族共同文化的交流与吸收,不仅增进边民的情感、友谊,进而也促进边境地区和谐发展。

---

① 曾瑛.论体育教师应具备的思想素质[J].体育教学,2000(3):41-42.

第五章 跨界民族传统体育文化认同与"一带一路"建设实施的关系探讨

自 2013 年 9 月 7 日、10 月 3 日习近平主席分别在哈萨克斯坦纳扎尔巴耶夫大学、印度尼西亚国会发表演讲提出"一带一路"倡议,到 2016 年 11 月 17 日第 71 届联合国大会首次将"一带一路"写入决议,2017 年 5 月在北京成功举办"一带一路"国际合作高峰论坛。短短 4 年时间,"一带一路"从无到有,从倡议到转变为国家建设,从顶层设计到具体实施,取得了巨大成就,中国与"一带一路"沿线国家和地区的经济、文化交往交流得到进一步加强。"一带一路"建设以开放包容、和平合作、互利共赢、互学互鉴为理念,欲打造"绿色丝绸之路""健康丝绸之路""智力丝绸之路""和平丝绸之路"等一系列以中国为起止点的绿色、健康、环保、智慧的和平、发展、资源共享之路。① 习近平主席提出"一带一路"建设,要致力于实现沿线国家政策沟通、设施联通、贸易畅通、资金融通、民心相通的重要目的,让快速发展中的中国以负责任的大国形象出现在世界民族之列。同时通过"一带一路"沿线国家多种形式的合作、交流,紧密团结、连接沿线国家政治、经济、文化利益,实现平等互利、合作共享、互惠共荣的发展目标。"一带一路"倡议五通中的民心相通,就是要求中国的文化、民众能够走出去,与此同时为他国的文化、民众走进来提供机会,实现我国与沿线各国心与心的沟通、互动。只有在沟通和互动中才能增加彼此的了解,增加彼此的信任,更好地促进"一带一路"倡议背景下中国与沿线国家的发展,构建真正的人类命运共同体。

---

① 陶恩海,程传银."一带一路"背景下中国与非洲节点国家体育合作研究[J].辽宁体育科技,2018,40(05):1-6.

第五章 跨界民族传统体育文化认同与"一带一路"建设实施的关系探讨

"一带一路"为我国民族传统文化的繁荣发展提供了绝佳的机会，也为沿线国家的传统文化交流与融合提供了历史舞台。跨界民族传统体育文化作为我国传统文化的组成部分，蕴含了民族传统文化最深厚的底蕴，是中国文化的象征符号体系，在"一带一路"倡议中加强跨界民族传统体育文化的交流与合作，不仅有利于民族传统体育文化的繁荣，也有利于国家传统文化的发展，更利于提升我国的文化软实力。同时跨界民族传统体育作为跨界邻国的文化成分，与沿线部分国家的传统民族体育有着天然的联系，在交流与合作中自然减少了因文化、语言等差异而形成的障碍与困难，能基本实现无障碍式的交流与互动。跨界民族传统体育文化将对"一带一路"建设发挥更加积极的促进、加速作用，反过来"一带一路"建设也能促进传统体育文化的进一步发展。

第一节 "一带一路"倡议下跨界民族传统体育文化的机遇

"一带一路"是我国与丝绸之路沿线国家加强合作的一种发展理念与构想。自提出之后，为国际政治沟通起到了重要的示范作用，成为我国与"一带一路"沿线国家经济、政治、文化、社会发展的重要平台。"一带一路"倡议的提出为我国跨界民族传统体育文化的发展、传承、繁荣提供了难得的机遇。那么在"一带一路"国家宏观建设背景下，我国跨界民族传统体育有着怎样的机遇，成为在"一带一路"倡议下发展跨界民族传统体育文化首要讨论的问题。

一、提高跨界民族传统体育文化认同

"认同"是指在主体自我身份的寻找和确认过程中，通过人与人、人与群体、人与社会间的互动、信任及承诺在自我之外寻找自我、反观自我，并承认自我的过程。"认同"一词最早用于心理学领域，由弗洛伊德提出，指"一个孤单的人如何在发现自己和赋予个人意义时塑造了一个

时代的历史。换句话说就是指一个人与一个时代的同一感"[1]。文化认同是指人类对于文化的认可度和归属感[2],文化认同是界定身份的一种方式,文化认同是对文化核心价值观的倾向性共识与认可[3],是对某一种特定文化或文化群体的归属感[4],它是凝聚一个民族、国家乃至区域共同体的"识别象征体系"[5]。文化认同是个体对特定民族、国家的归属感和心理承诺,属于社会认同的一个方面,同时也是民族认同、国家认同的重要基础。文化认同包含人类对于文化认识的倾向、共识与认可,是个体之间或者个体与群体之间的共同文化确认,是使用相同文化符号、遵循共同文化理念、秉承共有思维模式和行为规范的文化依据。[6]

民族传统体育文化认同是民族个体通过体育运动过程中的肢体动作与表现形式及作为共同载体的服装、工具等外在物质和规则、仪式等非物质文化相结合,产生的民族身份归属感与自我意识社会心理的再确认过程;是人与人之间或个人与群体之间通过传统体育活动对民族文化共同性的一种确认[7];是大众对民族传统体育特定价值、文化、信念在本质上趋同的追求与自觉把握;是通过民族传统体育文化身份和地位的寻找与确立,凝聚成具有共同体育文化内涵的民族体育自我意识。它关系着民族传统体育文化的有效传承与未来发展。

现代社会体育文化是被西方现代体育文化主导的,自20世纪20年代后,中国在救亡图存中逐渐引进西方现代体育。中华人民共和国成立后,为振奋民族精神,重塑中国在国际上的形象,将以西方现代体育文化为主的奥林匹克运动作为中华民族崛起的突破口,为争取在奥运会中拿下优异的成绩以展现国家实力,我国在战后百废待兴的基础上,举全国之力,集中人力、物力和财力优先发展现代竞技体育,在"举国体制"之下实行"奥运争光"计划,在此驱动下,以竞技体育为主导的西方现代

---

[1] 金炳华.哲学大词典(修订本)[M].上海:上海辞书出版社,2001:1194.
[2] 张宝成,等.多民族国家视阈下的文化认同研究[J].贵州民族研究,2019,4(40):12.
[3] 郑晓云.文化认同论[M].北京:中国社会科学出版社,1992:4.
[4] 任裕海.全球化、身份认同与超文化能力[M].南京:南京大学出版社,2015:17-20.
[5] 张旭鹏.文化认同理论与欧洲一体化[J].欧洲研究,2004(4):66-78.
[6] 白晋湘,张小林,李玉文.全球化语境下我国民族传统体育文化认同与文化适应[J].北京体育大学学报,2008(09):1153-1157.
[7] 刘志刚.田径运动员移民归化问题研究[J].体育科技,2016,37(01):22-23.

第五章 跨界民族传统体育文化认同与"一带一路"建设实施的关系探讨

体育占据了我国体育的主导地位。民族传统体育文化由于缺少关注和政策倾斜而日益衰落,很多民族传统体育文化面临消失的危险。随着社会的发展,人口流动频繁,生活方式发生改变,使得民族传统体育原先赖以生存的文化空间、文化环境发生了变化,很多传统体育项目出现了既无文字又无新一代技术传人的局面,面临着严重的生存危机[①]。传统体育也无法满足现代人的需求,而西方现代体育则满足了现代年轻人生活中对健美、时尚、刺激、竞争、合作等的需求,导致在大众体育领域西方现代体育占据了主导地位,挤占了属于民族传统体育的生存空间,因此对民族传统体育的文化认同程度不是很高。

但是随着我国经济、综合国力的发展,国家逐渐认识到民族传统体育文化的重要性,对民族传统体育文化的保护工作有了质的提升,尤其是非物质文化遗产保护工作的推进,将很多民族传统体育文化纳入"非遗"名录,通过颁布《非物质文化遗产法》,评定"民间传承人"、民族传统体育发展基地,给予政策、资金支持,同样政府也投入资金、政策鼓励传统体育文化的产业发展。生活水平的改善,使得人们的精神生活需求不断增加,体育运动作为一种健康的生活方式和休闲娱乐方式被越来越多的人认可,民族传统体育的休闲健康功能也逐渐得到显现,民族传统体育文化越来越显示出不可或缺的价值,对它的文化认同程度也逐渐提高。

为了贯彻落实国家发改委、外交部、商务部联合发布的《推动共建丝绸之路经济带和 21 世纪海上丝绸之路的愿景与行动》,为加强与"一带一路"沿线国家和地区的文明互鉴与民心相通,切实推动文化交流、文化传播、文化贸易创新发展,文化部印发了《文化部"一带一路"文化发展行动计划(2016—2020 年)》(文外发〔2016〕40 号),要助推"一带一路"沿线国家和地区积极参与文化交流与合作,传承丝路精神,促进文明互鉴,实现亲诚惠容、民心相通,推动中华文化"走出去",其中指出要健全"一带一路"文化交流合作机制,推动与沿线国家和地区建立非物质文化遗产交流与合作机制,构建"一带一路"文化交流合作平

---

① 郭玲玲. 文化安全视角下的民族传统体育发展[J]. 南京体育学院学报(社会科学版),2013,27(1):25-30.

台,鼓励和支持各类文化交流板块①。在"一带一路"建设中,国家为民族传统体育文化的交流、合作、发展提供了"专项"支持,对于处在不同边界,拥有不同名称但却同宗同源跨界而居的跨界少数民族而言,具有通过借助相同身体规范与民族传统体育所主导的文化范式及传承模式,能为所有参与者提供共同文化构建及价值确认。也就是说跨界民族传统体育对分属不同国家的跨界民族来说本来就存在一定程度上的原生的文化认同,那么在"一带一路"倡议中,我国与沿线国家、地区的合作交流领域更宽了,合作程度加深了,跨界之间的往来也变得更加便捷频繁了,国家之间举办的传统体育活动也更加多样,为实现跨界民族之间的合作,跨界共有的民族传统体育活动将是拉近国家之间距离的不二之选,官方将举办或协办大型的跨界民族传统体育活动来促进国家间与地区间的合作交流。习近平总书记在党的十九大报告中指出"文化是一个国家、一个民族的灵魂""没有高度的文化自信,没有文化的繁荣兴盛,就没有中华民族伟大复兴"②,"文化自信是一个国家、一个民族发展中更基本、更深沉、更持久的力量"③。对于国内的人民来说,现在很多人都外出打工,对民族传统体育文化缺乏正确的认知,举办一次大型的民族传统体育文化活动,宏观的场面、精心的准备能使人重新去认识以往"视而不见"的民族传统体育文化,为自己民族所拥有的传统体育文化而倍感骄傲。例如,在中越边界的广西壮族自治区崇左市左州镇每年会举办传统体育文化活动"金山花炮节",即便在当今全球化的时代,当地民众仍为其在情感上得到归属和满足,这种民族传统体育文化对当地百姓仍然产生了较大的影响力,因此政府可以利用这种传统体育活动节日对当地民众施加积极的民族文化认同的影响④。

对于跨界的不同民族来说,虽然同根同源同文化,但是在国界线的隔离下,受到不同国家民族文化政策、经济发展、意识形态等的影响,原生的民族文化认同在逐渐模糊,跨界民族传统体育活动所呈现的服饰、

---

① 文化部"一带一路"文化发展行动计划(2016—2020年)[EB/OL].(2017-1-6)[2020-5-13].http://www.xinhuanet.com/culture/2017-01/06/c_1120256880.htm
② 中国共产党新闻网.以文化自信激发强大精神动力.http://theory.people.com.cn/n1/2019/0911/c148980-31349134.html.
③ 中国网.从"四个自信"看中国特色社会主义文化,http://www.china.com.cn/opinion/theory/2018-05/16/content_51335912.htm.
④ 蒙军,等.中越边境世居民族节庆体育与民族文化认同研究——以崇左市左州壮族"金山节"为例[J].西昌学院学报(自然科学版),2012,26(1):107-111.

第五章　跨界民族传统体育文化认同与"一带一路"建设实施的关系探讨

动作、人物等符号可以提醒跨界民族之间拥有的历史记忆,唤起对共有民族传统体育的文化认同。同时,在节日氛围中跨界民族之间能察觉到彼此间文化的相似性,感受到一种连接你我内心的情感的力量,实现分居在不同国家的同源民族主体彼此间的文化认同。

边境地区的社会环境不同于内地,境外势力、宗教蛊惑、敌对势力经常在边境地区展开活动,企图破坏国内安定和谐的社会环境,引起动乱以妨碍我国的民族复兴,阻滞社会经济的发展。对于内地来说,最为首要的任务就是促进一个地区的经济发展,以经济发展带动其他领域的发展,经济发展是其他领域发展的基础。那么对于边界地区来说,情况则不一样了,边界的安全才是首要的任务,是经济建设的前提。2017年2月12日,课题组从怒江六库驱车90多公里来到横断山脉西部的高黎贡山西坡腹地一个风雪丫口称为"在那木材堆放的地方",即片马镇,在这个具有独特民族风情的小镇,课题组得到了镇宣传部何科长(白族)、社保中心茶主任(傈僳族)、文化博物馆麻馆长(傈僳族)的接待,在座谈过程中,大致了解了一些片马镇的概括。片马镇位于怒江州政府六库以西的高黎贡山西坡一条恩梅开江支流小江即中缅界河的东面,片马镇包括高黎贡山自然保护区、集体林地、城镇及乡村驻地,总面积达153平方公里,其中驻地面积只有6.67平方公里,森林覆盖率就有95.4%,可见这里是西南边陲小镇的木材集散地,历来也是木材经营地,在这里到处可以看到堆放的、准备出售的大批木材。片马东边是从六库到片马镇所经过的鲁掌镇,其北、西、南三面与缅甸接壤,国境线长64.44公里,界碑从10号至25号。边民往来、贸易频繁,有一个西南地区通向东南亚及南亚的陆路省级片马口岸,这个通道历来是兵家必争之地。弩弓在当地非常盛行,过去面对英国军队的入侵,少数民族利用原始森林以及弓弩抗击侵略者,现今成为当地跨界民族娱乐身心、文化认同、交流情感的传统体育文化方式。当课题组问到在这个隔一条小河就能够互相交往的中缅边境,会产生哪些矛盾?镇宣传部何科长回答:"虽然两边民族都是同一个民族,许多民族都还是亲属关系,但毕竟是分属两个国家,矛盾肯定是有的啦。例如,森林火灾,你们从那么老远的地方过来调研,本来我们镇书记要来接待你们,但是这几天正好碰到森林火灾预警,有些地方已经起火,我们镇许多干部、部队都在山岭上扑火,书记在山上指挥防控,我也是昨晚因为镇里有事需要处理才从山上下来,正好顺便跟你们碰一面,今晚还得上山。缅甸不像我们这边,他们那边还处于刀耕火种,每年都要在山坡上烧荒种地,稍不留神就会引发树林火灾,的确很麻烦。还有就是两边村寨挨得很近,田地、菜地等就是架铁丝网隔断,这边的狗啊、鸡啊等家禽跑到那边田地去吃东西,缅甸那边的跑到我们这边田地,那边有时一看不是自己亲戚的也逮住吃了,我们这边也都会有,时不时就发生矛盾,我们就得帮助解决。"文化博物馆麻馆长说:"昨晚你们给我打电话,我没接就是跟对方喝酒。前几天发生了互吃鸡鸭情况,我们就搞了一个射弩比赛,把双方村民聚会在一起,大家玩玩射弩、喝喝酒,双方说清楚,把矛盾解决了,同时也促进了边界和谐。"在"一带一路"建设中,边界地区的社会关系将更加复杂,那么以民族传统体育文化的认同来促进社会稳定和民族团结就显得更为重要。跨界民族传统体育既是我国民族文化认同的很重要的体现,也是促进跨界民族之间文化认同的重要手段和实现方式。在"一带一路"建设下以同宗同源,具有相同历史、文化与生活、习惯和风俗、节庆的跨境民族的传统体育文化为切入点,将极大地促进、培养人们对民族传统体育的文化认同,构建和谐友好的边境文化与国族关系。

二、促使民族传统体育文化多元一体格局与中西方体育多样化共存

1993年夏季,美国哈佛大学的教授塞缪尔·P·亨廷顿在《外交季刊》上发表题为《文明的冲突》的文章,文章的主要论点是"文明冲突将是未来冲突的主导模式"[1],以此开启了以文明为切入点研究国际政治与国际关系的崭新视角。表达冷战之后,世界格局将不再是以意识形态为主导的冲突双方,而是受到文化差异的影响产生"文明的冲突",特别是以中国为首的东方文明与西方文明之间的冲突将会逐渐上升成为矛盾主体。在其影响下一大批对东西方文化交流持二元对立观的学者对此更是深信不疑。当西方竞技体育传入我国,并逐渐掌握现代体育话语权,成为我国"体育"的唯一表达方式后,导致向西方世界体育文明靠拢的"唯西方体育"发展论调甚嚣尘上。加之在现代化力量的推动下,国际奥林匹克运动的全球推广和职业体育竞技联赛的成功运营,使西方竞技体育成为中国体育文化的主流,中国体育界逐渐形成只有西方体育才是未来体育发展的唯一正确路径,未来走向都应以西方竞技体育为标准

---

[1] 胡小明.中国少数民族传统体育的文化多元价值[J].体育学刊,2007(8):5-9.

第五章　跨界民族传统体育文化认同与"一带一路"建设实施的关系探讨

的理论基础。

1997年，费孝通先生在北京大学社会学人类学研究所开办的第二届社会文化人类学高级研讨班上首次提出"文化自觉"，目的是应对全球一体化的趋势，提出解决人与人关系的方法[①]。"文化自觉"是指生活在特定文化历史圈子里的人对其文化有自知之明，并对其发展历程和未来有充分认识。费先生说道："文化自觉是一个艰巨的过程，只有在认识自己的文化，理解并接触到多种文化的基础上，才有条件在这个正在形成的多元文化世界里确立自己的位置，然后经过自主的适应，和其他文化一起，取长补短，建立一个有共同认可的基本秩序和一套多种文化都能和平共处、各抒所长、联手发展的共处原则。"文化自觉要求以相互欣赏、相互尊重、互相汲取、共同发展的态度对待多元文化，尊重文化的多样性。[②] 近年来，随着中国经济、文化的崛起以及国家"一带一路"倡议的实施，思考如何实现中西方体育文化多样化共存成为部分学者反思的主题。

当社会各界开始反思文化自觉的必要性，中国体育界也开始由只关注西方竞技体育的单一视角，逐渐转向关注民族传统体育的发展。诚然，中华民族传统体育文化与西方现代体育文化虽然有冲突、矛盾的一面，但是二者之间也可以互补，实现体育文化的多样化共存。中华民族传统体育内容丰富、形式多样，是承载着仪式、礼仪、风俗、习惯、节庆、转场、交流、竞技等多种历史、文化、民俗功能的有机载体，提供了有别于西方竞技体育以单一文化模式取代文化多样性选择，与西方体育文化进行专项分类，强调高负荷训练与高强度竞技，追求超越身体极限的"更高、更快、更强"的发展目标不同。中国传统体育文化的多样性不只体现在目标上，还体现在项目、形式、内涵等特征上。仅从项目的多样性来看，不同地域就有不同的项目。如西北与北方广阔草原地区的蒙古族、维吾尔族、哈萨克族等民族的赛马、赛驼等项目是各少数民族在长期生产生活中与自然及动物和谐共生的典型体现；南方与西南河湖纵横的农业灌溉地区的龙舟、独竹漂、划竹排等水上项目则结合了当地少数民族千百年来农业生产活动中的信仰、崇拜与仪式文化；傈僳族的爬

---

① 费孝通.反思·对话·文化自觉[J].北京大学学报（哲学社会科学版），1997（3）：15-22.
② 陈瑶瑶.中国传统体育文化自觉及对其发展的思考[J].浙江体育科学，2015，37（6）：11-15.

刀架、爬绳,拉祜族的爬藤则体现着当地人民在多山地区生活的生存智慧与技巧;朝鲜族、彝族的秋千、磨子秋则再现了当地人民生产生活之余的娱乐活动。

　　这些少数民族传统体育文化共同构成了中华民族命运共同体多元文化的重要组成部分,同样也包括跨界民族传统体育。长期以来,由于跨界民族传统体育所在的少数民族地区社会、经济的发展速度落后于其他地区,民族传统体育文化也缺少发展的经济、文化基础。课题组2016年来到内蒙古锡林郭勒盟锡林浩特市在调研的座谈会议上,锡盟农牧民体协主席李·巴特尔说:"蒙古族传统体育国际化早已有相关比赛,如1998年,在中国沈阳举办的首届亚洲体育节中搏克被列为主要表演赛项目,有波兰、意大利、蒙古国、西班牙、摩洛哥、法国、阿尔及利亚以及中国各省、自治区、直辖市共计18个代表队,148名运动员参加了搏克比赛;最近几年锡盟还组织了'成龙集团2009天堂草原'锡林郭勒传统那达慕、东乌旗中蒙搏克邀请赛、锡林浩特搏克公开赛等比赛,邀请蒙古、俄罗斯等运动员前来参赛,使我们的搏克、赛马、射箭、蒙古象棋等比赛项目逐渐丰富、规模逐年扩大、档次不断提升。同时我们锡盟也应蒙古国邀请参加他们举办的比赛和其他国际赛事,如2009年,我们组队到蒙古国去参加蒙古式摔跤国际邀请赛,取得了很好的成绩。还有蒙古式射箭方法一直是咱们国家包括紧邻蒙古、朝鲜以及日本等国家所运用。因此,我们完全有可能与蒙古国、俄罗斯、哈萨克斯坦、波兰、匈牙利等'一带一路'沿线国家合作开展游牧民族传统体育文化活动,促进'一带一路'建设。"在"一带一路"建设下,内容各异、文化源流相通的跨界民族传统体育因与沿线部分国家有着天然的联系,完全可以成为连接两国、多国交流与沟通的桥梁,使得民族传统体育文化获得极大的发展机遇,有利于唤起对跨界民族传统体育文化的重视,各跨界民族都通过其丰富的民族传统体育文化为中华民族多元一体格局做出自己的贡献。

　　跨界而居的各少数民族依分布情况不同,常年生活在我国广阔的边界地区,他们是坚实的国家疆界守护者,是流动的民族文化传播者,他们在日常生活中不断与其他跨界民族交往、互动,使民族传统体育也呈现出相互交错、不断交流的状态。跨界民族传统体育活动的交流与开展,打破了跨界而居的各个少数民族间由于不同社会文化制度、不同生产方式、不同风俗习惯所形成文化藩篱,为"一带一路"上的民意相通形

第五章 跨界民族传统体育文化认同与"一带一路"建设实施的关系探讨

成文化脐带,也为我们提供了除西方竞技体育超强体力负荷与激烈竞争之外的另一种丰富有趣、友好和谐的身体运动方式。在多元化的世界中,体育文化不应该是单一的,而应该是多元的、多样的,在"一带一路"建设中,跨界民族传统体育能搭上政策的顺风车,在与沿线各国的合作互动中,实现有差异的、多元化的体育文化交流互动,向欧亚非的其他国家介绍除西方现代体育文化之外的中国丰富的民族传统体育文化,丰富体育文化的内涵,为世界体育文化的多样化共存贡献力量。

三、提供我国民族传统体育"走出去"的契机

世界少数民族的族群样态往往以双边或多边主体民族、单边少数民族和双边或多边少数民族为主。而我国由于主体民族是汉民族,因此只存在后两种跨界民族族群样态:第一,单边少数民族。分属不同国家,在某个国家是主体民族,在其相邻国家是少数民族。例如,蒙古族在中国是少数民族,在相邻的蒙古国则是主体民族;哈萨克族在中国属少数民族,但是在哈萨克斯坦则是主体民族;汉族在中国是主体民族,而在越南被称为"华族",属少数民族。第二,双边或多边少数民族。在相邻的不同国家里均属少数民族,我国与东南亚邻国的壮、傣、苗、瑶、哈尼、景颇、拉祜、傈僳、佤、德昂等 10 余个跨界民族均属这一类型[1]。

在我国不管是单边少数民族还是双边或者是多边少数民族,都拥有丰富的民族传统体育项目和活动,这些体育项目既有水上的也有陆地的,如南方地区普遍开展的划龙舟、独竹漂就是生活在河道丰富地区的群众喜闻乐见的传统体育项目,北方辽阔地域的蒙古族传统越野跑"贵由赤"、东北地区朝鲜族的荡秋千等都是具有深厚群众基础的陆上民族传统体育活动;既有山间的也有平地的,如苗族的"彩月亮"、仡佬族的"较脚劲"都是因地制宜,结合山区的自然条件所展开的传统体育项目。既有单人项目也有双人或多人项目;既有就地取材、因地制宜与自然和谐共处的项目,也有挑战环境、战天斗地不畏艰苦的项目。

传统的民族体育活动,是既具有民族性又具有群众性的社会实践活动,兼具文化与交流的多重功能。同时作为民族文化的民间载体也是共

---

[1] 丁延松."跨界民族"概念辨析[J].西北第二民族学院学报(哲学社会科学版),2005(4):19-23.

同文化、共同地域、共同族源的跨界民族生产、生活方式的共同记忆,是他们价值观、审美观的共有认同。我国少数民族多生活在自然环境丰富多样的边疆地区,在山川险阻、河流交错、丛林茂盛、风沙严酷等自然环境下常年生产、生活中逐渐融入各少数民族生产与文化之中。智慧的人民群众在世代与自然相交融、互动中向自然学习,同自然交流,与自然做朋友,也尝试挑战自然,战胜自然。由此形成和创造出与自然环境密切相关的体育活动以及形成与西方竞技体育完全不同的思维模式与运动理念。民族传统体育运动千姿百态、繁花似锦,其中跨界民族的传统体育更是受到跨界双方与多方的文化的影响,有着更为多样的特性与价值。

  如此丰富多彩的跨界民族传统体育项目,为民族传统体育文化传播提供了丰富的素材与资源。"一带一路"提倡构建一个文化包容的利益共同体,这样的理念为我国传统体育文化的传播提供了良好的机遇。跨界民族传统体育文化本来就具有共通性,能在"一带一路"建设中很好地消除传播过程中的语言、文化障碍,能更好地实现无障碍式的传播。"一带一路"参与合作的国家众多,涉及的地区广泛,相互之间往来领域广泛,传播的接受主体多,沿"一带一路"可以将我国多彩的民族传统体育文化传播到西亚、中东等地区。国家体育总局社体中心原龙舟项目主管余汉桥在接受课题组访谈时说:"源于南方水乡泽国的龙舟竞渡,就是典型的、传统的跨界民族体育文化,每年端午节在壮族、苗族、傣族等南方许多少数民族中开展,现今已经演变为现代竞技体育项目。现今在湖南、浙江、湖北、广东、福建等地仍然举办传统龙舟赛,我们中心这几年联合体育产业一直在发展职业龙舟赛事,欲提升龙舟的国际竞争力。在世界上已经有国际龙舟联合会世界杯、世界龙舟锦标赛、世界俱乐部龙舟锦标赛、世界大学生龙舟锦标赛、世界冰上龙舟锦标赛、洲际和国际龙舟赛事等。龙舟竞渡不仅在越南、缅甸、菲律宾、新加坡、印尼、日本、朝鲜等东南亚、东北亚国家传播,也同样影响到俄罗斯、英国、瑞典、意大利、德国、波兰等欧洲国家和美国、加拿大等北美洲国家,以及南非、澳洲国家,遍及五大洲,1991年在香港成立了世界龙舟联合会,至今正式成员、基本成员已达73个国家,这里有许多是'一带一路'沿线国家,龙舟赛已经成为一个世界性的赛事。"在这个过程中,拥有共同传统体育文化的跨界而居的少数民族将在民族传统体育文化的传播中起到重要作用。

第五章　跨界民族传统体育文化认同与"一带一路"建设实施的关系探讨

依据美国人类学家博厄斯的文化传播论,文化传播的形式类似于将石头投入水中所形成的一圈圈涟漪,文化的传播以文化的发源地为中心向四周逐渐扩散。文化传播有两种形式,一种是自然传播,这种传播的方式相对平和与隐蔽,多在不知不觉中进行,在时间维度上表现出文化传播的先后关系,并且传播最广的特质往往是经由时间打磨的这个地区最古老的文化特质,所以地域边缘的文化特色与接近中心地区的文化特色相比则显得相对陈旧。另一种形式的传播是有意识、有计划的传播,即通过拓殖、开发、战争、传教等活动进行的传播。文化的传播可以形成一个以文化为中心的传播圈,并对周边地区文化产生辐射性影响。中国自古以来就形成了以儒家文化为中心辐射周边国家的文化传播圈,如何利用这一历史、文化优势,在现代化国家建设中产生新的力量,发挥新的作用,是当代人文学者所要面临的机遇与挑战。以云南省为例,全省共有11个国家一类口岸,9个二类口岸,90个边民互市通道,130个边民互市点。省内有傣族、佤族、德昂族、布朗族、拉祜族、哈尼族、彝族、傈僳族、景颇族等多个民族跨界而居,是我国跨界民族族群数量最多的省。每个民族都有底蕴深厚、丰富多彩的民族传统文化,特别是传统体育文化更是多姿多彩,且大多都已形成固定节日庆典。例如,云南多地政府联手,将当地的火把节打造为独具魅力的跨境民族文化品牌,使这一古老节日在省内外成为范围广泛、影响力深远、深受广大人民群众喜爱的跨界民族精神文化活动。

在"一带一路"建设下,我国民族传统体育文化将以边境沿线为中心,向沿线国家传播,拥有共同民族传统体育文化的跨界而居的民族将在我国民族体育文化的传播中起着桥梁、连接的作用,使得我国的民族传统体育不是以内地为中心向四周扩散,而是以边界或邻国为中心向四周扩展,避免传播中心偏远,传播效应降低。传播过程中既有地区政府组织的官方活动,也有民间组织的个人的自然传播,各级乡镇、村自发成立了各类民间体育赛会组织,建立起村镇之间与跨界民族间的沟通机制与交流平台。如广西壮族自治区防城港区东兴市峒中镇那丽村是典型壮族、瑶族与汉族混居乡镇,与越南接壤,跨居在边界两边的人民都有打陀螺的文化传统。于是自发以乡镇为单位组建了陀螺队伍,经常在当地与越南方进行陀螺比赛。课题组调研期间,当地村民讲述中越两国的边民刚结束一场民间友谊赛,由于经常举办边界两边的陀螺赛,因此在促进双方友谊的同时,还成就了不少美满的跨国姻缘。防城港峒中镇文化站曹基强介绍:"我们峒中镇与对面越南乡镇结对子(即友好乡镇),我们这的许多人还娶了那边越南村寨同族妇女做老婆,好多家庭都有亲戚关系。我们镇有20个行政村,现在有9个行政村在搞陀螺比赛,只有那丽村在搞中越民间陀螺比赛。我们通过搞一些这种民间的文体活动交流,建立感情、建立友谊,增强边民的友好关系,从一定程度上也是为促进边界和谐努力。"打陀螺活动不仅强身健体还传承乡土民俗,集健身、娱乐于一体,促进边境社会和谐稳定,促进中越两国边民友好和谐。不管是官方组织还是民间自发,跨界民族传统体育文化的传播都是以促进双方或多方的友好往来为基础、前提和目标,不同于被迫式地接受的传播。因此借助跨界民族传统体育文化沿着"一带一路"使我国传统体育文化"走出去"的进程中在传播的途径、方式上要进行选择,构建多元传统体育文化交流平台,消减文化误读,用开放的心态、交流的原则促进以体育为依托的中国传统文化观、价值观走出去。要融合体育旅游发展,促进协同传播,即要紧抓"一带一路"的时代契机,实现民族传统体育国际传播,就要做到"传播主体"多元化,"传播内容"丰富化,"传播渠道"现代化,"传播对象"广泛化[①]。

四、有助于商贸活动与民族传统体育交互促进

"一带一路"是旨在深化、扩展区域合作领域的发展,借助"古代丝绸之路"的历史符号搭建起了东方与西方之间在政治、经济、文化等方面的交流平台,而提出加强中国和"一带一路"沿线合作国家经济、社会、文化等共同发展。时代背景决定"一带一路"的主要目标是建设一个大经济圈,使得沿线国家的经济能够在合作共享的基础上都有一定程度的增长。那么跨界民族传统体育能借助此次契机更好地促进在经济领域的合作发展,反过来带动自身的发展。

不管是世界整体经济状况还是国人的生活水平及生活方式、观念、思想等的改变,当基本的物质需求得到满足后,越来越多的人开始追求更高层次的精神文化需求,娱乐体验性消费所占比例越来越大,休闲旅游已成为一种时髦的生活方式,周末游、周边游、家庭游、乡村游、亲子

---

① 薛文忠."一带一路"战略下我国民族传统体育的国际传播基本体系研究[J].南京体育学院学报,2017,31(2):35-40.

第五章 跨界民族传统体育文化认同与"一带一路"建设实施的关系探讨

游、自驾游、假日游等旅游形式层出不穷,其中不乏包括体育旅游或将体育融入旅游业之中的休闲消遣方式,而且这种需求逐渐由国内市场转向国际市场,国际旅游的规模不断扩张,国外越来越多的游客也将中国选择为出行的目的地,广大海内外游客在欣赏我国大山大河、体验风土人情的时候,也为我国民族传统体育文化的商业化发展提供了良好机遇,旅游部门推出更多观赏性的、参与性的民族传统体育活动,丰富旅游业的内涵,带动了民族传统体育的发展。云南西南边境的沧源是佤族自治县,全国只有两个,西部、西南部与缅甸交界即佤邦,边界线150.287公里长,这里保存有驰名中外的3500年沧源岩画,有神秘的阿佤山,有中国最后一个原始部落村寨即翁丁寨,有展示佤文化内涵的剽牛、拉木鼓、甩发舞、射弩以及"摸你黑"狂欢节,还开发了沧源境内的岩画、原始村落、民俗文化、佛塔、原始森林、南滚河热带风光、界桩、边境生态等旅游路线,还开发了中缅、中缅老泰跨国界旅游线路。课题组主持人于2014年7月来到沧源县对佤族传统体育文化进行调研,在县政协会议室对当地研究佤族传统文化领导、学者进行访谈。当问到"摸你黑"狂欢节与佤族传统体育文化的关系时,时任沧源县政协副主席的王卫权说:"我们沧源有永和口岸,那边就是缅甸的佤邦,大多都是佤族人,他们到我们这边来,说话啊、生活习惯啊,跟我们完全一样。像这样边境两边的佤族友好往来,因此两边的居民在经济联系上是非常紧密的。我们县城有外地人到这里来做日用百货生意的,永和口岸对过就有好些佤邦乡镇、村落的缅甸人,就通过永和口岸到我们县城来采买各种日用百货,顺便也把他们编制的扫把、藤筐,还有自己种的水果等产品带过来售卖,县城附近村民也会到县里来购买东西,促进了我们县城的跨界经济发展,同时促进了沧源县发展。为了吸引国内外更多的人来到沧源,我们开发了具有民族文化特色的旅游路线,打造'摸你黑'狂欢节。'摸你黑'是打造出来的佤族传统文化节日,佤族语寓意'乐观、欢快'的精神追求,在每年的五月份举行,'摸你黑'的泥巴是采用天然的药物配制而成的涂料,在狂欢中互相摸黑,佤族的人们是以黑为美,在狂欢节中人们还会唱歌跳舞,歌曲主要是佤族的传统民族歌曲(摸你黑、加林赛、阿瓦人民唱新歌等,还有民族乐器)。近些年来举行的方式多是以旅游为主题,在特定的地点举行,每年政府会进行文化宣传推广,城市街道都有'摸你黑'的海报等,烘托节日氛围。"进行佤族传统文化研究的原沧源县政协副主席田开政接着说:"为了打造佤族传统文化节日,我们认为节日不能离开佤族文化这个土壤,还要有特色,例如傣族以水为节日、景颇族以歌舞为特色、彝族一直以火为体现,虽然佤族也都有这些,但是显不出独特,就是一说到水就想到傣族,说到火就想到彝族那样的独特。这时我们想到了佤族用泥巴在身体上'摸你黑'可以护着皮肤,起到消肿、止疼、止痒、解毒等功效的传说,再加上我们佤族人本身就喜欢黑色,黑色服饰、黑色长发、黑色牙齿,的确皮肤也比较黑一些,我们是以黑为美,象征勤劳,用泥把人抹得越黑就越美、越幸福、友谊越长久。又有佤族是从山洞或葫芦出来的'司岗里'传说,设计了以黄泥与黑焦糖调和的黑浆泥浴为主题的佤族'司岗里'狂欢活动。在这个活动中不仅有民族传统体育竞赛,如打陀螺、剽牛、斗牛、拉木鼓、打歌、甩发舞、竹竿舞等,还有商品贸易交流、佤山步行游、文艺晚会、篝火晚会等出现在狂欢节里,就形成了今天的中国佤族司岗里'摸你黑'狂欢节。2004 年推出,每年 5 月 1 日举行,一直延续至今,成为云南省十大狂欢节之一。沧源县城的群众、周边村寨的村民、对面佤邦的缅甸人都来参与,再加上沧源的旅游路线,也吸引了云南省内、国内以及东南亚等中外游客,通过打造民俗文化、传统体育文化、民族风情景点旅游等民族节日旅游,在一定程度上带动了沧源经济发展。"王卫权说:"我这有几个 2012 年狂欢节总结的工作数据,来参加狂欢节的国内外游客大概有 62597 人次,展销商贸交易达到 732.24 万元,旅游收入大约有 1100 万元;我们的狂欢节还获得'中国最具魅力的原生态民族文化旅游节'称号,并获得中央电视台'乡土、盛典'栏目的'中国民间节会大奖'。"可见,沧源已经在推进"传统文化、生态文化、传统体育文化搭台,经济唱戏"的发展。

在"一带一路"建设下,沿线基础设施的建设,为我国与沿线国家的旅游往来提供了便利条件。"一带一路"建设以来,交通运输部按照党中央、国务院的决策部署,已积极会同相关部门和企业,聚焦"六廊六路,多国多港",在各领域取得实质性进展。铁路方面,建成了蒙内铁路、亚吉铁路等境外铁路,推动实现了中老、中泰等跨境铁路开工建设[①],中欧班列已累计开行突破 13000 列。公路方面,推动中巴经济走廊"两大"公路,即廊喀喇昆仑公路、白沙瓦—卡拉奇高速公路。海运方面,参

---

① 张利娟."一带一路"倡议:为中国新一轮改革开放注入动力 [J]. 中国报道,2018(9):99.

第五章　跨界民族传统体育文化认同与"一带一路"建设实施的关系探讨

与希腊比雷埃夫斯港、巴基斯坦瓜达尔港、斯里兰卡汉班托塔港等多个海外港口的建设经营。民航方面，与沿线62个国家签订了双边政府间航空运输协定，与45个沿线国家实现直航，每周约5100个航班[①]。截至2019年，外国人过境144小时免办签证政策扩大至27个口岸。根据国家旅游局统计结果，俄罗斯、越南、马来西亚、蒙古和新加坡则成为2014年"一带一路"沿线国家中来华旅游"TOP5"的客源国。其中，2014年俄罗斯来华游客达204.58万人，是唯一来华游客数量超过200万人的"一带一路"沿线国家。这意味着，"一带一路"沿线邻国是中国可重点开发的旅游客源地。这些交通便利的优势，不只有利于旅游业的发展，更有利于各种商业的发展，在商业往来和旅游往来的过程中，民族传统体育文化将发挥积极的作用，为经济发展搭建桥梁。特别是南方与西南地区少数民族间的民间交流更为广泛，日常赶集、节日庆典都可以成为当地居民相互往来的重要缘由。而跨居在边界两边的居民往往会借助这个机会进行简单的商贸活动。一块开阔的场地，一个平整的坝子就可以摆开地摊，货卖三家。前来的少数民族群众也会趁着这个机会比划起来，架一个秋千，男女老幼都可以玩。找一个石锁，围一群人，小伙子们就可以练起来。因此，跨境而居的少数民族群众经常会将各种集市发展为传统体育的交流场所，各种商业活动也借助传统体育的力量得到广泛开展。

近年来，由于我国"一带一路"政策的实施，老挝为提高北部地区经济效益，也以琅勃拉邦为中心积极打造"中国—磨丁—南塔—会塞—泰国经济走廊"，以此为发展点大幅促进了中、老、越三国的经济、文化交往互动。其中彝历新年与彝族火把节等具有鲜明民族特点的传统节日，都成为了促进三国交往的重要手段与平台。在这些节日上当地的彝族人穿上自己的民族服装，从四面八方的乡镇村落聚集到一起，载歌载舞，射箭、赛马、摔跤、斗牛，进行丰富多彩的民族传统体育活动；相邻边境上生活的各国跨境少数民族也赶来参加丰富的经济贸易活动与文化交流活动。跨界民族共同的传统体育活动，为沿线邻国经济合作搭建信任的基础，更好地促进相互合作，实现"跨界民族传统体育搭台、经济唱戏"。在旅游业中，民族传统体育活动将吸引更多的游客，一些项目还能

[①] 数据来源：https://finance.sina.com.cn/china/gncj/2019-03-28/doc-ihsxncvh6215951.shtml

为旅客提供参与的机会。跨界民族传统体育与商贸活动实现了互帮共赢,跨界民族传统体育既发挥了经济价值,也得以继续传承发展。

第二节 跨界民族传统体育文化融入"一带一路"建设的优势分析

我国的55个少数民族中,有30多个都属跨界民族,因此跨界民族文化研究与传播是民族文化自觉与振兴的重要内容。无论是从"一带一路"倡议格局、边疆和谐、民族团结、国家稳定的角度,还是从文化互动、文明映照、智慧交融的角度,研究跨界民族与中国周边关系问题都具有不可低估的意义[①]。既然跨界民族文化有如此重要的作用,那么在"一带一路"建设为我国跨界民族传统体育文化提供契机与机遇下,跨界民族传统体育文化具有什么优势融入"一带一路"建设呢?

一、跨界民族传统体育文化的地缘区位优势

2000多年前,亚欧大陆上勤劳勇敢的人民,就为打破地理、区位的限制,拉近欧亚非三个大陆的距离,探索出多条连接亚欧非几大文明的贸易和人文交流通路,"古代丝绸之路"在当时不仅为欧亚非大陆上不同的国家、民族提供了商品贸易往来的机会,还促进了沿线各国、地区之间的人文社会的交流。"古丝绸之路"沿线的国家将各自丰富的物产、物种、奇珍异宝等实物向外推广,音乐、舞蹈、绘画、雕塑等非物质形态的文化也传播开来。在长期交往过程中形成了"团结互信、平等互利、包容互鉴、合作共赢,不同种族、不同信仰、不同文化背景的国家可以共享和平,共同发展"的丝路精神。"古代丝绸之路"促进了沿线各国的繁荣发展,是东西方、多文明、多种族交流合作的象征,是全世界共有的历史文化遗产。在新的历史条件下,"一带一路"建设将发挥更大的作用,

---

① 赵颖,卢芳芳.首届"跨界民族与中国周边关系"研讨会综述[J].中国周边外交学刊,2017(01):244-252.

第五章 跨界民族传统体育文化认同与"一带一路"建设实施的关系探讨

促进沿线更多国家之间经济、文化、政治等多方位的合作与共同发展。各地区、领域在积极融入"一带一路"发展中,特殊的地理位置和区位优势,为在"一带一路"建设中发挥更大的作用提供良好条件。

"丝绸之路经济带"和"海上丝绸之路经济带"总共涉及65个国家和地区,从它的区域规划上来看,几乎囊括了欧亚大陆的大部分地区。"一带一路"共有五条路线,走陆路的"一带"有三条线,皆从中国西北、西南内陆出发,分别经过中亚、俄罗斯到达欧洲,经中亚、西亚到达波斯湾、地中海,经陆地到达东南亚、南亚、印度洋。两条"水路"均从东南沿海港后经海南一条到达印度洋,延伸至欧洲,一条则抵达南太平洋[①]。在最终版的"一带一路"规划中,中国国内一共圈定了18个省、自治区和直辖市作为重点发展对象。"丝绸之路经济带"圈定了东北三省,西北的陕西、甘肃、宁夏、青海、新疆、内蒙古,西南的广西、云南、西藏。"21世纪海上丝绸之路"则圈定了东南的上海、浙江、福建、广东、海南,内陆城市是重庆。

表12 "一带一路"沿线国家名单

序号	板块	国家
1	东亚1国	蒙古
2	东盟10国	新加坡、马来西亚、印度尼西亚、缅甸、泰国、老挝、柬埔寨、越南、文莱、菲律宾
3	西亚18国	伊朗、伊拉克、土耳其、叙利亚、约旦、黎巴嫩、以色列、巴勒斯坦、沙特阿拉伯、也门、阿曼、阿联酋、卡塔尔、科威特、巴林、希腊、塞浦路斯、埃及的西奈半岛
4	南亚8国	印度、巴基斯坦、孟加拉国、尼泊尔、阿富汗、斯里兰卡、马尔代夫、不丹
5	中亚5国	哈萨克斯坦、乌兹别克斯坦、土库曼斯坦、塔吉克斯坦、吉尔吉斯坦
6	独联体7国	俄罗斯、乌克兰、白俄罗斯、格鲁吉亚、阿塞拜疆、亚美尼亚、摩尔多瓦
7	中东欧16国	捷克、波兰、罗马尼亚、立陶宛、波黑、黑山、爱沙尼亚、拉脱维亚、匈牙利、斯洛文尼亚、马斯顿、克罗地亚、塞尔维亚、阿尔巴尼亚、保加利亚、斯洛伐克

---

① 彭克慧."一带一路"的战略优势、现实困境及对策研究[J].湖北社会科学,2015(11):39-43.

共生、交流与发展：跨界民族传统体育文化的人类学调查

从上述圈定的省份以及"一带一路"涉及的国家来看,吉林、辽宁、黑龙江、新疆、内蒙古、广西、云南、西藏都是"一带一路"中重要的省份,也是中国与其他"一带一路"国家接壤的地区。这样的边界区位地理优势与其他圈定的省份相比就拥有了得天独厚的地理优势。邻近的地理位置,使得跨界民族传统体育文化在融入"一带一路"中减少了遥远距离所需的时间、交通费用的浪费,更省时省力,跨界民族传统体育文化的交流互动变得频繁、便利。

例如,内蒙古横跨东北、华北、西北,毗邻8省市,与俄罗斯、蒙古接壤,边境线长达4200多公里,这样独特的区位优势,决定了内蒙古跨界民族传统体育文化将在"一带一路"四条线路之一的中俄蒙经济带中发挥举足轻重的作用。云南省西部与缅甸接壤,南部和老挝、越南毗邻,是我国与东南亚、南亚的连接处和中转站,在"一带一路"建设中,云南位于孟中印缅经济走廊和中国—中南半岛经济走廊接合部,北与"丝绸之路经济带"相连,南与"21世纪海上丝绸之路"相连,是南下进入印度洋的便捷之路。共拥有19个一类和6个二类开放口岸的云南,已成为我国"一带一路"建设中面向西南开放,通向东南亚、南亚的重要门户[①]。又如新疆,由于区位地理优势,是古代丝绸之路的必经之地,古丝绸之路的商队有三条路线要经过新疆。也就是今天的天山北路——经乌鲁木齐、伊宁入阿拉木图;天山南路——经吐鲁番,沿塔克拉玛干沙漠北缘到喀什出帕米尔高原;塔克拉玛干沙漠南缘——经楼兰、若羌、且末,到和田、莎车、喀什再向西[②]。在今天的"一带一路"建设中,新疆是中国从陆地上通往俄罗斯、中亚、中东阿拉伯地区乃至更远地区的战略要道,在喜马拉雅山脉和高高的青藏高原的阻拦下,我国通向亚欧大陆西部的陆上口岸关卡主要就集中在新疆维吾尔自治区境内,是欧亚大陆陆上交通的交会处。目前为止,已经开放了28个口岸,是我国对外口岸最多的一个自治区[③],这些口岸就为跨界民族传统体育文化的交流往来打开了便利的口岸之门。

这里只是列举了新疆、云南、内蒙古这三个例子,实际上几乎所有的

---

① 杜琼.云南参与"一带一路"建设：基础·问题·策略[J].中共云南省委党校学报,2019,5(20):104-108.
② 姜虎."一带一路"战略中新疆区位优势分析[J].邢台职业技术学院学报,2015,4(32):97-100.
③ 石河子经济技术开发区招商中心.新疆各大口岸概览[J].俄罗斯中亚东欧市场,2006(8):41-46.

第五章　跨界民族传统体育文化认同与"一带一路"建设实施的关系探讨

沿边界的省份都拥有类似的地理区位优势，在区域发展规划中，地理位置的优越性显得很重要，改革开放后优先开放沿海的几个城市加速发展就是很明显的例子。

二、跨界民族传统体育文化的资源优势

由于明清闭关锁国之后，西方列强入侵瓜分中国，中国长期被压迫、被奴役，对中国传统文化产生了自我怀疑，失去信心，希望通过"全盘西化、中体西用"来实现救国救民，在这种背景下也导致了对民族传统体育的忽视。现今民族传统体育文化的对外交流不足，已有的对外体育文化交流，很少将少数民族传统体育文化作为交流项目，对于国外的人来说，对中国传统民族体育的了解较为单一，国外对中华民族传统体育项目的了解无外乎武术、太极拳、舞龙舞狮、健身气功等[①]，民族传统体育对外传播中在项目的选择上存在较为严重的文化自戕，而这些极为少数的对外交流的运动项目也因为文化上的差异而无法进行文化交流。如武术涵盖着天文地理、人文、道德等复杂知识，对于没有文化背景的西方人来说是很难理解和明白的。我国体育文化对外交流也很缓慢，体育对外交流的方式、内容缺乏多样性。过去体育文化的对外交流主要是政府主导，官方在体育文化对外交流中扮演重要角色，体育文化对外交流的内容单一。群众体育领域主要以武术、健身气功等运动为主，竞技体育主要为羽毛球、乒乓球等我国传统优势项目，体育产业主要为海外投资、国内体育品牌的海外推广[②]，难见少数民族传统体育项目。在对外交流中也不懂得充分了解沿线国家的接受习惯及真实需求，不会根据实际用不同语言说话。

"一带一路"沿线国家众多、自然气候条件各不相同、文化差异大、宗教信仰各异，对体育运动的理念、价值、训练方式、规则等的理解和认知都存在巨大差异。单一的民族传统体育文化很难满足不同文化环境下的需求。我国跨界民族传统体育文化资源的丰富多样性就为体育文化的对外交流提供了基础条件。

---

① 薛文忠. "一带一路"战略下我国民族传统体育的国际传播基本体系研究[J]. 南京体育学院学报（社会科学版），2017（02）：36-40.
② 张德胜，张钢花，李峰. 体育外交在我国强国建设中的作用及实践路径[J]. 上海体育学院学报，2018，42（1）：27-32.

首先沿线国家有不同的风俗习惯、文化观念、传统思想,在体育对外交流中必须得考虑交往双方的这些文化差异,单一的体育文化很难在不同的文化环境下得到认可,也难以一再被吸引注意,反而会引起疲倦和厌烦。与不同国家进行体育交流,要考虑当地的实际情况,要不同场合选择不一样的跨界民族传统体育文化项目。

其次,跨界民族传统体育文化融入"一带一路",在与其他国家的互动交流中,既有跨界民族传统体育竞赛的互动交流,也有跨界民族体育的学术交流活动,还有跨界民族传统体育项目的表演交流。在这些不同类型的体育交流活动中,单一的民族传统体育项目很难在不同场合进行重复展演利用,而需要多样的、不同的跨界民族传统体育文化。

最后,在"一带一路"建设中,民族传统体育文化的交流互动形式有边境村民和民族节日的互动交流,也有体育赛事与学校间的活动。这些多种形式的民族传统体育文化交流互动也需要多样化的民族传统体育文化类型。

跨界民族传统体育文化资源丰富、分布较广,可挖掘的资源还很多,为不同国家与地区、不同形式、不同内容的跨国传统体育文化的交流互动提供了前提与可能性。如果只有单一、少量的民族传统体育活动,那么交流形式、内容、频率将会变低、变少。众多的跨界民族传统体育文化也不是全部都适合交流互动,那么在交流过程中就需要不断探索、开发适宜的传统体育项目。借助地理位置的优越性,更好地进行沟通交流,通过文化的融合不断促进双边或多边的发展。

三、跨界民族传统体育文化的共有性或相似性

我国传统体育文化的对外交流还存在以下问题:第一,对于不同国家、不同地域、不同文化背景、不同宗教信仰、不同教育环境的个体或群体来说,对文化具有不同的认知和理解,这必然会导致对另一个国家文化的误解、误读,出现文化误差。对一个国家而言,民族文化的价值、特征都是相对固定的,这种文化的相对固定性,使得一个民族和国家的人民有着自身习惯的思维模式、熟悉的文化形态和固有的文化感受以及

第五章　跨界民族传统体育文化认同与"一带一路"建设实施的关系探讨

意识形态①。"一带一路"区域跨度大,参与的国家众多,不同自然地理环境、宗教信仰、风俗等所带来的文化差异,必然使得不同国家对我国的传统体育文化交流产生文化误解和折扣。第二,在文化交流互动中,有高势能文化和低势能文化,能否成为高势能文化,一方面取决于这种文化是否具有时代的先进性,另一方面取决于"拥有这种文化的人类"②。同样我国传统体育文化融入"一带一路",加强与沿线各国的互动往来也取决于我国的国力。目前,我国传统文化正在走向国际化的道路之上,但文化的软实力水平还不高。尤其是民族传统体育文化,尽管在适应时代发展,也不乏独特的时代先进性,但受众人口较少,民族传统体育文化对外交流所需的传统体育项目逐渐被边缘化,造成民族传统体育文化保护意识差,国际竞争水平较低,还未能实现"高势能"的状态③。

但是,对于跨界民族传统体育文化来说,上面的情况就不存在或情况要好很多。在我国漫长的国境线上,有众多与周边邻国毗邻而居的少数民族群众,这些民族具有历史上的同源性,跨界民族血脉相连,有相似的宗教信仰、相似的风土人情、相同的饮食习惯、相通的语言,在语言、文化、宗教、习俗方面都是大同小异的,有着相同或相似的民族传统体育文化。跨界民族传统体育文化凝结着跨界民族共有的历史记忆、文化基因,跨界民族传统体育的来源、形式、游戏规则、参与人数等内容,跨界民族的群众都十分清楚明白,这些跨界民族传统体育文化是跨界少数民族地区节日中的"必需品"和"日用品",那么在跨界传统体育文化的交流往来中就不会出现或很少出现因文化差异而出现的文化误读或误解。带队参加了第三届世界游牧民族运动会比赛和考察的内蒙古职业体育学院殷俊海教授对课题组谈到:"我们是受国家外交部、国家体育总局的指派,代表中国参加这个世界游牧民族运动会。我们参加了摔跤、射箭、马术这三个大类的活动,还带着两个演员做文化交流,我也参加他们学术论坛的一些活动。我们自治区体育局局长是代表团团长,我是代表团副团长。吉尔吉斯斯坦总理和李克强总理在北京会晤时提到了这个活动,李克强总理指派内蒙古代表中国参加,所以能参加这个运

---

① 妥培兴."一带一路"战略下民族传统体育跨文化传播的价值、困境及其消解[J].南京体育学院学报,2017(1):13-17.
② 王岗.民族传统体育与文化自尊[M].北京:北京体育大学出版社,2007:120.
③ 庞培培,田林."一带一路"背景下我国民族传统体育文化国际交流的策略研究[J].中华武术·研究,2018,2(7):83-85.

动会的机会确实挺好的。参加射箭的是我们学校的学生,参加摔跤和马术的都是我们体育局训练中心派出来的,我们来了38个人。参加游牧民族运动会,给我的感受有这么几个,第一,所涉的项目包容度非常高。运动会设置摔跤、射箭、速度赛马、马上骑射、叼羊等大类,还有一些如掰手腕、拔棍儿等竞技技能比赛,从这些大类项目来看都是跟咱们蒙古族、哈萨克族、柯尔克孜族等民族传统体育有关。大类还有小项,比如说摔跤,有12种摔跤,射箭目前是4种射箭,都是依照各国家游牧民族的民族摔跤法、射箭法,如咱们国家蒙古族的搏克、射箭方式与蒙古国、吉尔吉斯斯坦等中亚国家游牧民族大同小异,大家稍微了解一下规则,根据主办方提供的射箭用具就可以参加比赛。这些项目总体上就是种类丰富,保留了各民族的民族风情和地方特点,尊重各个民族的传统体育。第二,门槛低,现场学习规则很快就可以适应和运用这个规则,所以大家都可以参与。第三,很多项目的运动员都不是所谓的专业和职业运动员,有些就是普通牧民。射箭和马术是最为典型的,实际上就是游牧民族的生活方式,因此很多运动员其实就是牧民。这个运动会设置的项目给大家带来的一个好处就是,不用太多交流,牧民们可以直接参加,当然也需要进行一些训练和技能的培养。第四,观众多。这个运动会对于吉尔吉斯斯坦这样的游牧民族来说,观众特别热情,他们都主动观看,也不用买门票,观看的人数特别多,全国等于放假,大家从全国各地赶过来看比赛。这是一个非常鲜明的特点,和我们举办的所谓综合性运动会没有观众有很大的区别。第五,丰富多彩的民俗表演。运动会期间引入了各国的民俗表演和文化艺术表演,就像咱们国内的一个大庙会一样。这个民俗表演,比如说有一些游牧民族的十字绣,还有一些搭帐篷比赛,等等,表演的就是展示各民族的风情,这是运动会的一些特色。"可见,中国完全可以举办"一带一路"沿线国家的非遗运动会或者是民族传统类似游牧民族这样的世界性运动会。从长远看,中国在每个不同的阶段都需要有一个大型体育赛事活动作为代表的主场外交,如果能够做起来是特别有价值的。

这些共有或大同小异的跨界民族传统体育文化具有很高的文化认同,分属两国的人们都认为这些跨界民族传统体育文化是他们所共有的优秀传统文化,没有国籍之分,不存在高势能文化与低势能文化的区别。例如,中缅边境的多个民族都有祭祀青蛙女神的"蚂拐节",在这个节日中的铜鼓舞,不仅是广西壮族所有的,还是越南、泰国、老挝、缅甸

第五章　跨界民族传统体育文化认同与"一带一路"建设实施的关系探讨

等多个国家都共有的。广西与东盟各国有着极为相似的民族体育文化，广西开展的舞龙舞狮、抛绣球、斗鸡、抢花炮等民族体育运动项目在柬埔寨、泰国、越南等国同样存在，双方对民族体育赛事的相互认同促进这些地区人民心灵相通相融[1]。东盟很多国家至今保留赛龙舟、舞龙舞狮、抛绣球等，其以软、柔之力推动着民心相通，应促使沿线民众通过共同的体育文化记忆确定文化身份认同，助力建构超越现实边界的人类命运共同体[2]。

再比如，几个世纪以来，由于种种历史原因，曾经的蒙古民族被人为割裂成——中国内蒙古蒙古族和蒙古国及俄罗斯境内的多个联盟国。由于各种原因，中蒙两国间不信任程度加深，破坏了民族情感，也阻碍了两国间的友好往来。蒙古国内开始出现一定程度上排斥与抵触同中国友好往来的不和谐思潮。这在相当程度上影响了中蒙两国友好合作与交流互惠，也阻碍了"一带一路"倡议的推进与实施。然而蒙古族非物质文化遗产——驼球运动，却成为其中的破冰之舟。课题组到阿拉善盟额济纳旗调研，旗法律援助中心马勇军谈到："我们也根据牧养的骆驼不仅开展骆驼竞速比赛，还于2002年开始从蒙古国引进了他们兴起的驼球特色项目，就是基于文化认同的因素，很快就在内蒙古乌拉特后旗推广开了，2005年与蒙古国签订了《合作备忘录》，在开展驼球运动与骆驼竞速运动以及与经济生活有关的双峰驼品种改良与保护、驼产品加工业发展等方面达成共识。乌拉特后旗决定每年至少两次利用那达慕等民族传统节日举行驼球比赛，将驼球项目列入内蒙古自治区第六届少数民族传统体育运动会表演项目，驼球协会连续在2006—2010年参加了蒙古国5届的驼球冠军联赛，2014年申请成为国家级非物质文化遗产项目，2015年代表内蒙古参加第10届全国少数民族传统体育运动会表演项目竞技类比赛，为达来毛都口岸复关的争取和驼球运动在内蒙古乃至全国的推广和普及起到了积极的促进作用。"蒙古族驼球是流行于内蒙古和蒙古国等地的体育活动，它是借助于骆驼的负重与奔跑能力，凭借骑手的高超技艺，在草原、沙漠、戈壁等宽广、空旷的场地上进行的对抗性比赛项目。骑手坐在双峰驼的驼峰之间，手持球杆，采用多种技

---

[1] 尹继林，李乃琼. 广西与东盟民族体育赛事交流研究[J]. 广西社会科学，2013(7)：40-43.
[2] 谢中元. "一带一路"建设与非物质文化遗产保护问题探论[J]. 理论导刊，2017(7)：78-82.

术俯身击打皮制小球。然而,随着现代工业化的全球扩张,工业化元素与生产侵入草原生活各个层面,在带来便利条件的同时也不可避免地造成草场退化、草地沙化等难以逆转的恶劣现象,并由此导致同草原休戚与共的生态及人文环境遭到严重破坏。号称"沙漠之船"的骆驼在这一过程中逐渐失去了它曾经主要的负重、托运等功能。由此导致骆驼头数急剧下降,骆驼生态濒临灭绝,赛驼项目处于濒危状态。这种困扰同时对生活在中国境内的蒙古族与蒙古国生活的蒙古族造成巨大困扰,使广大牧民都面临传统文化生态模式的丢失与退化,让境内外的蒙古族同时在生存环境变化与经济水平下滑的忧惧中产生共鸣。为了对即将消失的骆驼提供保护,增强人们对骆驼的保护意识,2002年蒙古国首先开展了赛驼项目,并邀请中国代表队参赛。随后中国也引入了驼球项目。一经推广便受到广大牧民群众的喜爱,迅速成为一种在内蒙古人民和蒙古国民众之间风靡一时的运动项目。目前驼球运动已在内蒙古自治区的阿拉善盟、巴彦淖尔市、乌兰察布市、鄂尔多斯市、包头市、锡林郭勒盟等多地广泛开展,并在乌拉特后旗成功举办6届蒙古族驼球比赛,组建30多支代表队,培养确定300多位传承人,填补了我国驼球运动的空白。蒙古族驼球是蒙古人强身健体、休闲娱乐的重要手段。体现了草原儿女对自然及动物的热爱,展现了蒙古人天人合一的自然理念,具有鲜明的地域性和浓郁的民族性。这种观念正是跨界民族相互结合的精神契合点。由此增进了中亚区域与蒙古国的合作交流,为中蒙合作搭建了广阔的合作平台,在这里不仅有体育层面的激情与碰撞,也有经济与企业之间的机遇与融合,还有同源同种的蒙古民族之间的文化融合与交流。这些案例都很好地体现了跨界民族传统体育在"一带一路"建设发展过程中的弥合、粘结、圆融、修复作用。

  我国国境线长,"一带一路"不少沿线国家拥有共同或类似的跨界民族传统体育文化,这些共有或相似的跨界民族传统体育文化使得在"一带一路"建设中与我国接壤的沿线国家之间在进行民族传统体育文化交流时减少了因文化差异而导致的文化冲突与矛盾,减少了民族传统体育文化交流中的语言、文化障碍,让交流互动变得更加畅通。这些跨界民族传统体育文化与"一带一路"沿线和我国接壤国家的边境线之间实现畅通无阻的交流,跨界民族又将其传递给其国内其他的民族,拓宽了传播路径。

第五章 跨界民族传统体育文化认同与"一带一路"建设实施的关系探讨

四、跨界民族传统体育文化融入形式的多样化

"一带一路"倡议构想具有以和谐共赢为主旨、以和平反霸为基准、以文化交融为内核、以经济发展为外壳、以内外协调为动力、以陆海统筹为保障的优势,同时也可能会因战线长、范围广而导致进程缓慢,因牵涉国家多而造成众口难调,因价值取向不同而引发潜在危机[①]。在"一带一路"实践中,虽然取得了良好的成绩,但是也面临着很多障碍。美国就认为中国的"一带一路"倡议是"马歇尔计划的中国版",意图在转移中国的过剩产能。美国将这种言论和不实猜想进行传播,"一带一路"沿线的一些国家也产生恐慌和抵触。东亚、南亚、东南亚三国交会处的湄公河沿岸五国——泰国、老挝、柬埔寨、越南、缅甸原本是"一带一路"建设发展平台的最佳空间,然而由于某些国家出于对中国南海发展的恐惧与误读,导致对"一带一路"相关交流的抗拒抵触和消极观望。如越南媒体"越通社"就曾报道:中国"一带一路"倡议部署与实施同南海问题密切相关,因此越方对"一带一路"倡议始终保持部分不信任态度。而缅甸政府则认为中国希望通过与缅甸的交往拓宽印度洋通道。北部的蒙古与俄罗斯也由于历史问题始终与中国在合作互信领域存在一定芥蒂。某些国家既想要通过"一带一路"建设获得相关利益,又担心在此过程中再次形成新的依赖关系,始终在合作问题上有所顾虑。

"一带一路"的重点及优先投资领域是基础设施建设,基础设施建设不仅仅局限于交通行业,还包括了能源管道建设和信息网络建设。物质层面的设施联通、贸易畅通、资金融通,只要经济实力够硬就可以很好实现,但精神层面的联通却仅不能只靠经济实力解决,"民心相通"是推动"一带一路"建设的社会根基,只有"民心相通"才能保障各国的交流合作。若想使民心相通、使"丝绸之路"精神得以传承并弘扬,只有深入人心、急民众之所需、密切国家间的基层务实友好关系[②]。作为世界通

---

① 彭克慧."一带一路"的战略优势、现实困境及对策研究[J].湖北社会科学,2015(11):39-43.
② 罗雨泽.一带一路互联互通先要"心通"[N].人民日报,2015-1-26(5).

用的"肢体语言"①,体育能促进国际共同观念、信仰、价值观、理念和文化的形成②,并作为民间交流的重要内容,体育交流与合作是促进民心相通的有力途径③。跨界民族体育文化具有丰富的文化内涵和多样的活动形式及天然的民族凝聚力,无疑是打破"一带一路"沿线国家信任壁垒最好的破冰船。因此,"一带一路"将以旅游项目为突破口,以文化、娱乐、艺术、体育活动为契机④。

体育是一种国际语言,虽然各国的民族传统体育形式千差万别,但全人类共同追求的"团结、和平、友好"的体育精神却是一致的。那么,跨界民族传统体育文化规则简单,场地要求不高,参加人员往往无性别、年龄限制的特点,使它成为跨越语言障碍,忽视经济差别的重要文化互动载体。作为一种柔性的外交方式,跨界民族传统体育文化充当着为民心、民意相通保驾护航的重要角色。

多数情况下,"一带一路"的建设部署与实施主导权由各级政府把握,政府负责政策的制定与实施,并在这一过程中始终处于主导地位,然而政府虽然拥有丰富的公共资源及具体的实施平台,负责为所辖范围内的所有组织机构提供服务与政策指导,但却缺乏灵活多样的组织形式。而各级民间组织与机构由于常年担任配合实施的辅助部门角色,导致缺乏主动性、积极性与参与意识。特别是边境地区商贸盛行,人员往来混杂,物资流动频繁,因此各级政府不得不加大管控力度,长久以来形成行政管理多于文化支持的尴尬局面。而跨界传统体育由于地缘因素而常常为各级民间组织提供了施展拳脚的空间,自发组织活动,成为非政府推动下民间文化交融往来的良好范式。通过组织实施体育活动和民间交流,各级乡镇、村自发地成立了各类民间体育赛会组织,建立起村镇之间与跨界民族间的沟通机制与交流平台。

由于边界居民普遍存在同宗同源、语言相通、文化相近的现象,因此边界居民的日常往来也相对频繁。边界的村寨之间跨界民族结婚的

---

① 钟秉枢,刘兰,张建会.新时代中国体育外交新使命[J].体育学研究,2018,1(2):37-44.
② 赵爱国.体育交流在国际关系和谐发展中的促进作用:中国体育体制与政策的路径选择[J].太平洋学报,2013,21(2):27-34.
③ 梁昊光,等."一带一路"建设中的体育交流与合作研究[J].首都体育学院学报,2019,31(3):195-200.
④ 国家发改委,外交部,商务部.推动共建丝绸之路经济带和21世纪海上丝绸之路的愿景与行动[N].人民日报,2015-3-29(3).

第五章　跨界民族传统体育文化认同与"一带一路"建设实施的关系探讨

现象比较多,在结婚、举办丧事、做清明等活动中,跨界双方都有人情往来,也能对跨界民族传统体育文化进行传播;相互走亲访友、节日交流与聚会等交往也较为频繁。在这样的背景下,往往在传统节日或是农闲时节,村与村之间经常会举行一些跨界民族传统体育的竞赛,以打发时间,丰富人们的日常生活。特别是南方与西南地区少数民族间的民间交流更为广泛,日常赶集、节日庆典都可以成为当地居民相互往来的重要缘由。而跨居在边界两边的居民往往会借助这个机会进行简单的商贸活动。如生活在滇西北地区的彝族,是典型跨越南、老挝的多边跨界民族,在境外他们被称为倮倮族和濮拉族。据 2010 年统计结果,我国彝族人口共计 871.44 万人,云南彝族人口共计 502.8 万人。越南境内的倮倮族是 15 世纪由我国迁入的,后又分为倮倮族和濮拉族,人口约 1.24 万人。老挝靠近我国边境的丰沙里省,南塔省的勐醒县、乌都姆塞北部也有倮倮族分布。三个国家的民族都属同种同源,并且历史上越南及老挝两国经济发展水平明显落后于我国,越南还一度是我们的藩属国,加之他们的语言也和我国彝族使用的汉藏语言相同,跨界民族人口数量明显不及我国境内人口,因此文化传播圈呈现以云南为中心的态势,由此为这些跨界民族在交流上提供了更为便捷的条件,也使彼此之间更有文化亲近感。近年来,由于我国"一带一路"政策的实施,老挝为提高北部地区经济效益,也以琅勃拉邦为中心积极开发"中国—磨丁—南塔—会塞—泰国经济走廊"等经济走廊带,以此为发展点大幅促进了中、老、越三国的经济、文化交往互动。其中彝历新年与彝族火把节等具有鲜明民族特点的传统节日,成为促进三国交往的重要手段与平台。2017 年 2 月 9 日,课题组来到江城县国庆乡博别村,这里的毕摩普万光介绍火把节:"我们乡火把节是每年农历 6 月 23 日,据说是上天派了一个大力神到人间抢夺食物,老百姓不愿意上交,房子就会被推翻、牛羊就会被摔死等,受尽苦难。这时有一个大英雄叫阿提拉巴站出来与大力神斗,大英雄引着大力神跟着自己跑了九天九夜,跑到一处悬崖边,在大力神累到不行的情况下,将他推下悬崖摔死了。上天怒了,就放出蝗虫来吃庄稼,想饿死人们。这时大英雄让人们在高山上、在平坝里及田间地头上都点上火把来烧蝗虫,保住了庄稼,战胜了上天。正好这一天就是农历 6 月 24 日,因此我们彝族就在这一天点上火把过火把节。所以,我们彝族把火看成是神物,火把节需要开展许多活动来祭祀火。"在这些节日上,当地的彝族人穿上自己的民族服装,从四面八方的乡镇村落聚集到一起,载歌载舞,参加射箭、赛马、摔跤、斗牛等丰富多彩的民族传统体育活动,相邻边境上生活的各国跨境少数民族也赶来参加丰富的经济贸易活动与文化交流活动。

跨界民族传统体育作为一种柔性外交手段,不仅可以在官方的主导下融入"一带一路",还可以更多地在边民的日常生产、生活中轻松进行互动交流,相比于远距离的民族传统体育活动的交流,跨界民族传统体育文化的交流形式更加多样,个体、群体、社区、区域等单位都可以是交流的主体,旅游、日常娱乐、休闲、比赛、表演等各种交流形式都可以进行。这些民间的交流融入方式比起需要各种红头文件的外交,显得更加亲民、接地气,悄无声息地就融入了沿线国家。

第三节 跨界民族传统体育文化在"一带一路"建设中的定位

"一带一路"统筹国内国外两个大局,打破国家疆域的政治界限,建构一个全新的格局,为中国传统文化对外传播提供了良好的契机,在"一带一路"建设下,跨界民族传统体育将承担时代所赋予的新使命,找准定位,为"一带一路"做出应有的贡献。

一、服务于国家的整体战略

"一带一路"提出的背景有国内、国际两个背景。从国际上看,随着经济全球化的发展,国际性的金融危机频发,影响越来越大,波及的范围越来越广。自2008年的金融危机以来,世界经济复苏缓慢,各国经济复苏存在严重的分化,一些国家能够迅速恢复,而一些国家则深陷其中,面临严峻的发展问题。在这种全球经济状况下,很多国家都在寻找新的经济增长点,希望通过区域合作增强区域发展潜力。世界上各种区域经济合作组织、经济圈都在发挥作用,欧美国家更是掀起了新一轮的区域合作浪潮,如美国提出的跨太平洋伙伴关系协定(TPP)、"新丝绸之路战略"、俄罗斯提倡的"欧亚经济联盟""跨欧亚发展带""北方海

第五章 跨界民族传统体育文化认同与"一带一路"建设实施的关系探讨

上之路"、蒙古国倡导的"草原丝绸之路"等。中国提出"一带一路"是形势所趋。对于国内来说,自改革开放以来,我国经济发展迅速,取得了瞩目的成绩。改革开放40多年来,我国主要靠消费、投资和出口来拉动经济增长,尤其是依赖出口和投资。这两个经济增长点都依靠劳动密集型和低附加值的制造业及重型机械和投资产品。而现在这两个经济点已经失去动力,需要一个新的拉动经济增长的模式来拉动保持经济的增长,周边国家距离我国近且能够资源互补,发展、发掘、带动周边国家的经济市场无疑是一个很好的解决办法,能够实现我国与周边国家的共同发展,为人类和平发展做出贡献,因此,推动"一带一路"建设很有必要[1]。

"一带一路"倡议是借助古代丝绸之路的历史符号,打破地理界限,全方位推进中国与欧亚非各国在各领域实现合作的一种开放的、包容的、均衡的、普惠的新型多边跨区域经济合作架构,旨在使欧亚非以前不具备参与经济全球化的国家变得有实力,也有机会参与到这个过程中,带动它们自身获得经济全球化带来的收益的同时,也推动着全球经济向更加健康的方向发展。"一带一路"建设主张的就是在共同协商的基础上实现合作共赢、互利互惠,沿线各国共同打造政治互信、经济融合、文化包容、互联互通、互利共赢的欧亚非利益共同体、命运共同体和责任共同体,实现欧亚非各国共同发展、共同繁荣。中国自身在参与经济全球化健康发展的同时,也积极构建多边主义,维护多边体制,而不是只希望本国经济得到发展而以其他名义去抑制其他国家经济的发展,推动经济全球化蓬勃发展,是"一带一路"建设的核心意义所在[2]。

"一带一路"是我国首次在国际社会上提出的重大区域合作倡议,具有重大的发展意义,对于国内来说,"一带一路"是新一轮全方位对外开放的重大举措,是事关中国人民实现伟大的"中国梦"的关键,为实现"21世纪"奋斗目标,实现中华民族的伟大复兴注入了强大的生命力。对于国外来说,我国首次在国际社会提出的宏大区域合作倡议,是我国由大到强发展阶段的重要决策,预示着中国角色的新变化,使中国从国际规则的旁观者、执行者、遵守者向国际规则的制定者转变。共建"一

---

[1] 龚晓莺.新时代背景下"一带一路"战略实施的意义、面临的挑战及对策[J].海派经济学,2018(1):67-77.
[2] 王琦,余欣欣.经济全球化背景下"一带一路"意义研究[J].新西部,2019(11):49-50.

带一路"顺应了世界发展潮流,符合亚非欧各国乃至国际社会的根本利益。它的实施提升了我国在国际上的综合实力和国际影响力,加快了区域经济一体化进程,为"人类命运共同体"的构建做出应有贡献,体现了我国"负责任大国"的担当。

由此可见,"一带一路"对我国有着非凡的意义,在此背景下,娱乐、艺术、体育活动等都是要服务于"一带一路"整体建设的,同样,跨界民族传统体育文化也必须服务于打造政治互信、经济融通、文化包容的利益共同体、命运共同体以及责任共同体的整体策略,服从整体,顾全大局。作为"一带一路"建设中不可缺少的组成部分,跨界民族传统体育文化所具有的经济、文化、教育、外交等各种功能和价值都应该以国家的整体发展为中心,为实现国家的整体发展服务,为实现这个整体发展发挥作用,用跨界民族传统体育文化所具有的共通性来消解在"一带一路"建设过程中各国所存在的语言、宗教、文化、习俗等传播障碍,通过这种身体文化更好地促进文化的交流、经济的合作、政治的互信以及民心的相通。跨界民族传统体育文化与"一带一路"整体发展息息相关,只有以整体发展目标的实现为目标,跨界民族传统体育文化才能获得更好的发展机会、更广的发展空间。课题组到云南江城县调研"中老越"三国丢包狂欢节时,县文体局局长吕加恩谈到了三国丢包狂欢节对促进"一带一路"的意义和思路:"我们文体局在县政府领导下一直参与了中老越三国丢包节丢包设计以及与越南、老挝商谈狂欢节三国丢包团体、三国陀螺团体、三国藤球、三国网球比赛等项目的设置。原来县政府办这个狂欢节就是想把三国边境的传统体育与民俗、服饰、风情、饮食、服饰等特色文化整合,争取把节日办成传统体育、民俗文化搭台、开展民族交流与合作、推进商业经济唱戏的盛会。进而宣传江城,提高江城知名度,认识江城,投资江城,发展江城经济,增强江城各民族的凝聚力、自豪感、自信心。我们江城虽然是一个边疆小县城,但在促进三国睦邻友好关系,加快推进边贸、口岸建设与发展等方面一直努力按照国家整体建设去做。从2009年到你们今年来,我们在江城、越南奠边府市、老挝丰沙里已经举办四届狂欢节了,今年2017年底继续在江城举行,希望你们来考察啊!通过定期举办狂欢节后,我们发现意义更加重大了。狂欢节相关活动的开展,增进了三国间的了解和友谊,为三国边境地区的和平稳定与共同发展打下了坚实的基础。三国不仅明确了共同发展旅游业的目标及信心,更是共同合作对今后的跨境旅游相关工作作出了

第五章　跨界民族传统体育文化认同与"一带一路"建设实施的关系探讨

明确的规划,一同制定促进旅游产业发展、扩大旅游空间的发展策略。三国一致认为,加强合作重点,还是要集中在旅游商贸服务业、农业种植技术帮扶、产业结构调整等方面,不断提供与交流城市规划与管理经验,组织企业代表相互进行三国考察,寻求合作、投资机遇。不断继续努力开展文化体育交流,促进三国文体事业蓬勃发展,创造更加稳定繁荣的和谐边境,共同推进'一带一路'建设。"当然,三国政府还需要共同引导、助推,把举行狂欢节向市场化与民间化相结合的路子上引,才能让促进"一带一路"边境经济建设的文体旅交融盛会继续保持下去。

二、促进国家文化繁荣发展

全球化的不断推进,国与国之间综合国力的竞争逐渐演变成了国家软实力的竞争,文化是一个国家持久发展的不竭动力源泉,已成为全球范围内经济社会发展的价值维度。随着我国经济实力和国际话语权的不断提升,党和国家越来越重视文化软实力的发展和国家形象的树立。2011年10月,中国共产党第十七届中央委员会第六次全体会议通过了《中共中央关于深化文化体制改革推动社会主义文化大发展大繁荣若干重大问题的决定》,报告指出:当今社会,文化越来越成为民族凝聚力和创造力的重要源泉,越来越成为综合国力竞争的重要因素。伴随改革开放的进行,区域经济发展的模式已经发生了重大转变,文化与经济、政治、社会、科学技术等各个方面相互交融、结合的程度不断加深,经济的文化含量日益提高,文化的经济功能、政治功能和社会功能越来越强,文化已成为区域竞争力的重要因素。谁占据了文化发展的制高点,谁就拥有了强大的综合软实力,谁就能够在激烈的竞争中赢得主动,就能够加快发展[①]。党的十七大将文化大发展大繁荣上升到国家战略的高度,将弘扬优秀传统文化作为推动国家发展和民族复兴的软实力。

历史和现实都表明,大国的崛起不仅是经济的崛起,更是文化的崛起,大国崛起不仅是经济的增长,更是文化的繁荣。中国的崛起、民族的

---

① 吴钦敏.用新的文化发展观推动民族文化大发展大繁荣[J].贵州民族研究,2008(6):31-36.

复兴,需要文化作为支撑①。文化是民族的精神命脉和创造源泉,是国家发展和民族振兴的强大动力,提高国家文化软实力,关系"两个一百年"奋斗目标和中华民族伟大复兴中国梦的实现②。我国历史悠久的文化资源使我国成为一个文化资源大国,这为我国从文化大国走向文化强国奠定了坚实的基础。

"一带一路"建设构建的是一条经济商贸与文化共同发展的双车道,包含着我国与沿线各个国家以经济合作为基础,文化深度交流,彼此开放、互相包容等诸多历史性内涵③,为文化的发展繁荣创造了一条新的渠道,像一个独特的纵横交错的文化符号与纽带。从地理位置上看,这条文化纽带包含了我国众多的跨界少数民族聚集地。这一纽带上涉及了不同的国家,虽然沿线国家和地区不能避免由文化差异所带来的冲突和矛盾,但也正是因为有不同文化的差异性和异质性,才给沿线不同国家的文化碰撞交流提供了机会,尤其是我国作为"一带一路"的倡议者,为丰富多彩的跨界民族传统文化的繁荣发展带来了广阔的发展空间。

跨界民族传统体育文化是我国民族传统文化的重要组成部分,是"一带一路"建设中各个国家进行文化交往的重要符号、表征,也是一种发展潜力十足、符合时代发展理念的新兴产业资源。跨界民族传统体育文化是我国各个跨界民族人民在历史发展过程中生产生活的产物,是不同时期各个跨界民族人民灿烂多彩的文化的象征,代表了我国文化发展的进步。我国迈向文化强国,离不开"体育强国"的战略目标,需要跨界民族传统体育文化的支撑。"一带一路"的建设为我国跨界民族传统体育文化的发展繁荣提供了前所未有的机遇,跨界民族传统体育文化独特的地域性、多样性、互通性、共有性等特征,是中华民族文化宝库中重要、不可复制、不可替代的文化符号,拥有巨大的经济、文化潜力,是推动建设"一带一路"文化共同体的动力源泉。

因此,在"一带一路"建设机遇下,跨界民族地区应充分认识跨界民族传统体育文化建设的重要性和紧迫性,加快挖掘、保护、发展跨界民族传统体育文化,提高当地的文化软实力,以此提升区域综合竞争能

---

① 张友谊.文化软实力提升当代中国文化建设的社会影响[M].济南:济南出版社,2013:46.
② 习近平谈国家文化软实力:增强做中国人的骨气和底气[EB/OL].[2016-09-16].http://news.xinhuanet.com/politics/2015-06/25/c_127949618.htm.
③ 王灵玲."一带一路"背景下我国民族文化的传播与发展[J].黑龙江民族丛刊,2018(6):99-103.

第五章 跨界民族传统体育文化认同与"一带一路"建设实施的关系探讨

力、增加竞争优势以及增强发展后劲,将跨界民族传统体育的发展提高到战略的高度,更加自觉、更加自信、更加积极主动地以跨界民族传统体育繁荣发展推动民族文化的大发展与大繁荣。

三、提高传统体育的国际影响力

目前,以奥林匹克运动为主的西方现代体育已风靡全球,西方体育几乎代表着现代体育的含义。我国体育也在 20 世纪 20 年代后期就形成了以西方体育为主体的局面。中国作为一个拥有 5000 年文明的古国和文化资源大国,虽然综合国力已在世界范围内排到前几位,但文化上却有所落后,我们拥有 5000 年博大精深的优秀文化,但所利用开发的文化资源却很有限,还只是文化大国,而不是文化强国,中华文化在国际上的影响力还非常薄弱。传统体育文化一方面被西方现代体育挤压,另一方面对民族传统体育文化的认识也不够,导致民族传统体育处于边缘化的状态。我国民族传统体育文化在国际上的影响力小,并局限于武术、舞龙舞狮、太极拳等[1]。

通常提到提高我国民族传统体育文化的国际影响力,大家都倾向于以传统体育文化中的太极、武术、气功等为主体。虽然这些项目是我国传统体育文化的典型代表,但是应该看到民族传统体育文化不仅仅限于这几项大众熟知的,民族传统体育文化还包括 55 个少数民族的传统体育文化,其中不乏跨界民族传统体育文化。

现代体育的全球化并不意味着世界其他国家、民族的传统体育文化的消失,文化的全球化并不代表文化的同质化、单一化、普遍主义,而是文化的异质化、多极化、特殊主义。各国的民族传统体育不应被西方现代体育所吞并,而应该在世界体育体系中占据一定的位置,积极构建世界体育的多极化。

随着我国综合国力的上升,也开始重新审视民族传统体育文化的价值和深远意义,充分认识到民族传统体育文化在国家经济社会发展、民族振兴和提高文化软实力中的作用和地位,主动积极规划、谋求民族传统体育文化的保护、传承、发展、创新、传播以及扩大国际影响力。"一带

---

[1] 薛文忠."一带一路"战略下我国民族传统体育的国际传播基本体系研究[J]. 南京体育学院学报(社会科学版),2017(02):36-40.

一路"涉及亚欧非三个大陆,涉及的国家多达60多个,如此广泛的范围,为我国丰富多彩的民族传统体育文化走出国门、提高国际影响力提供了历史机遇。"文化共同体"是"一带一路"建设的重要内容,也是促使民心相通的有效途径,在打造"丝绸之路"沿线国家文化共同体的过程中离不开各个国家文化的相互传播、交流、沟通、融合、分享[①]。同样,要借助"一带一路"的历史机遇提高我国民族传统体育文化的影响力,也离不开民族传统体育文化的传播和交流。我们应当正确认识体育文化国际传播的价值意义,把握"一带一路"的机会,将我国少数民族体育文化传播出去[②]。

首先,民族传统体育文化的传播、交流要明确传播的内容。民族传统体育文化资源存量大,具有不同形式、内涵、组织形式、人数等的项目类型,各个跨界民族传统体育文化各具特色。跨界民族传统体育文化在"一带一路"建设中具有与邻国在语言、文化、习俗、项目上的相通性,应以跨界民族传统体育文化为优先,以此带动我国民族传统体育文化的传播。民族传统体育文化从表层技艺、中层养生到深层文化都蕴涵着丰富的传播内容。民族传统体育项目本身是传播的内容,另外民族传统体育项目中的服装、器具、内涵等都可以作为体育文化的传播载体。

其次,扩宽民族传统体育文化的传播主体的范围。民族传统体育文化的传播主体主要有以下四类:各级政府机关、社会有关团体、文化类企事业单位以及个人。在民族传统体育文化的国际传播中政府处于主力地位。除了边境地区由民间自发组织体育交流之外,其他的体育交流形式主要是双方、三方政府发起的,如云南江城三国丢包狂欢节。从长远发展来看,对外民族传统体育文化应建立多元主体交流机制,跨界民族传统体育文化应该利用地理优势,加强民间社会团体、文化类企事业单位以及个人之间的体育互动,如华人华侨、来华商人、旅游等各种人群的力量也不可忽视。摆脱对官方组织的过度依赖,让官方和民间配合传播,既不失官方传播的严肃和权威,又有民间传播的亲和,保证传播中的衔接性、持续性和自发性。

再次,转变传播方式,采取多元化的体育文化传播方式方法。传统

---

① 妥培兴."一带一路"战略下民族传统体育跨文化传播的价值、困境及其消解[J].南京体育学院学报,2017,1(31):13-17.
② 白庆平."一带一路"战略背景下少数民族传统体育的可持续发展研究——以广西仫佬族为例[J].体育科技,2019,6(40):108-110.

第五章 跨界民族传统体育文化认同与"一带一路"建设实施的关系探讨

的体育对外传播方式一般是言传身教、口头传授。随着信息技术的快速发展，人们接受信息的方式也发生了变化，那么在现代社会传播方式多样化的时代，应充分发挥各种传播媒体、传播平台的作用，用更直观、明白易懂的图像艺术、光影艺术等具象方式来进行跨文化传播，大众传媒应借助各种交流平台来保证传播方式和传播途径的多样性，充分运用视觉文化提升我国民族体育文化的传播效果。民族传统体育文化国际影响力、话语权的提升，离不开体育文化传播品牌的培育。借助跨界民族文化、自然资源的优势，采用"少数民族传统体育＋文化＋旅游"的形式来打造民族传统体育旅游品牌不失为一种选择。国家《"一带一路"体育旅游发展行动方案（2017—2020）》鼓励在沿线国家和国内沿线地区开展冰雪、汽车摩托车、马拉松、自行车、户外挑战、攀岩等体育赛事。在这些赛事中紧紧围绕"一带一路"蕴含的共同情感和文化，构建赛事品牌，赢得各国认同。"一带一路"部分沿线国家还具有一部分未被西方体育品牌赛事占据的市场，为我国体育文化传播提供了新的市场。我国应借鉴国外体育品牌赛事的经验，结合实际情况培养具有中国特色的体育赛事项目和品牌，并借"一带一路"发展的契机将其推广开来[1]。同理，跨界民族传统体育文化也可以采取这样的传播方式来扩大民族传统体育文化的国际影响力。

最后，"一带一路"沿线国家众多，每个国家都有自己的风俗习惯、价值取向、宗教信仰等社会形态，民族传统体育文化在传播、交往的过程中要尊重差异，不同性别、不同年龄、不同阶层、不同职业和不同地域的人会有不同的需求、不同的中国体育文化接受目的。例如，现今在东南亚、欧洲等国家比较盛行毽球比赛，毽球是一项脚踢的中华民族传统体育运动项目，经过中国数个历史朝代的发展与演变，形成具有足上运动代表性的魅力缩影，它由我国古老的民间游戏踢毽子衍生而来，又融合了足球、排球、羽毛球等现代体育运动而派生、形成的隔网对抗的竞技项目。在1973年中国山东省出土的汉砖上，刻画了汉代人脚踢蹴毛丸的场景，这是足上踢毽运动的前身和雏形，正是历史文献和出土文物证明，踢毽子起源于我国汉代，盛行于六朝、隋、唐。到了宋朝，《事物记源》一书中对踢毽子技术有较详细的描绘记载。足上踢毽运动经过长

---

[1] 裴永杰."一带一路"战略下中国体育文化国际传播研究——以伯克认同理论为视角[J].广州体育学院学报，2020，1（40）：28-31.

时间的发展,也跨进了多个民族的运动历史,其中汉族、壮族、傣族、朝鲜族、苗族、水族等多个民族都有与踢毽子游戏相关的运动历史记载。就连邻国越南在公元10世纪左右李朝时期(跟中国当时的宋朝属于宗藩国关系)也有对踢毽子等足上运动的记载。国家体育总局社体中心毽球项目主管魏勇对课题组介绍:"现在,毽球运动发展至今,在国内外可谓发展地域广袤,人口众多。自从1984年原国家体委将毽球列为正式比赛项目以来,中国现在开展毽球运动的省市有北京、湖北、山东、广东、上海、辽宁等。1999年,由中国、越南、德国、老挝、匈牙利等国家发起成立了世界毽球联合会。从此,毽球在世界许多地方受到了更多人的喜爱。从现今毽球运动会员国来看,大多是'一带一路'沿线国家。虽然离成为奥林匹克项目还有一定差距,但这并没有影响毽球运动的普及和推广,毽球运动深受大众的喜爱。在中国与越南、老挝、德国等国家的共同推进下,像毽球、藤球等民族传统的足上运动的世界性赛事,都在散发着传统文化的魅力。"因此,要做到有效的国际传播,不能"一刀切""批量生产",需要深入实地调查了解不同国家、地区的文化属性以及不同受众接触和使用媒介的习惯、文化产品的消费习惯等,满足不同受众的特殊需求,进行个性化的传播。依据受众需求进行传播,"按需"扩大受众,是民族传统体育文化海外传播的重要策略[①]。

四、加强民间交流以稳固边防

在"一带一路"建设过程中,我国的边防安全将受到一定的影响。这种影响来自于两方面。一方面,"一带一路"建设虽然取得了很多国家和国际组织的认可和赞同,但是不可否定的是,在"一带一路"推进过程中,还掺杂着质疑的声音。一些西方国家对"一带一路"倡议进行歪曲报道、解读和评价,大肆宣染、鼓吹"中国威胁论"。一些国家担心"一带一路"倡议将威胁到本国利益,企图破坏"一带一路"建设的顺利进行。对于参与的国家来说,也不能避免对"一带一路"倡议表现出一定的顾虑,担心国家主权与本国经济受到中国的制约。而对"一带一路"倡议持"观望"或"质疑"态度的国家的质疑、误读,可能会导致一些国

---

① 王瑜.大众传媒视角下民族传统体育文化的国际传播策略研究[J].新闻界,2014(18):34-38.

第五章 跨界民族传统体育文化认同与"一带一路"建设实施的关系探讨

家、组织或个体刻意采取一些行动,在边境利用民主、宗教、地域争端等话题,企图破坏、延缓"一带一路"的顺利推进。

另一方面,由于历史和现实原因,"一带一路"沿线国家是东西方多文明交汇点,世界三大宗教的矛盾与冲突、民族与种族的矛盾与冲突、水源冲突、历史遗留问题引发的冲突等,这些矛盾具有突发性、多样性、复杂性、长期性,某一个矛盾的爆发都可能会引起周边国家甚至是多个国家被牵连其中。随着"一带一路"建设的进行,我国与沿线各国的联系将变得更加紧密,双方或多方的经济、政治、文化等交流将更加频繁,与此同时,这些矛盾、冲突也将随之频发。我国边防的稳定对我国整体起着屏障作用,只有在和平安定的环境下,才能把重心放在经济建设上,边境的安定既影响我国国内的建设,也影响国际关系以及我国的国家形象。在这种背景下,更加需要巩固边防。

"一带一路"建设离不开坚实的社会基础,面对疑虑与不信任,获得广泛的国际认同与深厚的社会民意基础将成为"一带一路"倡议成败的关键。习近平总书记指出,"关系亲不亲,关键在民心"。[①]因此,要加强民间交流,促进沿线各国人民的相知、相识、相亲,增进彼此的了解和信任,友好往来,为"一带一路"建设打下广泛的社会基础。跨界民族传统体育文化无疑是跨界民族之间进行民间往来、人文交流的重要内容,以跨界传统体育文化作为沟通的桥梁,将促进民族间的了解,自觉地维护边境和平,制约那些破坏稳定的行为。

文明交流互鉴,是推动人类文明进步和世界和平发展的重要动力[②]。体育是中外人文交流的重要组成部分,是建立中外友好关系的桥梁[③]。体育不仅是一种身体活动,还是一种精神活动,可以超越民族、种族,成为不同文化交融的润滑剂,加之体育外交的有效性,促使国与国之间及两国民众之间友谊的逐步建立,因此体育外交是最为直观、柔和、接地气的联通民心的方式[④]。跨界民族传统体育文化的共通性使得

---

① 为我国发展争取良好周边环境推动我国发展更多惠及周边国家[N].人民日报,2013-10-02(01).
② 习近平.文明交流互鉴是推动人类文明进步和世界和平发展的重要动力[J].思想政治工作研究,2019(06):7-9.
③ 罗萌,刘亮.六张海报看习近平如何展开"体育外交"[EB/OL].http://news.cctv.com/2019/08/31/ARTIoaGLPqzey03hr Ijamn1o1,2019-08-31.
④ 王俊鹏,陶喜红,张怀成."一带一路"倡议下体育外交的价值与发展策略[J].体育文导刊,2019(06):1-6.

跨界民族传统体育的这种功能更加凸显,跨界民族传统体育在边界地区两国(多国)人民的日常生活中促进交流,悄无声息地对当地的民众产生作用,跨界双方或多方共同喜欢一项跨界民族传统体育活动,具有调整民族心态、调和民族之间的关系、加强相互合作、增进感情等积极的现实意义。这些民族传统体育项目是各民族之间沟通、交往的中介,为人们的人生观、价值观、审美观等涂上基本相同的"底色",进而化作维系民族间关系的巨大力量①。要充分重视地理位置优越、与邻国有着天然联系的跨界民族传统体育在"一带一路"建设过程中所具有的经济、文化、民心相通的作用和意义,积极利用跨界民族传统体育活动,以这些体育活动独具的优势促进边界的安全稳定,为更好地建设"一带一路"提供和平稳定的边界环境。

---

① 芦平.全面建设小康社会与少数民族体育文化[J].甘肃社会科学,2007(3):18-21.

第六章 影响跨界民族传统体育文化交流的主要因素

文化作为人类社会的产物,会影响人们的生活习惯、行为方式、思维模式、道德标准和经济方式等生活的每一个方面。在功能主义理论者看来,文化是一个整体,文化所涉及的每一个部分都存在联系,并且都相互影响。文化的每一个部分都有其功能,在社会整体中发挥其所具有的作用和价值。跨界民族传统体育作为民族文化的一部分,其保留、传承、交流和互动都对社会的发展起着不可或缺的作用。从前文的描述可知,由古至今,民族传统体育文化作为一种身体运动的文化,是人们在社会生活过程中所创造和独有的文化,是人类的基本文化现象,它一直伴随着民族社会的发展而存在,具有民族性和地域性的特征,对社会行为规范的建立、民族共同体的凝聚具有重要的作用。建立在共有传统体育文化所产生的共同认知上,人们可以将这一份含有共同情感的社会记忆投射到社会的各个场域中,以此来不断建立和增进各场域之间的关系,使社会结构中的各个部分、社会与社会之间能够在日新月异的时代潮流中找到和谐共生的平衡状态。而另一方面,传统体育文化的交流和发展也受到其他场域因素的影响,生计方式、政治制度、社会结构、文化冲突、精神意识等都会对民族传统体育文化产生或积极或负面的作用。尤其是跨界民族传统体育文化的发展,由于分属不同的国家,其影响因素更为复杂。除上述提到的政治、经济、文化等诸多常见的因素以外,更为重要的是要考虑跨界民族所属国家的异同,以及在全球化视角下国际格局的变化可能对跨界民族产生的影响。本章节将从以下四个方面来探讨影响跨界民族传统体育文化交流的主要因素:思维方式、价值取向、文化背景,以及习俗和习惯法。

第一节　影响跨界民族传统体育文化交流的根本性因素——思维方式

思维方式是看待事物本质和发展的认识形式，它受到各方面的影响，如政治政策、经济模式、族群文化等，它既是自身生成的、独特的认知，也极易受到外界的影响。在民族社会发展的过程中，思维模式多受政治、经济因素影响，国家主流文化渗透其中。同一民族分属不同的国家，受到不同国家的政治制度、政治方针、民族政策、经济发展水平的影响，民族意识和民族文化都会发生改变。例如，中俄跨界民族赫哲族，在中国称为赫哲族，而在俄罗斯则被称为那乃族。随着时间的推移，两个民族之间的分野越来越大，主要表现为各自不断接受了所在国家的主体民族的影响，彼此之间的同一性不断减少，共同的民族意识逐渐淡化，历史上同一民族形成的某些共性特征，会随着不同的政治、经济生活而发生根本性的改变，他们或许已经向着不同民族的方向演化[1]。中国的赫哲族更多地接受汉文化、儒家思想的熏陶，而俄罗斯的那乃族则会受到俄罗斯语言、斯拉夫文化的影响。这种潜移默化的影响会导致人们的思维方式、民族性格甚至是价值观发生根本性的变化[2]。下面将重点从政治和经济两方面来讨论思维方式给跨界民族传统体育文化交流带来的影响。

---

[1] 何玉芳.赫哲族那乃族文化变迁比较研究[M].北京：世界图书出版公司，2009：246.
[2] 何玉芳.赫哲族那乃族文化变迁比较研究[M].北京：世界图书出版公司，2009：246.

第六章　影响跨界民族传统体育文化交流的主要因素

一、政治政策

（一）国家政治制度对跨界民族传统体育文化交流造成限制

跨界民族跨国界而居，分属不同的国家，虽说国界两侧的同一民族同根同源，但就政治层面而言，国家身份比民族身份更为突显。因此，即使两国边民互通有无，也无法否认所在国家赋予本民族的属性、权利和义务。

中国疆域广阔，国境线绵长，与众多国家比邻而居，历史的发展变迁使得边境线上居住着不少跨界民族。在这些边疆地区，我国56个民族中有34个跨界民族以及2个国内未识别民族。西南地区主要是云南、广西与越南、缅甸、老挝等国交界。历史上西南地区的民族往来一直非常密切，越南在古代称为"交趾"，一度属于中原王朝的管辖版图以内。到了中越反击战时期，由于战争混乱，两国边民不得不中断往来。基于跨界民族的民族认同，民间的往来一直都相对自由和随意，中缅边境的"一寨两国"现象更是使跨界民族的关系更加紧密。然而回归到跨界民族的身份所属上，界定人们身份的标志，首先是国籍，其次才是民族和地区。因此国家制度是跨界民族交流的限制因素之一。中越两国虽然都是社会主义制度，但国情不同，历史发展不同，因此国内的发展方向和民族政策也不同。东南亚诸多国家政局动荡，部分国家还有恐怖主义和反政府武装，使得政局一直处于不稳定的状态，阻碍正常的国际交往。

（二）现阶段的边疆政策方针促进跨界民族传统体育文化交流

当前国际关系日益密切，全球化将各国的命运联系在一起，形成命运共同体，所谓牵一发而动全身，独立发展、一国独大的局势早已不存在。因此在这样的全球时代背景之下，各国的政治体制和政治政策也发生相应的改变，不仅要关注自身社会的发展，同时也要关注其他国家，尤其是相邻国家之间关系的发展。正因如此，国家依据每段边界的实际情况制定了相应的边疆政策，以促进边疆社会的发展。中国与周边14个国家接壤，包括34个跨界民族和2个未识别民族，且中国与周边国家的历史变迁、社会制度和经济发展水平之间存在较大的差别。因此中国所面临的地缘政治错综复杂,对国家的整体发展具有非常重要的影响。地缘政治,强调地理区位、地理空间和历史地理等因素对政治的影响,将地理位置、自然环境和人文地理因素作为对外战略的依据。在地缘政治的影响下产生地缘经济,国家与国家、区域与区域之间围绕商品市场、资源供应、资金技术等方面形成竞争、合作或是结盟关系。密切的地缘政治和地缘经济对稳定相邻国家之间的政治关系起到至关重要的作用。由前文的探讨可以了解到,跨界民族同根同源,是分属不同国家的同一民族,亲缘关系和地缘关系所带来的场域交叠让比邻而居的国家开始重视且思考如何建构更合适、更持久的国际关系和边疆秩序。

中国—东盟自由贸易区的建立和"桥头堡"战略的实施,为西南地区与东南亚各国的合作与往来提供了契机和平台,能有效缩小中国与东南亚邻国之间的发展差异,合作共赢地促进中国与周边国家的友好往来,维护稳定的国际秩序。中缅跨界民族问题的缓解乃至最终解决不仅解决了两国面临的实际问题,也加强了两国在各方面的联系与合作,促进了两国的全面发展,并反作用于跨界民族问题的处理,最终形成国内政治与两国关系的良性互动[1]。

2013年,习近平主席提出了建设丝绸之路经济带的倡议构想。丝绸之路贯穿欧亚大陆,东连亚太经济圈,西入欧洲经济圈,是世界上跨度最长的经济大走廊,最具发展潜力的经济合作带[2]。随后,有关部门就"一带一路"倡议的设想相继颁布了各项文件。2015年发布的《推动共建丝绸之路经济带和21世纪海上丝绸之路的愿景与行动》指出,发挥内蒙古联通俄蒙的区位优势,发挥新疆独特的区位优势和向西开放重要窗口作用,发挥陕西、甘肃综合经济文化和宁夏、青海民族人文优势,形成重要产业和人文交流基地;广泛开展文化交流、学术往来,联合申请世界文化遗产,共同开展世界遗产的联合保护工作;支持沿线国家地方民间挖掘"一带一路"历史文化遗产,联合举办专项投资、贸易、文化交流活动,办好丝绸之路(敦煌)国际文化博览会、丝绸之路国际电影节和图书展,倡议建立"一带一路"国际高峰论坛;联合打造具有丝绸之路特色的国际精品旅游线路和旅游产品,促进旅游合作,扩大旅游规模,

---

[1] 杨得志.中缅跨界民族问题研究[D].武汉:华中师范大学,2014:102.
[2] 习近平哈萨克斯坦演讲:共建丝绸之路经济带[EB/OL].http://www.chinanews.com/gn/2013/09-07/5257926.shtml.

第六章　影响跨界民族传统体育文化交流的主要因素

互办旅游推广周、宣传月等活动；积极开展体育交流活动，支持沿线国家申办重大国际体育赛事。[①]2017年发布的《"一带一路"体育旅游发展行动方案》指出：以"一带一路"为突破口，加快国内沿线地区体育旅游融合发展，推动与沿线国家体育旅游深度合作，与沿线国家合作开展具有共同民族特色的体育赛事旅游。

从上述发布的文件中可以了解到，地缘政治在其中起到了关键作用。地缘政治涉及利益、资源、主权和边界，在新时代，地缘政治更是向多极化发展，国际地位、全球战略和经济中心都发生改变。因此，"一带一路"的提出实际上是打造双赢共生、互利互惠的局面，是在当今的全球化、信息化时代背景下一个适应性的产物。民族性、地域性与国际性之间的关系与冲突是跨界民族传统体育互动所面临的困境。而"一带一路"所带来的跨文化上的交流与互动，是促进跨界民族传统文化创新的重要途径，为跨界民族与沿线各国文化交流提供了良好的契机，同时带动了跨界民族地区的经济发展。

调研组在富宁县了解到，在新时期"一带一路"的发展策略下，富宁县规划修建中越沿边公路、铁路、通用机场，以及建设沟通东南亚和广州港口的富宁港，实现五网建设。富宁的田蓬镇积极建设田蓬口岸，促进边民互市贸易，带动经济发展，同时还利用特色产业建立合作社，降低成本提高生产，让村民腰包鼓起来。富宁县也大力支持体育发展，有规划专门的训练场地和技术培训，有一定的资金支持，有参与运动会并获奖的传统，这些都使得富宁的民族文化得到较好的发展。同时富宁对现阶段县城的进步和未来的发展方向有一个清楚的认识。他们提出保护和弘扬民族文化，是为了增强凝聚力，有利于两国边民之间的情感交流，促进贸易往来。这对政府方面也会有一定的带动作用，民间的交往会促进政府间的友好合作，民间的矛盾冲突也会使得政府出面解决，带来政府间的互动。边民之间存在文化认同，民族关系稳定，将会促进和谐边疆的建设。

在社会转型的今天，国家以及地方政府迫切地需要民族地区适应、并能较快地融入现代化的发展趋势，开辟符合自身实际情况的科学的发展道路，这对保护民族文化、促进民族文化互动与交流、建立国家周

[①] 旅游局：一带一路的旅游愿景如何实现[EB/OL].http://www.chinanews.com/gn/2013/09-07/5257926.shtml.

边睦邻友好的关系,保持国家和社会的稳定具有重要的现实意义。现如今,中国国力日渐强盛,保护传统文化被国人重视,非遗保护、文化传承成为提高国家文化软实力的基础。云南文山州很重视传统文化的保护,自上而下弘扬民族文化,提高百姓的族群自我意识。而调研组了解到,越南并没有如此高的重视程度,这与其目前的生产力水平有关。越南更加重视经济上的提高,而现有的国情也迫使其将发展重心放在国家硬实力的提高上。两国方针不同,自然影响跨界民族文化的交流。

二、经济水平发展不一对跨界民族传统体育文化交流的影响

经济基础决定上层建筑,可以理解为经济问题是一切社会问题的起因,人们的物质生活和基本生产状态决定了该民族的社会发展状况,反之民族内部以及外部的关系也会影响民族经济的发展水平。经济发展是每个民族乃至每个国家发展的重中之重,是人类学社会政治、文化发展中不可缺少的重要因素之一。同一项传统体育在不同发展程度的社会中,受到当地经济条件的影响,也会呈现出不同的形态。例如,跨界苗族的传统节日花山节,越南的花山节更具传统性和本真性,而中国的花山节则带着时代性和传统转型的标签。也正因如此,经济上的差距所造成的传统体育发展上的不一致,会对跨界民族内部或是民族之间的体育文化交流造成一定的影响,可能会面临难以融入或是文化分歧日渐扩大的问题;而另一方面,受到经济影响而发展形态相异的体育文化,基于亲缘或地缘关系而相互补充、相互作用,从而达到共生,这既是对传统体育文化发展的促进,也是对跨界民族和边疆社会和谐发展的展望。

(一)经济发展水平不一可能对跨界民族交流造成阻碍

跨界民族地区的经济发展滞后会导致跨界民族地区社会整体发展的不足,如教育发展的滞后、医疗卫生事业发展的不平衡以及基础建设落后等问题。同时由于受到不同国家国内社会总体发展水平以及国家制度的影响,国界两侧的跨界民族都表现出显著的差异,最为明显则是经济水平的差异。经济社会发展涉及人口发展、资源状况、国家政策、商业传统等多重因素,而国家的总体走向在其中起到了举足轻重的作

第六章　影响跨界民族传统体育文化交流的主要因素

用。① 跨界民族的发展差距,一方面是由于跨界民族并非国家的主体民族,在国家资源配置和发展机会方面处于从属或是边缘的地位,国家的整体发展无法覆盖到边境民族地区而导致该地区发展滞后。对于主体民族而言,他们往往可以通过行政、法律等手段,通过主体民族社会场域间的联系,来获取属于他们的、或是更有利的发展资本。由于非主体民族,尤其是跨界民族,其无论是生存区域还是社会相对位置都处于边缘化,使得他们的需求难免会有意无意地被忽视。这种忽视若能得到有效的平衡和调整,则能够缩小民族之间的发展差距,但若是长期存在并成为了一个历史遗留问题,则会使得族际之间的差距不断扩大。另一方面,由于跨界民族分属不同的国家,受到所属国家发展走向和总体经济水平的影响,跨界民族内部之间也会出现发展不平衡现象。据调研组在中越边境走访时了解到,边民们普遍的意识就是,哪里能谋到生活就到哪里去,因此不少年轻人跨越边界谋求生计。不少越南年轻人选择跨国界来到中国务工,或是越南妇女嫁到中国,都是因为"中国这边的发展比越南要好,能赚到钱"。缅甸境内民族矛盾比较突出,有限的政治、经济资源无法向边境民族地区倾斜,因此造成了缅甸与中国跨界民族地区严重的经济发展不平衡问题②。与中国接壤的缅北地区在经济发展方面存在着一定的问题。缅北地区的交通比较落后,且地理位置远离缅甸经济、政治中心,地区贫困人口较多,教育水平落后。中缅跨境民族内部,在经济发展上也同样存在差距。同一族群因分属不同国家而出现经济发展失衡的情况。中国一侧的跨界民族虽然就中国境内而言,与中东部地区相比较属于经济欠发达地区,各项事业发展相对滞后,但与缅甸一侧的跨界民族相比,则表现出较为明显的优势。这些优势也使得不少国外的跨界民族前往中国务工和通婚,也带来了跨界婚姻、三无人员等跨国问题。非法移民是边境地区普遍存在的问题。经济发展不平衡使得边境线两侧的边民社会生活存在差距,边民为了谋求更好的生活而背井离乡,异国谋生。

　　民族关系的基础是经济关系。任何一个民族的最终形成是通过经济的紧密联系完成的,而不是通过武力征服或是文化同化去完成③。新疆和西藏地区都曾爆发过社会事件。重大社会事件的爆发虽然是多方

---

① 杨得志.中缅跨界民族问题研究[D].武汉:华中师范大学,2014:14.
② 杨得志.中缅跨界民族问题研究[D].武汉:华中师范大学,2014:32.
③ 杨得志.中缅跨界民族问题研究[D].武汉:华中师范大学,2014:63.

面因素综合作用的结果，但是社会问题的基础是经济问题。西藏和新疆在漫长的历史中一直处于封闭的状态，与内地相比有很大的差距，同时因为历史上地理环境和交通的不便，导致边疆地区与汉族的经济联系较为薄弱。社会经济的落后，容易导致地区的独立倾向意识，使得境外分裂势力有机可乘。

调研组在云南边境麻栗坡县马崩村寨调研的时候，碰巧遇上越南的赶圩，在当地村民的带领下，前往越南体验了一下异国圩市。前往越南赶圩对于中越边境的村寨而言再正常不过了，同样，越南百姓也会来中国赶集，购买生活物资。基于大部分的边民都是非法跨境，没有合法的出境证件和通过正规的海关渠道，边境一带也萌生了跨国接泊生意。圩市这天，不少越南的摩的在边境线处等候前往越南赶圩的中国村民，只需支付人民币 100 元，摩的司机就能带着村民顺利地通过边境检查，抵达圩市。这些司机大多都能熟练地说普通话，越南一侧的边境检查对跨国赶圩的这一现象也较为宽松。越南的圩市主要是小商贩做买卖，卖平价的衣服、鞋子、果蔬、杂货等，有一种 20 世纪 90 年代逛乡镇菜市场的感觉。越南村寨的房子还是以平房为主，瓦顶，主体多为黄色色调，可见，越南边境的经济水平较之我们是落后的。与越南交界的马崩居住的是白苗民族，一大早他们就到越南去赶圩，一是因为每逢集市都会有很多日常商品可供购买，越南离马崩很近，比去镇上赶集要方便得多；二是越南的东西相对来说便宜。因为跨国赶圩这一现象，便出现了专门搭载往来于边界和圩市的摩的，大量的人流，也方便了越南边检私下收取费用。因为边民往来的频繁，衍生出了其他的贸易手段和相处方式。也因为需要做中国人的生意，除了互通的民族语言之外，一些越南商贩也学会了说中国话，可以与中国购买者进行简单的买卖交流。同时，购买物品时可以使用人民币，商贩对售卖的商品标明了与越南盾同等价值的人民币价格。在龙邦镇的界碑处有走私大米的黑市，因为互市区有相关的要求，一些人选择用走私这种违法的行为，但是在边界线那儿，中越人民一片和谐，越南妇女过来卖水果，中国男人过去卖大米。这些民间的跨国互动在边民看来都是习以为常的现象。

改革开放时期，当沿海和中部地区都乘借着改革春风大力发展经济之时，西南边境地区仍处于纷纷战火中，云南省的文山州、红河州，广西的靖西等地进入对越反击战时期，经济发展几乎停滞，两国边民无法往

第六章　影响跨界民族传统体育文化交流的主要因素

来。对越反击战持续了一个月,于1979年3月结束,但随后的十年里又多次进行收复战役和坚守防御作战,收复扣林山、老山、者阴山等原属中国领土,中越边境冲突一直持续到1989年才彻底结束,两国恢复正常往来。云南省内与缅甸接壤的各州因缅甸内部的缅北战争而关闭国门,边境地区在中国发展的黄金时期没有得到相应的发展,经济发展滞后的情况进一步加剧。

改革开放以后,国内各地都在凭借着改革的活力加快经济发展。民族聚居地区在确保民族差异性发展的情况下,也做出了相应的产业调整,对当地的经济发展以及缓解生态资源的枯竭起到了很大的作用,但地方政府比较重视经济和"硬实力"的建设,而忽视"软实力"建设。大多数人认为,制约跨界少数民族传统体育与周边国家互动的决定因素是经济问题。虽然"桥头堡"战略、"一带一路"倡议已经为边境县市带来了重要的发展契机,而此次课题组所走访的一些边境县市及乡镇,也确实在利用这样的契机来摸索合适的发展道路,但与此同时我们也了解到,缺乏资金、很多乡村尚未完全脱贫、交通不便、经济方式单一、劳动力缺乏等,都严重影响了当地传统体育的发展。同时信息的现代化与传统体育的传统性发生了冲突,年轻人更倾向于科技化、现代化的娱乐方式,再加上少数民族传统体育的宣传仍保留较为原始的方式,因此传统体育活动的举办存在一定的局限性。这一问题在调研的过程中多地都曾反映。马关县文体宣传部门的陈女士说:"体育机制是很大的问题,在文体这一大分类下,体育明显呈现出边缘化,没有专门的领导,也没有足够的经费支持,即使有也是在竞技体育这块。其次是机构问题,文体广电旅游合并后,人员配备上出现了严重不足,一个县的体育工作只有两个人来做,这让我们很多时候有想法但是力不从心,没办法去做。资金问题也使得文化建设推进缓慢或难以实现。传统体育的交流一般只局限于村级,由村委会来组织活动,像马关的花山节,最大也就到县级。再大规模一点的活动,一是受众很难保障,要有文化基础和社会支持才可以;二是大规模的传统活动也是需要资金的。文化走不出去,缺乏交流,无法增添生气,就很难流传发扬下去。"

与此同时,边境民族地区贫困现象普遍存在。龙邦镇大莫村的弄关屯是一个白苗村寨,2018年调研组到当地走访的时候,屯里80%的居民的门前都悬挂着贫困户的标签,不少居民是近几年才在政府的扶持下迁到山下定居。基于其较为封闭的生存环境,当地白苗的传统文化保留较为完好,中越边民通婚的现象也较为常见。大莫村的村支书介绍,现在基层当务之急也是最棘手的工作,就是脱贫,工作的重心主要放在经济建设上,对于文化方面,确实关注不够。同样,"精准扶贫"的口号出现在中越边境的各个小镇。"靠山吃山"是调研组在中越边境走访时的感悟,也是边境发展工作中的矛盾点。历史上边境居民因为地域、资源的有限,边贸是他们一个可观的收入来源,两国边民也一直这样和谐往来。但因为局势的影响,国家主权意识的强化,边境管理越来越严格,由于害怕犯法大家都选择出去打工,或是坐等国家扶贫,百姓抱怨国家不给钱,干部抱怨工作难做。国家强调扶贫,而实际上对于一些原本较为落后地区的百姓而言,就好比被涵化一般,外界强加给他们社会生活目标,政府为完成工作任务实行"一刀切",当地少数民族百姓并没有很好地了解和适应当下形势便被迫地跟随发展的脚步,他们在原先社会环境下所生成的惯习无法适应现有的社会现状,因此一些发展水平较低、教育程度落后的地区便会产生很强的依赖性,政府帮助越多,惰性越强,长此以往会形成一种恶性循环。村支书提到:"其实我们老百姓很多时候希望国家能放宽边境政策,这样大家的生活会好过一点。"国家主权不容轻视,关键在于边境管理的度在哪。此外,还有一些民族由于没有居住在民族乡,权益保障缺乏足够的政策支持,无法享受一系列的优惠政策措施,成为发展过程中被遗忘的群体,贫困现象始终得不到有效的解决。

(二)经济发展水平不一,促使两国跨界民族达到共生

西南地区有着独特的边境环境和相对较为宽松的边境管理,使得两国之间边民的相互流动较为频繁。云南与越南、缅甸、老挝接壤,国界线长达4060公里,包括13个国家一类口岸、9个二类口岸,还有90个边民互市通道和103个边民互市点,还有很多民间往来的山路便道,等等,这些都为两国边民的交往提供了途径。除此之外,还有类似于云南省德宏州瑞丽市的"一寨两国""一井两国"的村寨,边民的往来更是亲密无间。地缘上的山水相依、唇齿相连,相同的语言、相同的信仰,同根同源,这些都是边民在进行跨国流动时的联系和纽带,也是维系跨界民族由历史至今仍保持联系的重要依据。广西那坡县平孟口岸中国一侧有不少开商店的越南人。26岁的越南女人闭氏映于2017年10月刚到中国,

第六章 影响跨界民族传统体育文化交流的主要因素

就与母亲一起开了一家越南特产商店,平日里定期从越南家乡进货。闭氏映的普通话已经说得相当流利,她跟我们解释,"因为这边生意相对于越南来说比较好做,利润高,市场大,所以选择来中国开店。"闭氏映目前正打算报名短期的留学生学习项目,学习中文,以便更好地发展在中国的生意。闭氏映的母亲在中国做生意已经15年了,从最初的与中国商人合作进货,再到现在可以在口岸有自己的零售店铺,跨国零售成了他们家庭很重要的经济收入来源之一,她的母亲会说流利的汉语,但是对于中国汉字掌握不多。受到母亲的影响,闭式映对中国有一定的了解。她向我们展示,他们来中国做生意需要办理边民通行证,有了它就可以自由地往来交易。闭式映告诉我们,"我们家乡的民俗与平孟相差无几,抛绣球、打陀螺、打足球等,形式一样。抢花炮是因为放炮存在危险,并且组织抢花炮的规模太大,当地资源有限,也会造成资源的浪费,所以近几年被越南政府禁止。"

富宁县内有55个村寨与越南41个村寨对接,各对应民族文化、语言相通,交往频繁。边民都拥有边民证,可用于正常出入境。这主要体现在如下几个方面。①文化方面。春节期间,中越双方几万人欢聚一堂,举行春节联欢活动,有文艺演出,中越友谊篮球赛,借此契机,两国商家进行生意往来;②政治方面。与越南的县建立"国际友好县城"关系,两国边界的同源民族建立"友好村寨""友好乡镇"关系,双方相互合作,开展合理民族交往,促进边民关系,共同出力打击边境违法行为;③经济方面。越方主要采购中方生产过剩的水泥、日用品、服装等日用产品和建筑材料,中方主要购买玉米、大豆、木材、药材等农产品。在"友好村寨"的关系基础上,一方出土地,一方出资源,或者越方提供土地和劳动力,中方回收,促进双方共同发展。

富宁县苗族村寨一位20岁出头的越南籍妇女是通过传统的采花山与中国丈夫相识。因为她母亲是中国人的原因,她小时候便经常到中国来玩。以前中国大力提倡计划生育,为了满足当时生产生活需要,逃避计生,她妈妈便偷渡嫁到越南,便在越南定居。因为这种情况留在越南的中国人不少,其中也包括汉族。她说在越南的生活与中国无异,语言、服装都是一样的,经常往来,习以为常。在采花山与丈夫相识后,便通过QQ等网络联系方式沟通感情。她14岁由父母带到广东,进入工厂打工。这里,每年都有大量的越南人进入中国务工。这些跨境务工的越南人多是由亲朋好友引荐带领前往中国谋生,他们没有正规的跨境途径,也不具备中国认可的外来身份,因此他们的务工一般由专门的跨国务工公司来安排。这一类跨国务工公司作为中介,专门对接跨国务工人员和广东地区需要大量廉价劳动力的工厂。由亲朋好友介绍之后,公司将直接安排进入指定的工厂,可以避免一系列的跨国手续问题。尽管这些跨国工人在中国仍然属于"黑户",没有认可的身份证明,但这一渠道能使他们获得相对规范的工作。妇女说,他们在工厂生活的周围也都是越南人,都与他们一样是通过务工公司的安排进入工厂的。"广东那边的工作比我们那边好,所以很多人都想去那边赚钱。我是因为怀孕了所以才回家的,我老公还是在广东打工。年轻人都是通过别人介绍去的,就给安排在工厂里面。我们那个厂很多都是越南人。公司给我们去的厂都比较稳定和规范,所以大家都会去。有的人在工厂里认识了中国的男人,跟他结婚就会在这边待下去。"但这位妇女由于结婚时尚未到法定的结婚年龄,因此她和丈夫的婚姻仅是事实婚姻,她没有取得中国官方认可的身份。课题组想要更深入地了解这类跨国务工公司的结构和运营模式,但妇女对其了解少之又少。

　　由上文可以看到,边境民间基于经济上的互补一直保持着密切的往来互动。"哪里可以谋生,就到哪里去"是边民们的普遍认知。他们会根据市场的需求和生产资料的缺失与否来进行相应的跨境商贸,来满足日常的生活所需,从而带来双边经济生活和社会生活的稳定,这种经济上的互补使得双边跨界民族一直处于友好和谐的状态。前文提到,社会问题的根本在于经济问题,经济上的不平等势必带来社会矛盾,而面对中心—边缘的不平等和国家之间的不对等,边境的百姓很好地凭借资源上的互补来实现双方的共生,维持了长久以来的稳定关系。官方针对经济上的差异,也采取相应的经济措施,实现社会层面的经济互补,从而对政治层面的合作与共赢具有重要作用。在调研过程中,广西龙邦镇龙邦街支书张涛带领课题组参观了龙邦口岸,这是政府与企业合作经营的跨国口岸,也是基于边境实情实现政治与经济双重互利共赢的实例。前文提到,政治制度和政策方针上的异同以及经济发展水平上的差异导致两国边民在互动往来方面会有一定的限制,在当今全球化和人类命运共同体的发展趋势下,各场域之间的界限或主动或被动地被打破,相互影响相互交叠,周边各国都在寻求共生、共赢的国际关系和发展模式,而龙邦口岸的万生隆国际贸易物流中心则是在尊重国家主权的基础上,在界限不断被打破的条件下,一种试图建立政治与经济、国家与国家、国

第六章 影响跨界民族传统体育文化交流的主要因素

家与企业,以及官方与民间的多重共生的举措。龙邦口岸建设的万生隆国际商贸物流中心,以"政府主导、企业主体、市场化运营"的模式,全力推进中国龙邦—越南茶岭"一带一路"跨界开放合作先行区建设。作为中国西部边境一家规模较大、集中化程度强、交通物流网络较为健全的国际贸易服务平台,万生隆国际商贸物流中心年服务进出口货运量可达5000万吨以上,为贸易商和企业提供自由、便利、高效、安全、合法的一站式服务。此外,依托万生隆国际商贸物流中心,万生隆公司助推边境乡村振兴,通过直接吸纳边境居民在园区就业以及发展落地加工业等方式,提供了大量就业岗位,帮助边境居民在家门口就业。当前农村地区最为普遍和严峻的问题即老龄化严重和留守现象,年轻人都外出务工,农村发展缺乏生机和活力,而社会结构的缺失导致政治、经济和文化各个方面都难以跟上城市的发展步伐,传统文化的传承方面更是出现断层,传统技艺普遍掌握在老一辈手里,年轻人多不知晓,而传统文化的传承周期也使得年轻人无法完好稳定地学习和继承。因此,如何让百姓,尤其是年轻人在这片土地上生存并保持活力,是农村发展的一个重点。万生隆自贸区通过边贸、创业、就业等方式,使得边民留在边境地区也能脱贫致富,让越来越多的年轻人留在边境乡村工作,而边境特色村寨文化也能得到有效的保护和传承。2019年,经靖西市政府同意,万生隆公司启动了中国龙邦跨境旅游特色小镇的规划和建设。跨境旅游特色小镇将充分利用中国龙邦—越南茶岭独特的边境旅游资源,整合中越边境地理空间、交通空间、要素空间,涵盖旅游、加工、生活配套三大分区板块,可直接实现就业岗位25000个。小镇全面建成后,可带动中越边境地区20万人以上的农村居民实现在家门口就业创业。近年来,万生隆公司还发挥平台优势,积极融入粤桂黔高铁经济圈,引入"互联网+",打造"口岸+",培育"产业+",多种模式融合发展。下一步,万生隆公司还将致力打造互联共享的现代化跨境智慧口岸,进一步发挥边贸扶贫惠边民作用,改善边民生产生活条件。"万生隆自贸区"的建立直观有效地改善了边民的生产生活,为龙邦这个边境小镇带来更多的发展机会和发展前景,同时也提供了新的思维方式,即在政治制度与经济水平相异的情况下,在全球化共同体的背景下,如何实现多场域、多维度的共生,以促进跨界民族以及边疆社会乃至国际关系的友好往来。

第二节 影响跨界民族传统体育文化交流的基本因素——价值取向

"一带一路"倡议的提出,是人类命运共同体的具体体现。中华文明是世界上最古老的文明之一,其主要特征是崇德尚义、重礼尊乐,强调追求天人合一的境界。天人合一的宇宙观、协和万邦的国际观、和而不同的社会观、人心和善的道德观,追求"和合"思想,倡导中庸之道,正是中华民族的价值取向。正所谓"道不同,不相为谋""敬其众,合其亲,敬其众则和,合其亲则喜"。中国提出的人类命运共同体思想强调共同体本位,而不是个人本位和国家本位;强调你中有我、我中有你,一荣俱荣、一损俱损。在跨界民族当中,影响不同国家同一民族交流的价值取向因素,首先一点是跨界,即边民们对于跨国交流的整体认知;其次,是跨界民族的民族认同和国家认同倾向,这两点都会直接影响到跨界民族对于传统体育文化交流的基本价值立场、价值态度和价值判断。

一、社会整体认知

在边境地区的民众看来,跨国界往来其实只是相邻村寨的串门。正所谓"靠山吃山",依靠边境,自然就是"哪边能赚到钱就去哪边"。且由于历史上对于边界模糊的划分,边民们对民族和地域的认同较之国家认同更为明显,因此跨境通婚、跨境务工等跨境交流在边民们看来,就好比邻村之间相互探亲访友一般习以为常,尤其是对于中缅边境的"一寨两国"现象。边民们对于跨国交流的认知和态度更显日常化。这种跨境认知也使得跨界民族之间的交流日常化,更为密切。而随着民族国家的建立,国际格局的形成,各国强调自身的领土主权完整,强调国界的划分。龙邦镇弄关苗族屯的一位妇女告诉我们:"以前大家两边都有亲戚,我们的人嫁去越南,或者娶了越南媳妇。跟越南打仗了之后,大家都

第六章 影响跨界民族传统体育文化交流的主要因素

不敢来往了。不过因为在那边有亲戚,战争结束恢复正常了之后,大家还是来往,毕竟亲戚之间走动很正常嘛,有喜事请吃酒这个很正常。也有的人偷渡,走的都是没有巡逻的山间小路。现在的话大家过去没有那么随意了,以前谈了越南媳妇带过来就可以,现在的话还是需要去办理中国证件,不然工作和生活都没办法。我们有边民证,可以过去在互市口岸做生意。我们这边搞活动,抛绣球啊抢花炮什么的,春节时候搞活动,越南人也会过来凑热闹。"

在调研的过程中发现,边境村寨的村民对于跨国文化交流、跨国合作建设,乃至"一带一路"倡议,他们都并不是太了解,而对于边境村寨建设的政策,只有村镇的干部能说得清楚,百姓的认知多是模糊的。只有当这些倡议和政策直观地反映在他们生计的变化上,才算是真正地落到实处。龙邦镇,在国家政策的支持下,私人企业在边境成立了万生隆互市区,两国边民在这里进行贸易交流,使得当地村民的就业有了很大的改善。云南文山州富宁县规划修建中越沿边公路、铁路、通用机场,以及建设富宁港,通过水路沟通东南亚和广州港口,实现五网建设。田蓬镇积极建设田蓬口岸,促进边民互市贸易,带动经济发展,还利用特色产业建立合作社,降低成本提高生产,让村民腰包鼓起来。建立在官方友好关系的基础上,在重要节庆活动时,双边政府会合作举办或是相互邀请参与文体活动,不断增进两国之间的关系,同时重大活动所带来的经济收益及文化影响也给百姓的生活带来重要的作用。

二、跨界民族的认同倾向

少数民族对于自身身份的认同涉及国家认同和民族认同两个方面。国家认同是指公民对国家的政治权利和统治权威的认可、接纳、服从、忠诚。国家通过颁布法律和制定政策保证公民的权利,公民则履行相应的义务[①]。国家认同包含对国家的政治、经济及文化等方面的认同。因此,国家对于少数民族的政治政策会影响民族成员对于政府权威的判断和认同感。民族认同是指,构成民族的成员(个体)对本民族(整体)的起源、历史、文化、宗教、习俗的接纳、认可、赞成和支持,并由此产生的

---

① 陈茂荣.论"民族认同"与"国家认同"[J].学术界,2011(4):56-67+282-283.

一种独特的民族依附感、归属感和忠诚感①。弗雷德里克·巴斯认为，划分族群边界，一是外在的文化特征，二是内在的价值趋向②。所谓内在的价值趋向，就是族群成员的共同认知和统一判断，即对于自身民族的认同。民族认同建立于民族成员共同的历史记忆之上，是如今世界各地同一民族对于民族身份认同诉求的重要依据，也是传统文化得以保留和传承的基础。基于对同一民族的认同感和归属感，跨界民族之间互通有无，建立密切的文化交流。但当民族认同或国家认同出现削弱或偏离，则会出现明显的社会矛盾，同时离隙不断扩大，将会严重影响国家的整体发展。跨界民族由于其独特的地域位置和复杂的生存环境，其相较于同一国家的其他民族，在文化认同上也更具复杂性和易破坏性。

国家和地区整体的政治政策和经济发展水平都会影响到跨界民族地区的社会发展。经济发展不平衡是诱发社会问题的根本原因，这使得跨界民族会对自身的处境与本国其他民族或是邻国的同一民族进行比较，长久堆积会引发社会矛盾，削弱对于所属国家的认同，从而容易激化其他跨界民族问题。跨界民族地区经济发展不平衡导致跨界民族中的精英分子开始思考造成这种不平衡的社会和政治根源，并揭示出跨界民族地区经济落后与国家政治安排之间的必然联系，从而削弱对国家的经济认同，进而影响到对整个国家的认同③。中国一侧的跨界民族基于国家的政策，随着中国经济的繁荣而有了不同程度的发展，相较于缅甸一侧的同一族群，优越性不断凸显，因此我国一侧的跨界民族并没有因为经济发展不平衡而出现国家认同严重削弱的现象。而缅甸一侧，由于国内经济发展不平衡，一些社会精英为了给民族争取更多的生存和发展资源，大多提出了民族自治的主张，甚至有些极端的分裂思想。这些想法与国家整体的治理方向相悖，所以会削弱缅甸跨界民族对他们的认同，这些思想也会传播到中国边境，对中国边民造成影响，甚至影响中缅两国的关系正常发展。

由前文对于跨界民族历史发展的赘述中可知，跨界民族之所以成为跨界民族，一是移民，二是由于政治因素明确国家主权而被迫分居两国。同一民族被一分为二，分属不同国家，传统文化逐渐产生较大差异，

---

① 陈茂荣.论"民族认同"与"国家认同"[J].学术界，2011（4）：56-67+282-283.
② 弗雷德里克·巴斯.族群与边界[M].李丽琴，译.北京：商务印书馆，2014：6.
③ 杨得志.中缅跨界民族问题研究[D].武汉：华中师范大学，2014：34.

第六章 影响跨界民族传统体育文化交流的主要因素

他们各自不断地接受所在国家主体民族的影响,接受主流文化的熏陶,这种影响使彼此之间的同一性不断减少,共同的民族意识不断淡化,甚至人们的思维方式和性格乃至价值观都会发生根本性的变化,已经或正在向着不同民族的方向演化。虽然边民们普遍表示,跨界民族内部并无不同,同样的语言、同样的服饰、同样的血缘认知让他们互通有无,但他们在日常交流中,习惯性地使用"他们越南人""我们这边人"来进行区分。作为特殊族体的跨界民族,除民族过程的一般规律以外,它们的民族过程仍然具有不同于一般民族过程的规律[1]。在现代民族国家里,决定其民族长期存在与发展的因素不仅仅是文化认同,更重要的是国家认同。因此,若跨界民族以民族认同为本,趋于联合,这势必要打破国家主权高于一切的准则,改变现有的行政疆域,这是有违国际法原则的,无论是对国家的综合发展,还是世界格局的稳定,都是不现实的。因此,跨界民族的交流,不仅仅是考虑亲缘和地缘关系上对于边疆文化建设的促进作用,还应该考虑如何在文化认同和国家认同的双重影响下,使跨界民族的传统体育文化交流达到平衡和共生的状态。

另一方面,纵观跨界民族的交流历史,民族传统体育作为一种媒介和桥梁,有效连接了民族认同与国家认同,并使这两种认同处于并存共生的状态。蒙元时期,蒙古汗国南征北战,西达多瑙河,北占莫斯科,西南到印度河,南征吐蕃、大理,东至朝鲜半岛,建立了庞大的蒙古帝国版图,元朝也是中国历史上一个统一的多民族国家。在这一时期,各民族文化不断交流和融合,文化、经济、军事、外交都得到了蓬勃发展。这些属于蒙古族同胞的共同的历史记忆,直到今日蒙古族仍然会为此感到骄傲和自豪。元朝政权虽说是由草原文明民族所建立的,却少有"华夷有别"与"内华夏、外夷狄"的偏见,其以儒家文化作为统治阶级的核心文化,具有强烈的民族认同和凝聚力,以及强烈的国家统一、多民族的交往、交流和交融的"大一统"思想意识。这也是中华文明5000年连续不断、持久的根源。现如今,内蒙古自治区有2600多万各族群众大杂居、小聚居,交错居住,形成了你中有我、我中有你的情感共同体。中国跨界民族对于国家的强烈认同体现在诸多岁时节日赛事、民族运动会或全国性的少数民族运动会当中,这些比赛或活动是民族文化交往、交流、交

---

[1] 何玉芳.赫哲族那乃族文化变迁比较研究[M].北京:世界图书出版公司,2009:246.

融的平台。所有重大的运动会赛场上,代表队威武雄壮的入场仪式都彰显着这个群体背后的民族凝聚感、归属感、团结感,甚至民族的认同感和国家认同感。此外,运动会等赛事活动不仅具有加强民族情感、相互协作信任、规则遵守等社会整合功能,同时还能强化记忆,重温历史,传承文化,引领时代精神和群体气质,强化民族意识和民族认同。民族文化是维系一个民族的精神纽带,是民族认同感产生的基本所在,一个民族是否强大,取决于这个民族的凝聚力、向心力,即民族的认同感强烈与否。这种民族精神和家国情怀在运动员身上得到充分地体现。2018年7月,第3届世界游牧民族运动会中国代表乌格德勒夫说:"有付出就会有收获,这枚金牌可以说是实至名归。我也希望未来内蒙古东乌珠穆沁旗能有更多像我这样的搏克运动员走出来,站在世界舞台上与强手比拼较量,为我们的民族争光,捍卫国家荣誉,维护国家尊严。"由此可见,居住内蒙古的蒙古族与跨界而居蒙古国的蒙古族虽属同一族源、有共同的语言、文字(蒙古国官方文字为新蒙文)、风俗习惯、宗教信仰、有着共同的历史记忆、成吉思汗崇拜等,民族认同感强,来往密切,但在国家利益面前,这种民族认同自觉上升到了强烈的国家认同感。近年来,东乌珠穆沁旗通过大力发展那达慕大会,举办草原文化节、游牧文化节等民俗活动,许多地区还利用当地的地理优势,成功打造了许多国际、国内知名的品牌赛事,发展体育旅游等项目,而今搏克竞技活动是蒙古族经济生活中的重要内容。如有着"搏克之乡"美誉的东乌珠穆沁旗,仅在过去的一年中,当地政府就先后举办、承办了2018年内蒙古摔跤大会、姜嘎图搏克大奖赛、锡林郭勒盟搏克排位赛、2018年夏季第12届人民那达慕大会、2018年"吉祥草原·锡林郭勒"蒙古族搏克超级联赛暨东乌珠穆沁旗第13届"银色乌珠穆沁"冰雪那达慕、千人长调"四季乌珠穆沁"金秋那达慕暨东乌旗256搏克蒙古族搏克超级联赛总决赛。此外,汇集了东乌珠穆沁、西乌珠穆沁、阿巴嘎旗、苏尼特旗、呼和浩特市、包头市、集宁市、巴彦淖尔市、赤峰市、通辽市以及各地的蒙古族、汉族及游客。据统计,东乌旗牧民们每年闲时自发组织的诸如那达慕等民间活动多达210多次,参与人口近20万人次。由于牧区民众生活质量和生活水平的提高,使少数民族地区中东部城镇地区的贫富差距不断缩小,社会矛盾得到有效地缓解,这些社会发展上的显著进步同样投射到民族文化的发展中,在对外交流中自信力不断得到增强,这些因素都使得跨界民族的民族认同和国家认同感得到不断增强。

第六章 影响跨界民族传统体育文化交流的主要因素

原本属于同一民族的跨界民族,由于生活在不同的国家内,他们的差异性势必会不断增大,原来的民族性也无法完整地保持。尽管跨界民族内部对于自己的民族文化有着共同的认知,对自己共同的血缘、亲缘有着一定的认同,但在现代民族国家里,决定其民族长期存在与发展的因素不仅仅是文化认同,还有国家认同①。以中国的跨界民族为例,无论是北方的赫哲族、蒙古族,还是西南的苗族、彝族,中国境内的各个民族,认同的都是中华民族的文化,都是作为中华民族的一员而存在,在他们的认知里,首先认同自己的中国人身份,其次才是自己的民族身份。国外的民族亦是如此,以跨界民族作为主体民族的国家对于这份国家的认同感强调更甚。这种文化认同不仅有利于民族的融合和发展,更有利于国家的稳定。

国家话语权力与边疆社会秩序能否形成有效整合;国家主流意识形态与民族传统文化之间能否建立良性共生机制;民众对于跨国交流的认知态度影响到民族之间能否形成相互理解、相互交融及稳定和谐的民族关系。民族边疆地区的安全与稳定是跨界民族地区社会发展及跨界民族交流的重要变量,而民众的认知态度和认同倾向则是影响安全与稳定的重要变量。

第三节 影响跨界民族传统体育文化交流的必要因素——文化背景

从功能主义的角度来看,跨界民族传统体育文化作为文化的一部分,与文化的其他方面息息相关,而文化的其他部分同样也影响着传统体育文化的形成和发展。文化背景是指对人的身心发展和个性形成产生影响的物质文化环境和精神文化环境。跨界民族分属不同的国家,受到所属国家各方面的影响,其文化背景也有所不同。历史上中国一直与周边国家保持着密切的关系,山水相连的地缘关系、共同的语言、共同

---

① 何玉芳.赫哲族那乃族文化变迁比较研究[M].北京:世界图书出版公司,2009:246.

的信仰,且跨界民族在跨界之前一直作为同一族群而长期存在和发展,因此"我们同根同源"是跨界民族内部的共同认知。而随着同一民族成为跨界民族之后,所属国家或地区的物质发展水平和精神文化环境会影响该民族文化、民族性格和民族精神的发展。人类社会化的过程,即人们智力、能力和个性的形成和发展过程,与其所处的具体文化背景密切相关。传统体育文化作为人类社会化过程的产物,其内涵和发展过程蕴含着该民族的文化、性格和精神。因此人们所处的文化背景对跨界民族传统体育文化的交流具有重要影响。

一、跨界民族内部的文化差异

历史上中国与邻国一直保持着文化交流,且关系日益密切。文化与地理因素使得中国与邻国彼此交融、无法切割,无论是中蒙、中俄,还是中尼、中越,中国与周边国家始终是一衣带水、领土相连,地缘联系是跨界民族得以生存和延续的重要因素,而这种生态位上的共生关系也使得周边国家在发展的过程中根据彼此的民族性和独特性形成相互依存的关系。另一方面,跨界民族所属国籍不同是事实,受到所属国家主流文化的影响,同一民族之间在发展过程中会出现不同程度和不同形式的变化。

中俄边境生活着以渔猎为生的赫哲族。赫哲族世世代代生活在黑龙江中下游及松花江、乌苏里江流域一带,他们以其勤劳和智慧创造了独特的渔猎文明。但19世纪中期俄国借第二次鸦片战争之机,出兵强占中国黑龙江以北、乌苏里江以东的地方,迫使当地的赫哲族归俄国管辖,称为"那乃族"。赫哲族也因此成为了中俄跨界民族。从清朝开始,赫哲族由于受到满族文化的影响发生变迁,其内部的社会结构、政治制度、生活方式等方面都发生了"满化"的变迁,并对清廷和祖国产生了强烈的归属感和认同感,一些赫哲族人民在沙皇俄国侵占东北国土时誓死抵抗,并举家迁回中国境内。而成为跨界民族以后,由于受到中俄两国不同主流文化的影响和现代化的冲击,赫哲族日益汉化,那乃族逐渐俄罗斯化,出现了不同程度和不同形式上的变异,逐渐朝两个民族的方面分化。受到苏联的影响,那乃族受现代化建设的影响较早,经济生活、社会基础设施、文化教育程度都比同时代的赫哲族要先进。中国改革开放以后,赫哲族较为快速地转变传统的经济方式向现代社会转型,其政治

第六章 影响跨界民族传统体育文化交流的主要因素

地位、发展现状和城市化规模都高于目前的那乃族[1]。

中越关系源远流长,自古以来两国政治、经济、文化交流频繁,有着密切的联系,"越南受中国影响之深,在世界历史上实属罕见"。[2]无论是物质文化、精神文化还是制度文化,越南都受到泱泱中华 5000 年文化的影响。就制度而言,越南独立之后,在国家政权机构建设的过程中,移植和借鉴了中国现成的官制和法律制度等,构筑了君主专制的中央集权体制[3]。自然界遵循着"适者生存"的法则,强者才可在世界上立足。越南民族处于发展阶段,受到地理环境、外来侵略等各个方面的影响,相对落后,面对相邻的中国日益强盛,不得不采取拿来主义,对于中国输出的文化来者不拒,因此越南文化中包含浓重的中华文化元素,包括越南现在的社会主义制度,两国相似的制度文化让跨界民族在文化交流的时候减少了因制度不同而带来的阻隔。

然而越南也并非一味照搬,在学习中国文化的同时,也结合自身国情,制定了适合自己的制度体系。同时因为近代的殖民统治,越南深受法国殖民者的影响,实行法国的制度文化,越南政府逐渐沦为欧洲的附属,越南的地位更是一落千丈,用越南学者的话说,"从前的越南国,从南到北是统一的,具有优于其他各国的单一性,文化、历史、风俗习惯和语言都是独一无二的"[4]。但在殖民统治时期,越南却分成了南圻、中圻和北圻三个区域,每个区域受到所殖民国家的管辖,都有自己特殊的政策、特殊的法律,甚至在起初的时候,此圻之人到别的圻去,必须申请通行证才能去得成[5]。这一时期导致越南各方面的发展支离破碎,由于长期受到中国封建制度文化的影响,越南民族保守思想非常牢固,接受新文明的步子十分缓慢,所以即使是越南解放之后,发展的步伐仍很缓慢。

中国贵有上下 5000 年文化,历史的悠久使文化拥有深厚的底蕴,更有着不易被外界文化取代的抗力。地域的宽广和民族的多元也使中华文化具有独一无二的特点。中国西南地区地处横断山脉,地形的起伏和南北纵向,使得族群之间相互阻隔,交流较少,形成了多样的原始的民

---

[1] 何玉芳.赫哲族那乃族文化变迁比较研究[M].北京:世界图书出版公司,2009:76-89.
[2] 郭振铎,张笑梅.越南通史[M].北京:中国人民大学出版社,2001:2.
[3] 李育民.中越制度文化交流及其影响[J].晋阳学刊,2013(2):53-60.
[4] 李育民.中越制度文化交流及其影响[J].晋阳学刊,2013(2):53-60.
[5] 陈重金.越南通史[M].戴可来,译.北京:商务印书馆,1992:354-360.

族文化。也正因为独特的地理环境和发展历史，"走廊""通道"等针对西南地区的学说不断兴起。当前学界兴起的"藏彝走廊""茶马古道""西南丝绸之路"等课题，将中国西南的区域研究提升到一个更高的学术层次和学理认识之中[①]。商品的交换以及政治上的往来构建了古代中国与南亚之间的网络。边境地区作为运输交流的要道，是受外界文化影响最前沿的地带，同时也因为生活方式的原始和地形的阻隔，很容易受到外来文化的冲击。例如，我们在广西龙邦镇的一个边境苗寨了解到，寨子里的苗族人信仰基督教，逢周末会进行礼拜，过圣诞节。这是因为当初法国殖民越南的时候，西方文化渗透到了边境地区。边境地区的民族文化具有脆弱性、互通性、多元化，既有利于跨界民族文化的交流，但也让人担忧文化差异带来的冲击。

跨界民族所属国家的政治和经济环境，会直接影响到传统体育生存和发展的文化背景，使得同一民族之间产生文化差异，这些差异又会不断强化群体的价值取向。巴斯在《族群与边界》中提到，族群边界的划分，一是外在的文化特征，一是内在的价值趋向[②]。思维模式影响群体的价值趋向，同时两者又会对文化特征产生一定的作用。当跨界民族内部出现文化差异时，这些相异的文化特征也会反作用于群体的价值趋向。因此，跨界民族内部的文化差异对传统体育文化交流会造成一定的影响，双方相互借鉴、相互学习，或者接受同化和被同化，或者差异越来越大而造成关系离间。当然，文化背景本身是复杂的，无法单一地对其进行讨论，也无法将其进行剖析分离，尤其在当下，跨界民族的文化背景离不开对全球化的讨论。

二、全球化背景下的文化变迁

文化变迁，一般来说是某一社会由于其内在的原因或由于接触其他文化而引起的变化，通常把创新、传播、进化、涵化、冲突、调适和融合等纳入这一动态的过程中予以分析和研究[③]。这其中包括外在的变迁，也

---

① 张原. "走廊"和"通道"：中国西南区域研究的人类学再构思[J]. 民族学刊，2014（4）：1-7.
② 弗雷德里克·巴斯. 族群与边界[M]. 李丽琴，译，北京：商务印书馆，2014：6.
③ 何玉芳. 赫哲族那乃族文化变迁比较研究[M]. 北京：世界图书出版公司，2009：6.3

第六章　影响跨界民族传统体育文化交流的主要因素

包括内在的变迁。内部发展的变迁一般源自发现或发明，而外部发展或接触的变迁一般源自借用或传播[①]。在全球化席卷的今天，国家内部的各类场域，国家与国家之间的关系网络正在建构并不断紧密，无数事实告诉我们，各国家与地区日渐形成共同体，文化变迁似乎是一个必然的过程，这其中包括了时间、变迁条件、变迁过程、内部认同等诸多因素，不仅是外界的干预的推动，还包括社会群体对所接触事物的认同或是抵触，都会促使文化发生变迁。跨界民族在分属不同国家的时候，在适应所属国家主流文化和现代化的发展过程中，都出现了本民族语言濒危、传统生计方式衰落、生态环境退化、物质文化变迁等现象。为适应外来文化，内部的主动接受和外部的强制改造使得文化发生变迁，以更好地适应全球化的发展速度。但另一方面，全球化也给传统文化带来了冲击，出现传统文化被同化或是消失的危机。美国人类学家康拉德·科塔克在《远逝的天堂》一书中记录了全球化背景下巴西小渔村阿伦贝皮长达40余年的发展变化。从"桃花源"般的天堂到适应全球化的现代社区，当地传统文化的发展经历了无措、茫然、摸索再到适应的过程。作者想要表达在全球化浪潮的席卷下，没有一个地方真正与世隔绝，全球化是一个必然的过程。然而在这一个过程中，现代外来文化对传统文化的冲击导致小渔村逐渐变成灰色，生态遭到了严重的破坏，曾经被认为是世外桃源的天堂，如今也变成了千篇一律的现代化城镇，大量传统文化随之消失。因此全球化背景下的文化变迁一方面会造成民族传统文化本真性的丧失；另一方面，全球化赋予传统文化多元性，从而达到更好的共生。

在前文提到，现代化的建设推动民族地区的城乡建设，民族地区的经济水平得到了有效提高。但另一方面，现代文明也进入民族社会。当手机游戏代替传统娱乐、电视节目代替传统歌舞时，传统文化被贴上"落后"的标签，被人遗忘。传统体育文化作为来源于生活又服务于生活的文化项目，其诞生和发展融健身、娱乐、观赏于一体，当缺乏生存的土壤和持续活力的传统体育可以被替代时，它的发展便从不相适应、到止步不前、再到衰落消失。苗族居住在山地地区，丰富的林木资源为制作弓、弩、箭等器材提供了便利，因为射弩、吹枪、陀螺等项目，其制作材料无不是因地制宜。苗族的这些典型体育项目随着迁居山下而逐渐失

[①] 克莱德·M·伍兹.文化变迁[M].石家庄：河北人民出版社，1989：3.

去了其原有的普及度和重要性,人们不再需要依靠枪和弩来保护财产,也不会有外敌入侵,弩挂在村民家的墙上,逐渐变成了一种装饰。人们不再"靠山吃山",耕作或是外出务工成为更多人的选择,人们也不再愿意进入危险的山林去谋生,而早年间的大量砍伐也使得植被遭到了一定的破坏。

西北牧区的生活方式正在发生变化,牧民们接受着现代文化和现代生活方式,尤其是青年一代,对城市生活的向往,造成人员外流,越来越多的中青年走向都市,掌握传统体育技艺的人数量在减少。在商业化的诱惑中,有一技之长的哈萨克民间体育艺人往往离开故土外出打工,去都市中进行舞台表演和商业展演等。这些来自草原的体育艺人,虽然对民间体育文化向外界的传播起到了积极作用,但同时也造成了草原实地体育活动频率减少。人口流动越来越频繁,使当地的牧民逐渐远离了原来的生活环境,成为了草原和城市中来回转换的一个群体,这种身份的转换,使体育活动的创作主体数量在减少。适应了城市生活的年轻人,受现代物质文化的诱惑,逐渐失去了对传统体育项目的兴趣,这使得民间传统体育处于一种尴尬境地,因而许多体育项目的技艺面临等生存困境。

当人们意识到民族传统文化正在快速消亡,曾经引以为傲的身份标志在逐渐淡化,文化的保护和传承工作势在必行。有关部门对民间的传统文化进行挖掘;一些受众度较高的传统体育项目被纳入民运会项目;建立体系化的传承机制,建立传承基地;官方打造民族传统节日平台,整合传统文化资源,等等。这些民俗与科技结合、传统与现代并行的举措都使得传统文化重新引起大众的关注,并焕发新的生机。中俄两国目前都处于社会发展的转型期。就国际疆域划分来看,各民族除了认同自身本民族的文化之外,还需要认同国家统一的文化传统,同时由于政治场域和经济场域上资本的交叠,少数民族面对资源的竞争和生存现状,会选择更适应当下的发展方式,因此民族文化的现代化是当今最为常见的民族发展道路。但民族传统体育文化适应当下发展的同时,也可能失去原真性。面对西方文化的强大攻势和市场经济大潮的冲击,蒙古族的搏克在传承和发展中也面临着一些困境。一是蒙古族搏克比赛规则限制了该项目的发展。蒙古族搏克运动不同于中国式摔跤,最显著的特征是无差别级、一跤定胜负、比赛时间不限,而且以小取大,以巧取胜,这样则增加了获胜的偶然性。受规则中的一跤定胜负和没有比赛时间限

第六章 影响跨界民族传统体育文化交流的主要因素

制,其比赛的观赏性不强,限制了搏克运动的推广。近年来,蒙古族搏克运动虽然逐渐走出了草原,走向了全国,奔向了世界,被更多的国内外人士熟悉,但既要保留民族的个性,又要赛事规范,变成国际化运动还任重而道远。二是从事蒙古族搏克运动的人才匮乏。随着社会经济的发展,城镇化改革加速,很多牧区的孩子来到了城市,缺少了从小进行训练的机会,习练搏克运动的人少了,搏克运动人口基数减少了,后备人才也就匮乏了,如果与外蒙古搏克手进行比赛,技艺也不如对手。另外,从事搏克训练的专业指导人才也相对匮乏,其他民族的人很难体会到蒙古族搏克文化的博大精深,加上教授和传承的方式保守和单一,蒙古族学校开展搏克课程又不普遍,加上对民族文化的宣传力度不够,既懂蒙古族搏克文化,又善于教授搏克运动的教练人才不足,也是导致蒙古族搏克才人匮乏的原因之一。课题组在内蒙古东部地区调研了解到,许多搏克体校、俱乐部、学校等都是请蒙古国搏克教练员前来指导训练。三是对蒙古族搏克文化的挖掘整理、传承创新还不够。作为一项国家非物质文化遗产,蒙古族搏克文化的深刻内涵及社会功能未被深入挖掘,产业化发展中的传承不够创新,特别对参与社会治理的研究更加不足。

竞技和娱乐是跨界民族传统体育运动非常重要的两大功能。如果缺少了竞技成分,传统体育运动的历史感和文化特征可能会减弱,也就失去了传承的根基;如果缺少了娱乐成分,来自生活、服务生活的体育运动可能将会失去民众认知和参与的动机,背离体育的本真。现代社会适应人的需要,对体育文化具有多元化的现实需求,一方面需要充分其展现竞技魅力和休闲韵味,另一方面需要使体育的竞技功能、健身功能得到更充分的实现。

适者生存与保留本真无疑是矛盾的,不仅仅是体育文化,这种现象是民族传统文化普遍的生存现状。一味追求保留本真可能会导致故步自封,无法适应发展环境而被社会淘汰;而顺应潮流则可能失去自我。因此如何在保留本真和适者生存之间寻求平衡点,使传统文化不断焕发生机,这是在保护和传承传统文化时应该思考的问题。全球化将世界维系成命运共同体,各个国家、各个群体、各个方面都建构起相互联系的多维网络,所谓"牵一发而动全身",关乎人类的发展,没有一个国家或地区可以独善其身。在这样多维场域的影响下,全球化给予了跨界民族传统体育更多元化的发展空间和发展形式,而中国与周边邻国也正顺应全球化的趋势,发掘跨界民族传统体育更多的可能性,以更好地实现传统体育文化与社会其他方面，以及官方与民间、国家与国家之间的和谐共生。

毫无疑问，全球化使得世界各国重视国际关系的建构，尤其是与周边邻国，"一带一路"倡议的提出是人类命运共同体紧密相连、互利共赢的体现。在全球化的推动下，跨界民族传统体育或主动或被动发生内容、形式、内涵等方面的变迁，市场经济大潮的强势攻击使得传统文化逐渐丧失其本真性。而全球化所给予的多维结构关系和多元选择使得传统体育文化焕发新的生机和活力，不断发掘其新的潜能，加强意识形态差异之上跨界民族的认同感与凝聚力，对跨界民族内部、边境社会之间、国家之间都具有积极的推动作用。

从人类学的角度来看，文化背景与所处环境的意识形态、生产力水平密切相关，整体意识形态营造了精神文化环境，而生产力水平则决定了物质文化水平，两者共同作用于特定的场域中，由此会形成特定的惯习，不同社会环境下的群体特征各不相同。分属不同国家的同一民族，受到所属国家意识形态、生产力水平以及主流文化的影响，民族文化出现同化和被同化的现象，跨界民族内部之间出现文化差异。外在的文化特征是划分族群边界的重要标志，当族群之间的文化差异越大，族群之间的划分便越明显。传统体育是民族性格和民族精神的集中体现，是民间喜闻乐见的文化形式，通过体育项目的互动，能增进双边关系。但当文化背景出现差距，跨界民族内部出现文化差异，势必会影响传统体育的互动与交流。而全球化是世界各类型文化都需共同面对且不可避免的文化背景，全球化的冲击可能造成传统文化本真性的丧失，但与此同时也为传统体育的现代发展提供更为多元的选择，找到适合当下的发展形式和发展方向。在《远逝的天堂》一书中，作者科塔克对巴西小渔村进行了40余年的持续田野调查，小渔村从最初"蓝色的世外桃源"，到资本主义文化入侵时"面目全非"的"褐色的阿伦贝皮"，再到历经40年，小渔村找到了适合自己的"可持续发展"道路，实现外来文化与社会内部结构的和谐共生，呈现积极向上的态度，重新成为了无数游客慕名而来的"世外桃源"。跨界民族传统体育是否也能如科塔克笔下的小渔村般实现"可持续发展"，成为促进跨界民族交流、跨国合作的重要桥梁，这是课题组调研所期盼看到的。

第四节　跨界民族传统体育文化交流的重要条件——习俗和习惯法

法律是规范人们行为的规则,产生于特定的社会环境中,具有指引、约束、教育乃至强制性的功能。社会各类事项的有序开展得益于法律的规范,以避免社会失范。从法律社会学的角度来看,法律的功能是否实现,关键在于是否为其规范下的人们所认可和遵行。与国家制定法律相对的,是由民间自发生成的、用以规范本民族人们行为的规则,称为"习惯法"。就人类学的视角来看,习惯法是一种地方性知识,是约定俗成的、不成文的民间规则,其目的在于维持族群内部的社会秩序,规制族内成员的行为交往,并为族群成员所认可和尊崇。因此民族的宗教信仰、道德戒律、社会舆论、生活礼仪、风俗习惯、政治制度等,都是习惯法的研究范围[1]。习俗同习惯一样,源于一个民族特有的生存环境和生活方式,当然,其间也夹杂着人类的理性与经验,是一个民族区别于其他民族的外部特征。即使在同一民族内部,由于人们所处的地理环境以及生产方式的不同,习俗也有着较大的差异[2]。苏联学者柯斯文在《原始文化史纲》中指出:"在氏族内部,千百年来形成的惯例和规则发生着作用;大家都严格地遵守秩序。对于破坏秩序的人所采取的约束办法是讥笑、劝诫、谴责,对于怙恶不悛的人,则采取更严厉的措施——逐出氏族以外或处死。"[3] 看来,在传统社会里进行治理,往往运用那些当地的乡规民约、风俗习惯、家族制度、道德伦理等习俗、习惯法,通常把它看作非正式制度。非正式制度能否成为传统社会治理的非正式制度,学者李怀认为需要满足以下几个条件:"不需要正式组织,同样能够指导和调整地方内部的利益需要,引导和维护地方成员的工作和生活;对个体

---

[1] 刘迪志. 鄂伦春族习惯法研究 [D]. 北京:中央民族大学,2007:14.
[2] 李保平. 从习惯、习俗到习惯法——兼论习惯法与民间法、国家法的关系 [J]. 宁夏社会科学,2009(02):16-20.
[3] 柯斯文. 原始文化史纲 [M]. 北京:人民出版社,1955:124+148.

的行为具有不言自明的规范作用,实施后能产生明确的效果;并不与正式制度发生强烈的冲突;它的使用有一定的边界,即非正式制度对其他地方没有效果。"[①] 从这四个条件来看,"传统体育文化及其节日仪式就是某一个地区对民众具有规范作用,约束和引导地区成员共同认可的价值观的一种模式,是这个地区成员约定俗成的规则。这样才能将该地区的命运与个人紧密联系在一起,若该地区不存在了,也就失去了自身的安定生活"。[②] 在习惯法和价值观的驱使下,区域内部很容易增强团结,凝聚力量。

根据结构功能主义的观点,民族的精神、血统、语言以及外在的仪式、竞技等因素共同的作用,使得传统体育激发民族的凝聚力量,维系民族认同。传统体育文化的生命力就在于承载和传递着"民族精神",维系感情、稳固社会,促进社会和谐发展,为社会治理提供了保障,实现人与人及群体与群体之间的协调、一致与结合的关系,发挥社会团结的功能。这也正是今天传统体育文化保护和传承的根本和目的,一方面,传统体育中所蕴含的内涵和精神至关重要,它代表着一个民族的气质和特征;另一方面,传统体育的社会团结功能也确实在民族发展的长久历史中发挥着重要的作用,这种功能即使在今天的社会治理中也依旧不容忽视。而对于跨界民族而言,其中所蕴含的共同的习俗和习惯法,是传统体育交流的基础,其作为不同国家同一民族间的共同记忆而存在,不断增强跨界民族间的民族意识和民族认同。

蒙古族民族传统体育源于游牧民族的生产、生活方式,具有分散性、流动性和地域性的特点。蒙元时期,摔跤、骑马、射箭等草原基本技能成为蒙古社会居民的必备技艺,无论是大汗还是普通百姓。这些技能用于蒙古社会的生产和生活中,在军事战争、政治活动、草场分配、推选大汗、管理户籍,甚至在择婿、狩猎等方面可赢得更多机会。因此蒙元时期的蒙古社会实力雄厚,发展鼎盛,也诞生了灿烂的草原文明。明清时期,政府为了控制、拉拢、安抚蒙古贵族,利用这些草原技能治理蒙古社会,巩固政权、维护国家统一。因此,民族传统体育文化在古代社会治理的各个环节中发挥着重要作用,传统体育蕴含了该民族的意识形态、

[①] 李怀.非正式制度探析:乡村社会的视角[J].西北民族研究,2004(2):128,125.

[②] 韦晓康,蒋萍.论民俗体育文化在社会治理中的作用研究[J].中国体育科技,2016(4):32.

第六章　影响跨界民族传统体育文化交流的主要因素

民俗、法制等,通过体育活动的形式表现出来。传统文化当中所蕴含的价值、道德、伦理的非正式制度因素,制约着非正式制度系统中不同要素的价值取向,而且可以在形式上构成某种正式制度安排的"先验"模式[1]。

从发展和传承来看,民族传统体育依附于风俗习惯,大多数体育文化传承至今,所遵循的都是本地的风土习俗,它规定和约束着民族传统体育文化活动的时间、地点、参与人员、体育器物和活动过程等诸多方面,同时与民族的意识形态、经济水平、社会结构等方面息息相关、相互影响。由于历史的局限性,有些习俗与社会的发展不相适应,甚至被贴上落后的标签,被迫改造或是消失。改革开放以后,国家对地方控制也有所削弱,从最初的集中管理走向分散,从单纯的管理到多元的治理。传统体育项目的组织与管理,是对传统民间权利关系的消解与重构,时刻体现在社会治理上的摩擦与互动。但有一点是可以肯定的,传统体育文化当中的禁忌和社会规约依然起着不可替代的作用,这种生活化、日常化的行为准则维系着百姓的生活秩序,作为规则、习俗、乡规民约等非正式制度,在民族社会中是对作为国家法律法规的正式制度的有益补充,仍然有较强的自主力和活力。

跨界民族传统体育文化无疑是一种促进民族交往的载体,其规则和道德约束能统一各方不同意见,遵守共同规则,化解冲突,维系民族情感,增强文化共同体意识,加强民族团结。通过传统体育项目,使不同地区的同一民族或同一地区的不同民族聚集在一起,增强其民族凝聚力也是从民族认同到自觉的国家认同的基础。

习俗与习惯法的存在和保留是传统体育文化得以发展的重要条件,传统体育文化的内涵和形式是习俗与习惯法的承载和外在体现,两者共同属于文化的一部分,共同作用于民族社会的建设和发展,发挥凝聚民族、增强认同、团结社会的功能。相似的习俗和习惯法使得跨界民族传统体育文化的交流更加密切。跨界民族是一个复杂的共同体概念,多维度场域的交叠共同影响着传统体育文化的交流,"一带一路"倡议为跨界民族的多元共生及其可能影响到的国际关系和国际秩序都提供了一个很好的发展思路和发展平台。

---

[1] 李砚忠.试析新制度主义的意识形态理论及其现代意义[J].重庆社会科学,2007(4):31-35.

第七章 民族传统体育文化促进"一带一路"跨界民族交往的策略

"一带一路"倡议以政策沟通、道路联通、贸易畅通、货币流通、人心相通"五通"为合作要点,与沿线国家和地区共同打造边疆稳定、政治互信、经济融合、文化认同的命运共同体。在全球化浪潮之下,中国与周边国家的交流与合作更加频繁,边疆的安全与稳定显得尤为重要。跨界民族体育作为社会文化现象,为多个国家、民族所共有,蕴含着特殊的民族心理和民族情感,在民族交往中起到缓冲剂与粘合剂的作用。通过体育形式的互动交流,增加彼此的了解与信任,在某种程度上会消除不同国家和地区之间的隔阂。跨界民族传统体育文化在"一带一路"倡议的发展契机之下,通过政治、经济、文化等维度的建设,使得跨界民族体育文化之花重新绽放。民族传统体育文化如何促进"一带一路"跨界民族交往,需要通过哪些现实的路径进行探析,成为本章着重解决的问题。本章节将从现实意义、发展契机以及实现路径三个方面来探讨跨界民族传统体育文化促进"一带一路"跨界民族交往的策略。

第一节 "一带一路"对跨界民族传统体育文化作为交往桥梁的现实意义

跨界民族传统体育文化作为我国传统文化的重要组成部分,蕴含了中华民族传统文化深厚的底蕴,在"一带一路"倡议下加强跨界民族传统体育文化的交流与合作,不仅有利于民族传统体育文化的繁荣,也有

第七章 民族传统体育文化促进"一带一路"跨界民族交往的策略

利于国家传统文化的发展,更利于提升我国的文化软实力。同时跨界民族传统体育作为跨界邻国的文化成分,与沿线部分国家的民族传统体育有着天然的联系,在交流与合作中自然减少了因文化、语言等差异而形成的障碍与困难,能基本实现无障碍式的交流与互动。跨界民族传统体育文化在"一带一路"倡议下,促进了边疆稳定和政治互信,促进了相关产业合作,增强了跨界民族文化认同。

一、促进边疆稳定与政治互信

"一带一路"不是一家独奏,而是沿线各国的合唱。跨界民族传统体育文化,能维护国家安全,促进边疆稳定;能促进政治互信,营造和平的外交环境;能强化社会治理,建设和谐边疆。

(一)维护国家安全,促进边疆稳定

"一带一路"对于国家安全而言既是机遇,也是挑战。不仅能协调中国东西部的发展,提高沿线国家和地区的经济发展水平和生活水平,而且可以进一步消除滋生"三股势力"的土壤,增加沿线国家和地区的安全感。但是,"一带一路"贯穿欧亚大陆60多个国家和地区,其中有很多的宗教发源地、文明古国等,政治经济制度、意识形态、民族文化等不尽相同,又存在着领土主权争端、能源问题等诸多不安定因素,给沿线国家和地区的安全带来威胁。通过跨界民族熟悉当地风土人情,能更好地治理边疆,促进边疆稳定。

(二)促进政治互信,营造和平环境

"一带一路"的倡议构想是在美国次贷危机、欧洲债务危机等全球化的金融危机之后,经济复苏乏力,我国经济增速放缓的背景下,借鉴古代丝绸之路和海上丝绸之路,在沿线国家和地区政治互信、互相支持的基础上提出的经济策略。要实施这一策略,文化认同与民心相通是核心,而实现文化认同与民心相通就需要联结双边或多边的载体和共通性的元素。跨界民族传统体育文化在政治和经济两个维度都有其独特的价值,当前我国武术、印度瑜伽以及韩国的跆拳道等民族传统体育项目

已经风靡全球,不仅实现了体育项目的发扬光大,而且带动了体育产业的兴旺发达。在民族传统体育交流中,各民族的文化底蕴、思维方式等都在互动中得以传递,为政治互信和区域安全合作奠定基础。"一带一路"策略在各级政府的通力协作之下,取得了阶段性胜利,扩大了中国作为"一带一路"倡议领头羊的国际影响力。在体育文化交流方面,中国已经与沿线国家互办文化年、体育节、跨界民族体育赛事等,如中国新疆地区哈萨克族与哈萨克斯坦共同举办大型体育赛事,包括赛马、押加、叼羊、摔跤等项目。跨界民族体育代表团在传统体育赛事中感受各自的文化魅力与共通性,通过体育文化交流这一温和的方式,加深双边沟通,促进政治互信。

"一带一路"的重点在于加强政策沟通、设施联通、贸易畅通、资金融通、民心相通。当前国内国外都在积极推动"五通"目标的实现,其中"民心相通"是"一带一路"建设的社会和民意基础,也是重要保障,而体育交流是民心相通的重要手段。体育作为一种世界性通俗文化活动,具有超越语言、种族、文明的中性色彩,为国家间相互交往和理解创造了条件。体育运动在国际交流中扮演着相当重要的角色。早年有"小球推动大球"的"乒乓外交",促进中美关系正常化。而今在中国、老挝、越南边境,"中老越三国丢包狂欢节"已经成功举办六届,每两年举办一次,由中老越三国轮流举办,促进经贸、文化、体育、旅游、教育等领域的交流合作。增进三方友谊,形成互利共赢的局面。

体育外交群众参与广、社会影响大,由于较少受到社会制度、意识形态等因素的影响,因而具有较强的灵活性[1]。体育外交的这种灵活性决定了跨界民族传统体育是体育外交的重要组成部分。在边界民族进行传统体育比赛或者交流活动中,邻国之间相互到对方的国家参加比赛或者观看比赛,这种体育之间的交流是展现国家发展面貌的一面镜子。在举办、组织各项体育交流活动中,最大限度将社会资源、民族资源结合起来形成强大的合力,不仅展现了中国的经济实力、社会治理能力,还展现了中国的民族精神和时代精神,各个邻国可以看到中国的综合国力,举办民族传统体育文化交流活动的过程就是向邻国展示国家形象的过程。在交流过程中,邻国人民可以在日常生活中切身体会、感受中国

---

[1] 李忠华.论体育外交在和谐世界构建中的价值[D].河北:燕山大学,2010:13-15.

第七章　民族传统体育文化促进"一带一路"跨界民族交往的策略

热情、主张和平、珍惜友谊的民族性格,可以将"中国威胁论"等负面、不实形象消除于无形。并且,这种日常生活中的切身感受与外媒体新闻所建构、报道的中国形象不一样,它更具真实性和持久性,不易受外界的干扰。因此跨界民族传统体育文化的交流能够传播、展示中国形象,建立正面、真实的国际形象。

(三)强化社会治理,建设和谐边疆

跨界民族社会治理面临的课题是,如何在多元价值中保持合理的张力,在不稳定性与波动起伏性中寻求平衡,努力将个人、民族、国家三个层面不同的思想观念、文化习俗整合起来,形成合力,实现边疆社会的有序发展。随着经济和社会的发展,跨界民族的交往活动更加频繁,各种文化价值暗流涌动,通过跨界民族传统体育文化交流确立和固化正能量的价值观。

跨界民族的传统节日大多与生产生活和娱乐功能相联系,在集体活动中缅怀祖先、传授生产知识、祈福纳福。节日作为社会文化载体之一,是人们劳动、娱乐等生活的寄托形式,承载了民族的历史文化。跨界民族传统节日活动是对民族历史和文化的重温,凝聚民族情感并赋予民族群众更多的精神力量。改革开放后,跨界民族传统文化受到巨大的冲击,一些不健康的观念也随之而来,边民的文化环境一度被污染,以群众教育为基础的文化自觉自省意识亟待提升。跨界民族传统节日作为体育文化的展示平台,也是群众教育和对外交流的重要窗口,在今天仍能移风易俗、促进团结。事实上,这也是践行社会主义核心价值观,深化改革,开发民智,实现中国梦的重要保障。政府对民族文化活动的关心、指导是拉近干群关系的绝好机会,在进行民族历史、文化、法制等宣传教育的同时唤起群众对本民族历史和文化的热爱,进一步强化他们的公民意志和爱国热情。①

跨界民族作为边境交往的桥梁,进行稳定和谐、互惠共赢的文化交流是相当重要的,传统体育活动作为跨界民族共同认同的活动形式,是文化交流的重要载体之一。传统体育活动为边境线两侧的民族兄弟创

---

① 李晓通,冯强,李开文.西南跨境少数民族传统节日体育文化的边疆治理辅助价值探析[J].体育文化导刊,2017(04):23.

造了增进友谊的机会,促进和谐、稳定边疆建设。被誉为中缅边境线上"最和谐的地方"的大等喊村和缅甸边民共同修建跨境足球场,在比赛时成百上千的两国边民现场助威,整个赛场气氛热烈而友好。边疆文化环境的和谐能实现互利双赢,保障国家文化安全战略的有效实施和民族社会的繁荣稳定。①

跨界民族传统体育有利于建设和谐边疆。跨界民族传统体育具有娱乐性、休闲性、健身性、生活性,是跨界民族人民的生活方式之一,这种健康、积极、传播正能量的生活方式有利于丰富日常生活,加强村民之间的社会互动,增强相互之间的感情,减少邻里纷争,有利于从内部维护民族团结,将民族传统体育作为一种非正式制度来推进村民自治,增强民族凝聚力,增强对国家的认同②。

二、促进相关产业合作

经济发展动力是由多种动力要素相互联系而构成的一个功能系统。各要素的地位不同,形成了动力系统的层次性。文化是经济发展的原动力,政策和当地的自然生态资源作为基本生产要素构成发展动力系统的第二层次,是实现中华民族伟大复兴和富民强边的必备条件。跨界民族深度融入"一带一路"策略离不开传统文化的助力,民族传统体育文化作为文化的重要组成部分,能促进当地体育旅游业兴旺发展,边疆地区承接东南沿海体育用品制造业转移,新兴发展的文化创意产业都能带动当地经济发展,摆脱贫穷落后的面貌。

(一)体育旅游业日渐兴盛

我国经济中高速增长以及收入阶层差异变化产生了市场需求变化,旅游不仅仅是欣赏风景、品尝美食,已经向休闲、会议、运动等方向发展。游客从传统的观赏型旅游向参与体验型旅游发展,消费方式的转变使得体育旅游业日渐兴盛。

---

① 李晓通,冯强,李开文.西南跨境少数民族传统节日体育文化的边疆治理辅助价值探析[J].体育文化导刊,2017(04):24.
② 韦晓康,蒋萍.民俗体育文化在社会治理中的作用研究[J].中国体育科技,2016(07):15.

第七章　民族传统体育文化促进"一带一路"跨界民族交往的策略

跨界民族体育文化本身所具有的民族性、传统性以及地域特色是其作为体育旅游产业开发过程中需要着重突出的亮点，当地流传的体育项目与生产生活息息相关，体育运动的线条美、力量美和节奏美吸引着成千上万的游客。新疆是个好地方，这是国内外游客早已交口称赞的。新疆之所以能深深吸引国内外游客，除了有雄奇壮美的自然风光、积淀深厚的历史文化之外，多姿多彩的少数民族风土人情也是非常重要的元素，而一个地方的少数民族传统体育运动项目本身就是当地历史文化、风土人情的积淀和表现。

据统计，目前，新疆各地开展的少数民族传统体育项目有600多项，而具有一定群众基础、流传年限较长的少数民族传统体育项目也有近300个，它们深受各族群众喜爱，不仅能够强身健体，提供丰富的精神享受，更是新疆浓郁的少数民族风情、历史文化的重要组成部分。同时，也是新疆发展体育旅游的重要资源。新疆丰富多彩的少数民族传统体育就是发展旅游的宝库，对国内外游客有着强大的吸引力，许多项目都能够发展成为优秀的旅游项目。

在黑龙江中俄边境的赫哲族与俄罗斯的那乃族是同一族源，日益兴盛的旅游业推动着两个民族对历史文化的重温与展演，民族身份和民族精神唤起了两民族共同的历史记忆，对增强民族凝聚力和自豪感具有强大的推动作用。赫哲族的体育旅游业形成了较为完整的体育旅游链，游客在感受赫哲族民族特色与风土人情的同时，也参与了赫哲族体育文化表演以及体育运动项目之中，形成一个独具特色的跨界民族传统体育产业旅游链。那乃族开展了与历史文化相结合的体育文化旅游，成功打造了远东旅游区国内外游客最喜爱的民族文化旅游点。赫哲族与那乃族的交往互动，促使中俄边境地区体育文化旅游产业链日趋完善。

朝鲜族的弓箭项目种类众多，可用于打猎、打仗，也可用于游戏，但现今保留的只有"弓角"[①]。为了发展弓角，不仅在国内建立了很多弓箭馆，在吉林延边与韩国成立了传统弓箭的制作工坊，其制作的传统弓箭还远销国外。

体育旅游产业是一个"蓝海"市场，潜力无限、前景广阔。对跨界民族传统体育文化进行深度挖掘，与旅游相结合，形成互惠共赢的格局，

---

① 金青云.中国朝鲜族弓箭运动研究[J].吉林体育学院学报，2015，31（10）：99-104.

推动当地旅游业发展,助力当地经济腾飞。

(二)民族传统体育基础设施的投资建设

我国当前体育场地匮乏,人均体育场地用地不到 2 平方米。根据国家统计局数据,2019 年中国共有体育场地 195.7 万个,体育场地面积 25.9 亿平方米,人均体育场地面积 1.86 平方米,远低于美国(16 平方米)、日本(19 平方米)等发达国家。作为经济处于中高速增长的发展中国家,我国政府势必会在体育场地等基础设施建设上加大投入力度。各跨界民族传统体育文化也将会是各地体育基础建设投资的着力点,各地会以跨界民族传统体育项目为特色,建设新颖、实用的体育场地。

为跨界民族体育活动提供场地,对边境地区体育基础设施建设进行投资,势必会增加当地的就业岗位,带动当地经济发展,摆脱贫穷的困境。

(三)承接体育用品制造业的产业转移

自改革开放 40 多年以来,我国沿海地区体育用品制造业的土地、人工、原材料等成本大幅增加,企业经营利润缩减。于是便出现体育用品制造业向中西部或边疆转移的情况,特别是我国广西、云南等地,低成本的劳动力资源丰富,土地租金低廉,还是橡胶等原材料的产地,条件非常符合体育用品制造业的转移需求。

跨界民族传统体育文化有其特殊性,体育用品制造业势必会瞄准这一有利资源,利用跨界民族的共生系统,生产跨界民族都适用的体育用品,以此来拓宽体育用品的出口销售渠道。体育品牌商通过赞助边境多国跨界民族体育赛事,提升品牌知名度,打开边境贸易市场。

(四)开发文化创意产业

跨界民族所在地区经济发展相对落后,但文化资源丰富,且当地特色文化突出。跨界民族传统体育文化的交融,势必促进当地文化创意产业的发展。跨界民族传统体育文化创意产业既能带动当地经济的发展,又能传承、保护当地的传统文化。近年来,边疆地区政府更加重视传统文化与旅游业、文创业等结合发展的经济模式,在文化创意产业上有更

第七章　民族传统体育文化促进"一带一路"跨界民族交往的策略

多的政策优惠。跨界民族通过自身经费来满足文化创意产业发展的需求是困难的,当地的经济基础较为薄弱,各级政府会通过财政上的支持和补贴,保障跨界民族传统体育文化产业蓬勃发展。

在我国悠久的历史发展进程中,各地都产生了丰富多样的传统体育活动,在时光流转之中不断演化成为民族民间的传统体育文化。如赛龙舟既是一项体育运动,也与端午、屈原等文化意象紧密相连。随着体育文创意产业的发展,体育文化的国际交流越来越频繁,我国的体育理念和体育观念"走出去"步伐加速,将有力提升我国体育文化的国际影响力。跨界民族由于地理环境的便利性,边界线附近的人们会在劳作之余一起参加体育活动,跨界民族也经常会举行各种形式的传统体育活动或者传统体育比赛,例如,云南怒江片马镇中缅边民的射弩友谊赛、广西靖西龙邦镇中越边民抛绣球,等等。尤其随着改革开放以来,边界国家之间的互动往来环境变得宽松,边界线地区努力打造面对东亚、东南亚、东亚、中亚的门户,通过与边界国家的合作,大力发展民族特色产业,实现互通有无,着力构建特色经济体系,加速地区经济发展,促进与东亚、东南亚国家的文化、文体往来互动。以此提升文化建设水平,也带动经济发展。边界互动往来的频率变高,形式变得多样,如云南江城中老越三国的国际"丢包节"、中缅胞波狂欢节等。诸多的跨界民族体育赛事促进各地文化产业的转型与升级,有很多当地的青年人着力于传统体育文化与现代互联网经济的融合,开发文创产品,通过直播、淘宝店等形式实现盈利。

近年来,大众视野中"国潮"兴起,这是新兴的文化创意产业。在文化创意产业中融入传统文化元素和民族体育精神,传统体育文化将起到锦上添花的效果。中国李宁的"悟道"主题系列,将传统的手工技艺与现代时尚设计相结合,无论是中国红的强大张力,还是对中国哲学等传统文化精髓的萃取,都体现了对传统体育文化的价值认同。沿着这一思路,各民族的传统文化能得到更好的传承与发展,边疆地区的经济水平也能走上一个台阶。

三、增强跨界民族的文化认同

（一）发掘文化共性

历经时代与社会变革，跨界民族受到现代化潮流与经济全球化的冲击，其关联性看似不太明显，其实不然。由于地理环境、文化习俗、语言习惯、血缘关系等多方面相近，跨界民族处于一个共生系统之中，其通融性和认同感十分强烈。跨界民族传统体育文化在活动形式、组织方式以及内在特征方面，始终保持着传统文化上的共性。而跨界民族在长期的历史发展过程中，形成了十分鲜明的地域性、多元性、民族性文化，与中原文化或其他民族文化有所差异，因此跨界民族相互之间更能了解其文化价值理念，更方便传播"一带一路"倡议。

在文化共性层面，跨界民族体育文化，从产生的社会背景、历史渊源、休闲娱乐功能、外在特征等方面都十分相似，具有明显的共性，这是加强跨界民族体育文化交流的先天条件，也是"一带一路"倡议深入沿线各国家、各民族的重要糅合剂。跨界民族体育文化不像政治、军事、经济手段那么强有力，它是柔和的助推剂，是文化软实力的传播。

传统体育活动的内容和形式会受到该民族社会意识形态的影响，成为该民族象征的文化符号之一，具有独特的民族特性，唤起本民族人民的心理共鸣，维系民族团结，尤其对于边疆动荡不定的跨界民族而言，传统体育文化所表现出来的民族性、地域性，无不在唤起他们的民族认同意识，某些体育活动所承载的族源传说等精神文化，更是促使跨界民族内部一次次打破边界和壁垒，借此来维系族群内部的情感。这些民族传统体育活动会形成一条文化链条，将民族文化、民族意识和民族特征紧紧地串联在一起，作为文化象征流传至今。[①]

（二）文化价值构建

跨界民族的文化认同是一个复杂且包含众多现代性因素的行为选

---

① 李成龙. 中国朝鲜族民俗体育文化发展研究[D]. 延吉：延边大学, 2018：35.

第七章 民族传统体育文化促进"一带一路"跨界民族交往的策略

择过程。由于构建文化认同的基础是跨界民族相似的生活特征和文化传统,就需要放大跨界民族相互间文化的通融性,缩小现代性因素的影响力。跨界民族文化认同事实上是一个包含了传统文化与民族文化的现代建构过程,其中伴随的"连续性与对历史的尊重内在特性于民族—文化身份之中",这是因为同族群密切相联的文化与民族归属,"既是被选择的也是建构性的"。①

从更深层次来看,跨界民族文化认同的价值构建就是费孝通先生阐述的文化自觉。费孝通先生指出:"文化自觉只是指生活在一定文化中的人对其文化有'自知之明',明白它的来历、形成过程,所具有的特色和它发展的趋向,不带任何'文化回归'的意思,不是要'复旧',同时也不主张'全盘西化'或'全盘他化'。"②因此对跨界民族来说,构建文化认同是在践行文化自觉,并在文化自觉的基础上与其他民族建立良性关系。

现实情况是伴随着城市化进程的加快,跨界民族所在的边境地区大量边民涌入城市务工,边民在城乡之间流动。随着青壮年劳动力流出,削弱了边境地区生产生活的中坚力量,也削弱了跨界民族传统地域文化的根基,使得村落与边民在社会和文化上处于越来越边缘化的态势,边民的主体性在慢慢丧失,并由此引发了边民的无根感。因村落人丁不旺,参与活动的边民减少,传统文化活动难以较好地延续,很多传统文化活动经过时间的冲刷慢慢被淡忘。

民族传统体育是跨界民族健康交往的一种方式,能发挥建立健康、阳光的人际关系的作用,对跨界民族文化认同进行潜移默化的价值构建。

优秀的民族传统体育文化蕴含着顽强不屈、艰苦奋斗、勤劳勇敢、团结合作、平等友爱等精神,这些丰富的精神内涵都有利于抓好文化建设,其所具有的增强合作意识、净化道德环境和提高人格境界方面的价值越来越凸显,在民族传统体育活动规则和活动过程中体现了强大的精神感召力和道德意志培育力,在这样的精神文化建设下营造和谐的边界氛围,以健康、向上的文化环境推动跨界民族交往互动,民族传统体育文化所蕴含的人文精神虽然不会对边民社会起到立竿见影的效果,但是

---

① 耶尔·塔米尔.自由主义的民族主义[M].陶东风,译.上海:上海世纪出版集团,2005.18-22.
② 费孝通.反思·对话·文化自觉[M].北京:中国社会科学出版社,2005:448.

会潜移默化地影响人们的交往并产生持久的影响力,对跨界民族文化认同进行潜移默化的价值构建。

第二节 "一带一路"为跨界民族传统体育文化作为交往桥梁提供发展契机

跨界民族传统体育当前面临着传承与发展危机,一方面是跨界民族受经济全球化冲击,主体创造力不能延续的危机;另一方面是跨界民族传统体育的部分地位已经被西方体育所替代。"一带一路"倡议对于跨界民族传统体育犹如雪中送炭,以积极有力的帮扶政策为跨界民族传统体育注入强劲的政治动力,日渐密切的经济贸易往来为跨界民族传统体育发展奠定坚实的经济基础,为跨界民族传统体育搭建了一个全球性的平台,营造积极且良性的发展氛围。

一、政策帮扶注入政治动力

跨界民族传统体育借助"一带一路"的政治动力进行发展,将各项倾向性政策运用到跨界民族体育活动、赛事之中,发挥其独特价值,为"一带一路"建设奠定情感基础与文化认同。跨界民族体育文化也在崛起的过程中发展,其文化价值为重新树立跨界民族传统体育的政治身份注入强劲动力。

(一)"一带一路"对跨界民族体育的政策实践

外交部长王毅认为,"一带一路"使人文交流更为密切,其中也包括跨界民族传统体育文化。跨界民族的地理区位、风俗习惯、血缘关系等有其无可替代的优势,在"一带一路"倡议下能发挥重要作用。跨界民族利用"一带一路"相关优惠政策,能改变当前比较窘困的生活状态,通过体育活动的沟通交流,能增进与邻国不同民族的感情,有利于促进合作与经济交往。国家政策导向和国家高层互动为"一带一路"背景下开

第七章　民族传统体育文化促进"一带一路"跨界民族交往的策略

展跨界民族体育活动提供了巨大的动力和能量。

与此同时,在《关于加快体育产业促进体育消费的若干意见》(国发〔2014〕46号)的指导下,云南、广西、广东、四川、江西、安徽、陕西、宁夏、甘肃、新疆和黑龙江等十余个省、自治区积极制定和出台了本省(市)《关于加快发展体育产业促进体育消费的实施意见》。其中均明确提到要积极利用"一带一路"倡议促进体育文化发展,响应国家"一带一路"的号召。①

为了加强"一带一路"民族体育的交流与研究,国家体育总局和国家民委在2018年1月公告的《关于进一步加强少数民族传统体育工作指导意见》中指出,要推动"一带一路"沿线各国的民间体育文化交流,鼓励更多的社会组织、民间社团积极走出去,助推跨界民族优秀体育文化的国际传播,讲好中国故事,传播好中国声音。

"一带一路"倡议指引各地区跨界民族积极响应国家政策,将跨界民族的特色文化、传统体育文化与相关政策结合,积极组织开展跨界民族体育赛事,邀请分布在相邻国家的各民族成员参加,通过文体艺术节、跨国传统体育赛事等形式,增加跨界民族之间的交流,增强政治互信,为"一带一路"倡议在沿线各国打下群众基础和情感基础。跨界民族传统体育文化也能在形式多样的文体活动中走向复兴。

(二)"一带一路"重树跨界民族体育身份

以"一带一路"的政策为发展契机,通过跨界民族传统体育活动、跨国赛事、文体艺术节等形式,现代互联网宣传与文化艺术作品宣传相结合,重新树立跨界民族体育在当地甚至是整个国家的社会身份。体育是促进不同民族、文明进行交流对话、互动合作的有力途径,跨界民族传统体育参与"一带一路"文化交流,可以提高相关国家和地区的文化交流水平,并且为政治、经济上的多方合作提供坚实的民意基础。"一带一路"为跨界民族传统体育的发展寻找到了着力点,也为消除跨界民族的认同危机注入了强劲动力。

跨界民族传统体育参与"一带一路"文化交流与丝路外交,不仅可

---

① 王子朴,朱亚成."一带一路"背景下体育赛事发展的价值、困境与策略[J].北京体育大学学报,2017(07):2.

以在丝路外交中发挥跨界民族的优势和独特价值,还能丰富、提高"一带一路"文化交流内容和水平,将传统体育文化囊括其中。跨界民族传统体育文化在促进沿线国家民心相通之时,其自身的政治价值得以发掘运用,政治身份得以重新树立。跨界民族传统体育参与"一带一路"文化交流,能重新树立跨界民族传统体育的政治身份,更多的国家、政府间交流合作会运用跨界民族传统体育活动来增进双方的友谊,跨界民族传统体育文化也起到了新的时代作用。

二、经贸往来奠定经济基础

跨界民族借助"一带一路"倡议发展传统体育产业,将富有民族文化特色的体育活动呈现在沿线各国,通过跨界民族传统体育活动加深各方友谊。同时,经贸往来为跨界民族传统体育活动的开展奠定了经济基础。"一带一路"为跨界民族传统体育产业提供了更大的发展空间,提高了跨界民族传统体育赛事的经济效益。

(一)为跨界民族传统体育产业提供更大空间

跨界民族传统体育产业及文化产业具有地域性、民族性的特征,其体育产业大部分是借助民族特色文化发展的体育旅游业,以各种惊险刺激且富有挑战的体育活动吸引海内外的游客。"一带一路"沿线各国致力于打造合作共赢、繁荣多元的经济文化发展机制,各国对于民族传统文化的挖掘不断更新。在"一带一路"的影响下,跨界民族城市化进程加快,跨界民族生活方式改变,对跨界民族传统体育产业的发展是机遇,也是挑战。"一带一路"对国内经济和产业结构的升级起到重要作用,跨界民族传统体育产业的国际化、大众化以及其经营主体的多样化将获得快速发展的机遇,同时在"一带一路"的推进过程中发挥独特价值。

合理有序的内部运作与切实有效的外部合作是跨界民族传统体育产业快速增长的关键因素。"一带一路"提倡沿线各国合作共赢,全球经济要素有序自由流动,创造良好的经济环境。

"一带一路"倡议的稳步推进对区域经济的协同发展产生积极影响。一方面,沿线各国经济合作越来越密切,也意味着沿线各国丰富的跨界民族传统体育文化资源会得到进一步的价值整合。随着"一带一路"大

第七章　民族传统体育文化促进"一带一路"跨界民族交往的策略

环境的发展,沿线各国的传统民族体育资源将会构建不同价值形态的跨界民族传统体育产业合作平台,将会为开拓跨界民族传统体育产业发展空间、沿线各国跨界民族传统体育产业互联互通提供外部动力。另一方面,"一带一路"旨在推动沿线国家宏观战略对接、增加外部资金投入与内部消费需求、促进市场资源合理高效配置和经济要素有序自由流动。当地丰富的传统文化资源将是跨界民族传统体育产业规模扩大的内部动力。

跨界民族传统体育产业兼具了经济、文化、民族等多种特性,既是一种经营活动能发展经济、促进就业,也是一种满足人们文化需求、民族情感的社会服务。在"一带一路"的规划中人文价值与经济价值并重,各沿线国家人文领域的合作包括科技、教育、医疗、文化、体育、旅游等,参与组织众多,最贴近民众的真实生活。为了促使各沿线国家人文领域的合作由虚到实,需要寻找可持续的增长点,跨界民族传统体育产业可挖掘的文化资源丰富,参与的门槛不高,结合"一带一路"经济大战略的发展,有很大的发展空间。

体育旅游业是跨界民族传统体育产业中占比大、市场前景广阔的重要组成部分,将民族文化、体育与旅游相结合的新兴业态,能带动当地各个行业经济发展。"一带一路"沿线各国具有丰富的文化资源和旅游资源,潜力巨大。国家体育总局、国家旅游局联合发布的《"一带一路"体育旅游发展行动方案》对于促进跨界民族传统体育旅游业蓬勃发展具有十分重要的意义,也为沿线各国区域协调发展和构建人类命运共同体做出积极贡献。

(二)提高跨界民族传统体育赛事的经济效益

跨界民族传统体育赛事是"一带一路"民心相通的切入点,其调动、整合了文化交流、人口流动、经贸往来的共同效应,成为沿线国家各自文化传播的最佳载体之一。举办跨界民族传统体育赛事,看似是各民族运动员在赛场的较量,其实是沿线各国人民的文化交流与情感培养,并为经贸交流与合作提供了平台。"一带一路"沿线各国政治制度、经济水平、民族文化、宗教信仰等都存在着差异,跨界民族传统体育赛事作为民心相同的切入点能化解"一带一路"倡议在实施过程中遇到困难和阻挠。

共生、交流与发展：跨界民族传统体育文化的人类学调查

当前，"一带一路"在诸多方面都取得了实质性进展。比如，丝绸之路联合申遗成功、亚投行建立、丝路基金成立，中俄蒙经济走廊的签署等等，诸多的经济合作与贸易往来，促进沿线各国文化交流。推进"一带一路"建设需要打造诸多品牌，通过品牌效应和品牌活动夯实成果，促进民心相通和贸易往来。在"一带一路"建设中开展跨界民族传统体育赛事不仅是对跨界民族传统体育赛事的本身的创新和突破，也有助于形成跨界民族传统体育品牌，成为"一带一路"的特色赛事。① 例如，新疆伊犁天马国际旅游节的国际叼羊邀请赛，中国、哈萨克斯坦、蒙古人民共和国的运动员们在新疆伊犁哈萨克自治州昭苏县喀尔坎特草原进行激烈的角逐。叼羊不仅是我国哈萨克、柯尔克孜、塔吉克等民族普遍喜爱的一种传统马上游戏，在吉尔吉斯斯坦、哈萨克斯坦和乌兹别克斯坦等中亚国家和蒙古人民共和国也是很流行的一种马背上的团队运动。在赛场上，骑手分成两队，每队五骑。被叼的羊像篮球一样在马背上传来传去，紧张激烈。骑手争到羊后，把羊抛进对方的"篮筐"，便得一分，得分多的队就是赢家。国际叼羊比赛已在中国新疆、哈萨克斯坦阿斯塔纳、蒙古国乌兰巴托等地都举办过比赛，为各地经济注入新的活力。跨界民族传统体育赛事是文化范畴中最活跃的因子，它能带动诸如交通、餐饮、住宿、服装、建筑等行业的发展，增加当地的经济活力，为沿线国家经贸合作提供了平台和机会。

跨界民族传统体育赛事不是简单的体育比赛，而是全民的文化交流机会，它不是体育产业单一的发展，而是对全行业的推广与发展。例如，在云南德宏傣族景颇族自治州瑞丽市姐相乡的"一寨两国"特色旅游区，根据当地独特地理优势，利用银井奘房、中缅集市与民族传统体育资源相结合，打造民族文化与田园风光相结合的特色旅游项目。在中缅胞波狂欢节、中缅边交会、泼水节等节日中进行比赛，将体育赛事融入"一寨两国"特色旅游区建设之中，增强了旅游区的吸引力。又如，近年来，傣族的泼水节越来越盛大，来自缅甸、泰国、越南等相邻国家的跨界民族前来进行交流，还吸引了全国各民族的游客参与，为德宏州的经济发展注入了新的动力，助力脱贫攻坚，提高了跨界民族传统体育赛事的经济效益。

---

① 王子朴，朱亚成．"一带一路"背景下体育赛事发展的价值、困境与策略[J]．北京体育大学学报，2017（07）：2．

第七章　民族传统体育文化促进"一带一路"跨界民族交往的策略

三、平台搭建营造良性氛围

"一带一路"建设为传统文化的传播提供了国际化平台,作为传统文化体系中精髓部分,跨界民族体育文化继承与传播并举,坚持发展的多样性与差异性,拓宽文化内涵,推动沿线各国民族传统体育共同发展、焕发整体活力。

(一)为跨界民族体育文化传播提供国际化平台

"一带一路"沿线各国在意识形态上存在着诸多的差异,尤其是在社会主义制度和资本主义制度上存在较大的国际误解。意识形态、地理环境、宗教信仰等方面的差异造成"一带一路"倡议在国际上有不同的声音。有的国家认为日渐强盛的中国是在走帝国主义道路,认为这是对中国古代朝贡形式的再现,想要回到汉唐盛世天朝上国的翻版。西方媒体由于社会现代化起步早、发展快,媒体行业发达,其传播力也远大于我国媒体的传播力。且我国传媒行业的创新力与国际竞争力较弱,对传统文化的传播是一种制约。为了更准确地将中华民族传统文化传播到世界各地,借用跨界民族传统体育这一温和而又不失内涵的方式将产生良好的效果。跨界民族有其地理区位、风俗习惯、血缘关系等无可替代的优势,在"一带一路"倡议下能发挥重要作用。通过跨界民族传统体育活动的沟通交流,能增进与邻国不同民族的感情,有利于传统文化的传播。

当前,在文化全球化的全面推进下,文化内容不再局限于本土地区、本民族,同时也促使文化的多样性和差异性被感知和确认,从而刺激着不同国家、各个民族的自我文化意识,而且也强化着不同文化主体对于自身文化认同的意识和维护文化多样性的观念。[①] 早在20世纪末,部分民族传统体育文化在全球化背景下消散,其民族特性也在缺失。文化是为人服务的,维护文化多样性是为了更好地促进民族认同、维护民族多样性,而民族传统体育最显著的性质就是民族性。并且,"去中心化"

---

① 苏勇.文化身份认同与建构中的文化主体性[J].贵州师范大学学报(社会科学版),2009(01):13.

已成为当今时代的基本特征,为消除人类社会的失衡和不公正带来了新的希望,意味着文明平等、文明共生共存、人类协调发展意识将持续得到强化,人类社会发展的这种趋势,对民族传统体育的发展提出了要求:为了适应人类文明平等共存、协调发展的要求,应该坚持民族传统体育发展的世界性,统一的民族性和世界性正是民族传统体育当前和未来的发展方向。①

中国跨界民族传统体育文化是传统文化体系的重要组成部分,具有深厚的文化底蕴、鲜明的民族特色和丰富的具体内容,是文化延续的载体之一。例如,武术不仅能强身健体,还蕴含着中国传统文化、哲学思想、医学知识等诸多内容,这已经是文化瑰宝。传统文化是现代社会发展的矛盾体,一方面是中华民族伟大复兴的基本条件,另一方面会制约发展的方向和趋势。传统文化并不是沉睡的历史,而是一股连结过去、现在和未来的影响力,它影响着人们的思想认识、民族认同、宗教信仰等方面,具有巨大的特殊价值。跨界民族传统体育文化的传播,借"一带一路"之东风,是文化强国目标的实践,也是中国传统文化"走出去"的重要途径。前一个世纪,中国文化随着社会性质的变化而出现了众多的"拿来主义",对于处于半殖民地半封建社会的人们来说,中国的传统文化已经没落,西方文化才是时代的潮流。伴随着中华民族伟大复兴的历程推进,中国这只东方沉睡的雄狮已经觉醒,越来越多的人们认识到中华传统文化博大精深,必须开拓更多文化传播路径,让中国传统文化"走出去"。恰在此时,"一带一路"建设为传统文化的传播提供了绝佳的平台,而作为传统文化体系中精髓部分的跨界民族传统体育文化更是文化"走出去"的排头兵。

(二)拓宽了跨界民族传统体育文化内涵

中华民族传统文化源远流长,在历史上创造了举世瞩目的东方文明。在汉唐盛世时,强盛国力创造了诸多文化外输的活动,影响着亚欧大陆上近至周边、远至地中海的国家。例如,西游记中以故事形式描写的西域诸国的反应表现出当时唐朝的兴盛。清朝以前,国人对于中华民族传统文化有着强烈的优越感和文化自信,近代在西方坚船利炮打开

---

① 明浩."一带一路"与"人类命运共同体"[J].中央民族大学学报(哲学社会科学版),2015(06):25.

第七章 民族传统体育文化促进"一带一路"跨界民族交往的策略

国门之后,国人在被欺辱的惨痛记忆中对传统文化产生了怀疑,展开了"西学为体、中学为用"的救国道路,传统文化在尝试中不断受到质疑、抛弃,同样包括体育领域,这一影响延续至今。一方面,民族传统体育文化在西方化过程中自我迷失;另一方面,很多民族传统体育项目被其他国家抢注,例如"拔河"被联合国教科文组织列为韩国的非物质文化遗产。跨界民族传统体育文化要以"一带一路"倡议作为发展契机,拓宽文化内涵,促进沿线国家和地区文化认同与多元融合。

"一带一路"沿线国家囊括多个古文明发源地,蕴含丰富的传统文化,由于历史和现实的原因,沿线国家多处于东西方文明交汇区,宗教、民族问题存在易突发、复杂化、长期化的特点,某个特定事件爆发可能会对多个国家产生影响。民族传统体育文化有着非宗教的特性,各国体育文化相对于宗教文化意识形态的特性较少。中华武术、韩国跆拳道、印度瑜伽都成为国际性的民族文化项目。以"一带一路"为发展契机,各国通过体育活动进行文化交流,相互汲取优秀文化内容,坚持跨界民族传统体育文化发展的多样性与差异性并存,不断拓宽文化内涵,焕发"一带一路"沿线各国体育文化的整体活力。

综上所述,民族传统体育世界性在"一带一路"倡议下逐步成为可能,各国民族传统体育的对话合作、交流互动会更加频繁,跨界民族体育文化之花在全球化中绽放。

第三节 推进民族传统体育文化促进"一带一路"跨界民族交往的实现路径探析

跨界民族在"一带一路"倡议中具有相似的文化背景、相近的价值取向,以及一脉相承的社会习俗和习惯,在推进"一带一路"发展进程中扮演着开拓者和信使的角色,在政治互信、经贸互通、文化互动等方面发挥了重要作用。"一带一路"倡议付诸实践过程中也会遇到诸如恐怖主义、宗教势力、地方保护主义等因素的阻挠,让跨界民族传统体育文化发挥极具优势的交流互动功能显得尤为关键。

共生、交流与发展：跨界民族传统体育文化的人类学调查

一、推动"命运共同体"理念认同，建立跨界民族体育合作机制

跨界民族传统体育借助"一带一路"的发展契机，将国家以及地方层面的倾向性政策运用于跨界民族体育赛事、体育文化节之中，发挥跨界民族在思维模式、文化背景、价值认同等方面具有一致性的优势，为"一带一路"建设奠定政治互信与文化认同。跨界民族体育文化价值是推动"命运共同体"理念认同的先行者，以更加柔性的方式在周边区域乃至全球得以认同。

（一）明确跨界民族体育发展实践"全球相关"

丝绸之路起源于各个人类文明中心之间的相互吸引。① 它并不是一条路，而是一个不断变化且没有标识的道路网络，是"整个世界的中枢神经系统，将各民族各地区联系在了一起，丝绸之路上的文化、城市、民众的进步和发展都有原因可循：人们在从事贸易沟通、思想沟通，相互学习、相互借鉴；在哲学、科学、语言和宗教方面，人们从交流中得到启发、得到拓展。② 当前的"一带一路"建设不是张骞通西域、郑和下西洋，不再是宣扬国威，如果跨界民族体育文化建设一味强调意识形态、价值观念等因素，不能达成交流的目的，甚至会破坏边疆稳定。讲述"一带一路"人类命运共同体理念必须摒弃"华夏中心主义"思想，从历史的、全球的、世界的视角来讲述命运共同体的背景、内涵、及其何以可能。③

推动命运共同体理念在跨界民族传统体育发展实践主体中形成认同，需要先明确跨界民族传统体育发展实践过程中"全球相关"这一实质。主要表现在两个方面：其一，非物质文化遗产保护作为确保全球化时代民族文化发展的多样性而被各个国家所关注，民族传统体育作为非遗保护的一种也受到了社会群体、民族、国家的保护与推广，例如朝鲜族的世界非物质文化遗产农乐舞源于祭祀性活动，在发展过程中逐渐演

---

① 刘迎胜. 丝绸之路[M]. 南京：江苏人民出版社，2014：3.
② 彼得·弗兰科潘. 丝绸之路：一部全新的世界史[M]. 邵旭东，孙芳，译. 杭州：浙江大学出版社，2016：4-5.
③ 张继龙. 国内学界关于人类命运共同体思想研究评述[J]. 社会主义研究，2016（06）：165-172.

第七章 民族传统体育文化促进"一带一路"跨界民族交往的策略

变成一种自娱性舞蹈,现流传在铁岭一带的朝鲜族中,每逢喜庆之日都要进行表演。其二,国内外学者都在探索跨界民族传统体育的发展,对全球民族传统体育文化的发展路径选择实时关注,对于发展较好的民族传统体育全球学者都在学习其发展过程,争取塑造更优秀的民族传统体育文化。

全球范围内相关主体共同致力于推动跨界民族传统体育蓬勃发展,共同致力于跨界民族传统体育发展路径开发。在此基础上,推动命运共同体理念在各跨界民族传统体育发展实践中得到认同。可以更好地落实责任意识,同时强化命运共同体意识,推动相关主体融入到利益、命运、责任共同体意识之中。

(二)建立对话合作的关系,坚定不移走和平发展道路

推动命运共同体理念认同在于加强跨界民族传统体育相关主体对话合作的意识,为建立对话合作的关系奠定基础。习近平主席在2015年9月的第七十届联合国大会一般性辩论时的讲话中就明确提出,"协商是民主的重要形式,也应该成为现代国际治理的重要方法"。共同致力于国际社会是"共谋发展的大舞台,而不是相互角力的竞技场",在国际社会中绝不能"各家自扫门前雪,莫管他人瓦上霜"。

在推动人类命运共同体理念,建立各国对话合作关系中,需要有全球视野和战略眼光,在国际社会中,必须做好自己,在做好自己的同时,还必须考虑其他国家和地区,要有全球视野,这种全球视野体现在既考虑本国,也考虑别的国家;这种全球视野,还体现在对自身所处的国家间合作组织的超越,而不能退步为搞联盟拉国际帮派,只有坚持了全球视野,才能在国际治理中真正做到换位思考、真正与其他国家或地区建立对话合作的关系,在具有全球视野的同时,还需要有战略眼光,使我们在看得宽广的同时,还能看得长远,战略眼光这一基本的实践原则所强调的,是相关各方从战略上思考,看到长远利益、看到共同的大势、谋划彼此的大局,不能因为当前或短期的"小不忍"而乱了战略意义上的"大谋划",只有有关国家或地区都从战略高度去思考和谋划,在构建人类命运共同体的过程中才能克服一个个的现实难题。[①] 建立对话合作

---

① 光明日报.中国共产党新闻网:坚持对话协商推动人类命运共同体 http://theory.people.com.cn/n1/2018/0810/c40531-30220781.html.

关系使跨界民族传统体育全球化和多样化发展。

二、拓展多领域互动路径，提出与时俱进的中国方案

政治、经济、文化生活等诸多领域的互动交流可以有效地促进"一带一路"跨界民族交往，基于"一带一路"背景下民族传统体育发展多样化和全球化的趋势，以及政治、经济、文化三方面的动力，推动相关主体在多领域建立交流互动、对话合作的机制。通过打造跨界民族体育文化圈、举办跨国赛事、深化体育文化产业合作、推动跨界民族体育公共外交等互动路径，使民族传统体育文化促进"一带一路"跨界民族交往，推动民族传统体育多样化与全球化发展的统一。

（一）打造跨界民族体育文化圈

文化圈是一个有机整体，说明了不同文化特质的起源、相似或差异，强调特定的地理空间。人类历史发展过程中，由于地理环境的阻隔，人们在各个大江大河周围建立了地域文明，但各地域文明的发展阶段和进度不同，从时间上看存在着各区域文明的差异性。跨界民族传统体育文化圈是文化圈的衍生物，从文化角度赋予跨界民族传统体育新的发展方式。跨界民族一衣带水、同根同源，共同的文化是其虽分隔两国但仍有维系的根基，其内涵和联系构成了跨界民族的文化圈。但随着边疆政策的影响，两国生计方式、发展水平的差异，两国跨界民族的关系以及边疆社会的发展都面临着挑战，文化圈面临着隔断或是被摧毁的困境。跨界民族传统体育文化传承区的构建，是将传统体育文化成分进行整合，利用共有的体育文化资源来搭建跨界民族的内在联系，具有独特的价值与作用。

构建跨界民族传统体育文化圈，是搭建以传统体育文化为基础的文化场域，通过对体育文化资源进行开发、传承和保护，建立适当的合作机制和发展模式，发挥其传承历史文化、维系区域共同体以及推动"一带一路"发展的价值。现代化的冲击和文化主体自身的忽视，文化圈遭到摧毁或消失，传统体育文化逐渐丧失了其原有的生命力。因此跨界民

第七章 民族传统体育文化促进"一带一路"跨界民族交往的策略

族传统体育文化传承区的构建至关重要。①努力构建跨界民族传统体育文化交流合作机制,打造区域文化品牌。如中越边境苗族可以以花山节为契机,融合汉、壮、苗、瑶等多民族喜闻乐见的传统体育项目,由广西的靖西、那坡,云南的文山,越南的河江省、高平省合作举办,形成一个传统体育文化圈;新疆哈密巴里坤、甘肃肃北马鬃山、内蒙古额济纳旗与蒙古国可以以传统马上游戏为契机,形成一个蒙古族传统体育文化圈,等等。大家轮流坐庄,人为构建体育文化传承区的跨界"文化空间",谋求除了经济贸易外更多的边民交流方式,打造跨界民族边境地区的文化品牌。

跨界民族因受到所处社会环境的影响,其具体的文化象征或是形式会有所不同。地域相近的文化圈有相互交叠的可能性,既存在相互渗透和吸收,也存在矛盾和竞争。每个民族或个体难免会从自身的文化本位出发去看待其他民族的文化,就会产生分歧或偏见。分布在不同国家的跨界民族由于其相似的文化特征及文化心理,一般属于同一个文化圈内,内在的文化联系会使他们紧密联系在一起,如同纽带一般构成跨界民族的体系网络,形成凝聚情感的向心力。因此打造跨界民族传统体育文化圈,对于稳定边疆、和平外交具有重要意义。

（二）举办跨国体育赛事

依托"一带一路"的发展契机,政府加大跨界民族体育文化的宣传,通过大型传统节日、跨国精品赛事等形式,让跨界民族传统体育文化有更多"露脸"的机会,以提高其知名度。打造具有鲜明特色的跨界民族传统体育项目,挖掘和整理出适应潮流的跨界民族传统体育优势项目,形成跨界民族体育活动在"一带一路"沿线"百花齐放、争奇斗艳"的局面。例如,中缅边境的中缅胞波狂欢节,自2000年开始,每年一届,已经成为中缅跨界民族传统体育精品赛事。在体育赛事举办的同时,中缅边境两地贸易往来更加频繁,文化交流与科技协作也更加密切。

---

① 梁心铭,韦晓康.文化圈视阈下跨界民族传统体育文化传承区的建构——以滇桂越边境为例[J].文体用品与科技,2019(13):28-29.

表 13　全国及周边国家跨界民族传统体育精品赛事一览表

时间	活动名称	传统体育项目	参与国家
1984—2019 每年正月十五举办	中国德宏景颇族国际目瑙纵歌节	刀舞	中国、缅甸
2000—2019 每年一届,已举办19届	中缅胞波狂欢节	赶摆、木瑙纵歌、藤球、顶杆等	中国、缅甸
2009—2020 每2年一届,已举办6届	中老越三国丢包节	丢包、陀螺、藤球	中国、老挝、越南
2015—2019 每年一届,已举办5届	佳木斯·同江中俄边境文化季	赫哲族舞蹈、跨境马拉松	中国、俄罗斯
2014—2019 每年一届,已举办6届	中俄民间体育大会（绥芬河）	武术、射箭、体育舞蹈	中国、俄罗斯
2014—2020 每两年一届,已办3届	世界游牧民族运动会（吉尔吉斯斯坦）	赛马、草原摔跤、马上射箭、马上角力、叼羊、猎鹰	80个国家和地区代表队
2017	国际叼羊赛（哈萨克斯坦）	叼羊	11个国家代表队

可以看出,目前,全国的跨界民族传统体育精品赛事不多,受关注度不足,普及性不高。借助"一带一路"倡议之东风,将更多的跨界民族传统体育打造成精品赛事,让更多人参与跨界民族传统体育赛事,体验传统体育乐趣,感受文化的差异与交融。

引入市场主导,打造精品赛事。市场化是跨界民族传统体育持续发展的必然选择,所以跨界民族传统体育既要迎合"全球化"发展浪潮,又要突出"民族特性",既要充分发挥市场主导的机制作用,也要政府参与的扶持与引导,以实现经济效益、社会效益和人文效益相统一。要打造跨界民族传统体育精品赛事要做到以下几个方面:一要树立赛事品牌意识,通过线上与线下结合做好宣传工作,扩大赛事的认可度;二要扩大跨界民族传统体育精品赛事的受众,增强赛事吸引力,以打造赛事品牌为目标;三要丰富体育赛事项目设置,不局限于某一运动项目,将跨界民族体育赛事发展为综合性国际体育赛事。例如,"中老越三国丢包狂欢节"已经成功举办六届,每两年举办一次,由中老越三国轮流举办,促进经贸、文化、体育、旅游、教育等领域的交流合作。丢包狂欢节活动内容丰富、精彩纷呈,有三国方阵巡游,边贸会等活动也成为了一项跨

第七章　民族传统体育文化促进"一带一路"跨界民族交往的策略

界民族传统体育的精品赛事。

扩大交流范围,促进赛事常态化。实现跨界民族交往必须增加体育赛事交流和体育文化互动,最重要的在于拓宽体育交流的空间和视野。首先,跨界民族体育赛事要通过建立开放有序的体育赛事交流平台,促进跨界民族体育赛事常态化运行。例如,青海国际民族传统射箭精英赛,有21个国家的代表队参赛,且该项赛事每年举办一次,由青海省境内的各个地级市承办。既打响了民族射箭品牌,也建立起以青海省为中心的国际民族射箭交流平台,每年一度的比赛成为民族射箭爱好者们最为期待的盛会。其次,跨界民族传统体育文化要加强学术交流,通过学术研讨会、论坛、在线直播等形式推进跨界民族传统体育文化的科研工作,促进研究成果向经济效益与社会效益转化。例如,中越瑶族文化交流国际学术研讨会,中越两国瑶族传统体育得以在会上探讨,共同研究瑶族传统体育赛事的未来发展路径。最后,互派教练员、体育工作者学习考察,学习彼此优势,了解国际最新赛事动向。

加强政策引导,科学运作赛事。跨界民族体育赛事的开发要加大政府扶持的力度,政府的有所为对于体育赛事开发的质量具有极大的推动作用。由于跨界民族体育赛事始办时间相对较晚,经验不足,相关保障制度缺位的现象依然存在,对此我们要充分发挥政府的主导职能,不但要在组织宣传和资金扶持方面下功夫,同时还要制定相关政策和制度,以完善赛事规程,加强组织协调机制,充分发挥政府宏观调控职能,建立健全体育赛事管理机制,将科学管理融入跨界民族传统体育赛事中,并构建相应的评估机制和保障机制,促进赛事体制的规范化并确保赛事有序进行。[①]一是要打破体育赛事本土垄断的局面,积极倡导"一带一路"沿线国家和地区申办体育赛事,对于经济欠发达地区,中国可以在技术资金、人才科技等方面给予帮助和支持。当前,国际叨羊比赛已经打破了本土垄断局面,将赛事举办城市设在"一带一路"沿线国家,吸引更多的运动员、观众参与其中。二是提高体育赛事的办赛规格和水平,通过联合办赛提高举办单位的层次和赛事级别,集中多个省市或多个国家的力量共同办赛。中老越三国丢包节就是由中国、老挝、越南三国共同举办的,每年在边境不同的国家进行,提高了办赛层级,也让更多周边的人们参与其中。三是引进专业体育经纪公司对体育赛事进行包装,

---

① 尹继林.中国—东盟体育赛事研究[J].体育文化导刊,2013(1):21-24.

做好赛事营销,提高赛事的服务水平。

市场在资源配置中起决定性作用,通过政策性的引导以及市场化的竞争,大浪淘沙,民族体育精品赛事会越发显得光彩熠熠。在"一带一路"的契机下,在政府部门大力扶持下,在跨界民族万众期盼下,跨界民族传统体育文化促进"一带一路"跨界民族交往,各沿线国家的民族传统体育赛事也将精彩纷呈。

(三)深入体育文化产业合作

跨界民族体育文化产业是"一带一路"倡议中经济产业布局中相当重要的一部分,该产业的兴旺发达将带动跨界民族及周边国家的商贸往来,为"一带一路"全产业建设起到纽带的作用。如何打造跨界民族体育文化产业成为亟待解决的问题,将"一带一路"沿线国家传统民族体育产业相互交融,单个区域的体育文化产业应学习先进的科技手段和管理方法,在保持着民族特色的同时将体育文化产业做得强盛。

整合体育产业资源,建立区域大产业格局。一是对以往和现有的跨界民族传统体育产业进行挖掘和资源整合,开发出迎合时代潮流且极具民族特色的体育小镇、体育旅游、体育赛事等产业,壮大跨界民族体育产业的队伍。二是充分市场化,将跨界民族体育产业在市场竞争中得以发展,发挥资源集聚效应,打破地域限制。调整跨界民族体育产业市场布局,形成产业集聚,将促进跨界民族体育产业更加国际化、规范化。例如,云南楚雄彝族自治州在彝族"火把节"期间举行摔跤、斗牛、赛马、射箭,充分开发少数民族特色体育资源,吸引了大批游客参加体验。

创新产业合作模式,营造经济政策环境。一是以博览会形式推广跨界民族体育产业项目,与休闲旅游、展会等行业结合,开发跨界民族传统体育表演业和竞赛产业,与时下流行的网络直播等网红经济相衔接,使跨界民族体育产业成为新的经济增长点。例如,中越边境的跨界民族以体育搭台,大力发展绣球产业。在"中国—东盟文化产业合作论坛"上,绣球最能代表壮族的民族特色,特别有纪念和收藏价值,绣球抛向了全世界,展现了中华民族的风采。二是政策扶持,创造良性的发展环境,发动更多的力量投入跨界民族体育文化交流,促进更多参与者进入和开辟"一带一路"沿线跨界民族体育市场。为了加强"一带一路"民族体育的交流与研究,国家体育总局和国家民委在2018年1月公告

第七章 民族传统体育文化促进"一带一路"跨界民族交往的策略

的《关于进一步加强少数民族传统体育工作指导意见》中指出,要推动"一带一路"沿线各国的民间体育文化交流,鼓励更多的社会组织、民间社团积极走出去,助推跨界民族优秀体育文化的国际传播,讲好中国故事,传播好中国声音。为跨界民族体育文化产业的"走出去"和"引进来"营造了良好的政策、市场环境。

打造文化特色品牌,文旅优势相互结合。跨界民族双边或者多边整合本地文化中的优势,选取特色鲜明的节庆活动进行重新整合规划,提升跨界民族传统体育文化的规模化和品牌效应。一是传统节庆像傣族的泼水节、壮族的歌圩节、侗族的花炮节以及瑶族的盘王节等可以整合为跨界民族传统体育文化交流的节庆活动,打造更多的像中缅胞泼狂欢节、中老越三国丢包节这样的品牌活动。二是文化产业与旅游业相结合的文旅产品,近年来在市场上大受游客喜爱。人们在休闲度假的同时,感受不同的民族习俗、民族特色,并且促进当地文旅产业经济的增长。例如,中俄边境的赫哲族打造了较为完整的体育旅游链,让游客在感受赫哲族民族特色与风土人情的同时,也参与了赫哲族体育文化表演以及体育运动项目之中。那乃族开展了以不予狩猎为主题并与历史文化相结合的体育文化旅游,成功打造了远东旅游区国内外游客最喜爱的民族文化旅游点。

跨界民族体育文化产业依靠优秀的特色传统体育项目,伴随着"一带一路"的发展机遇和体育旅游的兴起,必定能开拓出跨界民族体育文化项目产业化、规模化发展之路。

(四)推动跨界民族体育公共外交

跨界民族传统体育是体育外交的重要组成部分,体育活动群众基础好、社会影响大、受社会制度和意识形态的影响小,具有良好的外交效果。跨界民族进行传统比赛时,相邻国家相互交流,是展现国家形象的一个重要窗口。在体育活动中,最大限度地将民族资源、社会资源结合起来形成强大的合力,将本国爱好和平、珍惜友谊的民族性格更真实、持久地传递到其他国家,展现正面、真实的国际形象。如何推动跨界民族传统体育公共外交是亟待开拓的方向,将制度机制与交流平台相结合,为"一带一路"体育外交做开拓者和传播者。

共商共建国际化体育合作机制。通过双边或多边交流,增加体育交流合作的新内涵,例如,现有的"一带一路"学校体育论坛、"一带一路"民族体育论坛等内容各异的论坛或研讨会是跨界民族传统体育文化精彩亮相和精准宣传的平台。云南德宏州将深化国际旅游合作,大力发展边境旅游,建立中缅跨境合作机制写入政府五年工作计划中,借助"一带一路"发展契机与缅甸共建民族传统体育合作机制。

深化改革与创新,增强体育外交的内生力。一是借助"一带一路"发展契机,让跨界民族体育文化走出国门,走向世界,打造一批精品品牌向全球传递跨界民族体育的文化价值。例如,每年一度的环青海湖国际自行车赛,已成为全世界认可的中国品牌赛事。同时要完善运动项目、代表队以及体育企业"走出去"的相关政策服务,不再因繁琐的手续而影响众多交流合作的机会。二是发挥体育在"一带一路"倡议下对外援助的重要作用,加大对沿线国家的援助规模和数量,提供训练培训、运营指导等软件援助,体育场馆建设等硬件援助,以跨界民族传统体育文化助推"一带一路"沿线体育融合发展。

自古以来就有以武会友的传统文化,跨界民族以球会友、以箭会友,通过这些传统体育项目弘扬优秀的民族传统文化,提升了人们对"一带一路"倡议的认同感,在互动交流中树立了大国形象,提升我国的国际影响力。

三、构建跨民族体育文化传播路径,打造多维传播空间,提升国际话语权

跨界民族传统体育文化寄托于民族传统文化之上,是民族的,也是世界的文化瑰宝。跨界民族传统体育文化要想在"一带一路"沿线国家乃至全球立足,必须从跨文化传播的角度来制定系统的宣传策略、周密的宣传规划和有效的宣传方式。要进一步挖掘和整理跨界民族体育文化,逐步完善互动机制;要提升跨文化传播技巧,促进柔性传播;建立立体、多维传播渠道,提升国际话语权。

(一)进一步挖掘和整理跨界民族体育文化,逐步完善互动机制

跨界民族的体育文化交流不是封闭存在的,体育文化交流可以走自上而下的"政府主导型"革新和自下而上的"社会自组织型"继承两条

第七章　民族传统体育文化促进"一带一路"跨界民族交往的策略

道路,以"政府积极倡导创新"和"社会自我继承保护"并举而构建跨界民族体育文化交流平台,将某一区域的跨界民族体育文化与全世界联系在一起。① 可从以下几个方面进行跨界民族传统体育文化的指向性挖掘和互动机制研究工作。

1. 挖掘和整理跨界民族体育文化的自身特点和优势

在"人类命运共同体"理念认同下,发掘跨界民族体育文化中具有亮点、容易宣传、特色鲜明的文化信息进行着重宣传。如哈萨克族的国际叼羊比赛、蒙古族的那达慕大会,是跨界民族悠久的历史文化所孕育的传统文化,其深厚的传统文化和鲜明的民族特色将成为"一带一路"沿线国家和地区乃至全球传统体育文化中的明珠。发挥创新文化资源的整合手段,拓展跨界民族体育文化内涵。习近平总书记说:"唯改革者进,唯创新者强。"创新是保持跨界民族体育文化旺盛生命力的重要途径。在不断吸收优秀体育文化的基础上突出民族特色、地方特色,促进跨区域、跨文化和跨产业的资源整合,创新赛事内容和形式,拓展赛事承载文化的内涵,挖掘跨界民族体育现代价值,突出和弘扬自身特色文化。

2. 注重跨界民族体育文化核心理念的传播,科学定位传播方向

浅层文化的传播能让"一带一路"沿线国家和地区的民众产生一定的兴趣,但需要达到文化认同的程度必须传播文化的核心理念。其一,民族传统体育文化传播,不仅应扩大受众面,而且要提高受众接受质量。其二,通过分析国外民族体育文化发展经验,借鉴其成功经验,推动跨界民族传统体育有深度、有内容地传播。比如美国针对不同运动项目成立俱乐部,政府鼓励市场采用商业化运作模式进行科学运作。因此地方政府更应该科学定位民族体育传播方向,积极参与跨界民族体育项目,打造一批民族传统体育品牌赛事和品牌活动。

---

① 妥培兴."一带一路"战略下民族传统体育跨文化传播的价值、困境及消解[J]. 南京体育学院学报(社会科学版),2017(01):13-17.

3. 逐步完善跨界民族体育文化互动机制

民族传统体育文化传播,应在传播者与受众之间建构有效的沟通、交流机制。其一,跨界民族体育文化具有同源性,在多民族文化互动机制基础上,成立学会、论坛,与互联网相结合,开展线上、线下相结合的交流会,通过直播等形式让更多民族参与其中,促进跨界民族体育文化的互动。其二,健全跨界民族传统体育的新闻发布机制,利用媒体做好信息的沟通和宣传,在大型赛事或民族节庆活动之前,邀请国内外媒体参加新闻发布会,对赛事或活动进行全面的宣传、报道。

(二)提升跨文化传播技巧,促进跨界民族体育柔性传播

当前世界通信技术日新月异,社交媒体日益发展之际,体育意识的普及和人们参与体育活动的程度显著提高。各国体育的传播越来越倾向于使用更贴近民众的方式,媒体也更加注重使用日常化和口语化的表达方式来回应民众对体育的参与热情。因此,"柔性传播"方式成为主流媒体引导舆论并创新传播形式的重要手段。所谓柔性传播所指的是以柔和、内敛的方式,温和、友善和平等的态度,通过文字、图片、视频等灵活多变的形式传播平民化、生活化、个性化的内容,并注重受众的参与和双向互动,以达到潜移默化、润物细无声的传播效果,让主流思想深入人心。民族传统体育作为各民族宝贵的文化遗产,在跨文化传播之中面临着诸多的挑战。我们现在应该重新思考文化传播的意义,从注重传统意义上的大国硬实力展示转变为文化软实力传播,现在中国传媒在很大程度上仍沿袭"对外宣传"的思路和方法,这种传统的观念现在必须转变为"对外传播",即从以我为主到以受众为主,从重观点演绎到重事实归纳,从重官方发布到重媒介传播和民众传播,从单向灌输到双向沟通,从"后发制人转向先发制人"。① 从柔性传播的角度来看,讲好民族故事是跨界民族传统体育文化传播的新形式,民间信仰以及风俗习惯在民族历史发展进程中留下了深刻的印记,凸显出一个民族的特性,有利于将团结和睦、社会和谐的生动素材传播到"一带一路"沿线各国,促

---

① 李建军.提升新疆文化对外传播力的路径选择[J].当代传播,2012(02):76-78.

第七章　民族传统体育文化促进"一带一路"跨界民族交往的策略

进文化认同。

1. 尊重各国文化背景，打造差异化传播模式

不同国家有着不同的文化、价值观、传统和法律法规，这些差异会影响信息传播的方式和内容。尊重各国文化的差异是民族传统体育跨文化传播的首要前提。我们需要建立差异性文化传播体系，以解决民族传统体育在跨文化交流中受地域差异影响的问题，并减少文化误读现象。在推动民族传统体育文化传播的过程中，我们的民族体育文化工作者应深入研究不同国家和民族的生活方式、思想情况与民族性格，以便针对不同的国家和民族制定符合其文化传播需求的方案。同时，我们也应加强对自身文化的建设，不断提高本国的文化素养。在传播民族传统体育文化时，我们必须始终将自己的民族传统体育文化传播作为核心，即使在借鉴和改进其他传播和发展模式时，也必须以本国的传播方式为基础。如果在此过程中盲目借鉴他人的传播方式而忽视自身文化特色，最终可能导致文化的丧失。此外，在进行民族传统体育文化输出的过程中，我们应吸收其他民族和国家先进的文化成果，融入我们本民族的传统体育文化之中。民族传统体育文化应在传播中得到发展，在发展中得到传播，从而有利于将我国的传统体育文化转变为全世界共享的传统体育文化资源。柔性传播是传播艺术，需要技巧，需要给不同地区的民俗风情把脉，制定相应的策略。

在进行对外交流传播时，除了国家和地方政府重要传媒平台以外，还可以加强合法化的社会组织对外交流。在传播交流的国际舞台上看不见其他非政府组织的身影，这也是中国软实力存在的盲点。在促进更多非政府组织相互交流的同时，更要用好现有的非政府组织，诸如各类传统体育企业、各种民族体育协会、组织等，鼓励它们走上国际舞台，参与促进民族交流传播的活动中去。

2. 提升跨文化传播技巧，注重传播艺术

注重传播艺术其一是对传播内容的提升，内容上要避免空而大的宣传内容。国外受众多喜欢身边小事而引发的故事性内容，因此在跨界民族传统体育文化宣传设计中，可以从个人故事入手，以情动人、以事

感人。中央电视台《体育人间》栏目共分为人间故事、人间风云以及看人间三个板块,用平实的目光审视普通人普通事,浓缩百姓精华故事,提炼体育精神。讲述现代体育与各种不同文化、不同民族、不同职业人们的体育观念与活动,挖掘体育在人们生活与社会活动之间的深层次内涵。这档节目以纪录片形式在国外播出,大受好评,很多国外观众通过节目了解到中华民族体育的真实面貌,起到润物细无声的效果。近年来,少林寺通过在海外举办的武术表演,展示了中国武术的魅力和价值观,吸引了大量观众;中国—东盟国际皮划艇公开赛和南宁龙舟公开赛等赛事通过邀请各国队伍参赛,营造了一种团结互助的竞赛氛围,同时通过媒体的宣传和民间互动,展示了龙舟赛的文化内涵,提高了其国际知名度。其二,注重传播艺术,加强宣传内容的翻译工作。对于跨界民族传统体育文化中较为抽象的表达方式,如"金鸡独立、白鹤亮翅"等成语国外受众不理解,应多采用背景介绍和声画结合的方式进行传播。在形式上运用巧妙的包装,在内容上贴近国外受众的思维方式和思维习惯。不仅要确切阐述跨界民族传统体育项目的技术动作和竞赛规则,还要表达出传统文化的内涵与价值。

避免过于僵硬的传播手段,促进柔性传播。随着科技进步、经济发展,打破了信息垄断,人们接受信息的通道不再仅仅依赖于大众传媒,传统大众传播时代所形成的灌输式传播理念不适应当前跨界民族传统体育文化的传播。对于"一带一路"倡议,境外媒体存在着一些不同的声音,认为这是中国崛起后"天朝上国制度"的现代版,如果跨界民族体育文化传播方式不当,将会造成较不利的局面。因此,在开展跨界民族体育文化传播过程中要尽可能运用传播艺术,采用柔性传播,可以借鉴中华武术的传播思路,对文化产品进行植入,例如电影、动漫、综艺节目等;可以借助跨界民族、民间团体和游客进行人际传播,通过人际交流的方式促进"一带一路"沿线民众文化认同。避免夸张和宣扬国威,要让受众更全面、客观地接触我国的民族文化,在真实感受中认同文化。

(三)建立立体、多维传播的民族体育渠道,提升国际话语权

跨界民族体育文化借助"一带一路"相关理念强化民族传统体育的民族性和世界性,着力推动"一带一路"沿线国家和地区互办国际传统体育节的常态化建设,历史文化名城单项传统体育节永久举办地建设。

第七章　民族传统体育文化促进"一带一路"跨界民族交往的策略

要着重建立跨文化传播渠道,强化宣传媒介,掌握文化传播主动权,提高国际话语权。跨界民族传统体育文化的传播渠道建设是推动文化"走出去"的重要一环。

1. 建立多元的跨文化传播渠道

多元的跨文化传播渠道包括多元的传播主体和多元的渠道建设,跨界民族传统体育文化传播需要更多的主体参与其中,包括政府、企业、民间团体、自媒体等。

（1）多元化的传播主体

其一是以政府为传播主体,政府是跨界民族传统体育文化传播的重要推动力量。从公共外交的角度来看,政府可以通过举办精品体育赛事、文化交流活动和政治访问等方式,增强对跨界民族传统体育文化传播的重视。其二是以企业为传播主体,企业在跨界民族传统体育文化传播中扮演着重要的角色。一方面,企业可以通过生产并销售富含文化内容的产品,在消费者消费产品的过程中传播跨界民族体育文化,生产具有民族特色的体育器材和服装等,可以让消费者在购买产品的同时了解和传播跨界民族传统体育文化。例如,我国的醒狮文化和醒狮制造深受世界各国人民喜爱。舞狮在跨界民族交流中是较为重要的一项活动,而且参与群体较多,我国的醒狮制造工艺较为完备,相应产品远销各国,同时,醒狮的文创产品给人以活泼可爱的形象展示。另外,企业可以通过赞助体育赛事和其他文化活动,在提高品牌形象的同时,推动跨界民族传统体育文化的传播。其三是以民间团体为传播主体,民间团体是跨界民族传统体育文化传播的重要力量。通过各类社团进行交流与传播,民间团体可以更加深入地了解不同民族的特性,制定更具针对性的传播策略。例如,通过与周边国家的民间团体进行交流,共同举办民俗体育活动,可以让双方更加了解彼此的文化传统和价值观。还有以自媒体为传播主体,自媒体是当前信息传播的重要渠道之一。通过自媒体平台,每个人都可以成为信息的生产和传播者。在跨界民族传统体育文化的传播过程中,自媒体可以通过微博、B站、微信、抖音以及海外的推特、TikTok等平台进行传播。通过这些平台,我们可以将具有民族特色的体育赛事、文化活动等内容传播给更广泛的受众。

（2）多元化的渠道建设

除了多元化的传播主体外，还需要多元化的渠道建设来促进跨界民族传统体育文化的传播。具体来说，可以通过以下几个方面进行渠道建设：一是语言传播渠道建设。语言是文化传播的基础，在跨界民族传统体育文化的传播过程中，我们需要加强语言传播渠道的建设。一方面，可以通过翻译、配音等方式将跨界民族传统体育文化的相关资料翻译成其他语言，以便更多的人能够了解和接受这种文化；另一方面，可以通过举办语言培训班、翻译比赛等活动来提高公众的语言水平，从而更好地了解和传播跨界民族传统体育文化。二是数字媒体渠道建设。在跨界民族传统体育文化的传播过程中，我们需要加强数字媒体渠道的建设。例如，可以通过建设跨界民族传统体育文化网站、APP等平台来提供相关资讯和服务；通过社交媒体平台发布有关跨界民族传统体育文化的文章、视频等内容；通过搜索引擎优化技术提高相关内容的搜索排名等。三是文化交流渠道建设。文化交流是促进跨界民族传统体育文化传播的核心。在实践中，可以通过举办文化交流活动、参加国际文化展览等方式来加强文化交流渠道的建设。例如，可以举办具有民族体育特色文化活动，邀请周边国家的官员、运动员和其他群众参赛；通过相互间的民族传统体育文化展览，彰显跨界民族传统体育文化的精髓和特点等。

2. 强化媒介宣传，与全民健身相融合

跨界民族传统体育文化的传承和发展需要借助媒介的力量，通过宣传和推广，扩大其社会影响力和认知度。跨界民族传统体育文化可以通过扩大各类媒体的宣传与全民健身相融合，进一步推动其传承和发展。一方面，媒介宣传可以扩大跨界民族传统体育文化的影响力和认知度。媒体可以通过报道、拍摄、制作等方式，将跨界民族传统体育文化呈现在公众面前，介绍其历史渊源、文化内涵和特色，吸引更多人的关注和了解。同时，媒介宣传还可以通过组织各种形式的线上线下活动，让公众亲身参与其中，感受跨界民族传统体育文化的魅力。例如，浙江卫视推出的真人秀节目《奔跑吧兄弟》将龙舟元素导入节目之中，邀请人气极高的影视明星和奥运冠军共同参与划龙舟比赛，展现龙舟学习的每个阶段以及龙舟的划法和技巧。通过名人效应对传统民族体育龙舟项目

第七章 民族传统体育文化促进"一带一路"跨界民族交往的策略

进行推广,让观众在分享娱乐之时,感受团结协作、坚持到底的龙舟精神。可以建立体育文化产品网上销售模式,提供互联网便捷式服务;同时还可以打造网上体验式旅游,通过虚拟逼真的动画制作,使游客仿佛身临其境,以新颖的方式吸引民众眼球,开辟更大的发展空间和更广阔的渠道,扩大区域文化知名度。在跨界民族传统体育文化传播过程中,也要避免一味迎合媒体价值和受众心理,而丢失了民族特性,可能会陷入"文化荒漠"之中。只有保持其本真性和独特性,才能真正展现出跨界民族传统体育文化的魅力。

另一方面,与全民健身相融合是跨界民族传统体育文化传承和发展的重要途径之一。全民健身是当前国家和社会的一项重要工作,旨在提高全民身体素质和健康水平。跨界民族传统体育项目可以结合全民健身的需求和特点,进行相应的改编和创新,使其更符合现代社会的需求和人们的兴趣爱好。例如,赫哲族的传统舞蹈和土家摆手舞等可以被改编成舞蹈、音乐等形式,融入广场舞之中,让更多人了解和体验多民族文化的魅力。此外,内蒙古每年举行大小那达慕大会两百多场,搏克、蒙古象棋等传统体育项目已与全民健身相互融合,让公众亲身参与其中,感受跨界民族传统体育文化的魅力。只有通过实践和体验,才能真正了解和体验到跨界民族传统体育文化的内涵和特色。

通过媒介宣传和全民健身的融入,可以进一步推动跨界民族传统体育文化的传承和发展。同时也要注意保持其本真性和独特性,注重创新和改编,加强媒介素养教育以及注重实践和体验等方面的问题。只有这样才能够更好地传承和发展跨界民族传统体育文化。

3. 掌握文化传播的主动权,提升国际话语权

随着全球化的深入推进和信息技术的快速发展,文化传播的主动权和国际话语权已经成为国家软实力的重要体现。跨界民族传统体育文化作为中华文化的重要组成部分,也需要在国际舞台上发挥其独特的价值,不断提升国家文化软实力和国际话语权。一是要积极推进现代化科学技术与跨界民族体育文化的融合对接,运用互联网平台开辟跨界民族体育项目国际网站,用中英文等多种语言传播跨界民族传统体育文化,通过这种方式,可以让更多人了解和关注跨界民族传统体育文化,促进其在国内外的传播和推广。二是加强国际合作,寻求联合"发声",尤其

是与"一带一路"沿线国家民族体育文化的相互交流。"一带一路"沿线国家拥有丰富的民族体育文化资源,而进行体育赛事和文化活动是促进国际交流合作的重要途径,中国可以通过举办国际性体育赛事和跨界民族传统体育文化活动,邀请沿线国家参与和观摩,促进相互了解和增近友谊。同时,也可以通过派遣代表团访问沿线国家,积极参与当地的民俗活动和庆典仪式,增进对当地文化的了解和认同。只有这样才能够更好地展示中华文化的独特魅力,以及促进国家软实力的提升和发展。

参考文献

国外专著：

[1] 彼得·弗兰科潘. 丝绸之路：一部全新的世界史 [M]. 邵旭东,孙芳,译. 杭州：浙江大学出版社,2016.

[2] 弗雷德里克·巴斯. 族群与边界 [M]. 李丽琴,译. 北京：商务印书馆,2014.

[3] 阿尔弗雷德·格罗塞. 身份认同的困境 [M]. 北京：社会科学文献出版社,2010.

[4] 本尼迪克特·安德森. 想象的共同体 [M]. 上海：上海人民出版社,2005.

[5] 塞缪尔·亨廷顿. 我们是谁？——美国国家特性面临的挑战 [M]. 克雄,译. 北京：新华出版社,2005.

[6] 耶尔·塔米尔. 自由主义的民族主义 [M]. 陶东风,译. 上海：上海世纪出版集团,2005.

[7] 约翰·赫伊津哈. 游戏的人 [M]. 北京：中国美术学院出版社,1996.

[8] 皮埃尔·布迪厄, [美] 华康德. 实践与反思——反思社会学导引 [M]. 李康,李猛,译. 北京：中央编译出版社,1998.

[9] 陈重金. 越南通史 [M]. 戴可来,译. 北京：商务印书馆,1992.

[10] 克莱德·M·伍兹. 文化变迁 [M]. 石家庄：河北人民出版社,1989.

[11] 竹内敏雄. 艺术理论 [M]. 卞崇道,译. 北京：中国人民大学出版社,1990.

国内专著：

[1] 梁庭望. 壮族文化概览[M]. 南宁：广西民族出版社，2018.

[2] 梁庭望，厉声. 骆越方国研究（上册）[M]. 北京：民族出版社[M]，2017.

[3] 黑龙江省同江市八岔赫哲族乡八岔村志编纂委员会. 八岔村志[M]. 北京：方志出版社，2017.

[4] 凌纯声. 松花江下游的赫哲族（上册）[M]. 北京：民族出版社，2017.

[5] 中国少数民族传统体育大全编委会. 中国少数民族传统体育大全·上卷[M]. 沈阳：辽宁民族出版社，2017.

[6] 习近平. 决胜全面建成小康社会夺取新时代中国特色社会主义伟大胜利[M]. 北京：人民出版社，2017.

[7] 体育概论编写组. 体育概论[M]. 北京：北京体育大学出版社，2016.

[8] 陶玉流. 体育本体的文化哲学阐释[M]. 北京：北京体育大学出版社，2016.

[9] 赵宗福，等. 青海多元民俗文化圈研究[M]. 北京：中国社会科学出版社，2016.

[10] 任裕海. 全球化、身份认同与超文化能力[M]. 南京：南京大学出版社，2015.

[11] 张晓兵. 内蒙古俄罗斯族[M]. 呼和浩特：内蒙古文化出版社，2015.

[12] 吕余生. 中越壮侬岱泰族群文化比较研究[M]. 北京：社会科学文献出版社，2015.

[13] 王义桅. "一带一路"：机遇与挑战[M]. 北京：人民出版社，2015.

[14] 刘迎胜. 丝绸之路[M]. 南京：江苏人民出版社，2014.

[15] 刘轶. 我国学校民族传统体育发展路径研究[M]. 武汉：湖北人民出版社，2013.

[16] 李晴云，冯大志. 少数民族传统体育[M]. 北京：北京体育大学出版社，2013.

[17] 郑宇,曾静.仪式类型与社会边界:越南老街省孟康县坡龙乡坡龙街赫蒙族调查研究[M].北京:中国社会科学出版社,2013.

[18] 李泓.改革开放以来中国文化变迁研究[M].北京:中国社会科学出版社,2013.

[19] 张友谊.文化软实力提升当代中国文化建设的社会影响[M].济南:济南出版社,2013.

[20] 凌纯声.松花江下流的赫哲族(下册)[M].北京:民族出版社,2012.

[21] 梁庭望.中国壮族[M].银川:宁夏人民出版社,2012.

[22] 中央民族大学体育学院少数民族体育用品项目课题组.少数民族体育用品—中国少数民族特需商品传统生产工艺和技术保护工程第四期工程[M].北京:中央民族大学出版社,2011.

[23] 金炳镐.跨界民族与跨界民族问题[M].北京:中央民族大学出版社,2010.

[24] 何玉芳.赫哲族那乃族文化变迁比较研究[M].北京:世界图书出版公司,2009.

[25] 岳品荣.景颇族目瑙纵歌历史文化[M].德宏:德宏民族出版社,2009.

[26] 祁惠君,唐戈,时春丽.额尔古纳俄罗斯族现状与发展研究[M].北京:中国社会科学出版社,2008.

[27] 李晓林.边境的边(卷1)[M].北京:民族出版社,2008.

[28] 姚重军,薛峰.民族传统体育文化概论[M].兰州:甘肃民族出版社,2008.

[29] 王岗.民族传统体育与文化自尊[M].北京:北京体育大学出版社,2007.

[30] 易剑东.体育文化学[M].北京:北京体育大学出版社,2006.

[31] 新疆维吾尔族自治区民族事务委员会.新疆少数民族传统体育运动项目汇编[M].乌鲁木齐:新疆人民出版社,2006.

[32] 丁玲辉.西藏的民族传统体育[M].拉萨:西藏人民出版社,2006.

[33] 韦晓康,等.少数民族传统体育可持续发展研究[M].北京:中央民族大学出版社,2006.

[34] 包路芳.社会变迁与文化调适——游牧鄂温克族社会调查研究

[M].北京:中央民族大学出版社,2006.

[35] 张选惠.民族传统体育概论[M].北京:人民体育出版社,2006.

[36] 查干扣.肃北蒙古人[M],北京:民族出版社,2005.

[37] 新疆维吾尔自治区民族宗教事务委员会.新疆少数民族传统体育项目汇编[M].乌鲁木齐:新疆人民出版,2006.

[38] 费孝通.反思·对话·文化自觉[M].北京:中国社会科学出版社,2005.

[39] 徐玉良.中国少数民族传统体育史[M].北京:民族出版社,2005.

[40] 杨强.清代蒙古族盟旗制度[M].北京:民族出版社,2004.

[41] 韦晓康.壮族传统体育文化研究[M].北京:中央民族大学出版社,2004.

[42] 姚重军.少数民族传统体育文化研究[M].北京:民族出版社,2004.

[43] 吴飞驰.企业的共生理论:我看见了看不见的手[M].北京:人民出版社,2002.

[44] 文山壮族苗族自治州地方志编纂委员会.文山壮族苗族自治州志(第五卷)[M].昆明:云南人民出版社,2001.

[45] 金炳华.哲学大词典(修订本)[M].上海:上海辞书出版社,2001.

[46] 郭振铎,张笑梅.越南通史[M].北京:中国人民大学出版社,2001.

[47] 何昆.景洪县志[M].昆明:云南人民出版社,2000.

[48] 胡小明.民族体育[M].南宁:广西师范大学出版社,2000.

[49] 纳日碧力戈.现代背景下的族群建构[M].昆明:云南教育出版社,2000.

[50] 范宏贵.越南民族与民族问题[M].南宁:广西人民出版社,1999.

[51] 布林特古斯.蒙古族民俗百科全书(文化卷)[M].赤峰:内蒙古科学技术出版社,1999.

[52] 云南省沧源佤族自治县地方志编纂委员会.沧源佤族自治县志[M].昆明:云南民族出版社,1998.

[53] 袁纯清,谢锐.共生理论——兼论小型经济[M].北京:经济科学出版社,1998.

[54] 林耀华.民族学通论[M].北京:中央民族大学出版社,1997.

[55] 李明伟.丝绸之路贸易史研究[M].兰州:甘肃人民出版社,1997.

[56] 刘生文.藏族体育[M].兰州:甘肃民族出版社出版,1994.

[57] 关东升.中国民族文化大观(藏门珞卷)[M].北京:中国大百科全书出版社,1994.

[58] 金春子,王建民.中国跨界民族[M].北京:民族出版社,1994.

[59] 郑晓云.文化认同论[M].北京:中国社会科学出版社,1992.

[60] 国家体委文史委员会,中国体育博物馆.中华民族传统体育志[M].南宁:广西民族出版社,1990.

[61] 米·依·伊万宁.铁木真帖木儿用兵论[M].都固尔扎布,译.呼和浩特:内蒙古文化出版社,1987.

[62] 云南省少数民族古籍整理出版规划办公室.哈尼阿培聪坡坡[M].昆明:云南民族出版社,1986.

[63] 中国体育年鉴编辑委员会.中国体育年鉴1981[M].北京:人民体育出版社,1984.

[64] 西藏研究编辑部.西藏志卫藏通志[M].拉萨:西藏人民出版社,1982.

[65] 中国体育年鉴编辑委员会.中国体育年鉴1979[M].北京:人民体育出版社,1981.

[66] 中国体育年鉴编辑委员会.中国体育年鉴1963[M].北京:人民体育出版社,1965.

[67] 范晔.后汉书(第10册)[M].李贤,等,注.北京:中华书局,1965.

[68] 中国体育年鉴编辑委员会.中国体育年鉴1949-1962[M].北京:人民体育出版社,1964.

[69] 马克思,恩格斯.马克思恩格斯全集(第45卷)[M].北京:人民出版社,1961.

[70] 柯斯文.原始文化史纲[M].北京:人民出版社,1955.

[71] 凌纯声.松花江下流的赫哲族[M].北京:国立中央研究院历史语言研究所,1934.

[72] 郑若曾.《筹海图编》,《江南经略》卷8下《调狼兵记》.
[73] 干宝. 搜神记: 卷十四 [M]. 南京: 江苏凤凰文艺出版社, 2019.

国外期刊：

[1]Shah R A.How Does China – Pakistan Economic Corridor Show the Limitations of China's 'One Belt One Road' Model[J].Asia & the Pacific Policy Studies,2018,5（2）: 378-385.

[2]Christian P . One Belt, One Road – China's new grand strategy [J].Journal of Chinese Economic and Business Studies,2017,15（3）: 289-305.

[3]Koinova, M.Conditions and Timing of Moderate and Radical Diaspora Mobilization: Evidence from Conflict-Generated Diasporas[J]. Global Migration and Transnational Politics Working Paper,2009（9）.

[4]Hall, J.and R. Kostic.Does Integration Encourage Reconciliatory Attitudes among Diasporas?[J].Global Migration and Transnational PoliticsWorking Paper,2009（7）.

[5]Orum, A.M.Circles of Influence and Chains of Command: The Social Processes Whereby Ethnic Communities Influence Host Societies[J].Social Forces,2005,84（2）.

[6]Heraclides, A.Secessionist Minorities and External Involvement[J].International Organization,1990,44（3）.

国内期刊：

[1] 裴永杰. "一带一路"战略下中国体育文化国际传播研究——以伯克认同理论为视角 [J]. 广州体育学院学报, 2020.1（40）: 28-31.

[2] 梁心铭, 韦晓康. 文化圈视阈下跨界民族传统体育文化传承区的建构——以滇桂越边境为例 [J]. 文体用品与科技, 2019（13）: 28-29.

[3] 王俊鹏, 陶喜红, 张怀成. "一带一路"倡议下体育外交的价值与发展策略 [J]. 体育文导刊, 2019（06）: 1-6.

[4] 习近平. 文明交流互鉴是推动人类文明进步和世界和平发展的重要动力 [J]. 思想政治工作研究, 2019（06）: 7-9.

[5] 杜琼.云南参与"一带一路"建设：基础·问题·策略[J].中共云南省委党校学报2019,5（20）：104-108.

[6] 中根千枝,旦却加.锡金的复合社会研究——绒巴族、菩提亚族、尼泊尔人（上）[J].青海民族大学学报,2019（3）：8-25.

[7] 白庆平."一带一路"战略背景下少数民族传统体育的可持续发展研究—以广西仫佬族为例[J].体育科技,2019.6（40）：108-110.

[8] 张宝成,等.多民族国家视域下的文化认同研究[J].贵州民族研究,2019,4（40）：12.

[9] 梁昊光,等."一带一路"建设中的体育交流与合作研究[J].首都体育学院学报,2019,31（3）：195-200.

[10] 王琦,余欣欣.经济全球化背景下"一带一路"意义研究[J].新西部,2019.11：49-50.

[11] 王兰、韩衍金.精准扶贫视域下少数民族传统体育价值及发展愿景[J].北京体育大学学报,2019,5（42）：120-129.

[12] 朱晓东,刘炎斌,赵慎.健康中国建设背景下的"体医结合"实践路径研究——基于现代医学模式视角[J].山东体育学院学报,2019,3（45）：33-38.

[13] 覃劲,尤文民.改革开放以来赫哲族渔猎文化遗产的创造性转化——"乌日贡"的文化传承功能[J].黑龙江民族丛刊,2018（3）：136-141.

[14] 张利娟."一带一路"倡议：为中国新一轮改革开放注入动力[J].中国报道,2018（9）：99.

[15] 张德胜,张钢花,李峰.体育外交在我国强国建设中的作用及实践路径[J].上海体育学院学报,2018,42（1）：27-32.

[16] 张小龙,丁雨.我国民族体育文化特征及其传承新解[J].贵州民族研究,2018,9（39）：95-98.

[17] 钟秉枢,刘兰,张建会.新时代中国体育外交新使命[J].体育学研究,2018,1（2）：37-44.

[18] 李成龙,金青云.国家认同视野下朝鲜族传统体育文化价值研究[J].西安体育学院学报,2018,5（35）：477-583.

[19] 刘慧娇.浅析小乘佛教对傣族舞蹈的深远影响[J].戏剧之家,2018（22）：118-119.

[20] 王灵玲."一带一路"背景下我国民族文化的传播与发展[J].

黑龙江民族丛刊,2018（6）:99-103.

[21] 张珊珊,王韶峰,隋东旭.中俄跨界民族（赫哲族－那乃族）体育文化流变研究[J].体育文化导刊,2018（6）:74.

[22] 陶恩海,程传银."一带一路"背景下中国与非洲节点国家体育合作研究[J].辽宁体育技,2018,40（05）:1-6.

[23] 龚晓莺.新时代背景下"一带一路"战略实施的意义、面临的挑战及对策[J].海派经济学,2018（0）:67-77.

[24] 郑信哲.朝鲜族的跨国流动及其影响研究[J].北方民族大学学报（哲学社会科学版）,2018（1）:44-46.

[25] 张丽娜.中俄跨境塔塔尔—鞑靼族发展特色及其体现[J].黑河学刊,2017（9）:90.

[26] 李诚、马树勋.边疆民族地区社会治理机制创新的理论思考[J].中共云南省委党校学报,2017（6）:139.

[27] 李晓通,冯强,李开文.西南跨境少数民族传统节日体育文化的边疆治理辅助价值探析[J].体育文化导刊,2017（4）:23.

[28] 周建新,侯曙光.中越边境地区苗族回归边民研究——基于广西靖西市弄关屯的田野考察[J].青海民族研究,2017（7）:83-85.

[29] 夏立平.全球共生系统理论与构建中美新型大国关系[J].美国研究,2017（1）:21-45+5.

[30] 赵颖,卢芳芳.首届"跨界民族与中国周边关系"研讨会综述[J].中国周边外交学刊,2017（01）:244-252.

[31] 谢中元."一带一路"建设与非物质文化遗产保护问题探论[J].理论导刊,2017（7）:78-82.

[32] 张永攀."藏哲边界"争议与近代中印边界锡金段划定[J].边界与海洋研究,2017（9）:35-47.

[33] 薛文忠."一带一路"战略下我国民族传统体育的国际传播基本体系研究[J].,南京体育学院学报（社会科学版）,2017（02）:36-40.

[34] 唐雪琼,钱俊希,杨茜好.跨境流动视域下的节庆文化与民族认同研究—中越边境苗族花山节案例[J].地理科学进展,2017（9）:1081-1091.

[35] 王子朴,朱亚成."一带一路"背景下体育赛事发展的价值、困境与策略[J].北京体育大学学报,2017（07）:2.

[36] 妥培兴."一带一路"战略下民族传统体育跨文化传播的价值、

困境及其消解[J].南京体育学院学报,2017（1）:13-17.

[37] 努尔巴哈提·吐尔逊.中国哈萨克族跨国移民研究——以哈萨克斯坦为例[J].西北民族研究,2016（1）:86-90.

[38] 张继龙.国内学界关于人类命运共同体思想研究述评[J].社会主义研究,2016（06）:165-172.

[39] 韦晓康,蒋萍.民俗体育文化在社会治理中的作用研究[J].中国体育科技,2016（7）:15.

[40] 吴楚克,齐那儿.乌孜别克族：中亚人口最多的跨境民族[J]..中国民族报,2016（07）:8.

[41] 吴楚克,更尕易西.门巴族：从遥远的历史走来[J].中国民族报,2016（06）:8.

[42] 吴楚克,更尕易西.珞巴族：见证时代变迁的古老民族[J].中国民族报,2016（07）:8.

[43] 李逊.清末民初沙俄的东北语言教育政策特点及效果[J].哈尔滨师范大学社会科学学报,2016（6）:166-170.

[44] 马戎.如何认识"跨界民族"[J].开放时代,2016（6）:64.

[45] 曹萌,横田咲子.东北跨境民族的形成及文化传承发展研究的意义[J].边疆经济与文化,2016（7）:38-41.

[46] 李卫民,曾建明.新疆与中亚跨境民族体育文化的互动发展——从文化互动优势谈起[J].新疆师范大学学报,2016（2）:67-70.

[47] 刘志刚.田径运动员移民归化问题研究[J].体育科技,2016,37（01）:22-23.

[48] 李湖江.中国与东盟佛教文化交流探索[J].法音,2015（6）:31-35.

[49] 刘卫东."一带一路"战略的科学内涵与科学问题[J].地理科学进展,2015（5）:538-544.

[50] 林民旺.印度对"一带一路"的认知及中国的政策选择[J].世界经济与政治,2015（5）:42-54.

[51] 李向阳.构建"一带一路"需要优先处理的关系[J].国际经济评论,2015（1）:54-63.

[52] 李莹,李雨衡.古代西南地区土司军事体育研究[J].军事体育学报,2015,34（01）:19-22.

[53] 陈瑶瑶.中国传统体育文化自觉及对其发展的思考[J].浙江体

育科学,2015,37(6):11-15.

[54] 金雄.东亚秩序与一带一路发展战略[J].延边大学学报,2015(3):5-10.

[55] 李俊清,黎海波.中国的跨界民族与边疆公共事务治理[J].公共管理学报,2015,1(12):1-10.

[56] 毛艳华."一带一路"对全球经济治理的价值与贡献[J].人民论坛,2015(9):31.

[57] 郝葵.中国俄罗斯族:跨境与原生态之辩[J].贵州民族研究,2015(9):60-61.

[58] 何茂春,等."一带一路"战略面临的障碍与对策[J].新疆师范大学学报(哲学社会科学版),2015(3):36-44.

[59] 杜德斌,马亚华."一带一路":中华民族复兴的地缘大战略[J].地理研究,2015(6):1005-1014.

[60] 郭承真.在"一带一路"上播撒中国伊斯兰教和平的种子[J].中国宗教,2015(6):40.

[61] 裴勇.发挥宗教优势,助力"一带一路"建设[J].中国宗教,2015(6):34.

[62] 卓新平."一带一路"上的宗教:历史积淀与现实处境[J].中国宗教,2015(6):31.

[63] 黄继炜.发挥福建优势,融入"一带一路"建设[J].福建论坛(人文社会科学版),2015(5):141.

[64] 刘慧,等."一带一路"战略对中国国土开发空间格局的影响[J].地理科学进展,2015(5):551.

[65] 王志民."一带一路"背景下的西南对外开放路径思考[J].人文杂志,2015(5):26.

[66] 韩永辉,等.中国与西亚地区贸易合作的竞争性和互补性研究——以"一带一路"战略为背景[J].世界经济研究,2015(3):89.

[67] 杜兰."一带一路"倡议:美国的认知和可能应对[J].新视野,2015(2):111.

[68] 韩冰.赫哲—那乃跨界民族传统音乐文化变迁研究[J].中国音乐,2015(2):113.

[69] 刘国斌."一带一路"基点之东北亚桥头堡群构建的战略研究[J].东北亚论坛,2015(2):93.

[70] 张弛."一带一路"战略视角下构建中阿公共外交体系初探[J].回族研究,2015(2):112.

[71] 张灼华,陈芃.中国香港:成为"一带一路"版图中的持续亮点[J].国际经济评论,2015(2):88.

[72] 吴月刚,孙强.内蒙古呼伦贝尔市的跨界民族及影响其国家认同的主要因素[J].黑龙江民族丛刊,2015(1):004.

[73] 黄益平.中国经济外交新战略下的"一带一路"[J].国际经济评论,2015(1):48-53.

[74] 姜虎."一带一路"战略中新疆区位优势分析[J].邢台职业技术学院学报,2015,4(32):97-100.

[75] 金玲."一带一路":中国的马歇尔计划?[J].国际问题研究,2015(1):88-99.

[76] 金青云.中国朝鲜族弓箭运动研究[J].吉林体育学院学报,2015,31(10):99－104.

[77] 储殷,高远.中国"一带一路"战略定位的三个问题[J].国际经济评论,2015(2):90-99.

[78] 张文木.千里难寻是朋友,朋友多了路好走——谈谈"一带一路"的政治意义[J].太平洋学报,2015(5):46-58.

[79] 周立环.浅谈帕森斯的结构功能主义[J].世纪桥,2015(11):60-61+88.

[80] 赵菡菡."一带一路"与阿拉伯地区的政治走向[J].人民论坛,2015(17):231-233.

[81] 徐亮.美国对"一带一路"倡议的认知分类与反应策略[J].学理论,2015(32):15.

[82] 学诚.发挥佛教在"一带一路"进程中的文化纽带作用[J].中国宗教,2015(6):38-39.

[83] 杨韶艳."一带一路"建设背景下对民族文化影响国际贸易的理论探讨[J].西南民族大学学报(人文社科版),2015(6):38-40.

[84] 彭克慧."一带一路"的战略优势、现实困境及对策研究[J].湖北社会科学,2015(11):39-43.

[85] 农淑英.文化软实力视域下中越边境文化交流合作探讨——以广西崇左市为例[J].广西民族师范学院学报,2015(2):64-66.

[86] 夏立平.论共生系统理论视域下的"一带一路"建设[J].同济

[87] 吴兴帜. 中越跨界民族交往与边民社会治理研究——以云南省河口、金平县为例 [J]. 青海师范大学学报（哲学社会科学版），2015，37（2）：50-55.

[88] 明浩."一带一路"与"人类命运共同体" [J]. 中央民族大学学报（哲学社会科学版），2015，（06）：2.

[89] 王聪. 体育概念的发展史及其概念的界定 [J]. 体育世界，2014（2）：76-77+71.

[90] 王瑜. 大众传媒视角下民族传统体育文化的国际传播策略研究 [J]. 新闻界，2014（18）：34-38.

[91] 戴维·科利尔，乔迪·拉波特，詹森·西奈特，汪仕凯. 使类型学更有效：概念形成、测量与精确分析 [J]. 比较政治学前沿，2014（01）：152-173.

[92] 尹晓燕. 云南少数民族体育的宗教渊源及影响 [J]. 贵州民族研究，2014（10）：114-117.

[93] 徐祖祥. 中越跨境民族文化生态类型及发展趋势 [J]. 广西民族师范学院学报第 31 卷第 4 期，2014.8.

[94] 白林海. 论藏族形成跨界民族之成因 [J]. 贵州民族研究，2014（8）：26-29.

[95] 张原."走廊"和"通道"：中国西南区域研究的人类学再构思 [J]. 民族学刊，2014（4）：1-7.

[96] 吴金光，徐黎丽. 中国的跨界民族与国家安全问题初探 [J]. 祖国，2014（8）：39.

[97] 丛密林. 民间体育、民俗体育、民族体育和民族传统体育概念辨正 [J]. 体育科技文献通报，2014，22（1）：3-5.

[98] 梁家胜. 本土民间文化的诗意想象和学理构建——《青海多元民俗文化圈研究》述评 [J]. 西北民族研究，2014（01）：194-197+164.

[99] 雷巍，黄聪. 藏族传统体育发展与藏传佛教的关系 [J]. 武汉体育学院学报，2013（8）：54-58.

[100] 李育民. 中越制度文化交流及其影响 [J]. 晋阳学刊，2013（2）：53-60.

[101] 苏长和. 共生型国际体系的可能——在一个多极世界中如何构建新型大国关系 [J]. 世界经济与政治，2013（9）：4-22+155.

参考文献

[102] 艾买提,冯瑞.中国周边国家和地区回族的跨国分布及人口探析[J].新疆大学学报(哲学·人文社会科学版),2013(9):87-91.

[103] 赵明生.跨境少数民族佤族的节日文化[J].节日研究,2013(1):232.

[104] 郭玲玲.文化安全视角下的民族传统体育发展[J].南京体育学院学报(社会科学版),2013,27(1):25-30.

[105] 韦福安.跨界民族交往心理的构成要素分析[J].广西民族师范学院学报,2013,31(1):143-147.

[106] 施鹭玺.体育对外交往研究——云南"桥头堡"建设中加强与东南亚、南亚周边国家体育交往与合作研究[J].大众体育,2013(76):142-143.

[107] 王珊.试析内蒙古与蒙古国的跨界民族问题[J].今日中国论坛,2013(7):188-189.

[108] 赵爱国.体育交流在国际关系和谐发展中的促进作用:中国体育体制与政策的路径选择[J].太平洋学报,2013,21(2):27-34.

[109] 晏瑞琴,龚云娥.哈尼族磨秋的历史流变与传承保护研究[J].曲靖师范学院学报,2013(3):73-76.

[110] 尹继林,李乃琼.广西与东盟民族体育赛事交流研究[J].广西社会科学,2013(7):40-43.

[111] 尹继林.中国—东盟体育赛事研究[J].体育文化导刊,2013(1):21-24.

[112] 余锦龙.略论中印关系问题的历史脉络[J].中央民族大学学报,2013(5):167-170.

[113] 唐戈.文化圈理论与萨满文化圈[J].满语研究,2013(02):132-136.

[114] 蒙军,等.中越边境世居民族节庆体育与民族文化认同研究——以崇左市左州壮族"金山节"为例[J].西昌学院学报(自然科学版),2012,26(1):107-111.

[115] 凌齐.中国—东盟自由贸易区内广西体育文化对外交流研究[J].科技信息,2012(14):285-286.

[116] 刘朝猛.中越边境民俗体育在全民健身中的价值研究——以广西崇左地区为个案[J].南京体育学院学院,2012(1):134-136.

[117] 李延超.建国以来少数民族体育发展的回顾与展望[J].山东

体育科技,2012(6):44-45.

[118] 李建军.提升新疆文化对外传播力的路径选择[J].当代传播,2012(02):76-78.

[119] 李乃琼.中越体育交往研究[J].体育文化导刊,2012(8):13-16.

[120] 韩二涛,黄河.赫哲族渔猎体育研究[J].体育文化导刊,2012(7):107-109.

[121] 张世均.从外蒙独立历程论苏(俄)联对华政策中的民族利己主义[J].西南民族大学学报,2012(11):195-197.

[122] 魏春洁,崔玉范.从传统到现代俄罗斯那乃族的文化变迁[J].黑龙江教育学院学报,2012(9):150-151.

[123] 苏叶,刘志民,包呼格吉乐图.蒙古国那达慕的起源与发展[J].体育文化导刊,2012(6):123.

[124] 王向然.中国跨界民族状况及其形成[J].许昌学院学报,2012(4):104-106.

[125] 陈惠娜,等.京族传统节日中体育的社会价值探寻[J].体育科技,2012,3(33):20-22.

[126] 李学保.新中国成立以来我国跨界民族问题的形成与历史演变[J].西南民族大学学报(人文社会科学版),2012(2):7.

[127] 胡守钧.国际共生论[J].国际观察,2012(4):35-42.

[128] 胡英清,蒋心萍,黄河,吴铁勇.越南高校体育专业人才培养模式现状研究[J].职能信息技术应用学会会议论文集,2011:333-337.

[129] 张新辉,赵凤霞.新疆民族传统体育文化圈及其特征研究[J].福建体育科技,2011,30(003):4-7.

[130] 金应忠.国际社会的共生论——和平发展时代的国际关系理论[J].社会科学,2011(10):12-21.

[131] 陆海发.边疆治理中的认同问题及其整合思路[J].西北民族大学学报(哲学社会科学版),2011(5):51-56.

[132] 韦晓康.关于民族体育、民族传统体育、民俗体育、民间体育等概念及其关系的思考[J].运动精品,2011(2):9.

[133] 雷勇.论跨界民族的文化认同及其现代建构[J].世界民族,2011(2):9-12.

[134] 张黎明.仪式与民族村寨文化的构建——以中越边境太平村

哈尼族的调查为例[J].楚雄师范学院学报,2011（1）：59-64.

[135] 朱智红.佛教与傣族的传统体育[J].边疆经济与文化,2011（11）：144.

[136] 陈茂荣.论"民族认同"与"国家认同"[J].学术界,2011（4）：56-67+282-283.

[137] 吴楚克,王倩.认同问题与跨界民族的认同[J].云南师范大学学报（哲学社会科学版）,2011（3）：58.

[138] 郝晓光,廖小韵,胡小刚,等.中国地图上应标注的藏南重要地名——巴昔卡[J].大地测量与地球动力学,2010（8）（增刊）：161-164.

[139] 陈文清,陈永香.跨界民族共振效应与边疆地区的和谐发展——以云南跨界民族为例[J].楚雄师范学院学报,2010（11）：57-60.

[140] 黄华敏.中越边境崇左市体育旅游资源开发优势与对策研究[J].攀枝花学院学报,2010（6）：99.

[141] 李学保.跨界民族问题与中国国家安全：建国60年来的探索与实践[J].中南民族大学学报（人文社会科学版）,2010（1）：12.

[142] 才让.藏传佛教金刚法舞的起源研究[J].民族艺术,2010(1)：61-64.

[143] 惠慧.中亚跨境民族之比较——中亚维吾尔族与哈萨克族之比较[J].乌鲁木齐职业大学学报,2009（2）：12.

[144] 曾建民,等.新疆与中亚跨界民族体育文化的互动及其价值研究[J].新疆社会科学,2009（2）：42-43.

[145] 雷勇.论跨界民族的历史记忆[J].黑龙江民族丛刊,2009(2)：24-29.

[146] 李保平.从习惯、习俗到习惯法——兼论习惯法与民间法、国家法的关系[J].宁夏社会科学,2009（02）：16-20.

[147] 彭金城.异性追逐岩画与新疆少数民族传统体育文化变迁研究——以巴里坤县双马图岩画为例[J].黑龙江史志,2009（8）：110+121.

[148] 李正亭.论元明清时期中老边地民族与疆界发展变迁关系[J].阿坝师范高等专科学校学报,2009（4）：43-45+60.

[149] 苏勇.文化身份认同与建构中的文化主体性[J].贵州师范大学学报(社会科学版),2009,（01）：13.

[150] 朱梅新,张新辉,李进国.新疆民族传统体育的人文地理特征研究[J].西安体育学院学报,2009（01）：50-51.

[151] 赵玉娟.民族传统体育与全民健身计划[J].河南机电高等专科学校学报,2008,16（4）：62.

[152] 周华,唐拥军.广西壮族抛绣球文化特征与健身价值的研究[J].职业时空,2008,4（10）：182.

[153] 秦红增,李先进.侬峒：再现于节俗文化中的乡村生活探析[J].文化遗产,2008（3）：108-112.

[154] 吴钦敏.用新的文化发展观推动民族文化大发展大繁荣[J].贵州民族研究,2008（6）：31-36.

[155] 雷勇.论跨界民族的多重认同[J].内蒙古社会科学,2008（5）：28-32.

[156] 何跃.中国与中南半岛国家地缘关系分析[J].上海师范大学学报,2008（11）：109.

[157] 纪勇.论现代中亚与中国新疆的跨境民族及跨境民族问题[J].科技风,2008（10）：131.

[158] 白晋湘,张小林,李玉文.全球化语境下我国民族传统体育文化认同与文化适应[J].北京体育大学学报,2008（09）：1153-1157.

[159] 杨雷,杨慧馨,黄玉涛,等.东北地区民族传统体育的传承与流变[J].哈尔滨体育学院学报,2008（6）：47.

[160] 王一鸣,乔蕊.加强跨界民族工作促进云南民族和谐——跨界民族研究的理论与现实[J].今日民族,2007（9）：53.

[161] 周建新.缅甸各民族及中缅跨界民族[J].世界民族,2007（4）：90.

[162] 方铁.云南跨境民族的分布、来源及其特点[J].广西民族大学学报（哲学社会科学版）,2007（9）：9-14.

[163] 冯瑞(热依曼),艾买提.中国西北疆界变迁及周边跨国民族特征[J].广西民族大学学报（哲学社会科学版）,2007（9）：15-20.

[164] 胡小明.中国少数民族传统体育的文化多元价值[J].体育学刊,2007（8）：5-9.

[165] 陈立华.东北少数民族传统体育文化成因研究[J].大连民族学院学报,2007（3）：80-83.

[166] 李静.民族交往心理构成要素的心理学分析[J].民族研究,

2007（6）：22-32.

[167] 王士录."和谐边疆"建设的成功范例——中缅边民大联欢50周年纪念[J].云南社会科学,2007（2）：100-103.

[168] 李砚忠.试析新制度主义的意识形态理论及其现代意义[J].重庆社会科学,2007（4）：31-35.

[169] 芦平.全面建设小康社会与少数民族体育文化[J].甘肃社会科学,2007（3）：18-21.

[170] 石河子经济技术开发区招商中心.新疆各大口岸概览[J].俄罗斯中亚东欧市场,2006（8）：41-46,

[171] 王光荣.边境地区有形文化遗产的保护与开发利用[J].钦州师范高等专科学校学报,2006（4）：74-78.

[172] 杨放等.广西民族体育产业化政策研究[J].体育学刊,2006（7）：69-72.

[173] 丁玲辉、毕卫忠.藏族传统体育活动的形成与起源因素探析[J].西藏大学学报.2006,12（2）：97-104.

[174] 曾梦宇.湘桂黔侗族地区区域经济协作发展探析[J].广西社会科学,2006（10）：61.

[175] 吕秀莲、田丽华.清代东北地方志对赫哲族历史的研究价[J]值.佳木斯大学社会科学学报,2006（9）：92.

[176] 龚锐.,在异域与本土之间——中国西双版纳打洛镇傣族与缅甸掸族的跨境宗教文化交往[J].贵州民族研究,2006,26（3）：32-35.

[177] 黄兴球.中老跨境民族的区分及其跨境特征论[J].广西民族学院学报(哲学社会科学版),2006（5）：85.

[178] 闫文虎.跨界民族问题对我国和平崛起的影响[J].安徽师范大学学报(人文社会科学版),2005（4）：398-402.

[179] 丁玲辉.从藏汉文献记载看西藏古代体育及其发展原因[J].西藏研究,2005（4）：90-97.

[180] 丁延松."跨界民族"概念辨析.西北第二民族学院学报(哲学社会科学版),2005（4）：19-23.

[181] 蒋廷瑜.铜鼓是东盟古代文化的共同载体[J].广西民族学院学报,2005（1）：111-117.

[182] 康·格桑益希.藏传佛教"羌姆"面具.西藏人文地理[J].2005（5）：110-121.

[183] 孟慧英.文化圈学说与文化中心论[J].西北民族研究,2005(1):179-186.

[184] 廖杨.人类学视野中的交往与族群关系[J].思想战线,2005(1):21-22.

[185] 乌丙安.非物质文化遗产保护中文化圈理论的应用[J].江西社会科学,2005(1):102-106.

[186] 刘稚.跨界民族的类型、属性及其发展趋势[J].云南社会科学,2004(5):89-93.

[187] 吴之清,论民族体育的宗教渊源——以云南民族体育的发展动态为例[J].成都体育学院学报,2004,30(6):29-32.

[188] 张旭鹏.文化认同理论与欧洲一体化[J].欧洲研究,2004(4):66-78.

[189] 蓝国华.试从中国近代社会形势略论英帝两次侵藏战争中尼泊尔、不丹、锡金之角色——兼论晚清政府外交之失当[J].西藏研究,2004(4):1-8.

[190] 倪依克.论中华民族传统体育的发展[J].体育科学,2004(11):54-61.

[191] 宋颖.景颇族的文化记忆探析——以目瑙纵歌为例[J].原生态民族文化学刊,2004(4):93-104.

[192] 贺萍.对新疆多元民族文化的类型分析[J].西域研究,2004(3):108-112.

[193] 李怀.非正式制度探析:乡村社会的视角[J].西北民族研究,2004(2):128,125.

[194] 格桑益希.藏传佛教"羌姆"面具艺术探秘[J].贵州民族研究,2004(02):58-63.

[195] 丁建伟.中亚与我国西北边疆地区同源跨国民族问题[J].西北第二民族学院学报,2004(1):5-11.

[196] 毕天云.布迪厄的"场域-习惯"论[J].学术探索,2004(1):32-35.

[197] 柳斌杰.民族文化继承发扬的过程[J].中国道教,2003(06):7.

[198] 彭立群.新疆少数民族马上体育运动的文化透视[J].体育文化导刊,2003(6):75-76.

[199] 李全生.布迪厄场域理论简析[J].烟台大学学报,2002(2):

146-150.

[200] 高丙中. 民间的仪式与国家在场[J]. 北京大学学报,2001（01）: 42-50.

[201] 曾瑛. 论体育教师应具备的思想素质[J]. 体育教学,2000(3): 41-42.

[202] 马成俊. 论民俗文化圈及其本位偏见[J]. 青海民族研究,2000（3）: 90-94.

[203] 曹兴. 跨界民族问题及其对地缘政治的影响[J]. 民族研究,1999（6）: 6-14.

[204] 黄光成. 跨界民族的文化异同与互动[J]. 云南社会科学,1999.2: 26-28.

[205] 黄光成. 跨界民族的文化异同与互动: 以中国和缅甸的德昂族为例[J]. 世界民族,1999（1）: 25-30.

[206] 费孝通. 反思·对话·文化自觉[J]. 北京大学学报（哲学社会科学版）,1997（3）: 15-22.

[207] 李禹阶. 中国文化的共生精神（上）[J]. 重庆师院学报哲社版,1996（1）: 9.

[208] 胡起望. 跨界民族探讨[J]. 中南民族学院报,1994（4）: 49-51.

[209] 方协邦. 藏族体育源流及发展探微[J]. 青海民族学院学报,1994（2）: 119-123.

[210] 聂啸虎. 满族及其先世与北方近邻民族体育游戏之比较[J]. 成都体育学院学报,1994,20（1）: 23-26.

[211] 翟学伟. 中国人际关系的特质——本土概念及其模式[J]. 社会学研究,1993（4）: 74-83

[212] 王翔林. 结构功能主义的历史追溯[J]. 四川大学学报,1993（1）: 37-42.

[213] 刘稚. 论跨界民族与云南的对外开放[J]. 民族研究,1992(5): 15-17.

[214] 王文静. 1641-1793年中国西藏与哲孟雄（锡金）的关系[J]. 中国藏学,1989（3）: 118-128+1.

[215] 陈茜. 泼水节的起源、传播及其意义[J]. 云南社会科学,1981（03）: 62-66.

[216] 云南省博物馆. 云南江川李家山古墓群发掘报告 [J]. 考古学报, 1975（2）: 133

论文集：

[1] 王毅. "共同现代化"："一带一路"倡议的本质特征"一带一路"是什么？"一带一路"的目的 [C]. 察哈尔报告——"共同现代化"："一带一路"倡议的本质特征, 2015.

[2] 韦晓康. 民族传统体育文化的生存理念研究——以壮族演武节为例 [A]. 中国体育科学学会体育社会科学分会. 2012 全国体育社会科学年会——转变体育发展方式的探索论文集 [C]. 中国体育科学学会体育社会科学分会：中国体育科学学会, 2012.

[3] 旅游国际研讨会（西双版纳）会议论文集 [C]. 北京：中国旅游出版社, 2006.194-206.

[4] Khampheng Thipmuntali. The Lue of Muang Sing. [A]. Grant Evans. Laos: Culture and Society [C]. Chiang Mai: Silkworm Books, 1999: 150.

[5] 周国炎. 越南北部的布依族及其文化. 布依学研究（之四）[C]——贵州省布依学会第三次年会暨第四次学术讨论会论文集, 1993（9）: 274-277.

[6] 董莉英. 中国西藏与缅甸关系及边界划定 [C]// 中国中外关系史学会, 河北师范大学历史文化学院. 中外关系史论丛第 21 辑——历史上中外文化的和谐与共生：中国中外关系史学会 2013 年学术研讨会论文集. 甘肃人民出版社, 2013: 10.

硕博论文：

[1] 张江予. 文化变迁视域下畲族民间体育传承路径研 [D]. 厦门：集美大学, 2019.

[2] 李成龙. 中国朝鲜族民俗体育文化发展研究 [D]. 延吉：延边大学, 2018.

[3] 杨丹. 清代滇缅文化交流研究 [D]. 昆明：云南师范大学, 2018.

[4] 伍洲扬. 明代中国云南与缅甸的文化交流研究 [D]. 昆明：云南

大学, 2016.

[5] 王鹏飞. 蒙古族传统体育起源与发展的环境因素研究[D]. 呼和浩特：内蒙古师范大学, 2015.

[6] 顾薇. "桥头堡"战略背景下中缅边境农村体育的发展研究——以姐相乡、城子镇为个案[D]. 昆明：云南师范大学, 2014.

[7] 杨得志. 中缅跨界民族问题研究[D]. 武汉：华中师范大学, 2014.

[8] 李忠华. 论体育外交在和谐世界构建中的价值[D]. 河北：燕山大学, 2010.

[9] 马菁. 其龙壮族村民跨界交往问题的历史考察[D]. 南宁：广西民族大学, 2009

[10] 刘迪志. 鄂伦春族习惯法研究[D]. 北京：中央民族大学, 2007.

[11] 周喜峰. 清朝前期黑龙江民族研究[D]. 天津：南开大学, 2003.

报纸：

[1] 郝时远. 文化多样性与"一带一路"[N]. 光明日报, 2015-5-28.

[2] 王灵桂. 期待、欢迎与焦虑：国外智库看"一带一路"[N]. 北京日报, 2015-11-30.

[3] 习近平. 弘扬人民友谊，共创美好未来——在哈萨克斯坦纳扎尔巴耶夫大学的重要演讲[N]. 人民日报, 2013-9-8.

[4] 罗雨泽. 一带一路互联互通先要"心通"[N]. 人民日报, 2015-1-26.

[5] 国家发改委，外交部，商务部. 推动共建丝绸之路经济带和21世纪海上丝绸之路的愿景与行动[N]. 人民日报, 2015-3-29.

[6] 习近平在周边外交工作座谈会上发表重要讲话[N], 人民政协报, 2013-10-26.

[7] 为我国发展争取良好周边环境推动我国发展更多惠及周边国家[N]. 人民日报, 2013-10-2.

报告：

[1] 国家发展改革委,外交部,商务部. 推动共建丝绸之路经济带和21世纪海上丝绸之路的愿景与行动[R]. 北京：外交出版社,2015.

网址：

[1] 文化部"一带一路"文化发展行动计划（2016—2020年）[EB/OL].（2017-1-6）[2020-5-13].http：//www.xinhuanet.com/culture/2017-01/06/c_1120256880.htm

[2] 中国共产党新闻网. 以文化自信激发强大精神动力.http：//theory.people.com.cn/n1/2019/0911/c148980-31349134.html.

[3] 央视网. 六张海报看习近平如何展开"体育外交".https：//www.chinanews.com/gn/2019/08-31/8943597.shtml

[4] 数据来源 https：//finance.sina.com.cn/china/gncj/2019-03-28/doc-ihsxncvh6215951.shtml

[5] 光明日报. 中国共产党新闻网：坚持对话协商推动人类命运共同体 http：//theory.people.com.cn/n1/2018/0810/c40531-30220781.html

[6] 中国网. 从"四个自信"看中国特色社会主义文化,http：//www.china.com.cn/opinion/theory/2018-05/16/content_51335912.htm.

[7] 联合国教科文组织. 保护和促进文化表现形式多样性公约[EB/OL]. [2018-02-18]http：//www.moe.gov.cn/srcsite/A23/jkwzz_other/200510/t20051021_81305.html

[8] 联合国教科文组织. 传统体育与游戏国际宪章[EB/OL]. http：//www.xinhuanet.com/world/2015-11/19/c_1117188049.htm

[9] 习近平谈国家文化软实力：增强做中国人的骨气和底气[EB/OL].[2016-09-16].http：//www.xinhuanet.com/politics/2015-06/25/c_127949618.htm

[10] Robert Kahn, "A Bank Too Far?" Washington DC: Council on Foreign Relations, March 17, 2015, http：//www.cfr.org/global-governance/bank-too-far/p36290.

[11] 习近平哈萨克斯坦演讲：共建丝绸之路经济带 [EB/OL]http://www.chinanews.com/gn/2013/09-07/5257926.shtml

[12] 旅游局：一带一路的旅游愿景如何实现 [EB/OL]http://www.chinanews.com/gn/2013/09-07/5257926.shtml

内部资料：

[1] 江城哈尼族彝族自治县民族宗教事务局. 江城哈尼族 [Z]. 内部资料, 2016: 5-16.

附 件

主要访谈对象表

序号	姓名	性别	年龄	民族	职务（专业或学历）
1	王建民	男	58	汉族	中央民族大学民族学社会学学院教授、博导、人类学理论研究
2	余汉桥	男	57	汉族	国家体育总局社体中心原龙舟项目主管
3	魏勇	男	38	汉族	国家体育总局社体中心毽球项目主管
4	廖有来	男	54	壮族	广西靖西市文体广电局局长
5	农珍批	男	64	壮族	广西百色市新闻出版社调研员退休
6	梁坤明	男	42	壮族	广西靖西龙邦镇龙邦街主任
7	张涛	男	40	壮族	广西靖西龙邦镇龙邦街支书
8	苏华标	男	52	壮族	广西靖西龙邦镇大莫村党支部书记
9	陶组长	男	42	苗族	广西靖西市大莫村弄关屯
10	姚义	男	40	壮族	广西那坡县文体局副局长
11	周建明	男	55	汉族	广西大新县研究壮族文化作家
12	梁文权	男	70	壮族	广西大新县硕龙镇中学退休教师、隘江舞狮传承人
13	苏凯	男	43	京族	广西东兴宣传部精神文明办主任
14	苏春发	男	65	京族	广西东兴万尾哈亭亭长、独弦琴传承人
15	龚进兴	男	77	京族	广西东兴万尾村村民、京族传统体育爱好者
16	曹基强	男	53	汉族	广西防城港峒中镇文广电站站长
17	赖保	男	50	壮族	广西防城港峒中镇那丽村米收组组长
18	黄喜雄	男	50	壮族	广西防城港峒中镇那丽村谷收组陀螺王

附 件

续表

序号	姓名	性别	年龄	民族	职务（专业或学历）
19	殷俊海	男	55	汉族	内蒙古体育局党组成员、内蒙古体育职业学院党委书记
20	李·巴特尔	男	75	蒙古族	内蒙古锡林郭勒盟农牧民体协主席
21	孟克	男	50	蒙古族	东乌旗文体广电局局长
22	敖日布桑	男	40	蒙古族	东乌旗文体广电局副局长
23	斯琴巴特尔	男	50	蒙古族	内蒙古东乌旗"莫英"射箭传承人
24	吴玉宝	男	55	汉族	阿尔山体育局局长
25	孟河苏荣	男	53	蒙古族	新巴尔虎左旗副旗长
26	图日巴图	男	55	蒙古族	新巴尔虎左旗文体新闻广电局局长
27	史圆圆	女	38	汉族	满洲里市体校校长
28	李文庭	男	53	蒙古族	满洲里市民宗局局长
29	许巍	女	46	汉族	满洲里市文体局副局长
30	刘慧强	男	58	俄罗斯族	呼伦贝尔市九正物流有限公司车队长
31	高山	男	49	满族	额尔古纳市文体广电局副局长
32	于晓杰	男	38	俄罗斯族	蒙兀室韦苏木天骄社区副书记
33	李凯鹏	男	30	汉族	蒙兀室韦苏木人民政府党政办副主任
34	孙德福	男	73	俄罗斯族	恩和俄罗斯民族乡居民退休工人
35	郎凤香	男	69	俄罗斯族	恩和俄罗斯民族乡居民退休护士
36	张海军	男	48	汉族	呼伦贝尔市体育运动学校校长
37	马勇军	男	56	蒙古族	内蒙古阿拉善盟额济纳旗法律援助中心律师

续表

序号	姓名	性别	年龄	民族	职务（专业或学历）
38	宝力德	男	47	蒙古族	内蒙古阿拉善盟额济纳旗民宗局局长
39	那日苏	女	45	蒙古族	内蒙古阿拉善盟额济纳旗文体广局局长
40	罗延卿	男	40	汉族	内蒙古阿拉善盟额济纳旗策克口岸经济开发区管委会主任
41	斯迪	男	46	蒙古族	内蒙古阿拉善盟额济纳旗东风镇乌拉努尔嘎查党支部书记/马文化协会会长
42	巴拉玛	女	84	蒙古族	内蒙古阿拉善盟额济纳旗自治区级萨吾尔登舞传承人
43	欣文	男	68	蒙古族	内蒙古阿拉善盟额济纳旗阿拉善盟旗啪日吉传承人
44	文都苏	男	35	蒙古族	内蒙古阿拉善盟额济纳旗巴彦陶来苏木吉日嘎郎图嘎查东归圣地土尔扈特民俗文化园负责人
45	刘巴图	男	46	蒙古族	内蒙古民族大学副院长、教授
46	王川	男	53	汉族	四川师范大学历史文化学院教授
47	巴成	男	45	蒙古族	甘肃肃北原教体局局长
48	玛拉沁夫	男	48	蒙古族	甘肃肃北文体局搏克协会秘书长、县级搏克传承人
49	萨.才恩草	女	45	蒙古族	甘肃肃北县幼儿园教师、省级蒙古棋传承人
50	全.乔吉布	男	55	蒙古族	甘肃肃北县政协干部
51	呼格吉勒图	男	44	蒙古族	甘肃肃北文体局体育部主任
52	库德尔	男	50	蒙古族	甘肃肃北蒙古族自治县马鬃山镇饮马峡村主任
53	尼玛次仁	男	52	藏族	西藏自治区体育局局长
54	姚永刚	男	54	汉族	西藏自治区体育局群体处处长

附　件

续表

序号	姓名	性别	年龄	民族	职务（专业或学历）
55	仁增达杰	男	56	藏族	西藏山南教体局局长
56	其米顿珠	男	59	藏族	西藏山南教体局科长
57	巴桑罗布	男	42	藏族	西藏日喀则亚东县教体局体育中心干部
58	平措	男	74岁	门巴族	西藏山南错那县退休老县长
59	索朗旦增	男	28	藏族	西藏山南错那县勒布沟贡日乡斯木村驻村干部
60	次仁曲嘎	男	60	门巴族	西藏山南错那县勒布沟贡日乡斯木村拔羌舞传承人
61	农民旺堆	男	61	门巴族	西藏山南错那县勒布沟贡日乡斯木村拔羌舞传承人
62	丹巴塔威	男	27岁	藏族	西藏山南洛扎县色乡卓龙寺教师
63	强巴	男	38	藏族	定结县教体局副局长
64	吉巴次仁	男	54	藏族（夏尔巴人）	西藏定结县陈塘镇萨孙村务农，夏尔巴语、藏语、尼泊尔语翻译
65	卡卡达玛	男	34	尼泊尔夏尔巴人	尼泊尔边境村寨
66	果力士	男	28	尼泊尔人	尼泊尔边境村寨
67	Chandra Bahaur	男	31	尼泊尔人	尼泊尔边境村寨
68	Jamling Sherpa	男	32	尼泊尔人	尼泊尔边境村寨
69	拉巴	女	44	尼泊尔夏尔巴人	尼泊尔边境村寨

续表

序号	姓名	性别	年龄	民族	职务（专业或学历）
70	尼玛次仁	男	28	尼泊尔夏尔巴人	西藏定结县陈塘区与尼泊尔交界的音达巴日县吉马唐卡小学教师
71	索朗	男	32	藏族	吉隆县教体局副局长
72	韦研富	男	60	壮族	广西东兰县文化广播办主任、土司及蚂拐文化研究
73	李玲玲	女	34	壮族	云南江城县外事办
74	吕加恩	男	40	哈尼族	云南江城县文体局局长
75	李启学	男	53	彝族	原江城县文体局局长
76	梅朝喜	女	27	哈尼族	云南江城县文体局干部
77	普万光	男	71	彝族	云南江城县国庆乡博别村毕摩
78	么尖	女	23	傣族	云南江城县整董镇曼滩村老挝嫁娘
79	玉南温	女	73	傣族	云南江城县整董镇曼滩村老挝嫁娘
80	王卫权	男	56	佤族	云南沧源县政协副主席、乡村文化研究
81	田开政	男	62	佤族	原沧源县政协副主席，祭祀师、佤族传统文化研究
82	黄炳会	男	55	壮族	云南富宁县人大副主任
83	杨光富	男	52	苗族	云南富宁县外事办主任
84	王玉平	男	48	壮族	云南富宁县民宗局副局长
85	陈锡刚	男	47	壮族	云南富宁县体育管理中心主任
86	代林	男	42	苗族	云南马关县文体局局长
87	卢兴栋	男	60	壮族	云南马关县壮学会会长
88	项连志	男	57	苗族	云南马关县苗学会会长
89	廖志鹏	男	35	壮族	云南富宁县田蓬镇党委书记
90	罗洪明	男	58	苗族	云南麻栗坡县董干镇马林村吹枪传承人
91	郭永丽	女	38	壮族	云南文山州文体局群体科科长
92	田维香	女	40	苗族	云南文山州民宗局
93	杨红玲	女	41	汉族	云南文山州外事办副主任

附 件

续表

序号	姓名	性别	年龄	民族	职务(专业或学历)
94	邓金芬	女	40	壮族	云南文山州文体局非遗办
95	周山彦	男	35	汉族	文山学院体育学院教师
96	提卡达希	男	49	傣族	云南沧源县宗教协会会长、勐角乡金龙寺南传佛教主持、大法师
97	何东凯	男	33	白族	云南怒江片马宣传部科长
98	茶永生	男	50	傈僳族	云南怒江片马镇社保主任
99	张忠杰	男	38	傈僳族	云南怒江片马镇岗房村队长
100	结阿四	女	31	傈僳族	云南怒江片马镇岗房村缅甸嫁娘
101	麻应忠	男	49	傈僳族	云南怒江片马镇文博馆馆长
102	董枪浪	男	48	景颇族	云南怒江片马镇农民
103	英双	女	33	景颇族	云南怒江片马镇缅甸嫁娘
104	董绍军	男	40	景颇族	云南怒江片马镇村医
105	枪侣	女	32	景颇族	云南怒江片马镇缅甸嫁娘
106	李兴武	男	59	傈僳族	云南怒江鲁掌镇艺术团副团长上刀山下火海传承人
107	郁四益	男	60	傈僳族	云南怒江州社会体育指导中心主任、射弩教练
108	心源法帅	男	49	傣族	云南法学院南传佛教主持、大法师
109	巩攀	男	38	汉族	新疆哈密巴里坤县体校校长
110	陈怀文	男	55	蒙古族	新疆哈密原巴里坤人大委员会主任
111	侯光福	男	54	汉族	新疆哈密原巴里坤县政协经济委员会主任
112	马纳什	男	55	哈萨克族	新疆哈密原巴里坤县翻译局局长

续表

序号	姓名	性别	年龄	民族	职务（专业或学历）
113	阿萨提·扎铁力拜	男	33	哈萨克族	新疆哈密地区巴里坤哈萨克自治县海子沿乡海子沿村熊舞传承人
114	倪泽伦	男	52	汉族	巴里坤县志编辑委员会主编
115	加纳尔·拜克	男	42	哈萨克族	新疆哈密巴里坤老爷庙口岸委员会副主任
116	山文涛	男	47	朝鲜族	辽宁丹东民委干部
117	汪作鹏	男	39	满族	黑龙江佳木斯大学体育学院教师
118	李鼎仁	男	48	汉族	黑龙江佳木斯同江市非遗中心主任
119	毕洪兵	男	56	赫哲族	黑龙江佳木斯同江市八岔赫哲族乡八岔村小学校长
120	何玉芳	女	48	赫哲族	北京交通大学研究赫哲族文化教授
121	李梅花	女	47	朝鲜族	吉林延边大学民族研究院副院长、教授
122	金明春	男	62	朝鲜族	吉林延边汪清县文化馆,象帽舞国家级传承人